高等职业院校信息技术应用“十三五”规划教材

办公自动化实战教程

曾光辉 曹春华 ■ 主编

何波 胡锦玲 张海 陈焰 邓碧琴 赵力 谢金荣 刘芳先 何南平 王光焰 ■ 参编

人民邮电出版社

北京

图书在版编目（CIP）数据

办公自动化实战教程 / 曾光辉，曹春华主编. -- 北京 ：人民邮电出版社，2017.7（2019.2 重印）
高等职业院校信息技术应用“十三五”规划教材
ISBN 978-7-115-46384-5

Ⅰ. ①办… Ⅱ. ①曾… ②曹… Ⅲ. ①办公自动化－高等职业教育－教材 Ⅳ. ①C931.4

中国版本图书馆CIP数据核字(2017)第175581号

内 容 提 要

全书分为 6 个项目，主要内容包括办公设备应用实战、Windows 7 操作系统应用实战、Word 2010 软件应用实战、Excel 2010 软件应用实战、PowerPoint 2010 软件应用实战、互联网资源的应用实战。本书注重实操训练，配以适量的理论知识；项目任务的选取重点从日常办公应用需求出发，注重实用性和可操作性，任务实施过程描述深入浅出，通俗易懂。

本书适合作为高等职业院校计算机应用基础及办公自动化课程的教材，也可供对计算机基础应用有兴趣的读者阅读参考。

◆ 主　　编　曾光辉　曹春华
参　　编　何　波　胡锦玲　张　海　陈　焰　邓碧琴
赵　力　谢金荣　刘芳先　何南平　王光焰
责任编辑　左仲海
责任印制　焦志炜

◆ 人民邮电出版社出版发行　　北京市丰台区成寿寺路 11 号
邮编　100164　　电子邮件　315@ptpress.com.cn
网址　http://www.ptpress.com.cn
山东华立印务有限公司印刷

◆ 开本：787×1092　1/16
印张：15　　2017 年 7 月第 1 版
字数：374 千字　　2019 年 2 月山东第 5 次印刷

定价：39.80 元

读者服务热线：(010)81055256　印装质量热线：(010)81055316
反盗版热线：(010)81055315
广告经营许可证：京东工商广登字 20170147 号

前　言

计算机应用技术是一门实践性非常强的基础职业技能课程，是职业院校必修的一门公共基础课程，要求学生掌握必要的计算机办公应用基础知识及计算机操作系统使用、Office 办公软件应用、信息安全处理等技能，拥有运用相关知识、技能处理和解决工作与生活实际问题的能力，为其职业生涯的发展和终身学习奠定基础。

本书依照教育部高等学校计算机与技术教学指导委员会公布的《关于进一步加强高等学校计算机基础教学的意见暨计算机基础课程教学基本要求》的相关内容编写而成，并针对高职学生在计算机应用方面的知识结构和能力要求进行内容选材和结构设计，主要包括以下内容。

- 项目 1：办公设备应用实战。
- 项目 2：Windows 7 操作系统应用实战。
- 项目 3：Word 2010 软件应用实战。
- 项目 4：Excel 2010 软件应用实战。
- 项目 5：PowerPoint 2010 软件应用实战。
- 项目 6：互联网资源的应用实战。

6 个项目精选核心操作技能，精心组织任务案例，细化技能训练点，强化对学生的实践操作训练。在编写过程中，我们力求语言简洁规范、概念准确、内容通俗易懂。全书的 6 个项目、24 个任务案例均先明确任务目的和要求，再分析任务的实施方案、必备知识及技能，然后进行任务实施，最后结合任务相关技能训练点，设置拓展能力训练环节；同时对课时需求、实践教学条件的准备给予了建议。

本书由曾光辉负责各项目的任务组织、素材收集，组织全书编写及统稿，负责项目 1 到项目 4 的审稿，并编写了项目 3 中任务 3；曹春华负责项目 4 到项目 6 的审核，并编写了项目 6 中任务 3 和任务 4；其他教师分别参与 1 至 2 个任务的编写工作；全书“任务要求分析”中应用文编写部分由何南平负责校核。

本书在编写过程中，参阅和引用了广东省高等学校教学考试中心的网络自主学习平台的部分任务案例及资源，在此向原著作权人表示衷心感谢！同时对协助参与技能训练点图例绘图的邓卓栋同学表示感谢。

编　者

2017 年 6 月

目　录　CONTENTS

PART 1

项目 1 办公设备应用实战

计算机作为日常工作、生活、学习不可或缺的工具之一，正深刻地影响着每一个人。计算机的出现以及它在各行各业的广泛应用，已经改变了人们传统的工作、生活和学习的方式。人们也正在享受着计算机带来的快捷、便利和精彩的生活。它不仅可以用于各类精密的计算，还可以用于日常，如常见的处理文档、创建信息管理系统、个人娱乐活动、聆听动听的音乐、欣赏惊险刺激的影视动画、畅玩各种富有挑战性的益智游戏等。

任务1 识别台式计算机主要部件

一、任务背景

作为客户经理助理的小杨，在工作过程中经常要用到计算机，他想了解更多关于计算机硬件方面的知识，小杨找到了专业计算机人员来帮助他熟悉计算机硬件，认识计算机的组成部分。

二、任务目的和要求

1. 任务目的

（1）初步认识计算机。

（2）认识台式计算机的主要部件。

2. 任务要求分析

（1）认真查阅关于计算机的资料，初步了解计算机的组成。

（2）查找相关资料，熟悉个人计算机各类配件的性能参数；了解各类配件接口类型；掌握好如何根据工作需要选择性能适合的配件。

三、任务学时和任务工具

2学时；个人计算机。

四、任务实施方案

小杨在专业计算机人员的帮助下，揭开计算机的神秘面纱，了解计算机的组成部分，认识机箱内部结构，知道了计算机机箱、电源、主板、CPU、散热器、内存、硬盘、显卡、光驱、鼠标、键盘、显示器及打印机等设备，明白了计算机硬件和软件之间的相互关系。

五、知识准备

1. 计算机系统的组成

计算机系统由硬件系统和软件系统两大部分组成，如图1-1所示。

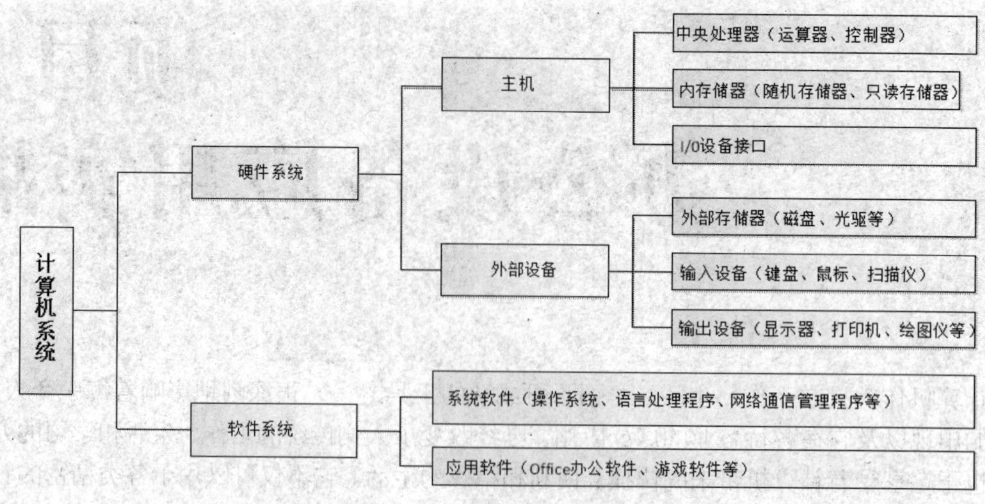

图 1-1 计算机系统的组成

2．微型计算机的常用硬件设备

微型计算机硬件系统一般由主机、显示器、键盘、鼠标、音箱等设备，如图 1-2 所示。

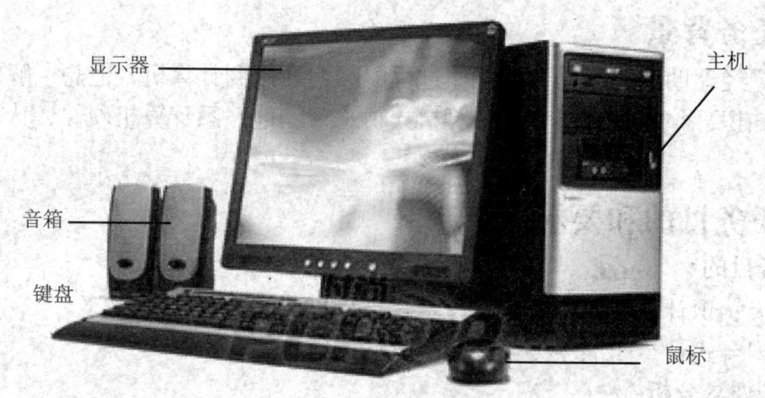

图 1-2 微型计算机组成

六、任务实施

1．台式计算机的硬件系统

（1）先观察下面两张图，图 1-3 所示为笔记本电脑，图 1-4 所示为台式计算机，本任务主要介绍台式计算机的组成部分。计算机一般由诸多零部件组成，发展至今，其零部件已经发生了很大变化，但其工作原理基本没变。计算机主机主要包括主板、CPU、内存、硬盘、显卡及声卡等。下面将逐一介绍计算机的各个部件。

（2）计算机机箱一般包括外壳、支架、面板上的开关、指示灯等。机箱的主要作用是放置与固定各种计算机配件，保护各种配置，如图 1-5、图 1-6 所示。此外，计算机机箱还可以起到屏蔽电磁辐射的作用。

图 1-3　笔记本电脑

图 1-4　台式计算机

图 1-5　机箱

图 1-6　机箱内部

（3）计算机电源的作用是为计算机的运行提供电力，保证其正常运作，如图 1-7 所示。

（4）主板是计算机中最关键的部件之一。所有板卡必须依靠主板发挥作用，主板性能及质量好坏直接决定整个系统的运作能力。计算机主板按照不同架构标准由不同主要部件、接口组合而成，如图 1-8 所示。

图 1-7　计算机电源

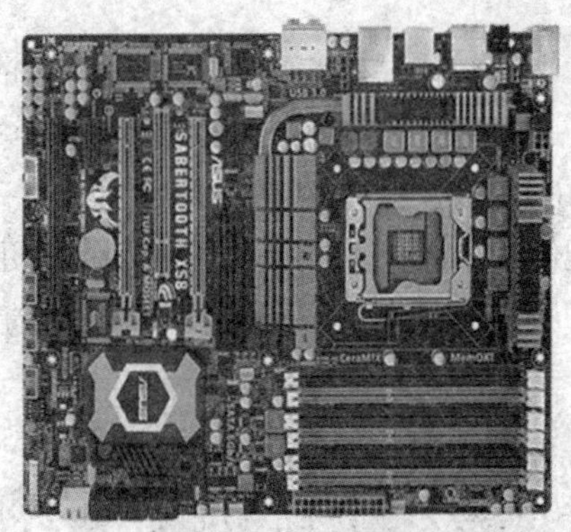

图 1-8　计算机主板

（5）CPU，即中央处理器，是负责运算与控制的部件。它是计算机最核心的部位，犹如计算机的大脑，如图 1-9 所示。计算机的任何操作，例如数据的输入、输出、存储、程序运行、屏幕显示及结果打印等，都必须在 CPU 的控制下进行。CPU 比计算机中任何其他部件都更能决定计算机的工作速度和效率。

（6）CPU 风扇是帮助 CPU 降温的，如图 1-10 所示，随着计算机运行，CPU 的温度不断升高，需要 CPU 风扇为其降温，使其正常运作。

图 1-9　CPU

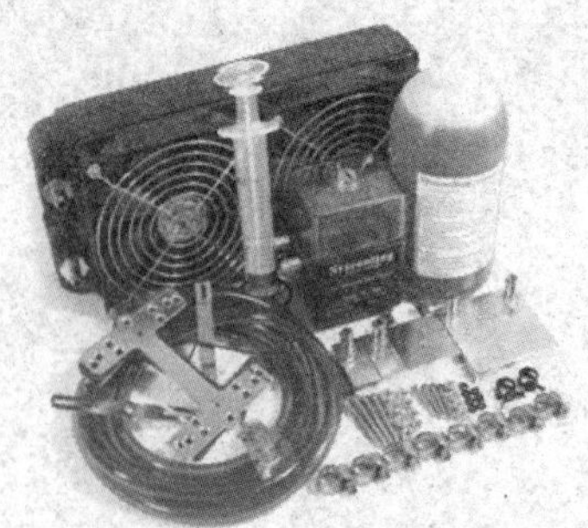
图 1-10　CPU 风扇

（7）主板芯片组是主板上最重要的部件，如图 1-11 所示，主板的性能是否良好就取决于芯片组的优劣。芯片组管理 CPU 与内存、各种总线扩展以及外设等。

（8）总线扩展槽是计算机的扩展插槽，如图 1-12 所示，用于插接各种板卡，例如显卡、声卡、Modem 卡和网卡等。目前使用的板卡扩展槽主要是 PCI-E 插槽。总线扩展槽按照功能可以分为内存插槽、PCI/ISA 扩展槽及 AGP 显卡插槽、PCI-E 插槽等。

图 1-11　主板芯片组

图 1-12　总线扩展槽

（9）台式计算机的各类 I/O 接口包括软/硬盘接口、键盘接口、鼠标接口、打印机接口、USB（通用串行总线）接口、COM1/COM2 等，如图 1-13 所示。

（10）硬盘是计算机的大容量存储器，可以与主机进行快速通信，所以它是现代计算机的重要配件，如图 1-14 所示。因为计算机工作时输入/输出设备与存储器之间要进行大量数据交换，所以存储器的存储速度与容量会影响计算机运行速度。

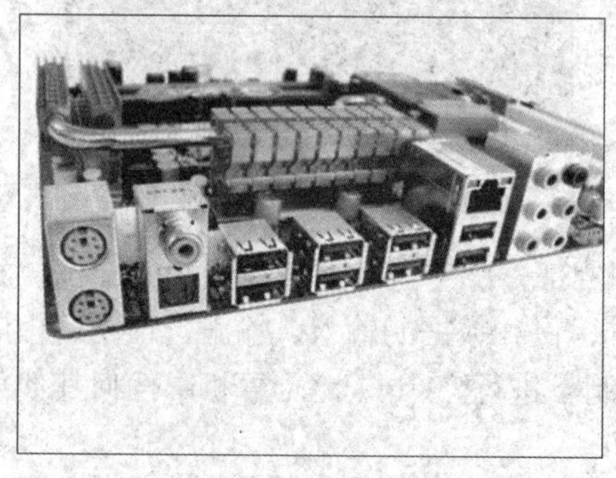
图 1-13　台式计算机 I/O 接口

图 1-14　硬盘

（11）内存是台式计算机的临时存储器，起到暂时处理计算机数据的中转站作用，但是无法永久保存数据和信息。内存的容量与处理速度决定了计算机数据传输的速度，它与 CPU、硬盘合称为计算机的三大部件。CPU 可以从内存中直接读取操作指令与数据，又可以将运算或处理结果传输回内存。内存条如图 1-15 所示。

（12）显卡又叫显示接口卡、显示适配器、显示器配置卡等，如图 1-16 所示。显卡的主要功能是驱动转换计算机系统所需显示信息，为显示器提供信号。显卡是连接显示器与个人计算机主板的重要部件，显卡也是更新换代最快的部件之一。

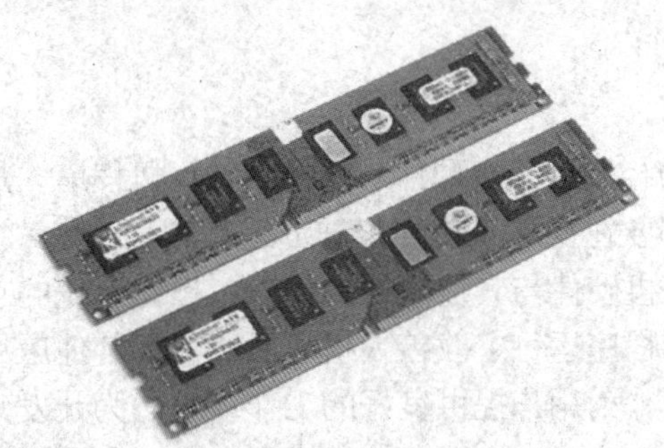
图 1-15　内存条

图 1-16　显卡

（13）光驱是台式计算机用来读写光盘内容的常见部件，如图 1-17 所示。随着多媒体应用逐渐广泛，光驱在台式计算机的诸多配件中已成为标准配置。光驱可以分为 CD-ROM 驱动器、DVD 光驱（DVD-ROM）、康宝（Combo）、刻录机（CD-RW 和 DVD-RW）等。

（14）电视显示卡的主要功能是实现用计算机看电视，如图 1-18 所示。

图 1-17　光驱

图 1-18　电视显示卡

（15）外围设备主要包括显示器（见图 1-19）、键盘（见图 1-20）、鼠标（见图 1-21）、打印机（见图 1-22）等。

图 1-19　显示器

图 1-20　键盘

图 1-21 鼠标

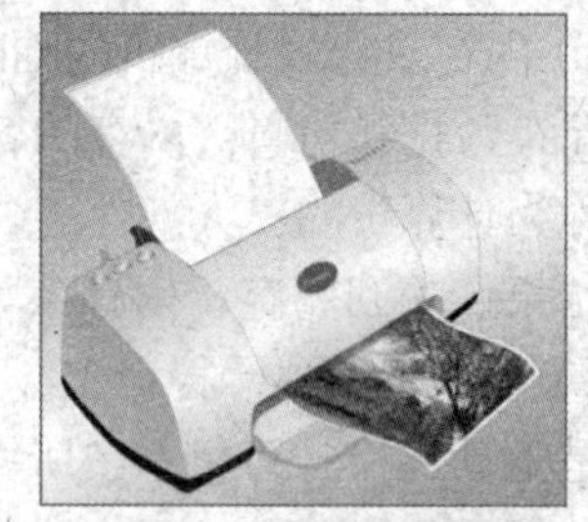

图 1-22 打印机

2．台式计算机的软件系统

（1）操作系统

操作系统（Operating System，OS）是管理与控制计算机硬件、软件的计算机程序，是运行在“裸机”上的最基本系统软件，其他软件都要在操作系统的基础上运行。

操作系统是用户与计算机的接口，也是计算机硬件与其他软件的接口。操作系统的功能有管理计算机系统硬件、软件、数据资源和控制程序运行、改善人机界面、保证其他应用软件运行等。操作系统为计算机提供各种用户界面，为用户提供良好的工作环境，为开发其他软件提供服务与相应接口。

操作系统种类很多，按照应用领域主要分为桌面操作系统、服务器操作系统、嵌入式操作系统。

桌面操作系统用于个人计算机。个人计算机在市场上从硬件架构方面可以分为 PC 机和 Mac 机，从软件方面可以分为 Unix 操作系统与 Windows 操作系统等。微软公司是 Windows 操作系统的开发商，其先后推出过例如 Windows XP、Windows Vista、Windows 7、Windows 8、Windows 8.1、Windows 10 等知名操作系统。

服务器操作系统主要用于大型计算机，例如 Web 服务器、应用服务器、数据库服务器等。服务器操作系统主要有三类，第一类是 Unix 系列，如 SUNSolaris、IBM-AIX、HP-UX、FreeBSD、OS X Server 等；第二类是 Linux 系列，如 Red Hat Linux、CentOS、Debian、Ubuntu Server 等；第三类是 Windows 系列，如 Windows Server 2003、Windows Server 2008、Windows Server 2008 R2 等。

嵌入式操作系统在生活中使用比较广泛，无论是便携设备还是大型固定设施都可应用，例如数码相机、手机、家用电器、医疗设备、航空电子设备及工厂控制设备等。

（2）应用软件

应用软件（Application Software）即用户可以方便使用的，用各种程序设计语言编制的应用程序，可以分为应用软件包与用户程序。常见的应用软件有办公软件、图像处理软件、截图软件、媒体播放软件、媒体编辑软件、通信软件、程序开发软件、翻译软件及下载软件等。

- 办公软件包括微软 Office、WPS、苹果 iWork、Google Docs 等。
- 图像处理软件包括 AdobePS、会声会影、美图秀秀等。

图像浏览软件包括 ACDSee 等。

截图软件包括 Epsnap、HyperSnap 等。

- 图像/动画编辑软件包括 Flash、Adobe Photoshop CS5、GIF Movie Gear（动态图片处理工具）、光影魔术手等。
- 媒体播放软件包括 PowerDVD XP、Realplayer、WindowsMediaPlayer、迅雷看看、百度影音、快播等。

- 媒体编辑软件包括会声会影、Cool2.1（声音处理软件）、Ffdshow（视频解码器）等。
- 通信软件包括 QQ、MSN、飞信、微信等。
- 程序开发软件包括 JavaJDK、JCreatorPro（Java IDE 工具）、Eclipse、JDoc 等。
- 翻译软件包括金山词霸 Systran、百度翻译、有道翻译等。
- 防火墙和杀毒软件包括 ZoneAlarm pro、金山毒霸、江民、瑞星、360 安全卫士等。
- 阅读器软件包括 CajViewer、Adobe Reader 等。
- 输入法软件包括紫光输入法、智能 ABC、五笔、QQ 拼音、搜狗输入法、百度输入法等。
- 网络电视软件包括 Powerplayer、Pplive、PPNtv、Ppstream、QQLive 等。
- 系统优化软件包括 Windows 清理助手 arswp、Windows 优化大师、360 安全卫士、数据恢复文件 EasyRecovery Pro、MaxDOS（DOS 系统）等。
- 下载软件包括 Thunder、WebThunder、Bitcomet、Flashget 等。

七、任务相关技能训练点导图

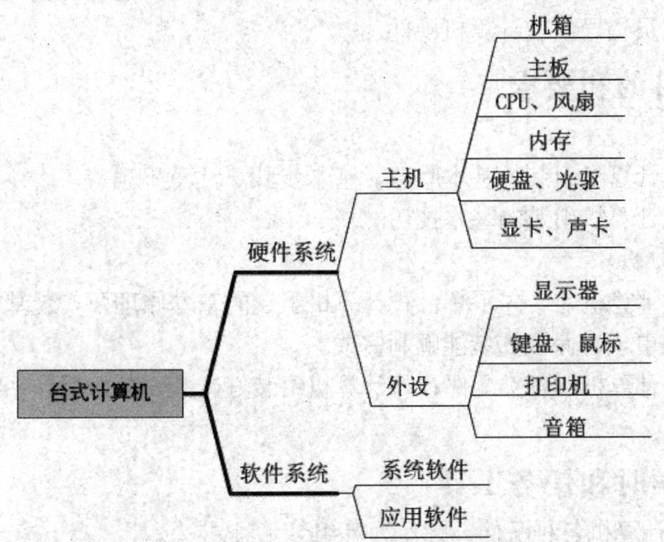

图 1-23　任务相关技能训练点导图

八、拓展知识

（1）计算机工作原理，如图 1-24 所示。

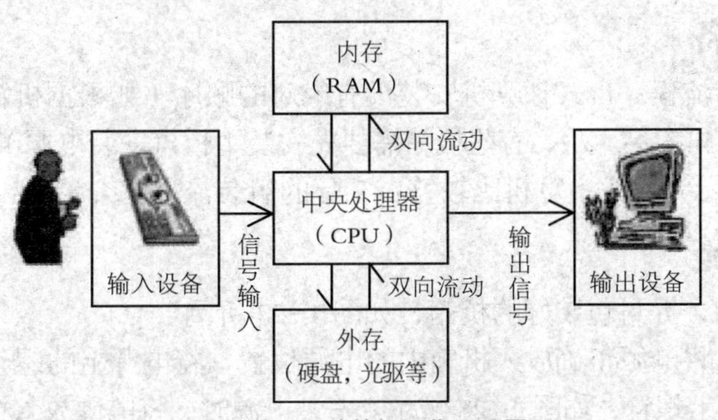

图 1-24　计算机工作原理图

（2）计算机硬件结构组成，如图 1-25 所示。

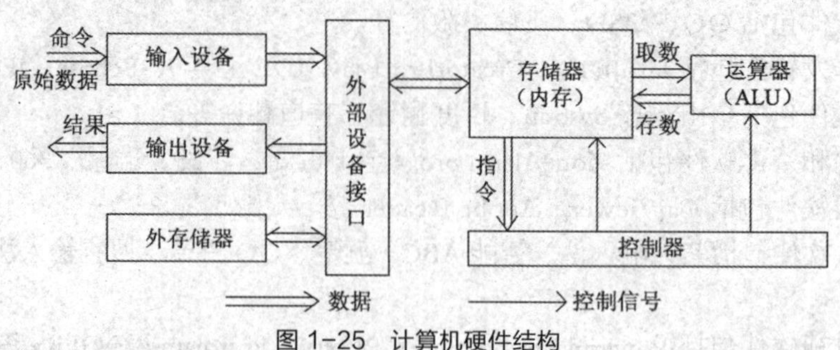

图 1-25　计算机硬件结构

任务 2　台式计算机的组装

一、任务背景

作为客户经理助理的小杨，在熟悉了计算机硬件后，想自已也组装一台计算机，小杨又找到专业计算机人员指导组装计算机硬件。

二、任务目的和要求

1. 任务目的

（1）了解台式计算机组装的基本原理、基本步骤、注意事项等。

（2）掌握台式计算机组装的基本技巧。

2. 任务要求分析

（1）组装台式计算机前，先了解台式计算机组装的基本原理及安装基本步骤，并了解安装过程中要注意的事项，保证安装能顺利完成。

（2）选择个人计算机的各类配件，将计算机组装好，并安装好操作系统及相关需要使用的应用软件。

三、任务学时和任务工具

2 学时；台式计算机各种配件、螺丝刀等组装工具。

四、任务实施方案

根据任务 1 对台式计算机组成的学习，确定安装计算机前，先要准备好相关组件，并准备好必要的安装工具，确定所有需要安装的部件及工具齐全。

五、知识准备

台式计算机安装流程：台式计算机安装没有绝对的顺序（如根据机箱结构的不同，有些机箱需要先安装电源再安装主板，有些机箱需要先安装主板再安装电源），要依据实际情况进行安装。图 1-26 所示为台式计算机比较符合实际的组装流程。

六、任务实施

（1）准备好机箱，拆封包装好的机箱，如图 1-27 所示。

（2）安装电源，将电源正确放入机箱内的电源位置，将电源上的螺丝固定孔对准机箱上的固定孔，再依次拧上螺钉，如图 1-28 所示。安装电源时，将电源放入机箱内的过程中要注意电源方向，有些电源有两个风扇或者一个排风口，其中一个风扇或排风口要朝向主板。安装时应当注意电源一般情况下都是反过来安装的。

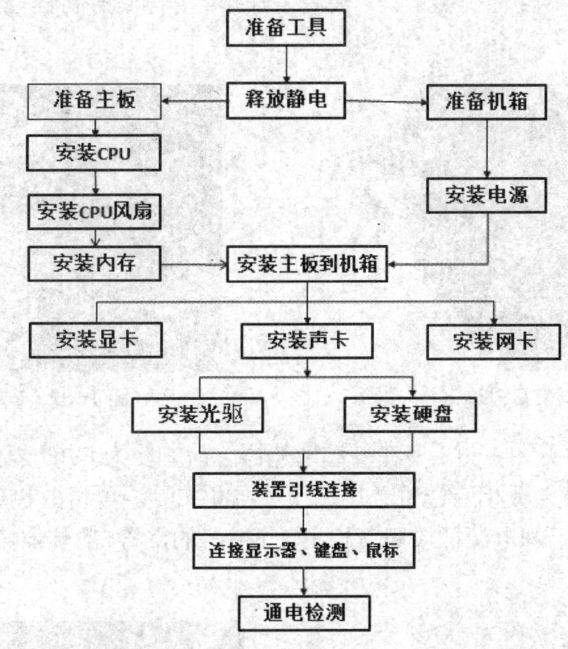

图 1-26　台式计算机安装流程图

图 1-27　拆封包装好的机箱

图 1-28　安装电源

（3）安装 CPU，图 1-29 所示为主板上的 LGA 775 处理器插座。安装 CPU 之前，首先必须打开插座卡扣。用手向下轻压固定 CPU 的压杆，同时往外推压杆，使它脱离固定卡扣即可。

（4）将固定处理器的盖子和压杆反方向拉起，如图 1-30、图 1-31 所示。

图 1-29　安装 CPU（1）

图 1-30　安装 CPU（2）

（5）在安装 CPU 的时候，要注意 CPU 处理器上的一个三角形标识，主板上的 CPU 插座上也有三角形标识，如图 1-32 所示。安装时，要把处理器上的三角形标识与主板上的三角形标识对齐，然后把处理器轻轻安装上去。最后盖好扣盖，再反方向轻轻扣下处理器压杆，CPU 安装完成。

图 1-31　安装 CPU（3）

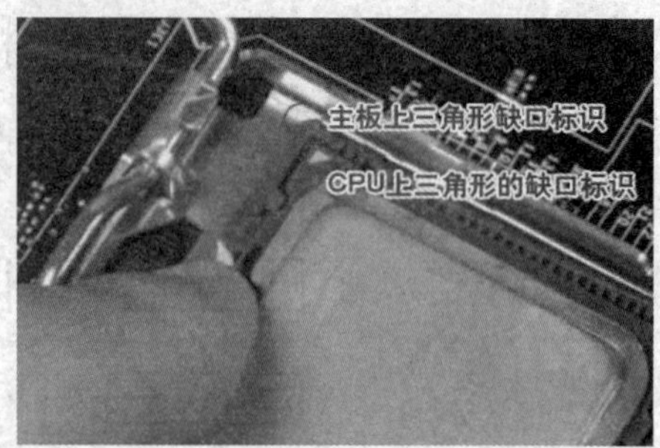

图 1-32　安装 CPU（4）

（6）安装散热器（见图 1-33），在安装散热器之前，要为 CPU 表面涂上一层导热硅脂。然后将散热器四角对准主板相应位置，用力压下四角扣具。再将散热风扇与主板供电接口连接，通常散热器在主板上的电源插口写着“CPU_FAN”的字符，散热器主板电源插口如图 1-34 所示。

图 1-33　散热器

图 1-34　散热器主板电源插口

（7）安装内存，主板内存插槽使用了两种不同颜色来区分双通道和单通道，如图 1-35 所示。假如将两条规格相同的内存条插到相同颜色的插槽中，就打开了双通道。

（8）安装内存时，打开内存插槽两端的扣具，然后将内存平行放入内存插槽中，两拇指按住内存两端向下压，听到“啪”一声响即可，如图 1-36 所示。

图 1-35　主板内存插槽

图 1-36　安装内存

（9）安装光盘驱动器，如图 1-37 所示，将光驱从机箱正面的光驱前舱推至机箱内部的卡位上，然后用螺丝加以固定。

（10）安装硬盘的方法与安装光驱一样。在机箱内找到硬盘驱动器舱，将硬盘插入驱动器舱。同时使硬盘侧面的螺丝孔对齐驱动器舱上的螺丝孔，将螺丝拧紧，使其稳固，防止硬盘因高速运转而产生太大噪声，如图 1-38 所示。

图 1-37 安装光盘驱动器

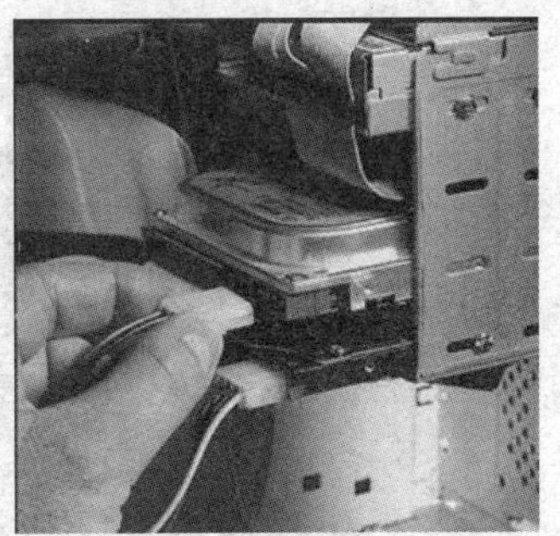
图 1-38 安装硬盘

（11）安装主板之前，先将装机箱提供的主板垫脚螺母安放到机箱主板托架的对应位置，把主板轻轻放入机箱中，再将螺丝拧紧固定主板，如图 1-39、图 1-40 所示。

图 1-39 安装主板（1）

图 1-40 安装主板（2）

（12）安装显卡时，将显卡插入插槽，用螺丝固定，要保证显卡挡板下端不会顶在主板上。固定的时候要保证松紧适度，不能影响显卡插脚与 PCI/PCE-E 槽的接触，也要避免主板变形，如图 1-41 所示。此外，安装声卡、网卡、内置调制解调器与安装显卡的方法相同。

（13）连接机箱与主板之间的线，先找到机箱电源输出线中的电源线接头和电源接口，主板上有一个长方形的插槽，即电源为主板提供的供电插槽（见图 1-42）。主板供电接口有 24 针与 20 针，这两种插法一样。主板供电接口上的一面有凸槽，在电源供电接口上的一面有卡扣式设计，既可以防止反插，又可以使它们连接更加牢固。

图 1-41 安装显卡

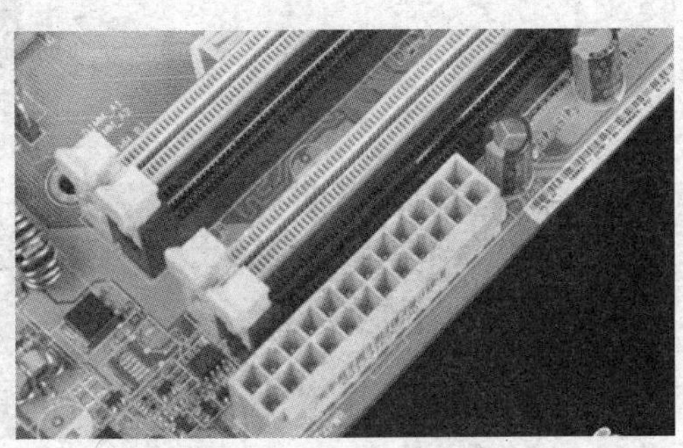
图 1-42 主板供电插槽

（14）连接 SATA 接口，SATA 串口因传输速度更高而逐渐取代 PATA 并口。SATA 接口采用防呆式设计，其硬盘供电接口与普通四针梯形供电接口不同，图 1-43、图 1-44 所示分别为 SATA 供电接口与普通四针梯形供电接口。

图 1-43　SATA 供电接口

图 1-44　普通四针梯形供电接口

（15）PATA 并口并没有彻底消失，安装方法与 SATA 接口一样，同样是防呆式的设计，如图 1-45、图 1-46 所示。

图 1-45　PATA 并口安装（1）

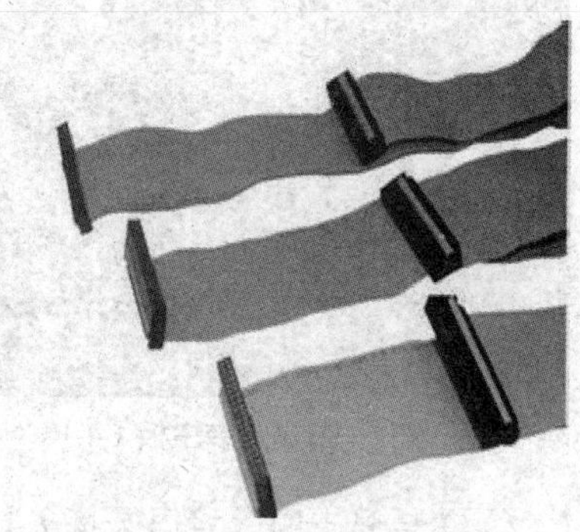

图 1-46　PATA 并口安装（2）

（16）USB 是使用最多的接口，很多主板有 8 个 USB 接口，一般在面板背部提供了 4 个，剩余 4 个需要自行安装到机箱上。图 1-47 所示为机箱面板前置 USB 连接线，VCC 脚用于供电，USB2-脚与 USB2+脚分别为 USB 负、正极接口，GND 脚用于接地线，如图 1-48 所示。在连接 USB 接口时，必须按照主板说明书进行操作。

图 1-47　机箱面板前置 USB 连接线

图 1-48 连接 USB 接口

（17）最后要整理内部连线并合上机箱盖，由于机箱内部空间有限，要整理好连线，保证机箱内部环境整洁宽敞，如图 1-49、图 1-50、图 1-51 所示。

图 1-49　整理内部连线（1）

图 1-50　整理内部连线（2）

图 1-51　整理内部连线（3）

（18）主机安装好之后，再把键盘、鼠标、显示器、音箱等外设连接到主机上。

① 根据接口类型不同，将键盘插头与主机的 PS/2 插孔或 USB 接口连接，接键盘的 PS/2 插孔靠向主机箱边缘。

② 根据接口类型不同，将鼠标插头与主机的 PS/2 插孔或 USB 接口连接，鼠标 PS/2 插孔位于键盘插孔旁边。

③ 再连接显示器数据线，连接信号线的时候要注意方向，同时保证与插孔的方向一致。

④ 连接显示器电源线。根据显示器不同，有的要将电源连接到主板电源上，有的直接连接到电源插座上即可。

⑤ 最后连接主机的电源线。

⑥ 当确定计算机各部件连接无误后，即可启动计算机。如果计算机连接正确，启动后计算机的 CPU 风扇转动、主机电源风扇转动、硬盘启动时发出声音，显示器会出现开机画面。

七、任务相关技能训练点导图

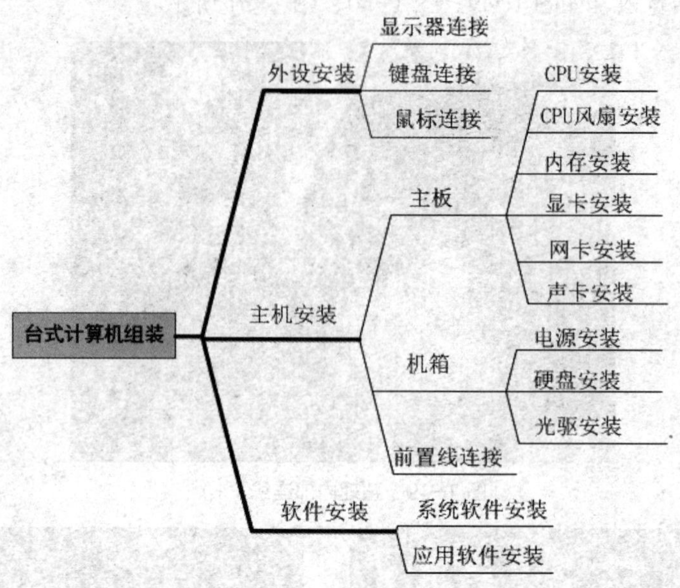

图 1-52 任务相关技能训练点导图

八、拓展技能训练

【主机面板的组成及操作】

主机是计算机硬件系统的主体，也是对计算机进行软件安装和操作的基础。尽管不同主机的外形千差万别，但主要结构及功能基本相同，都应该包含前面板和后面板两个部分。

1．前面板

前面板是主机面向操作者的那一面，主流计算机主机箱前面板如图 1-53 所示。

电源开关：一般有“Power”字符标识，按下此开关，可以打开主机电源。在计算机死机情况下，长按开关按钮可强行关闭计算机电源。

复位开关：一般有“Rest”字符标识，计算机死机或键盘和鼠标无响应的情况下，按下此开关，可以强制重新启动计算机。因出于对数据和计算机硬件安全的考虑，现在有不少机箱前面取消了此按钮。

电源指示灯：当计算机主机通电后此灯常亮。

硬盘读写指示灯：当硬盘在进行读写数据操作时，此指示灯点亮或闪烁。此时如果按下复位开关，可能导致数据丢失或硬盘损坏。

USB 接口：即通用串行总线接口，相对于其他总线来说，USB 接口体积小、速度快、通用性强，并且支持即插即用等先进技术，现在已经成为个人计算机主机与外设连接的主要形式。如 U 盘、移动硬盘、数码相机、手机、打印机、扫描仪、外置光驱和网卡等设备均通过此接口与主机相连接。

音频接口：蓝色或绿色的为音频输出接口，用于连接耳机或音箱；粉红色的为音频输入接口，用于连接话筒或其他输入音源。

2．后面板

后面板位于主机箱后面，主流计算机主机箱后面板如图 1-54 所示。

电源接口：用于主机与 220V 交流电的连接。

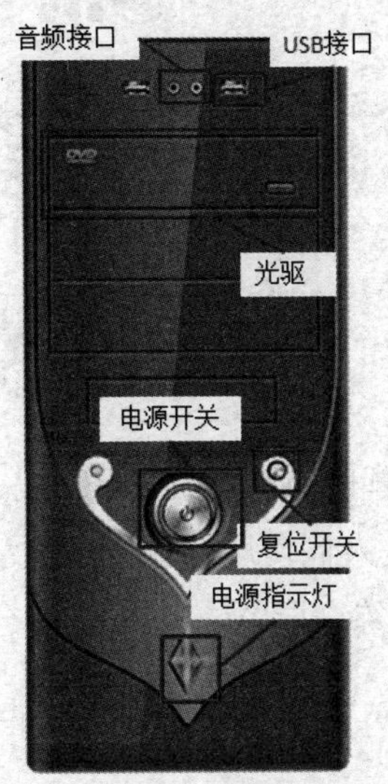

图 1-53　主机箱前面板

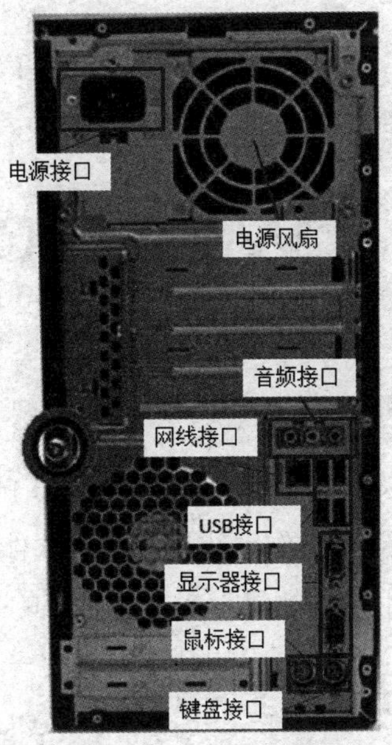

图 1-54　主机箱后面板

电源风扇：用于电源及机箱内的散热。

音频接口：功能与前面板相同，但一般情况下两者不能同时使用。现在一般主机还能提供 2～8 个音频接口。

网线接口：也称为 RJ-45 接口，用于插网线连接交换机。一般情况下，将网线的水晶头插入网线接口后，接口上的红色指示灯会点亮；当网络传输数据时，绿色的指示灯会点亮或常闪烁。

USB 接口：功能与前面板的 USB 接口相同，但它提供的电流比前面板 USB 接口大，因此一些功耗较大的 USB 接口设备，如移动硬盘，若在前面板上不能使用，可连接到后面板上。

显示器接口：用于连接显示器。根据数据传输模式的不同，显示器接口分为 VGA 接口和 DVI 接口，其中 VGA 接口传输模拟视频信号，DVI 接口传输数字信号。

鼠标接口：一般为浅绿色的，用于连接鼠标。现在部分主板使用 USB 接口连接鼠标。

键盘接口：一般为紫色的，用于连接键盘。可用 USB 接口连接键盘。

后面板接口根据主板的功能不同而设置不同，接口也会稍有区别。

PART 2

项目 2 Windows 7 操作系统应用实战

Windows 7 是微软公司于 2009 年 10 月正式发布的计算机操作系统，供个人、家庭及商业使用。Windows 操作系统是计算机软件与硬件的接口，是人们使用计算机必须掌握的基本知识，各类应用软件都建立在操作系统的平台上，因此，熟练掌握 Windows 7 的各项功能及操作，是现代企业对员工的基本要求之一。

任务 1 Windows 7 操作系统安装

一、任务背景

工作中使用计算机设备，接触最多的软件就是操作系统，而一台计算机的稳定性也与操作系统有较大的联系。如果使用的是一台新计算机或者原系统速度过慢，就需要重新安装操作系统。

二、任务目的和要求

1. 任务目的

（1）了解 Windows 7 操作系统的相关知识。

（2）掌握 Windows 7 操作系统安装。

2. 任务要求分析

（1）先根据计算机配置选择合适的操作系统，确认能否安装 Windows 7 操作系统。

（2）仔细学习安装知识，认真操作，安装 Windows 7 操作系统。

三、任务学时和任务工具

1 学时；计算机、Windows 7 操作系统光盘。

四、任务实施方案

（1）了解 Windows 操作系统相关背景资料，对 Windows 7 操作系统的各个方面知识有所掌握，并将计算机、Windows 7 操作系统光盘等工具准备完毕，了解安装中常见的问题，防止安装过程中手忙脚乱。

（2）如果是重装系统，在安装前，要先对计算机中的重要文件进行备份，在完成备份的前提下，利用操作系统光盘进行安装。

五、知识准备

1. Windows 7的版本

（1）Windows 7简易版

Windows 7简易版保留了Windows为用户所熟悉的特点和兼容性，并吸收了在可靠性和响应速度方面的最新技术进步。

（2）Windows 7家庭普通版

使用Windows 7家庭普通版，用户可以更快、更方便地访问使用最频繁的程序和文档。

（3）Windows 7家庭高级版

使用Windows 7家庭高级版，用户可以轻松地欣赏和共享喜爱的电视节目、照片、视频和音乐，可以在计算机上享有最佳的娱乐体验。

（4）Windows 7专业版

Windows 7专业版具备用户需要的各种商务功能，并拥有家庭高级版卓越的媒体和娱乐功能，提供了办公和家用所需的一切功能。

（5）Windows 7旗舰版

Windows 7旗舰版集各版本功能之大全，具有Windows 7家庭高级版的所有娱乐功能和专业版的所有商务功能，同时增加了安全功能以及在多语言环境下工作的灵活性。

2. Windows 7系统配置要求

微软官方提供了Windows 7安装的硬件配置要求。

（1）处理器：1 GHz 32位或者64位处理器（安装64位Windows 7需要更高CPU要求）。

（2）内存：1 GB及以上（推荐2GB以上）。

（3）显卡：支持DirectX 9，128MB及以上（开启AERO效果）。

（4）硬盘空间：16GB以上（主分区，NTFS格式，64位Windows主分区至少20GB）。

（5）显示器：要求分辨率在1024像素×768像素及以上（低于该分辨率则无法正常显示部分功能），或可支持触摸技术的显示设备。

六、任务实施

（1）系统安装之前，先检查计算机配置。Windows 7计算机最低配置：1 GHz 32位或64位处理器；1 GB内存（基于32位）或2 GB内存（基于64位）；16 GB可用硬盘空间（基于32位）或20 GB可用硬盘空间（基于64位）；WDDM 1.0或更高版本的驱动程序的DirectX 9图形设备。计算机带有多核处理器；计算机带有多个处理器（CPU）。

（2）将购买的正版Windows 7光盘放入光驱，并将BIOS设置为光盘优先启动。启动之后显示器上会以黑色的背景显示白色的文字“Windows is Loading Files”，表示正在载入文件，如图2-1所示。

（3）“Loading”滚动条完成之后，会进入如图2-2所示的界面，选择安装语言为“中文（简体）”。

图 2-1 载入文件

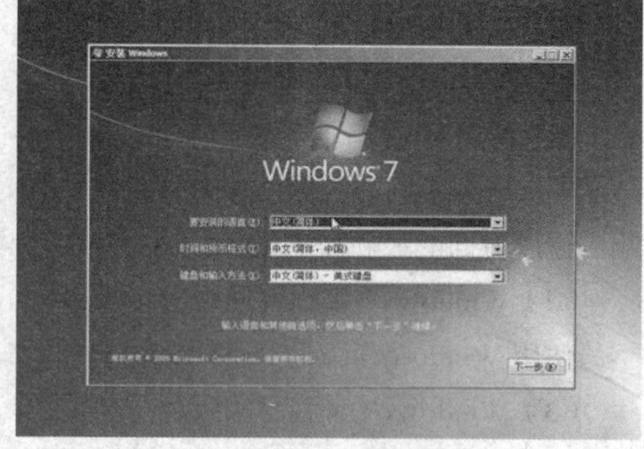

图 2-2 选择语言

（4）接着出现图 2-3 所示的界面，单击“现在安装”按钮。

（5）出现“请阅读许可条款”界面，勾选“我接受许可条款”复选框，再单击“下一步”按钮，如图 2-4 所示。

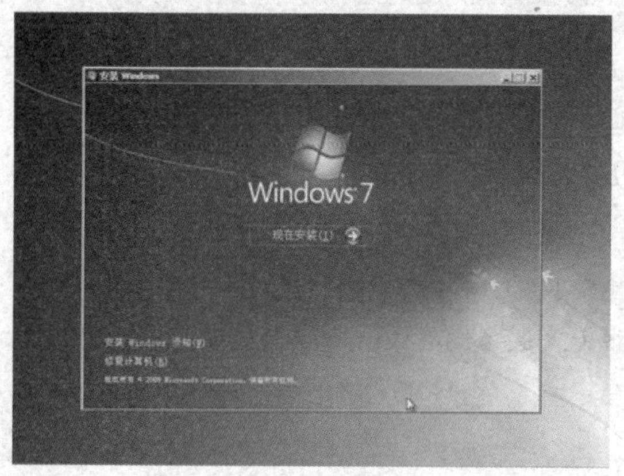

图 2-3 安装步骤

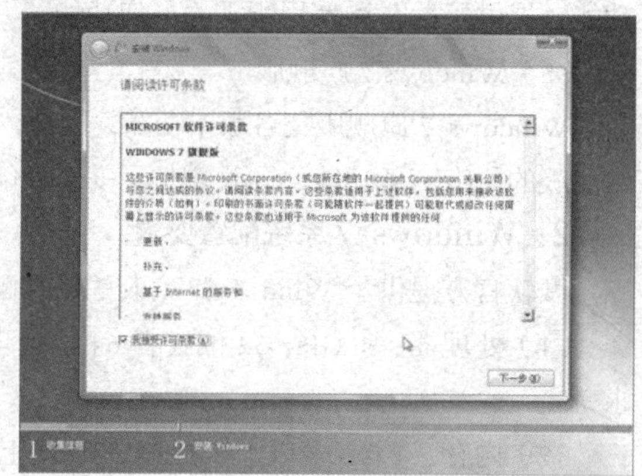

图 2-4 “请阅读许可条款”对话框

（6）之后计算机出现了安装类型选择界面，选择“自定义”，如图 2-5 所示。

（7）出现磁盘安装界面，可以调整硬盘分区。如果磁盘分区不需要调整，请选择系统盘，然后单击界面下方的“格式化”，一定要先格式化再安装系统；如果还需要调整分区，则删除需要调整的分区，再按照想要的方式重新创建即可。磁盘分区设置界面如图 2-6 所示。

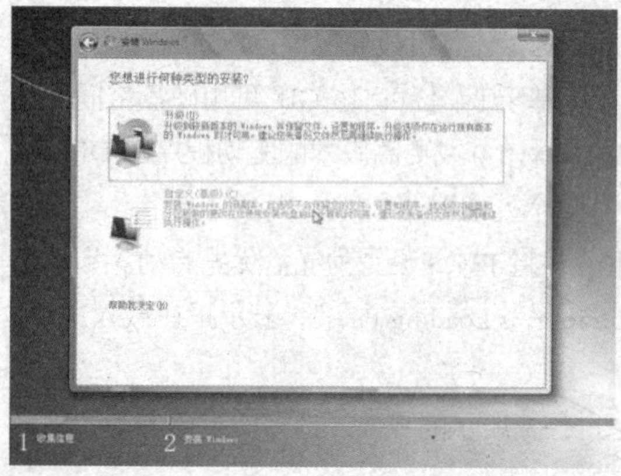

图 2-5 安装类型界面

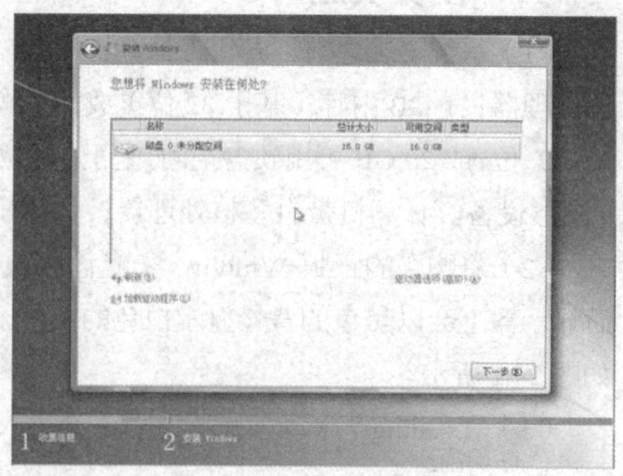

图 2-6 磁盘分区

（8）单击“下一步”按钮开始安装操作系统，如图 2-7 所示。

（9）继续安装，如图 2-8、图 2-9 所示。

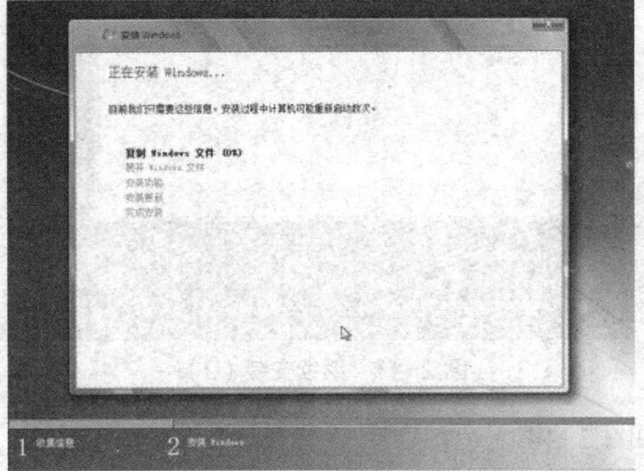

图 2-7　开始安装

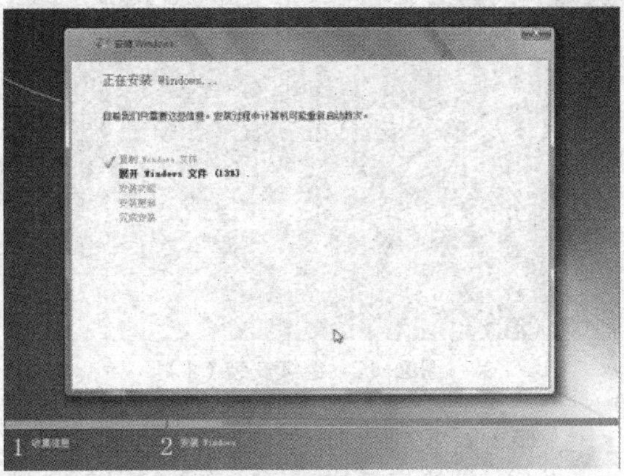

图 2-8　继续安装（1）

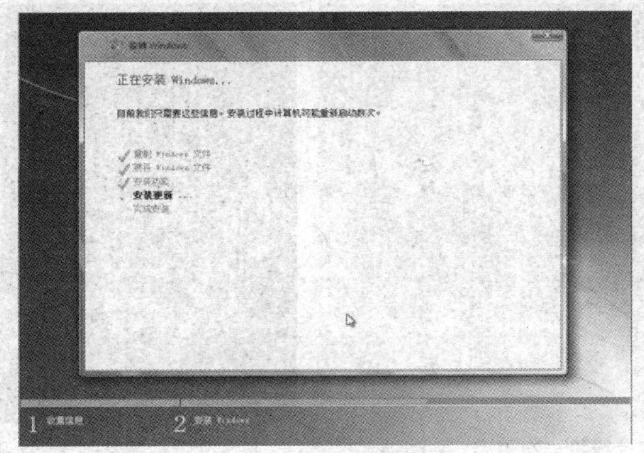

图 2-9　继续安装（2）

（10）安装更新完成后，系统会自动重启计算机，如图 2-10 所示。

（11）计算机重启之后，为首次安装进行设置，如图 2-11 所示。

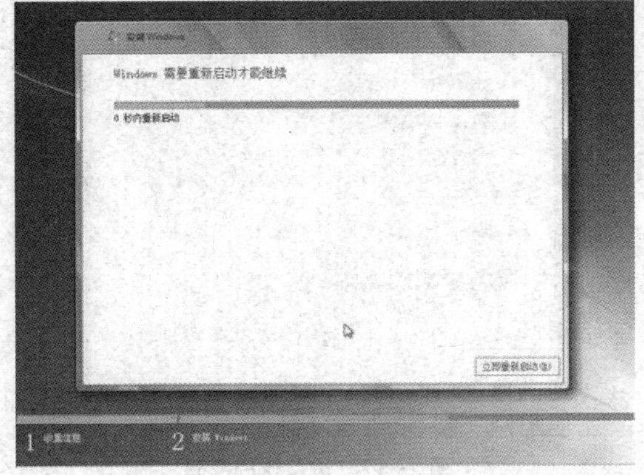

图 2-10　重启计算机

图 2-11　首次安装设置

（12）计算机再次重启之后将会继续安装，如图 2-12、图 2-13 所示。

图 2-12　继续安装（1）

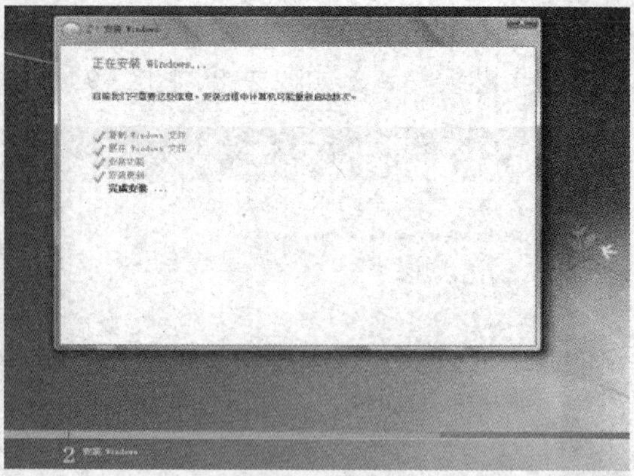

图 2-13　继续安装（2）

（13）安装完毕后，计算机会再次重启，如图 2-14 所示。

（14）计算机重启之后，会检测计算机性能，如图 2-15 所示。

图 2-14　计算机再次重启

图 2-15　检测计算机性能

（15）出现用户名设置界面，可以设置用户名，如图 2-16 所示。

（16）设置账户密码，也可暂时不输入，在系统安装后再设置，如图 2-17 所示。

图 2-16　用户名设置界面

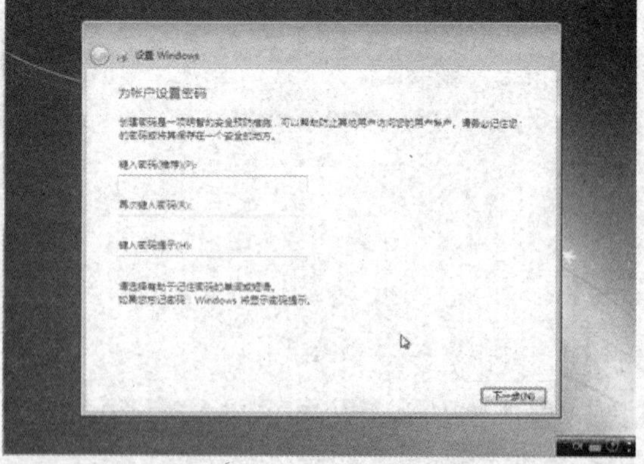

图 2-17　设置账户密码

（17）出现“输入密钥”界面，可以暂时不输入，如图 2-18 所示。

（18）在出现的设置界面中选择“使用推荐设置”，如图 2-19 所示。

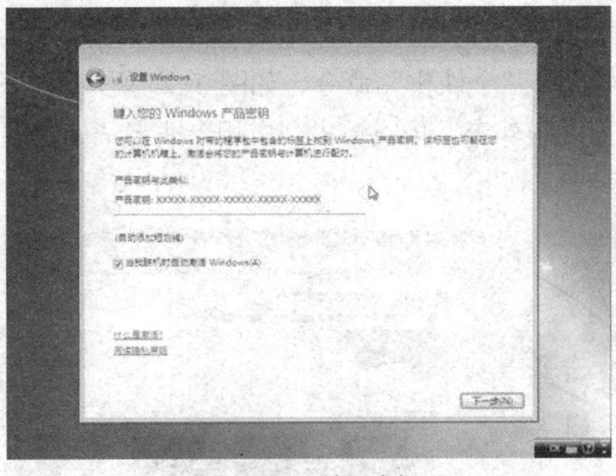

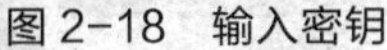
图 2-18 输入密钥

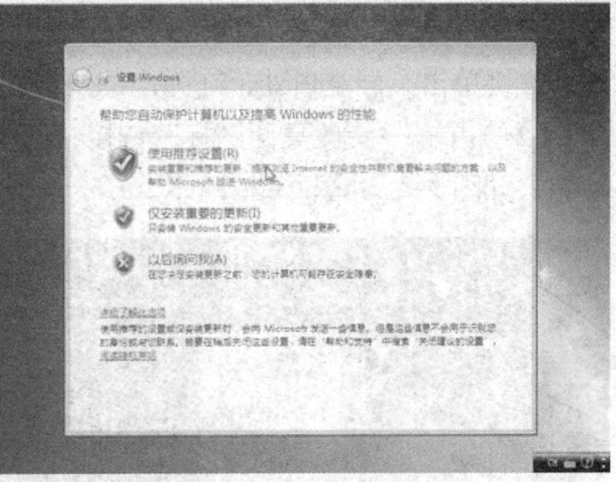

图 2-19 设置界面

（19）设置时区与时间，如图 2-20 所示。

（20）出现选择网络的界面，如果是家庭使用，可选择专用网络；如果是公共场所使用，则选择公用网络，如图 2-21 所示。

图 2-20 “时区与时间”界面

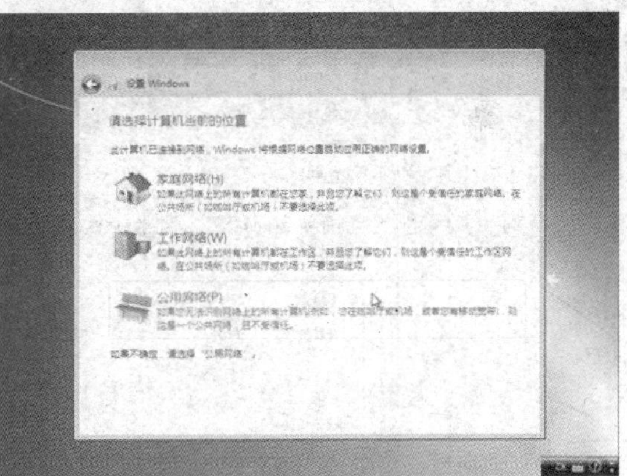

图 2-21 选择网络界面

（21）最后，计算机完成最终设置，如图 2-22 所示。

（22）最终设置完成后，会出现“欢迎”界面，如图 2-23 所示。

图 2-22 最终设置

图 2-23 “欢迎”界面

（23）计算机出现“桌面”，此时桌面上只有“回收站”图标，需要将“计算机”等调出来，右键单击桌面空白处，在弹出的快捷菜单中选择“个性化”命令，如图 2-24 所示。

（24）单击“更改桌面图标”链接，选中需要的软件等，依次单击“应用”或者“确定”按钮，如图 2-25、图 2-26 所示。

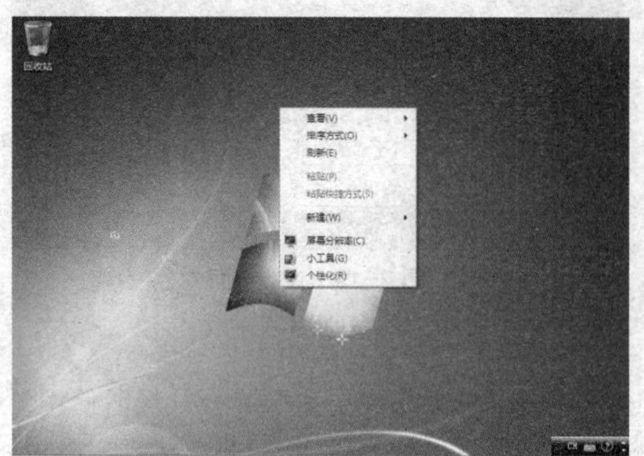

图 2-24　桌面

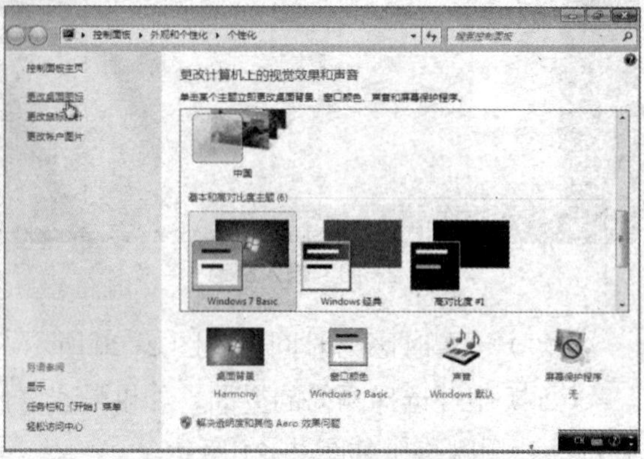

图 2-25　更改计算机桌面视觉效果

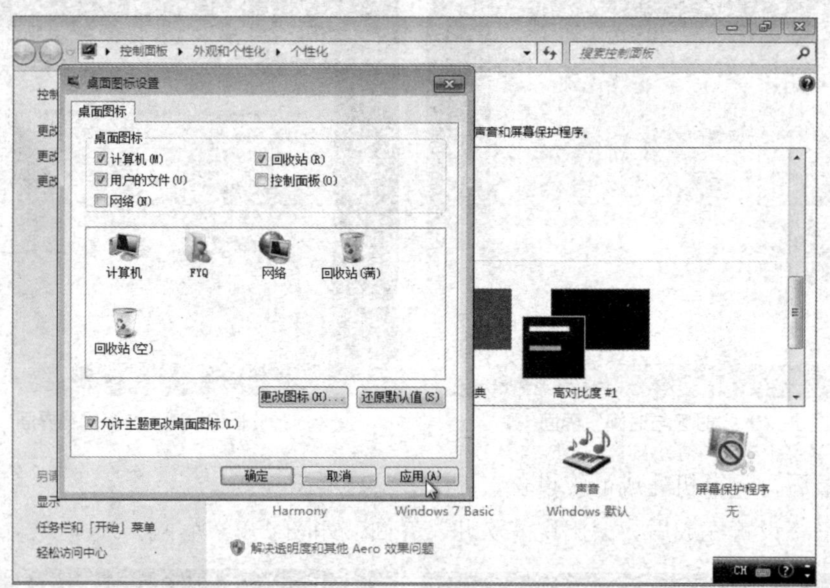

图 2-26　桌面图标设置

（25）此时“计算机”等图标都出现在桌面上，右键单击“计算机”，选择“管理”命令，如图 2-27 所示快捷菜单。

（26）按照图 2-28 所示选择左侧窗格中“本地用户和组”选项栏中的“用户”，在右侧窗格中双击“FYQ”选项（这是之前取的用户名），然后弹出“FYQ 属性”对话框，勾选“账户已禁用”复选框，然后单击“确定”按钮，如图 2-28 所示。

（27）双击“Administrator”选项，弹出“Administrator 属性”对话框，取消“账户已禁用”复选框的勾选，再右键单击“确定”（注意：这里的“全名”即是计算机名，例如“FQY”，用户也可以根据喜好进行设置），如图 2-29 所示。

图 2-27 桌面

图 2-28 “FYQ 属性”对话框

图 2-29 “Administrator 属性”对话框

（28）然后单击“取消”按钮，选择“FYQ”进入（FYQ 即上一步的命名），进入后按照之前的方法将“计算机”“我的文档”等放到桌面上，如图 2-30 所示。

（29）这时可以开始正式激活 Windows 7。在执行此操作之前必须自行安装 WinRAR 软件，安装好之后解压 Oem7V7.0 压缩包，解压后双击 Oem7V7.0 文件，出现黑色对话框，再根据提示操作，如图 2-31 所示。

图 2-30 选择“FYQ”进入

图 2-31 Oem7 V7.0 对话框

（30）出现图 2-32 所示的界面时，按 A 键输入 A，按 Enter 键。

（31）出现图 2-33 所示的界面时，按照提示选择一个 OEM 信息，即计算机品牌，然后按 Enter 键。

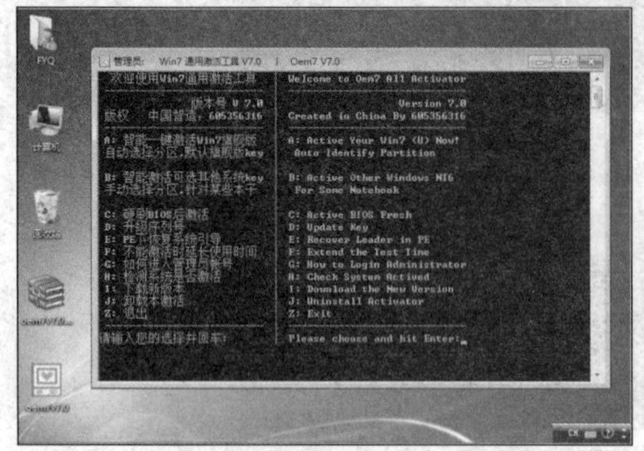

图 2-32　Oem7 V7.0 对话框

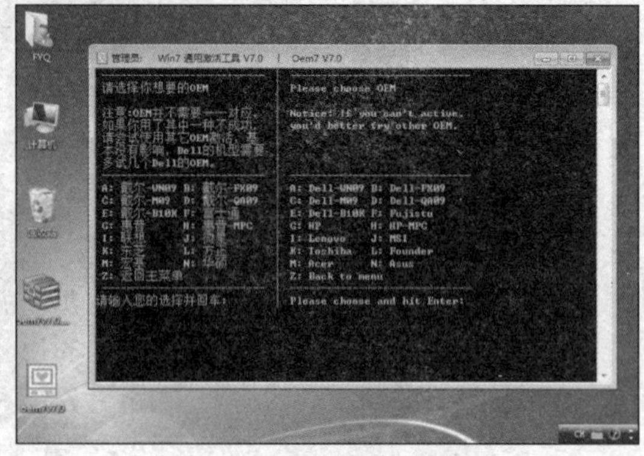

图 2-33　Oem7 V7.0 对话框

（32）之后出现如图 2-34 所示的界面，按任意键继续。

（33）等一会儿计算机会自动重启，如图 2-35 所示。

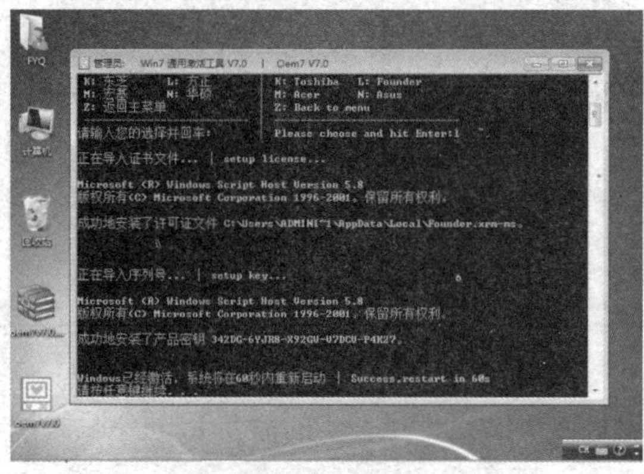

图 2-34　Oem7V7.0 对话框

图 2-35　计算机自动重启

（34）重新启动计算机后，右键单击“计算机”图标，选择“属性”命令，如图 2-36 所示。查看最下方“Windows 激活”一栏，如果和上面的大图一样就说明激活失败，否则按照以上步骤重来一遍（或是更换系统盘）；如果是图 2-37 所示的情况则说明激活成功。

图 2-36　计算机属性

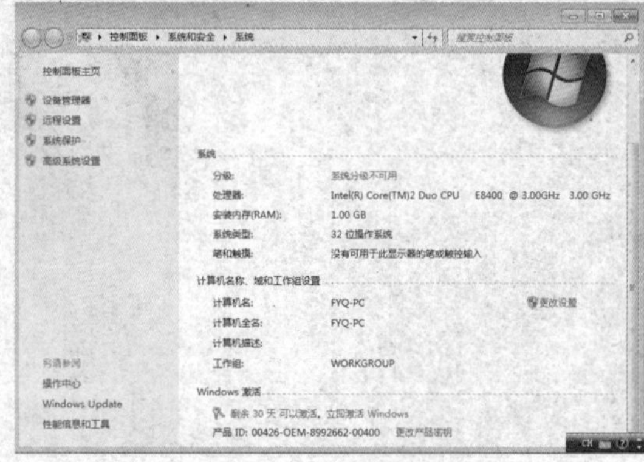

图 2-37　系统信息

七、任务相关技能训练点导图

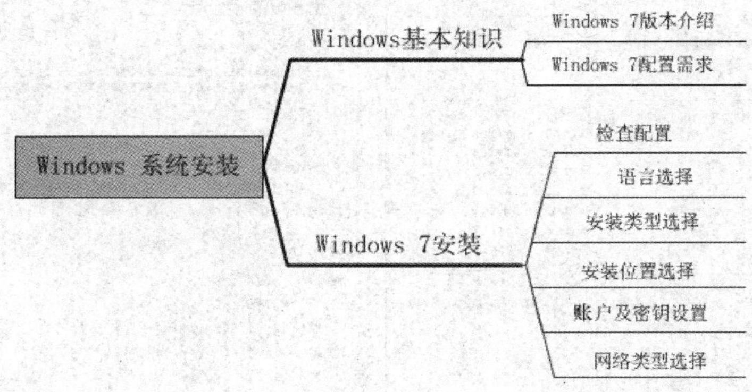

图 2-38 任务相关技能训练点导图

八、拓展技能训练

【Windows 备份与还原】

系统在使用过程中，不可避免地会出现设置故障或文件丢失，为防范这种情况，可以对重要的设置或文件进行备份，在遇到设置故障或文件丢失时，就可以通过这些备份文件进行恢复。

Windows 7 系统自带有系统备份与还原功能，具体操作如下。

（1）打开控制面板（大图标显示），找到并打开“备份和还原”选项，如图 2-39 所示。

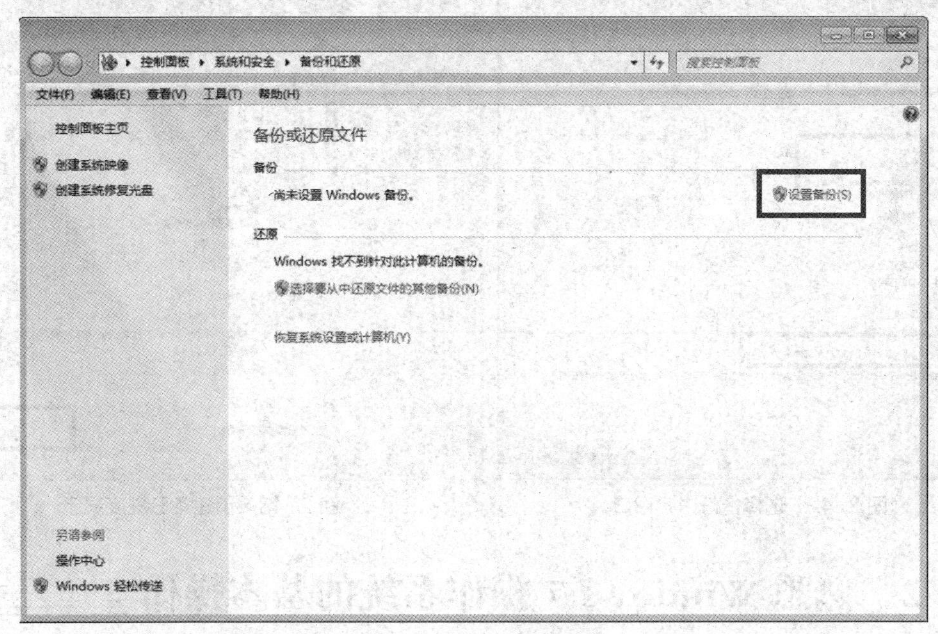

图 2-39 “备份与还原”窗口

（2）单击“设置备份”链接，会出现设置备份的启动界面，稍等一会儿后会出现如图 2-40 所示的“设置备份”窗口。

（3）单击“下一步”按钮，显示如图 2-41 所示设置备份内容界面。

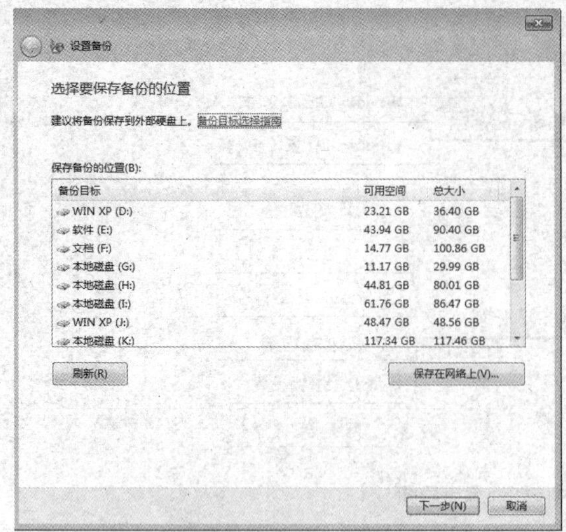

图 2-40 设置备份位置

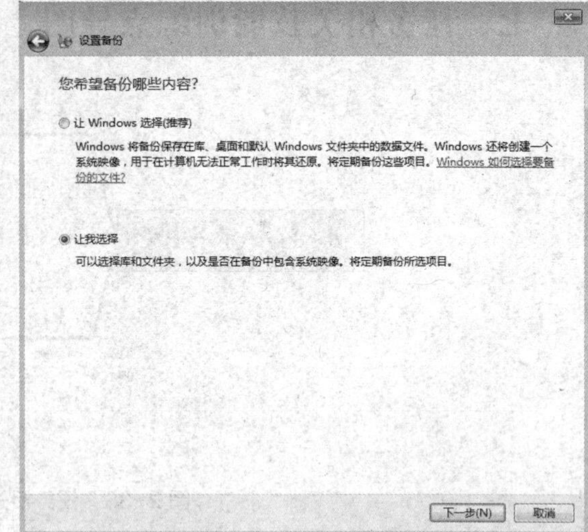

图 2-41 设置备份内容

（4）选择要备份的内容，一般需要备份系统，勾选“包括驱动器（C:),（D:）的系统映像（S）”复选框，其他需要备份的文件，可以从列表里选择，选择完成后单击“下一步”按钮，即可进行备份，需要时间较长，用户需要等待完成备份即可，如图 2-42 所示。

（5）备份完成后可以查看备份文件的信息，如果出现设置故障或文件丢失，就可以单击“还原我的文件”按钮一步步操作进行还原，如图 2-43 所示。

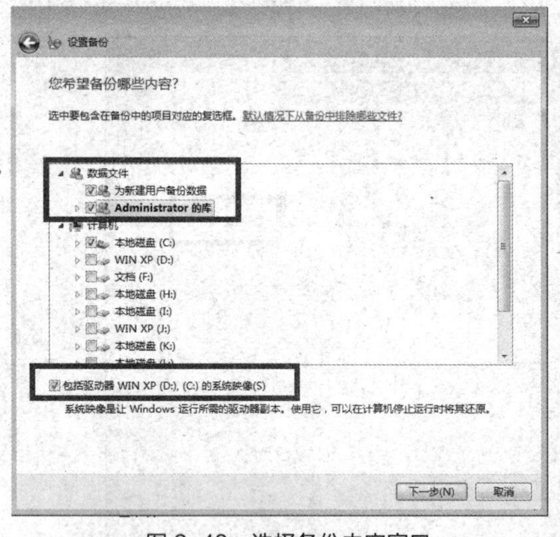

图 2-42 选择备份内容窗口

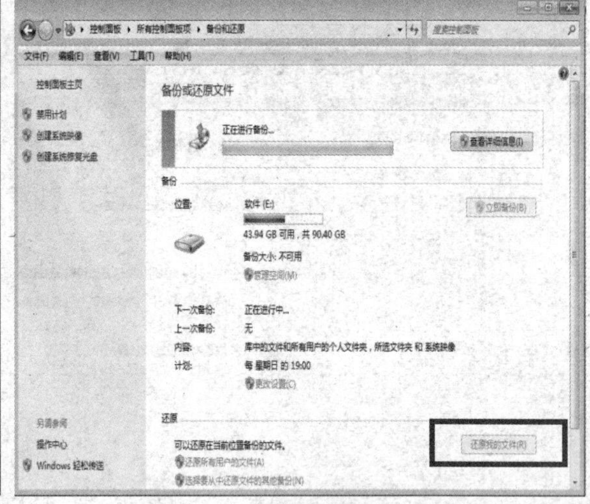

图 2-43 创建备份进度显示

任务 2 熟悉 Windows 7 操作系统的基本操作

一、任务背景

启动安装好 Windows 7 操作系统的计算机，登录 Windows 7 之后，首先出现的就是桌面。桌面是用户工作的平台，当使用程序或文件的时候，它们的界面会出现在桌面上，方便调用。为更方便快捷使用操作系统，可重新根据用户的需求定义桌面图标、快捷方式及任务栏，整理并复制文件，对应用软件进行管理（安装或删除）等。

二、任务目的和要求

1. 任务目的

（1）认识桌面，记住桌面常用图标及其名称、用途、快捷方式等。

（2）认识任务栏，记住任务栏的基本属性，认识上面的图标及其功能。

（3）掌握文件夹新建、打开、删除、复制、移动方法。

（4）掌握在计算机中查找需要的文件或文件夹的方法。

2. 任务要求分析

（1）熟练掌握 Windows 7 操作系统的桌面基本操作技能。

（2）认识桌面、桌面常用图标及其名称、用途、快捷方式等。

（3）了解“开始”菜单，认识任务栏，掌握其基本属性。

（4）掌握文件和文件夹管理操作。

三、任务学时和任务工具

2 学时；计算机、Windows 7 操作系统。

四、任务实施方案

为了更好地使操作系统符合自己的使用习惯，先要熟悉 Windows 7 工作界面，依使用习惯定义系统工作环境，并使用适当的方式管理文件和文件夹，应用“360 软件管理”进行应用程序的安装与删除。

五、知识准备

1. 文件

文件是数据在计算机中的组织形式，计算机中的程序、文本、图片、视频、声音等都是以文件形式存储在计算机的存储介质（如硬盘、光盘、U 盘等）上。

Windows 中的任何文件都是用图标和文件名来标识的，文件名由主文件名和扩展名两部分组成，中间用“.”分隔。如“win.txt”文件，其中“win”代表文件名，“txt”表示扩展名。用户创建的文件可以根据需要修改文件名，但修改扩展名会改变文件的类型。

文件名：最多可以由 255 个英文字母或 127 个汉字组成，或者混合使用字符、汉字、数字或空格。但文件名中不能含有“\”“/”“:”“<”“>”“?”“*”“””和“|”字符。

扩展名：通常为 3 个英文字符。扩展名决定了文件的类型，也决定了可以使用什么程序来打开文件。常说的文件格式指的就是文件的扩展名。

2. 文件夹

根据查看方式不一样，Windows 7 文件夹有不同显示形式，如图 2-44 所示为大图标形式显示文件夹，列表形式显示文件夹如图 2-45 所示。

3. 资源管理器

Windows 7 系统中的资源管理器是用户经常浏览和查看文件的重要窗口，资源管理器窗口如图 2-46 所示。

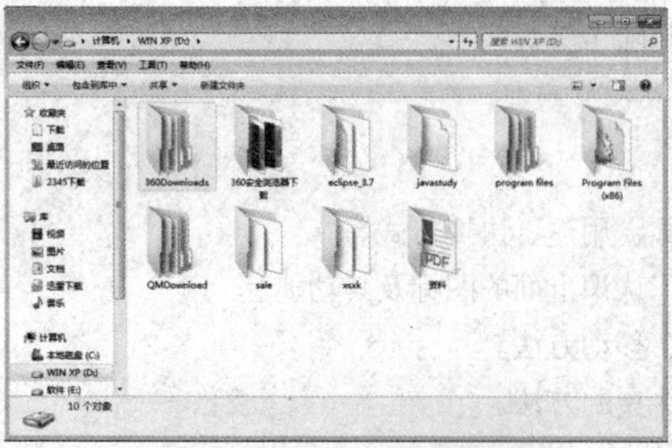

图 2-44　大图标形式文件夹显示方式

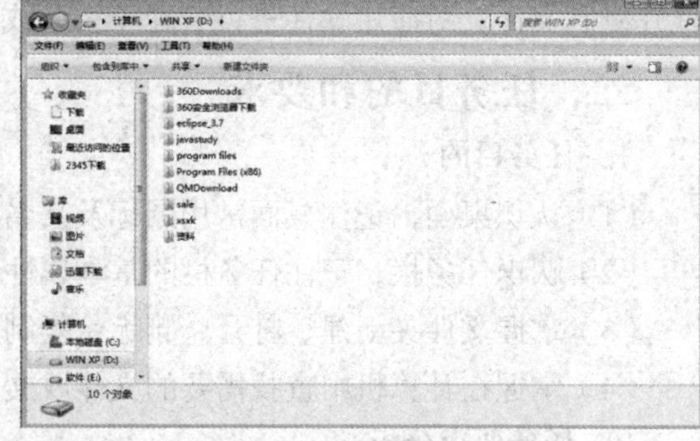

图 2-45　列表形式显示文件夹

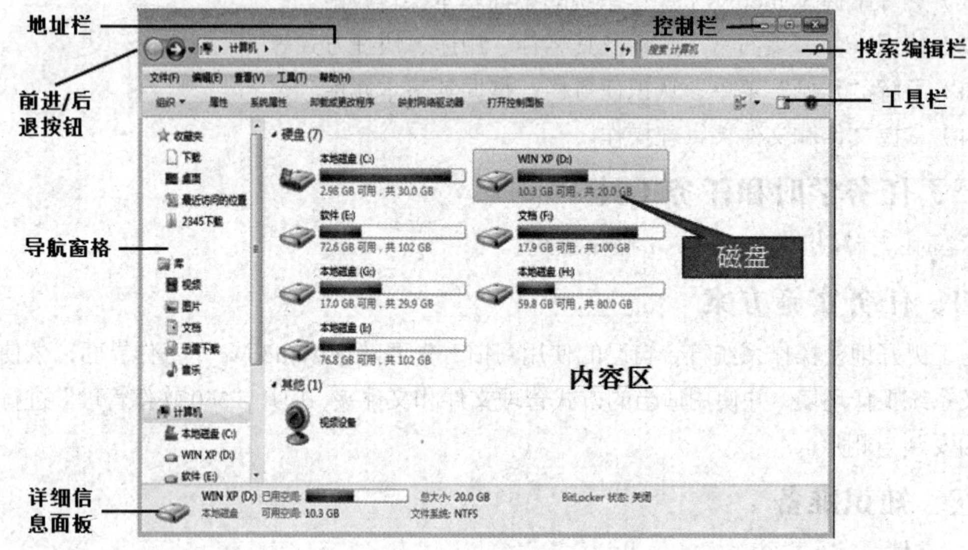

图 2-46　资源管理器

4. 回收站

“回收站”为用户提供了一个安全的删除文件或文件夹的解决方案，当用户从硬盘中删除文件或文件夹时，Windows 7 会将其放入“回收站”中，直到用户将其清空或还原到原位置。当回收站充满后，Windows 会自动清除“回收站”中最先放进来的文件，以存放最新删除的文件或文件夹。

5. 剪贴板

剪贴板是计算机内存中的一块区域，是 Windows 系统内置的一个临时保存剪切或复制信息的工具。在 Windows 中，各个应用程序共用一个剪贴板，所以应用程序之间可以通过剪贴板共享数据。如在 Windows 环境中，按“PrintScreen”键，可以将当前屏幕上的全部内容截屏复制到剪贴板；按“Alt+PrintScreen”组合键，可以将当前活动窗口的内容截屏复制到剪贴板。在 Word 中，使用粘贴命令就可以将剪贴板中的内容粘贴到 Word 文档中。

在剪切文件或文件夹时，剪贴板中保存的只是文件或文件夹路径信息，而非文件或文件夹本身，因此，如果文件的路径以剪切的方式放入剪贴板，则只能粘贴一次。只有在复制非文件内容，如图片、文本时，剪贴板内存放的才是数据本身。

六、任务实施

（一）熟悉 Windows 7 工作环境

（1）启动计算机，显示桌面，桌面上的工作区，即桌面上大片空白区域，放置着各种图标，桌面上一般放置固定图标与带箭头的快捷方式图标，如图 2-47 所示。

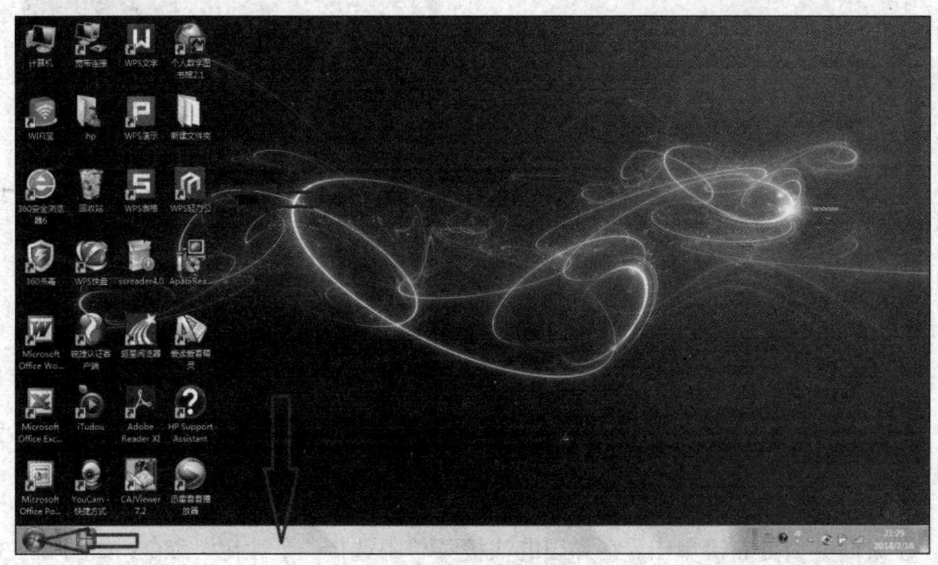

图 2-47　桌面

（2）一个图标代表一个文件或者一个程序，鼠标单击的时候，一般瞄准图标，如图 2-48 所示。

（3）快捷方式图标下面有一个小箭头标识，它是指向程序的快捷图标，程序一般放在专门的文件夹里，如图 2-49 所示。

图 2-48　图标

图 2-49　快捷方式图标

（4）任务栏是桌面最下面的长条，当前运行的程序图标都会在任务栏中显示一个小格子，表示现在正在运行，最左边是“开始”按钮，最右边是“系统托盘”，如图 2-50 所示。

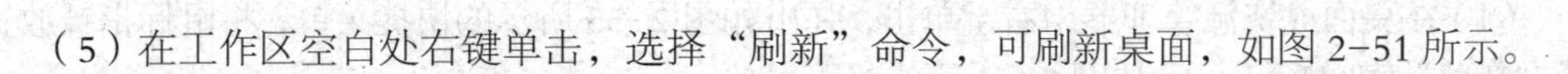

图 2-50　任务栏

（5）在工作区空白处右键单击，选择“刷新”命令，可刷新桌面，如图 2-51 所示。

（6）单击“开始”按钮，观察菜单，右侧的黑色三角标识说明下面还有级联菜单。单击“所有程序”命令处，可以显示所有一级菜单，再单击“开始”按钮，可关闭菜单，如图 2-52 所示。

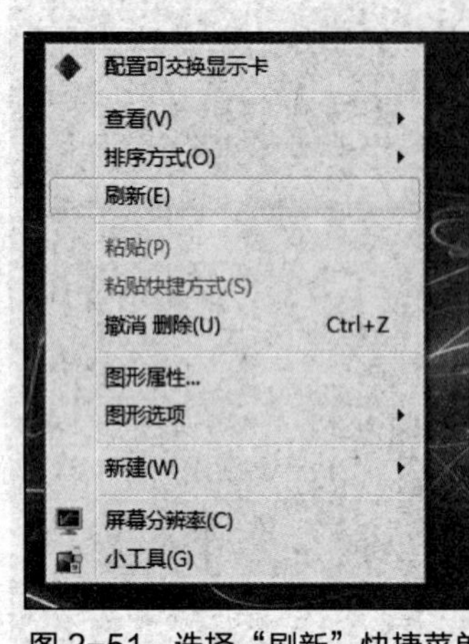

图 2-51　选择“刷新”快捷菜单

图 2-52　Windows 的“开始”菜单

（7）在桌面空白处右键单击，在弹出的快捷菜单中选择“个性化”命令，如图 2-53 所示，可进入“个性化”设置窗口，单击“桌面背景”图标，可修改背景图片，如图 2-54 所示。

图 2-53　选择“个性化”菜单项

图 2-54　“桌面背景”设置对话框

（二）文件和文件夹管理

1．新建文件夹和文件

（1）在桌面或资源管理器中右键单击，弹出如图 2-55 所示的快捷菜单，将鼠标指针放置于“新建”菜单项，显示如图 2-56 示的级联菜单。

（2）选择“文件夹”命令，可以在鼠标单击位置新建一个文件夹；如选择“文件”，即创建所选择类型的文件。新建文件或文件夹后，输入文件名或文件夹名，即完成文件或文件创建，此处输入文件夹名称为“XSXK”。

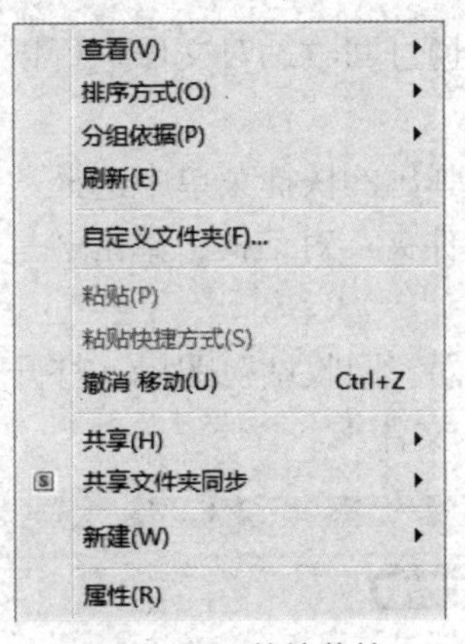

图 2-55 快捷菜单

图 2-56 级联菜单

2．选择文件或文件夹

选择文件或文件夹的方式很多，在文件或文件夹图标上单击，可选择单个文件或文件夹。按“Ctrl+A”组合键可选择全部文件或文件夹；按住“Ctrl”键依次单击要选中的文件或文件夹，可选择多个文件或文件夹。按住鼠标左键拖动，拖出一个矩形选框，选框内的所有文件或文件夹都会被选中。

3．重命名文件或文件夹

重命名文件或文件夹就是给文件或文件夹重新定义一个新的名称，使其更符合用户的要求，具体操作如下。

（1）打开要重命名的文件或文件夹所在的目录窗口，选择要重命名对象。

（2）右键单击要重命名的对象，在弹出的快捷菜单中选择“重命名”命令，或直接单击其名字区域，文件或文件夹的名称将处于编辑状态（蓝色反白显示），用户可以直接输入新的名称完成重命名操作。

若文件或文件夹处于打开或被其他应用程序占用的状态，则不能执行重命名操作。在系统设置为“显示已知文件的扩展名”后，只能更改文件的主文件名，而不能更改其扩展名，否则系统会提示“更改文件扩展名将导致文件不可用”。

4．复制与移动文件或文件夹

文件或文件夹的复制就是将其复制一个副本保存到其他位置，通常用于数据的备份操作；移动，则是将文件或文件夹从原位置删除后放到新的位置，通常用于数据的转移。两者除使用命令不同之外（复制使用“复制”命令而移动使用“剪切”命令）其他操作步骤均相同，具体操作如下。

（1）打开源文件或文件夹所在的目录窗口。

（2）选定准备复制或移动的对象。

（3）右键单击选定的对象，从快捷菜单中选择“复制”或“剪切”命令，或者按“Ctrl+C”或“Ctrl+X”组合键，系统就可将对象放入系统剪贴板。

（4）打开目标文件夹窗口。

（5）在目标文件夹窗口空白处右键单击，从快捷菜单中选择“粘贴”命令或按“Ctrl+V”组合键，即可将源对象从剪贴板粘贴到当前位置。

5．删除与还原文件或文件夹

不再需要当前文件或文件夹时，用户可以将其删除，以释放其占用的磁盘空间，有利于操作系统对文件或文件夹进行管理；删除的文件可以通过回收站对文件进行恢复，具体操作如下。

（1）右键单击要删除的文件夹对象“XSXK”，在弹出的快捷菜单中选择“删除”命令，或直接按“Delete”键，弹出如图 2-57 所示“删除文件夹”对话框，单击“是”按钮，即可删除所选定的文件夹。

（2）如果要恢复所删除的文件或文件夹，双击桌面“回收站”图标，打开“回收站”对话框，如图 2-58 所示，找到上一步删除的“XSXK”文件夹。

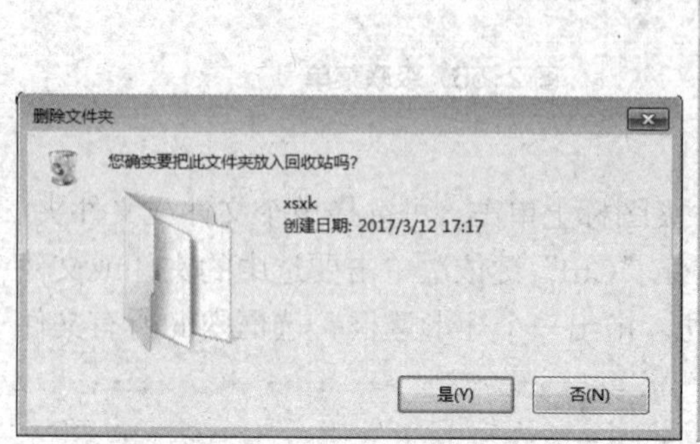

图 2-57 “删除文件夹”对话框

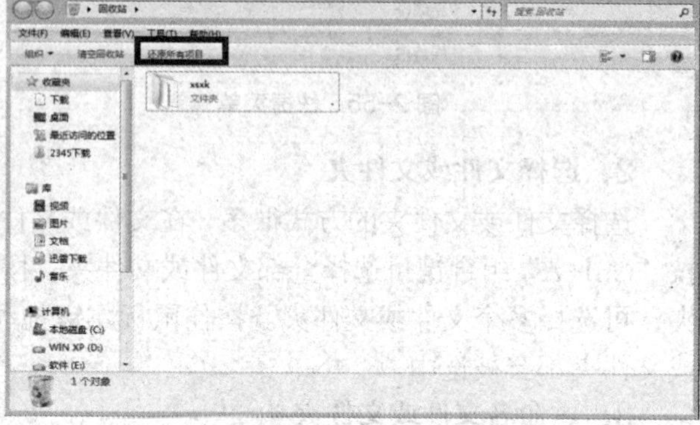

图 2-58 “回收站”对话框

（3）在回收站单击选择要还原的文件夹对象，单击“还原此项目”按钮，或右键单击要还原的文件夹对象，在弹出的快捷菜单中选择“还原”命令，被删除的文件夹“XSXK”即可恢复到原来未被删除时所在的位置。

6．查找文件或文件夹

有时用户需要操作某个文件或文件夹，但却忘记了该文件或文件夹所存放的具体位置或具体名称，为此 Windows 7 提供了搜索文件或文件夹功能，以帮助用户快速找到所需要的文件或文件夹。这里以搜索从回收站还原的 XSXK 文件夹为例，具体操作如下。

打开资源管理器窗口，在窗口的右上角可以看到“搜索计算机”文本框，在其中输入要查找的文件夹名称“XSXK”，表示在所有磁盘中搜索名称包含所输入文本的文件或文件夹，此时系统会自动开始搜索，等待一段时间即可显示搜索的结果。

如不知道文件或文件夹的全名，可只输入部分文件名；还可以使用通配符“？”和“*”，其中“？”代表任意一个字符，“*”代表多个任意字符。另外，Windows 7 还提供了根据文件创建时间或文件大小来进行搜索相关文件的功能。

7．文件属性修改

Windows 7 系统为文件或文件夹提供了两种属性：即只读和隐藏属性。例如将搜索到的“XSXK”属于修改为只读并隐藏，具体操作如下。

（1）右键单击“XSXK”文件夹，在弹出的快捷菜单中选择“属性”命令，弹出如图 2-59 所示的“XSXK 属性”对话框。

（2）在对话框中“属性”栏勾选“只读”和“隐藏”复选框，单击“确定”按钮。

（3）弹出如图 2-60 所示的“确认属性更改”对话框。选中“将更改应用于此文件夹、子文件夹和文件”单选按钮，即可将此文件夹和文件夹的子文件夹及文件都设置为只读及隐藏属性。

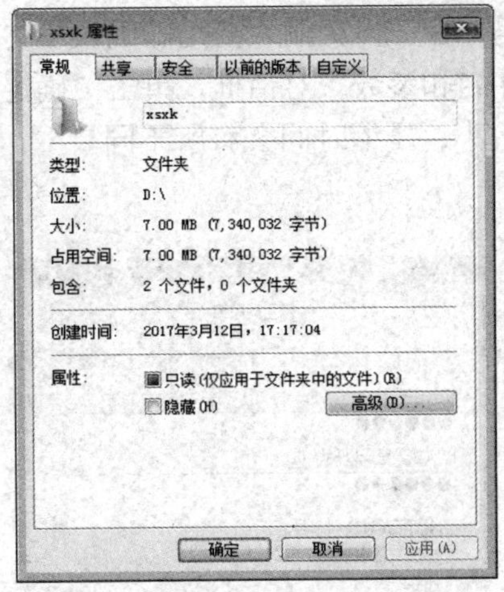

图 2-59 “XSXK 属性”对话框

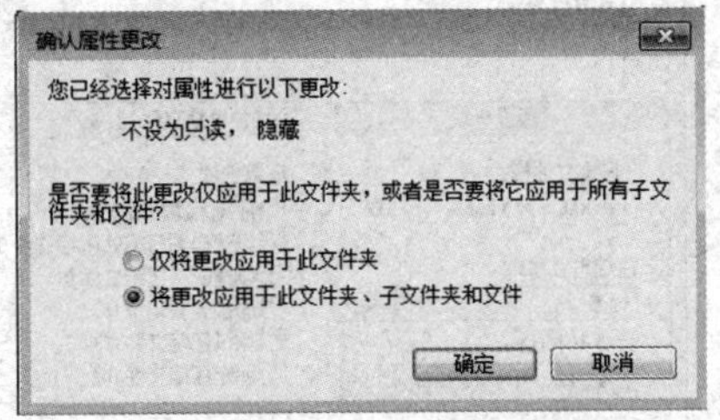

图 2-60 “确认属性更改”对话框

七、任务相关技能训练点导图

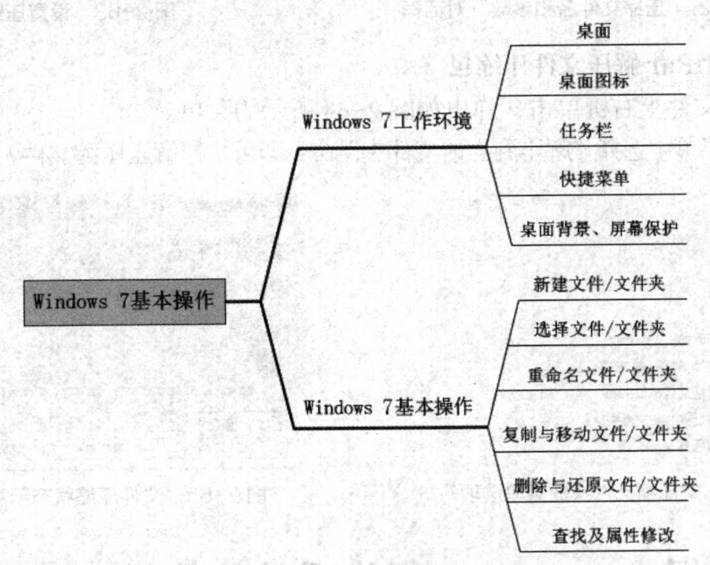

图 2-61 任务相关技能训练点导图

八、拓展技能训练

【使用 WinRar 软件】

对文件或文件夹进行压缩处理，可以帮助用户更方便地管理文件和文件夹，如复制、移动较大文件，可以先利用 WinRar 等工具软件将其进行压缩处理，在使用时再进行解压缩。

1．使用 WinRar 文件或文件夹

对文件或文件夹压缩时，计算机必须先安装类似 WinRar 的压缩工具，安装好压缩工具后，再进行如下操作。

（1）选择需要进行压缩的文件夹“XSXK”，右键单击，在弹出的快捷菜单中选择“添加到压缩文件”命令，弹出如图 2-62 所示的“压缩文件名和参数”对话框。

（2）单击“浏览”按钮，选择压缩后文件保存的位置。

（3）单击“设置密码”按钮，弹出如图 2-63 所示的“输入密码”对话框。

（4）在“输入密码”文本框中输入所要设置的密码，在“再次输入密码以确认”文本框中输入同样的密码。单击“确定”按钮回到“压缩文件名和参数”对话框，单击“确定”按钮，即显示压缩进度窗口，根据压缩文件或文件夹的大小，压缩时间会有所不同。

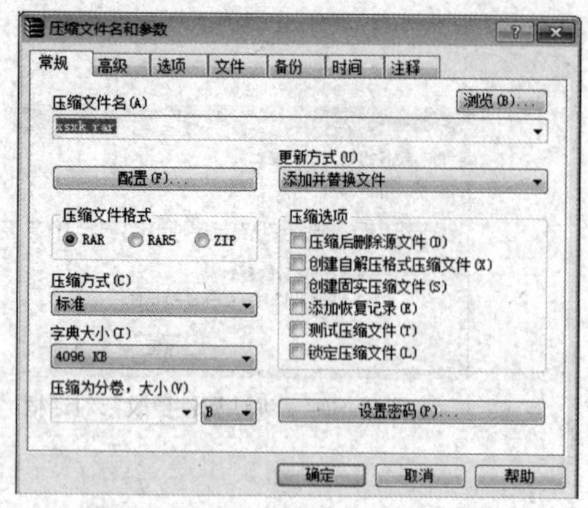

图 2-62 “压缩文件名和参数”对话框

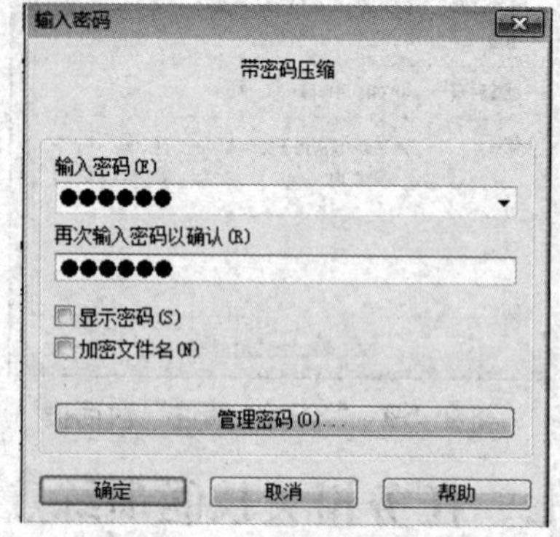

图 2-63 设置压缩密码

2．使用 WinRar 解压文件压缩包

（1）在压缩文件上右键单击，弹出如图 2-64 所示的菜单。

（2）在快捷菜单中选择“解压到当前文件夹”命令即可快速解压压缩文件，如图 2-65 所示。

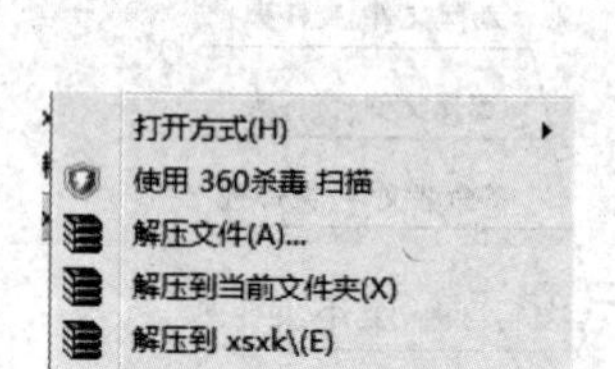

图 2-64 解压缩文件快捷菜单选项

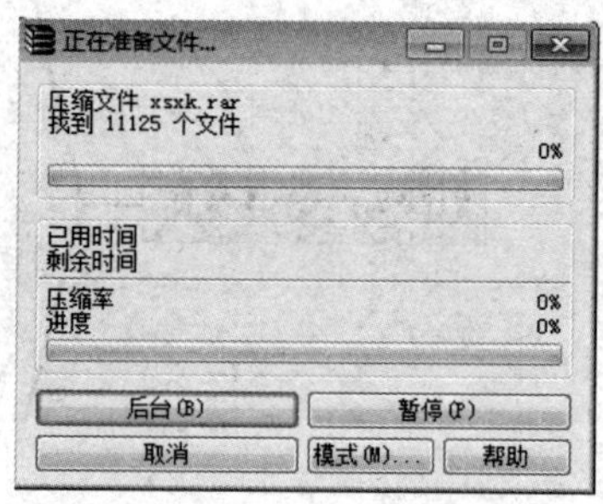

图 2-65 文件压缩状态示意

任务 3 掌握 Windows 7 操作系统的管理

一、任务背景

小杨办公室有一台公共计算机，有不同的同事使用，保证不修改计算机设置，小杨希望不同人使用时设置不同的用户账号；同时，此公共计算机需要安装打印机并共享打印机供其他办公室同事共享使用。此外，为了节省计算机的耗电量，还需要把计算机设置为 30 分钟不操作后就自动进入待机状态，这就需要小杨学会如何设置桌面的显示属性。最后，小杨还要学习如何管理已经安装的应用程序。

二、任务目的和要求

1．任务目的

（1）学习控制面板操作，熟悉常见操作。

（2）能够设置时间、声音、显示、桌面小工具。

2．任务要求分析

（1）通过设置计算机访问权限，不同的人使用计算机时能使用不同软件。

（2）在局域网范围内共享打印进行文档打印。

（3）添加屏幕保护，计算机在一段时间内无操作就进入待机状态，重新登录时需要输入密码。

三、任务学时和任务工具

1 学时；计算机、Windows 7 操作系统。

四、任务实施方案

进入控制面板，通过新增 Gust 账户，设置访问权限，即可在保证其他同事登录或使用共享计算机的同时不影响原有系统设置；设置打印机共享，可保证其他同事能访问并使用打印机；通过设置“显示”等项目，可有效降低能耗。

五、知识准备

1．控制面板

控制面板是 Windows 中的一个系统工具，可以对计算机的各方面性能、参数进行控制，用户通过控制面板，可以对 Windows 进行一些重要的设置。用户对 Windows 控制面板了解得越多，对于计算机的工作也了解得越多。本任务以 Windows 7 为例讲解针对控制面板的基本操作，相关知识对于其他版本的 Windows 同样适用。

选择“开始”→“控制面板”命令，即可打开“控制面板”窗口。在窗口的右上角可以选择不同的视图方式——类别视图与大、小图标视图。两种视图方式下的效果对比如图 2-66 和图 2-67 所示，其中图 2-66 为按类别视图查看方式，图 2-67 为按大图标查看方式。

图 2-66　按类别查看的控制面板窗口

2．多用户管理

实际生活中，使用 Windows 的计算机用户大多避免不了在家庭、宿舍或办公室与别人共用计算机的情况，Windows 7 系统作为一个多用户操作系统，它允许多个用户共同使用一台计算机，而账号就是用户进入系统的出入证。用户账号一方面可以为每个用户设置相应的密码、隶属的组、保存个人文件夹及系统设置；另一方面将每个用户的程序、数据等相互隔离，这样在不关闭计算机的情况下，不同的用户均可以访问资源。

图 2-67 按大图标方式查看方式的控制面板

Windows 7 系统的用户管理内容，主要包括账号的创建、密码设置、账号修改等内容，可以通过打开“控制面板”中的“用户账户”程序来进行设置。Windows 7 中有两种基本的用户类型，即管理员（Administrator）和标准用户（User），它们的权限如表 2-1 所示。

表 2-1 用户权限

操作权限	管理员（Administrator）	标准用户（User）
安装程序和软件	√	
进行系统范围的更改	√	
访问和读取所有非私人的文件	√	
创建和删除用户账户	√	
更改其他人的用户账户	√	
更改自己的账户名和类型	√	
更改自己的图片	√	√
创建、更改或删除自己的密码	√	√

六、任务实施

（一）管理系统用户（新增 Guest 账户）

用户账户和家庭安全设置主要包括更改账户图片、更改账户密码、添加用户账户、删除用户账户、设置家长控制等。新增 Guest 账户的具体操作步骤如下。

（1）如图 2-68 所示，选择并单击“用户账户和家庭安全”设置项目，显示“用户账户和家庭安全”设置窗口。

（2）单击“添加或删除用户账户”链接，显示如图 2-69 所示的窗口。在这里，用户单击“更改密码”链接，会弹出“更改密码”对话框，输入原始密码并设置新密码、确认更改密码，即可将原来的密码设置为新密码；如要取消原来 Administrator 账户的密码，单击“删除密码”链接，在弹出的对话框中输入原始密码后单击“密码删除”按钮即可。

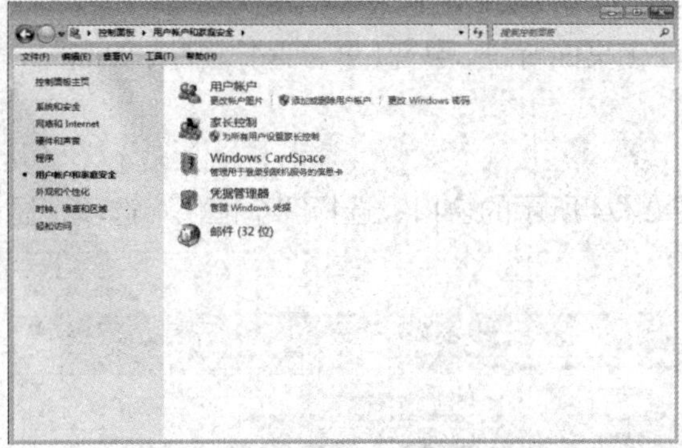
图 2-68　用户账户和家庭安全设置选项

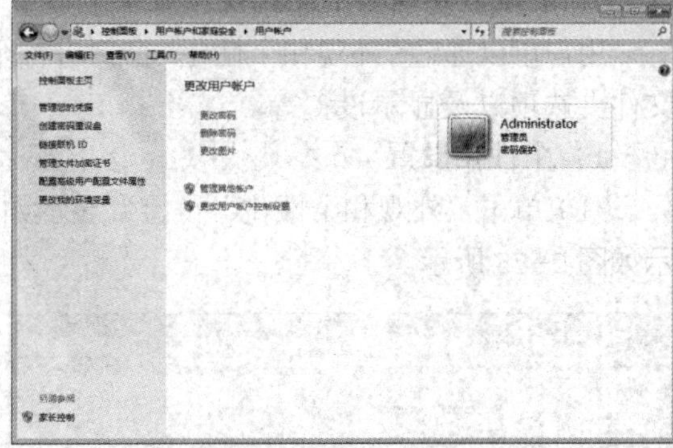
图 2-69　“用户账户”窗口

（3）单击“管理其他账户”链接，弹出 2-70 所示的“管理账户”窗口，其中显示带密码保护的管理员账户和一个没有启动的来宾账户。

（4）单击“创建一个新账户”链接，弹出如图 2-71 所示的“创建新账户”窗口，在“命名账户并选择账户类型”文本框中输入名字，如“同事账户”，选择账户类型为“标准用户”，单击“创建账户”按钮，即可“管理账户”窗口中即可新增一个名为“同事账户”的标准用户，如图 2-72 所示。

（5）单击“同事账户”图标，显示如图 2-73 所示的“更改账户”窗口。

图 2-70　“管理账户”窗口

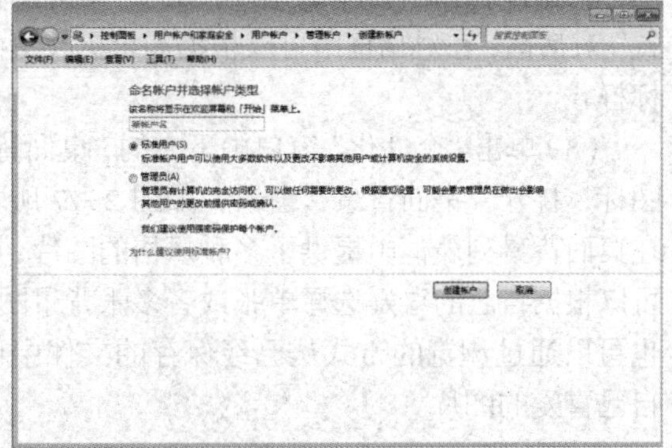
图 2-71　创建名为“同事账户”的标准用户

图 2-72　新创建的标准用户

图 2-73　“更改账户”窗口

（6）在“更改账户”窗口中单击“更改账户名称”链接可以更改账户的名称；单击“创建密码”链接可以为此账户创建一个访问密码。

（二）设置外观和个性化视觉效果

用户可以通过“外观和个性化”窗口进行个性化桌面背景、声音、屏幕保护程序、Windows 文件夹选项以及显示设置等。

1. 个性化设置

（1）单击“外观和个性化”链接，显示如图 2-74 所示的窗口，选择“个性化”选项，显示如图 2-75 所示。

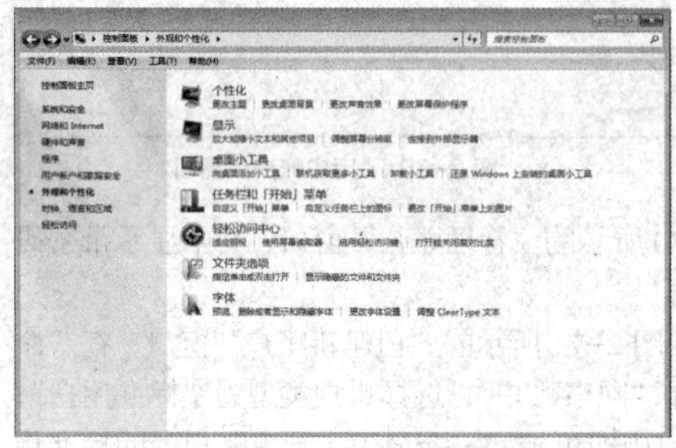

图 2-74 “外观和个性化”窗口

图 2-75 “个性化”设置窗口

（2）在“个性化”设置窗口中单击“更改桌面图标”链接，弹出如图 2-76 所示的“桌面图标设置”对话框，在对话框中可以根据需求更改桌面图标样式。

（3）单击“个性化”窗口中下方的“桌面背景”图标，打开“桌面背景”窗口，如图 2-77 所示。在桌面背景列表框中提供了多种风格的图片，用户可以根据自己的喜好选择单张或者多张背景图片，也可以通过浏览的方式从已经保存的文件中调入自己喜爱的图片。

图 2-76 “桌面图标设置”窗口

图 2-77 桌面背景设置窗口

在桌面背景列表框下方单击“图片位置”下拉列表，可以选择图片在桌面上的显示位置，有填充、适应、拉伸、平铺和居中 5 种模式。

当选择图片为多张时，系统将自动根据用户设定的“更改图片时间间隔”来变换桌面背景，用户可以选择随机更换，也可以选择按照一定的图片顺序来更换背景图片。

（4）单击“个性化”窗口右下方的“屏幕保护程序”选项，出现如图 2-78 所示的“屏幕保护程序设置”对话框。

（5）单击“屏幕保护程序”下拉列表，从列表选项中选择合适的屏幕保护程序，设置好等待时间，如 9 分钟，则表示如用户有 9 分钟不对计算机进行任何操作时，自动启用“屏幕保护程序”将屏幕显示的信息隐藏起来，这样即可以节省电能，有效保护显示器，还可以防止其他人在计算机上进行恶意操作，从而保证数据的安全。

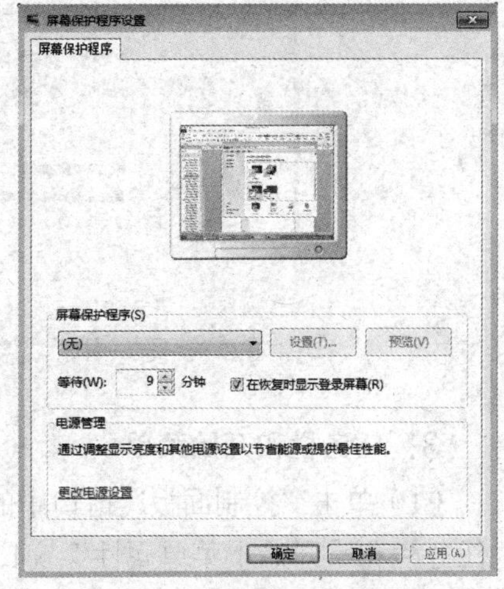

图 2-78　屏幕保护程序设置

2．显示设置

在 Windows 7 中，用户可以通过“显示”窗口设置使屏幕上的文本或其他项目（如图标）变得更大，更容易查看，无须更改监视器或便携式计算机屏幕的屏幕分辨率。同时，用户单击“调整分辨率”选项，就可以打开“屏幕分辨率”窗口，可以更改显示器设置和调整分辨率。

（1）在“控制面板”中单击“显示”图标，显示如图 2-79 所示的“显示”窗口。分别选中“使阅读屏幕上的内容更容易”界面中的“较小”“中等”和“较大”三个单选按钮可以对应调整屏幕文本显示大小。

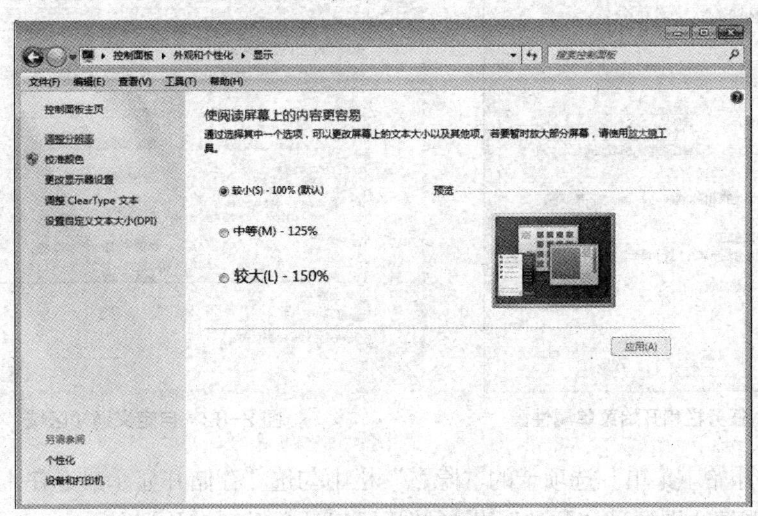

图 2-79　显示窗口

（2）单击左侧窗格中的“调整分辨率”选项，显示如图 2-80 所示的“屏幕分辨率”窗口，用户可以根据自己显示器的大小来调整分辨率，使得桌面上的图标和文字显示得更加清晰。一般分辨率设置越高，屏幕会越清晰，但图标和字体显示会越小。

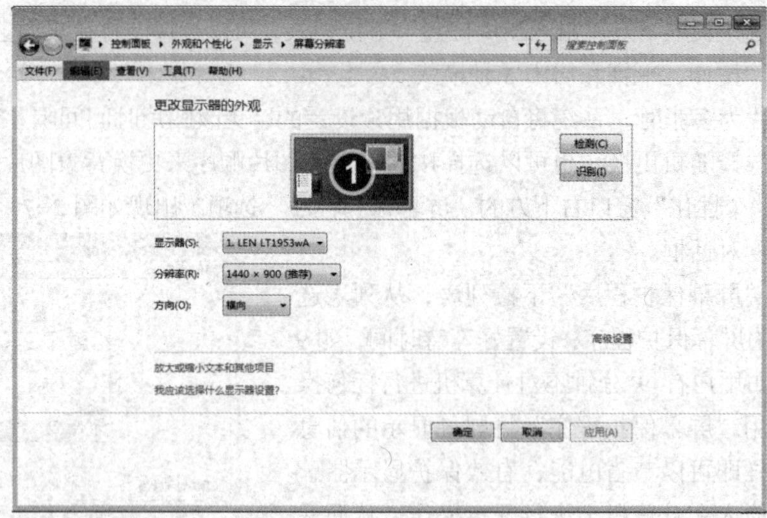

图 2-80　屏幕分辨率窗口

3．任务栏和开始菜单

（1）单击“控制面板”窗口中的“任务栏和「开始」菜单”选项，弹出如图 2-81 所示的“任务栏和「开始」菜单属性”窗口。

（2）在“任务栏外观”选项栏中勾选“自动隐藏任务栏”复选框，可以设置当鼠标指针移动离开 Windows 任务栏时自动隐藏任务栏，鼠标指针移动到任务栏时显示任务栏。

（3）单击“通知区域”栏中的“自定义”按钮，弹出如图 2-82 所示的窗口，可自定义通知区域显示哪些应用程序的图标，要随时查询隐藏的图标，可单击任务栏右侧的箭头图标展开隐藏的图标。

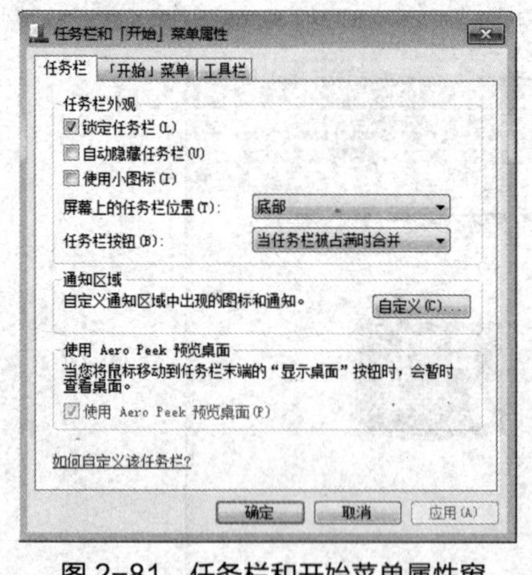

图 2-81　任务栏和开始菜单属性窗

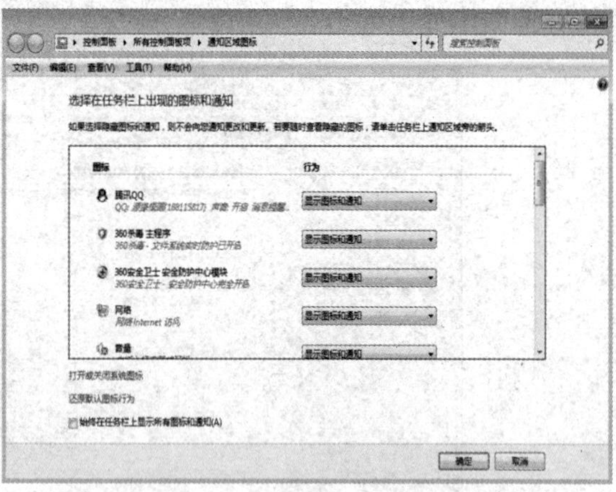

图 2-82　自定义通知区域

（4）在“「开始」菜单”选项卡的“隐私”栏中勾选“存储并显示最近在「开始」菜单打开的程序”复选框，则通过“开始”菜单打开程序时会保存打开记录。

4．字体个性化设置

在“控制面板”窗口中单击“外观和个性化”图标，打开如图 2-83 所示的“字体”设置窗口，用户可以预览、删除或者显示/隐藏字体、更改字体设置以及调整 Clear Type 文本。

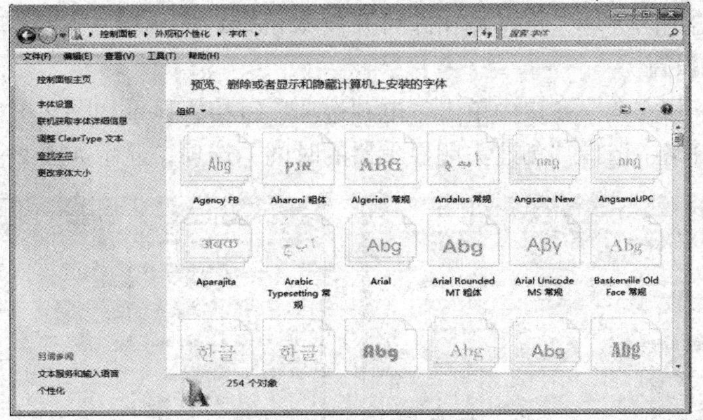

图 2-83　字体设置窗口

（三）设置系统和安全

1．Windows 防火墙设置

（1）在“控制面板”窗口中选择“系统和安全”选项，显示如图 2-84 所示的“系统和安全”窗口。

（2）单击“Windows 防火墙”链接，显示如图 2-85 所示的“Windows 防火墙”窗口。

图 2-84　“系统和安全”窗口

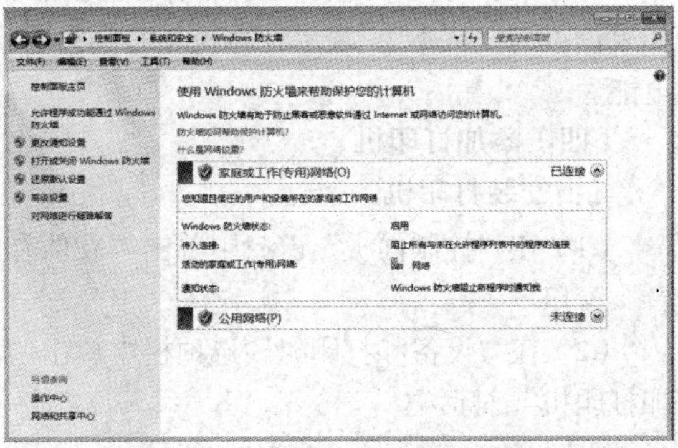

图 2-85　Windows 防火墙设置窗口

（3）单击“打开或关闭 Windows 防火墙”链接，显示如图 2-86 所示的自定义防火墙设置窗口。

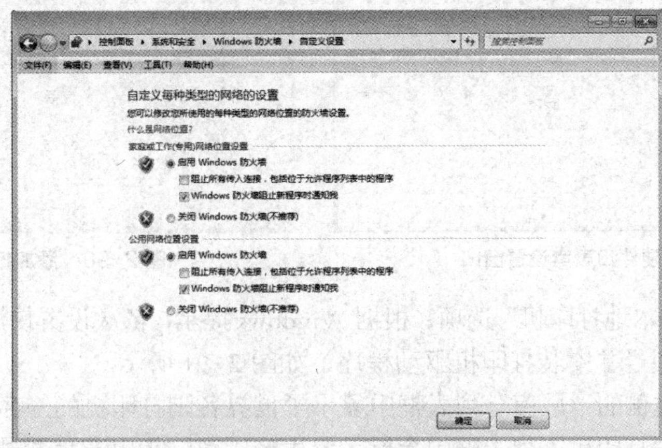

图 2-86　自定义防火墙设置

（4）选中“启用防火墙”单选按钮即可开启 Windows 防火墙。

2．电源参数设置

（1）在“系统和安全”窗口中单击“电源选项”链接，显示如图 2-87 所示的窗口。

（2）在左侧窗格中选择“创建关闭显示器的时间”选项，显示如图 2-88 所示的窗口。

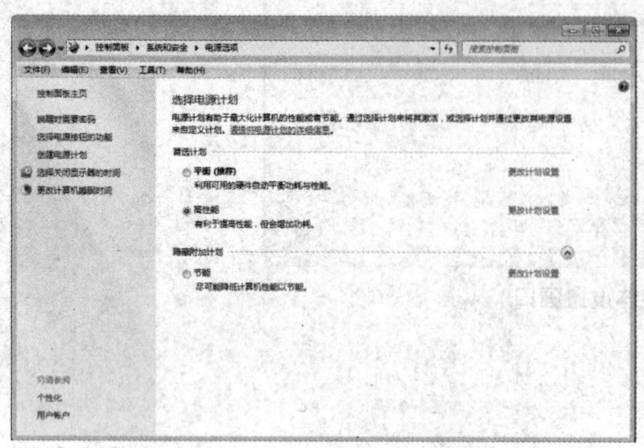

图 2-87　电源选项设置窗口

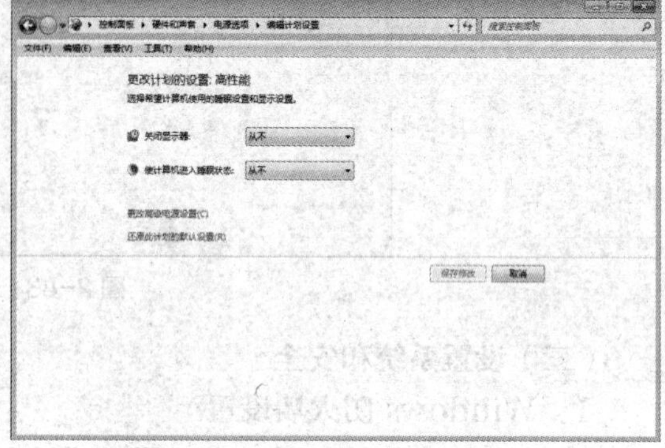

图 2-88　创建显示器关闭时间

（3）单击“关闭显示器”右侧的下拉箭头，从列表中选择合适的时间，如果选择“从不”，表示计算机长时间不进行任务操作时显示器不会自动关闭。同时，“使计算机进入睡眠状态”如果设置为“从不”，表示计算机长时间没有操作，也将一直保持运行状态，这样不利于节省电能。

（四）添加打印机

1．安装打印机

（1）在“控制面板”窗口中单击“硬件和声音”链接，显示如图 2-89 所示的“硬件和声音”窗口。

（2）在“设备和打印机”选项栏中单击“添加打印机”链接，显示如图 2-90 所示的“添加打印机”对话框。

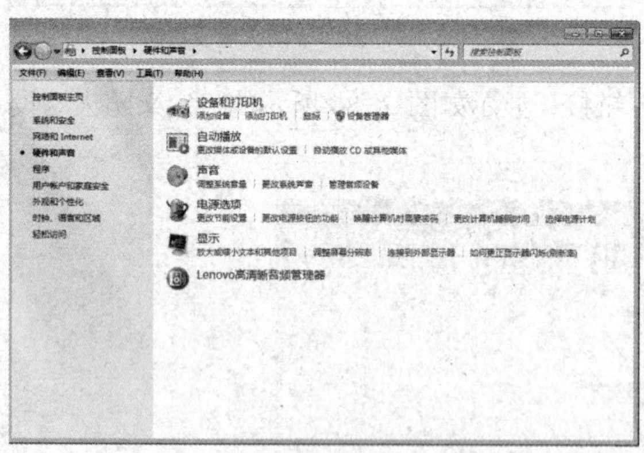

图 2-89　硬件和声音设置窗口

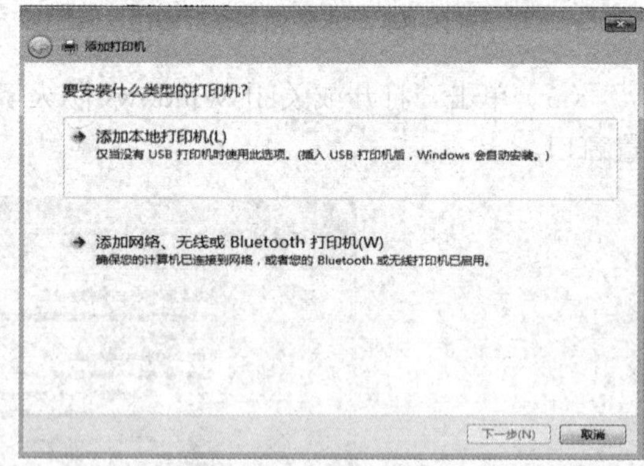

图 2-90　添加打印机窗口

（3）选择“添加本地打印机”选项，根据 Windows 提示，依次设置使用现有打印机端口、选择打印机品牌和型号并安装打印机驱动程序，如图 2-91 所示。

（4）在对话框左侧的“厂商”列表框中显示了世界各国打印机的知名生产厂商，当选择某制造商后，右侧“打印机”列表框中会显示该生产厂商的相应产品型号，如果用户所安装的打印机制造商和型号未在列表中显示，可以使用打印机附带的安装光盘进行安装，单击“从磁盘安装”按钮，打开“从磁盘安装”对话框，插入安装盘后单击“浏览”按钮选择正确的安装文件后单击“确定”按钮可返回“安装打印机”对话框。

（5）确定驱动程序的文件位置后，单击“下一步”按钮可设置打印机名称。

（6）安装好打印机后，打印机即显示在“设备和打印机”栏，打印机左下角有个对勾标识表示此打印机为默认打印机。

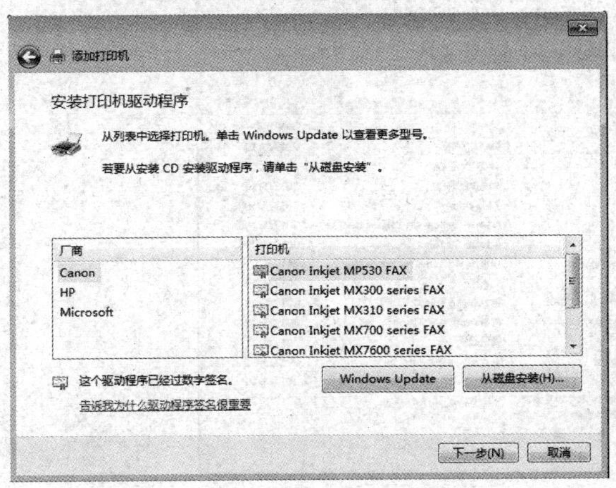

图 2-91　安装打印机驱动程序

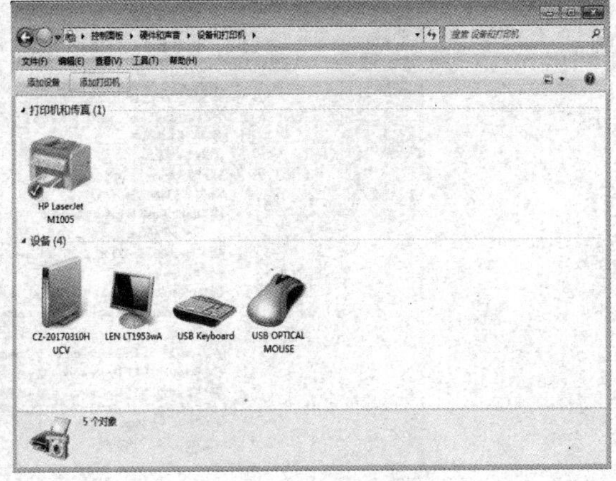

图 2-92　安装完成打印机显示设置

2. 设置打印机共享

（1）选择“开始”→“设备和打印机”命令，显示图 2-92 所示的窗口对话框，右键单击打印机图标，在弹出的菜单中选择“打印机属性”命令，弹出如图 2-93 所示的打印机属性设置对话框。

（2）单击“共享”选项卡，显示如图 2-94 所示的界面。

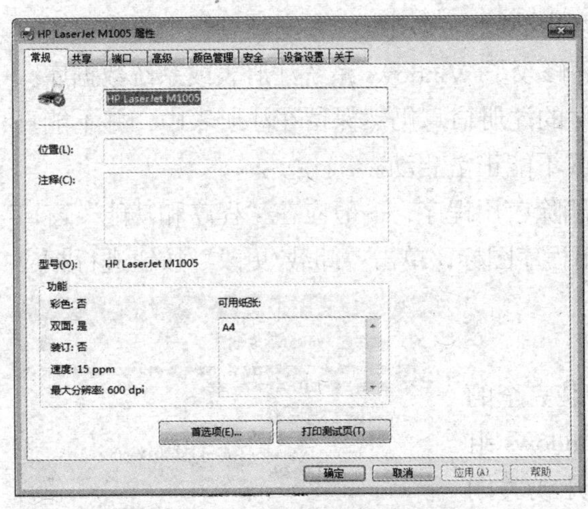

图 2-93　打印机属性常规对话框

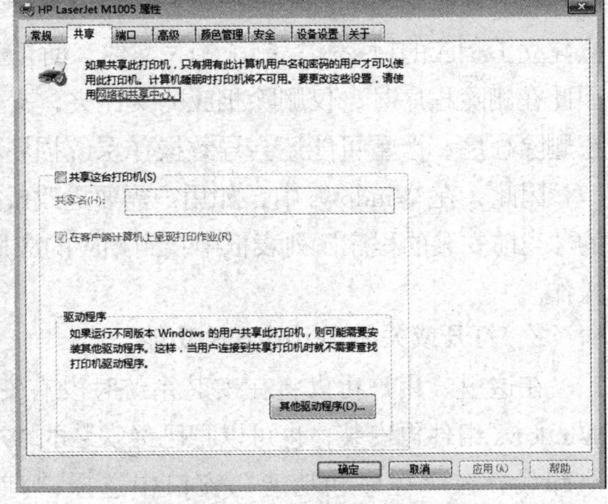

图 2-94　打印机属性共享设置

（3）勾选“共享这台打印机”复选框，“共享名”文本框中会显示打印机名称，用户可以修改打印机名称。

（4）单击“确定”按钮即可共享此台打印机，其他局域网计算机可以访问共享打印机并进行打印作业。

（五）程序和功能

安装或删除各种应用程序是用户在使用计算机的过程中经常进行的操作。Windows 系统提供的“程序和功能”选项可以帮助用户正确快速地管理计算机中的程序。在“控制面板”窗口中双击“程序和功能”图标，即可打开“程序和功能”窗口，如图 2-95 所示。

图 2-95 “程序与功能”窗口

1．卸载或更改程序

卸载或更改程序用于重新配置应用程序的组件或将应用程序从计算机中删除。更改程序一般指应用程序在安装过程只安装了部分功能，在使用过程中需要根据新的需求来增加或删除部分功能。卸载程序一般是将计算机中那些长期不用的应用程序删除，以减少系统开销、节约硬盘空间。对于发生故障的应用程序，在重新安装之前也应当将其卸载。但应用程序在删除与文件删除不同，不能只将程序目录从硬盘上删除。应用程序在安装过程中不仅在磁盘上建立了相应的目录和复制了相关文件，而且还修改了 Windows 系统注册表或系统数据库。因此在删除程序时，仅删除相应的文件夹，文件的注册信息仍然保留在注册表中，并不能真正删除程序，严重可能还会导致操作系统损坏或不能正常启动。

因此，在 Windows 中，如用户需要更改或删除应用程序，一般应在“程序和功能”窗口的“当前安装的程序”列表框中找到相应的应用程序图标，单击“卸载/更改”按钮进行相应操作。

2．打开或关闭 Windows 功能

在这里，用户可以将在安装系统时没有安装完全的 Windows 组件再安装，也可以把已经安装的 Windows 组件卸载。在“程序和功能”窗口中选择“打开或关闭 Windows 功能”选项，即可打开“Windows 功能”对话框，如图 2-96 所示列表框中，列出了所有 Windows 组件，组件名称左边有一个反映该组件安装情况的小方框，方框为空表示没有安装；带“√”表示已全部安装；阴影表示部分安装，通过单击操作可以改变小方框的状态。如果要安

图 2-96 “Windows 功能”对话框

装或删除某一组件的部分内容，可以展开选项进行选择。如果有新增组件，单击“确定”按钮后，向导可能会提示用户插入 Windows 安装盘，然后可进行组件安装。

七、任务相关技能训练点导图

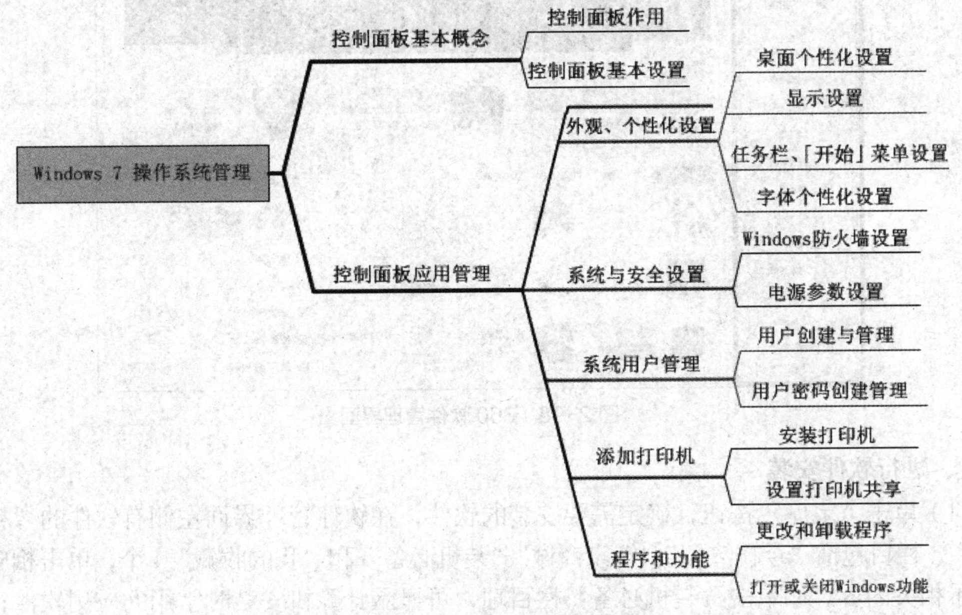

图 2-97　任务相关技能训练点导图

八、拓展技能训练

【360 软件管家介绍】

360 软件管家是 360 安全卫士的组件之一，包括装机必备、软件宝库、热门游戏、开机启动、正在运行、软件升级及软件卸载 7 个选项卡。

- 装机必备提供了包括安全、聊天、语音通话、视频、音乐、下载、输入法、游戏平台、图片、股票、文字处理及压缩共 12 类软件的下载安装和升级。
- 软件宝库里有聊天、视频、音乐、下载、游戏、图形图像、安全杀毒、输入法、浏览器、股票网银、文字处理、翻译、压缩刻录、系统工具、编程开发、数码、邮件、学习、网络应用及其他 20 类软件的下载及安装。
- 热门游戏提供了几十种游戏的下载。
- 开机启动可以管理开机启动项。
- 正在运行就像任务管理器一样，可以显示当前计算机的进程情况，包括进程名称、占用内存、安全提示及操作。
- 软件升级可以帮用户发现计算机中安装的软件哪些可以升级到最新版本，单击“升级”按钮即可实现软件的升级与安装。
- 软件卸载可以使用户卸载不需要的软件和不想要的软件。

安装好 360 软件管家后运行，显示如图 2-98 所示的界面。

图 2-98　360 软件管理界面

1．进行软件安装

（1）单击“宝库”按钮，确定需要安装的软件，在软件管理界面左侧有软件的“精品推荐”栏，栏目包括“今日热门”“管家商城”“装机必备”和“我的收藏”4 个，单击相应栏目可显示相关内容。如单击“装机必备”栏目项，可显示计算机安装时常用的应用软件，如图 2-99 所示。

图 2-99　360 软件管理“装机必备”栏目界面

（2）“宝库分类”栏将应用软件按“全部软件”“视频软件”“聊天工具”“浏览器”等进行了分类，单击每一分类，即可显示相关软件。

（3）在 360 软件管理界面右上角的“搜索”文本框中输入如“输入法”后单击“搜索”按钮，即可显示搜索到的相关软件，如图 2-100 所示。

图 2-100　搜索“输入法”相关软件示意

（4）在列表找到希望安装的软件，单击列表右侧的“下载”按钮，即会显示下载进度提示，如图 2-101 所示。下载完成后会自动启动安装软件，用户根据提示进行操作即可。

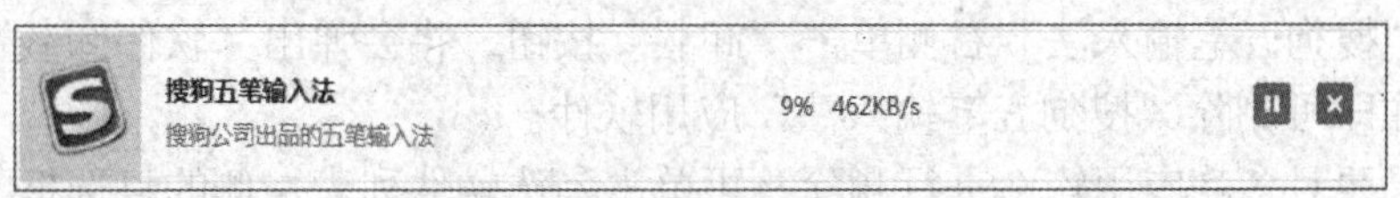

图 2-101　软件下载进度提示

2．卸载软件

使用 360 可以对已经安装而长期不会使用软件进行卸载。单击“卸载”按钮，显示如图 2-102 所示的界面。

图 2-102　卸载软件界面

（1）卸载软件时可以根据软件的分类在界面左侧单击分类找到要卸载的软件，例如要对上步已经安装的“搜狗五笔输入法”删除，单击“输入法”选项即可，显示如图 2-103 所示。

图 2-103　删除“搜狗五笔输入法”

（2）在“搜狗五笔输入法”右侧单击“卸载”按钮，将会弹出“软件卸载”窗口，根据提示进行操作即可删除“搜狗五笔输入法”应用软件。

（3）如果要对多款应用软件进行删除，可单击勾选软件列表左侧的复选框，选择要删除的软件后再单击“一键卸载”按钮，即可将选中的多款软件依次删除，用户根据每款应用软件过程程序进度提示操作，即可完成软件删除。

PART 3 项目 3 Word 2010 软件应用实战

Microsoft Office Word 2010 是 Microsoft Office 2010 应用程序套件的组成部分，Word 2010 是功能强大的字处理软件，广泛应用于各种文档处理，如公文、信函、传真、简历、书刊和报纸等。

利用 Word 建立的文件称为文档，Word 建立的文档是多媒体文档，不但可以包含文字和表格，还可以包含图形、图像、声音、视频等媒体对象。

任务 1　企业业务申请报告书撰写

一、任务描述

最近公司接了一个企业管理信息系统的设计开发项目，小杨带领一个项目组负责其中某个子项目的具体实施。在上个月，由于有一个负责模块代码设计的同事被公司总部调离了项目组，还有一个负责产品 UI 设计的同事离职，因此项目实施人手不够，为避免影响项目交付工期和项目实施质量，小杨向经理提出要求从总部借调两个人进入项目组。另外由于发包方将工期压缩了一个月，为了赶工，项目组还要增购部分硬件设备。据此，经理让小杨写一个具体的申请报告后向上级请示。

二、任务目的和要求

1．任务目的

（1）掌握一般申请报告撰写的要求、规则及格式。

（2）掌握 Word 2010 中文字录入、字体及文本段落格式设置。

（3）掌握 Word 2010 中直线等基本形状的插入及对象格式设置。

（4）掌握 Word 2010 中项目符号的设置。

（5）掌握 Word 2010 中简单表格的绘制及表格文本录入及文字格式处理。

（6）掌握 Word 2010 中页面设置、打印设置及文档打印。

（7）通过学习后具有申请报告的撰写能力。

2．任务要求分析

（1）申请报告

申请书是个人或集体向组织、机关、企事业单位或社会团体表述愿望、提出请求时使用的一种文书。申请书的使用范围广泛，申请书也是一种专用书信，它同一般书信一样，也是表情达意的工具。申请书要求一事一议，内容要单纯。不同的对象有不同的申请书，常见的有入团申请书、入党申请书等。但是不管什么申请书，申请书的写作格式一般来讲都是固定的，它的内容主要包括 5 个部分，为标题、称呼、正文、结尾、落款。一般情况下，每个公司或企业都有各自标准的申请报告格式和报批流程。

（2）申请报告的基本格式

标题：标题要简明扼要地说明申请事宜，一般是在“申请报告”前加上内容，如“XX 项目立项目申请报告”或者是“关于 XX 事宜的申请”等。

组织或领导称谓：它是指负责受理和答复该文件的组织或领导。

正文：其结构一般由开头、主体和结语等部分组成。开头，主要交代申请的缘由。它是申请事项能否成立的前提条件，也是上级机关批复的根据。原因讲得客观、具体，理由讲得合理、充分、上级机关才好及时决断，予以有针对性的批复。主体主要说明请求的事项。它是向组织或领导提出的具体请求，也是陈述缘由的目的所在。申请事项要写得具体、明确、条项清楚、数据准确无误，以便组织或领导给予明确批复；结语，应另起段，习惯用语一般有“特此申请”“恳请领导帮助解决”“希望领导研究批准”“恳请同意为盼”等；落款，一般包括署名和成文时间。

三、任务学时和相关工具

2 学时；计算机、Microsoft Word 2010 软件。

四、任务实施方案

首先要准备好的申请报告内容和材料，要做到申请的事项清楚、具体，涉及的数据准确无误；申请理由充分、合理，实事求是；语言准确、简洁，态度诚恳、朴实。使用 Word 撰写业务申请报告，为了使用版面与统一划一，标准一致，可使用 Word 中的样式定制文本，还可将做好的一份申请报告另存为模板，方面下次使用。所谓样式，是指一些文本格式的集合。

五、知识准备

1. Word 2010 的工作界面

启动 Word 2010，打开该软件的工作界面，其中主要包括标题栏、快速访问工具栏、8 大选项卡、选项组、文档编辑区、状态栏等组成部分，如图 3-1 所示。

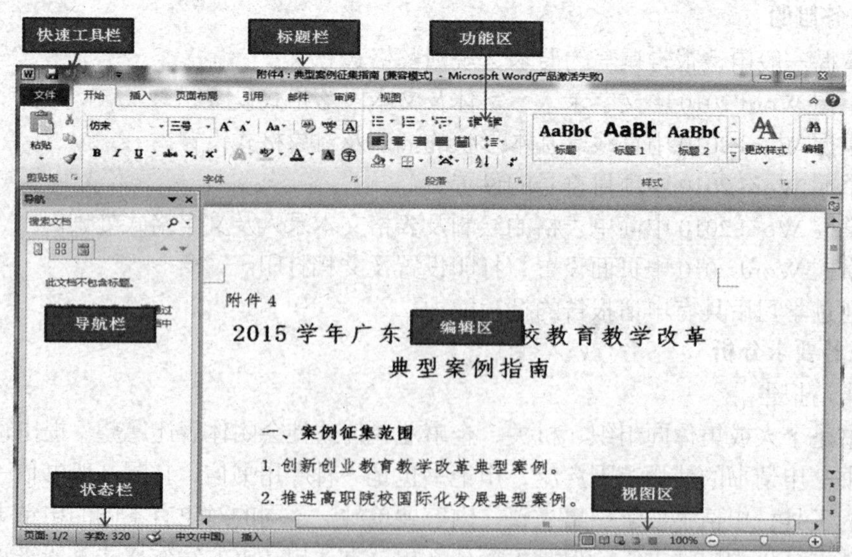

图 3-1 Word 2010 工作界面

（1）标题栏：标题栏从左至右包括窗口控制图标、快速访问工具栏、标题显示区和窗口控制按钮。其中窗口控制图标和窗口控制按钮都用于控制窗口最大化、最小化和关闭等状态；标题显示区用于显示当前文件名称信息；快速访问工具栏则用于快速实现保存、打开等使用频率较高的操作。

（2）快速访问工具栏：包含一组常用命令按钮，位于标题栏左侧。它是可自定义的工具栏。若要向快速启动工具栏添加命令按钮，右击某个按钮，选择快捷菜单中的“添加到快速启动工具栏”命令即可，用户的操作将更加方便快捷。

（3）功能选项卡：其作用是分组显示不同的功能集合。选择某个选项卡，其中包含了多种相关的操作命令或按钮。

（4）选项组：在选项卡的功能区中，所有命令按钮都根据功能分组，称为选项组或组，便于用户查找各种命令按钮。

（5）文档编辑区：用于对文档进行各种编辑操作，是 Word 2010 最重要的组成部分之一。该区域中闪烁的短竖线便是文本插入点。

（6）状态栏：状态栏左侧显示当前文档的页数/总页数、字数、当前输入语言以及输入状态等信息；中间的 5 个按钮用于调整视图方式；右侧的滑块用于调整显示比例。

2．文档显示比例控制

在编辑文档时，为方便更好地看清编辑文字，有时需要将显示版面显示更大一些，而有时为了查看文档编排的整体效果，又需要将显示版面调整小点，运用不同的显示格式，可以提高文档编写的质量和阅读的效率，方法如下。

方法 1：单击“视图”功能选项卡，显示如图 3-2 所示视图功能面板。

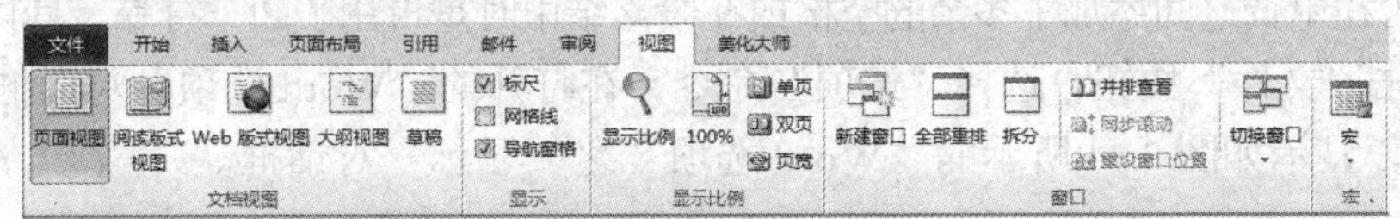

图 3-2 “视图”功能面板

在“显示比例”功能区域可以根据不同的需要选择“100%”图标，表示页面按正常比例显示；同时也可以通过单击“单页”“双页”和“页宽”功能按钮调整页面显示效果，如需要其他显示比例，可单击按钮，弹出如图 3-3 所示的“显示比例”对话框，在对话框中对显示比例进行设置。

图 3-3 “显示比例”对话框

方法 2：在视图区通过拖动滑块或单击左右两边的“—”或“+”图标调整页面显示大小。

方法 3：按住“Ctrl”键向前或向后拨动鼠标滚轮，向前拨动滚轮页面显示比例放大，向后拨动滚轮缩小显示比例。

3．文本的选择

在 Word 中，所有编辑操作都需要先选定编辑对象，应用鼠标对 Word 文档对象选择的方法如表 3-1 所示。

表 3-1 用鼠标编辑文本的操作方法

对象范围	选中操作方法
任意文本	拖过这些文本
一个单词	双击该单词

续表

对象范围	选中操作方法
一相邻的区域	选择所需的第一个区域，按住 Ctrl 键选择其他所需要的区域
一行文本	将鼠标指针移动到该行的左侧，直到指针变为指向右边的箭头，然后单击
一个句子	按住 Ctrl 键单击该句中的任何位置
一个段落	将鼠标指针移动到该段落的左侧，直到指针变为指向右边的箭头，然后双击。或者在该段落中的任意位置三连击
多个段落	将鼠标指针移动到段落的左侧，直到指针变为指向右边的箭头，再单击并向上或向下拖动鼠标
一大块文本	当要选择的文本区域较长，用前面的方法不方便操作时，可先单击要选定内容的起始处，然后再按住 Shift 键单击要选定内容的结束位置
整篇文档	将鼠标指针移动到文档中任意正文的左侧，直到指针变为指向右边的箭头，然后三连击或按“Ctrl+A”组合键
一块垂直文本	按住 Alt 键将鼠标拖过要选定的文本
取消选择	用鼠标在编辑区任意位置单击

4．文档中显示或隐藏非打印字符

Word 可以设置只用于在屏幕上显示而不打印的字符，这种字符称为非打印字符，例如，制表符“→”、空格和回车符“↵”等。在屏幕上查看或编辑文档时，利用这些字符可以很容易地查看是否在单词之间添加了多余的空格或在段落结束时是否用了回车符等。具体操作如下。

（1）单击“文件”按钮，选择“选项”命令，在打开的“Word 选项”对话框中单击“显示”选项卡，显示如图 3-4 所示的“Word 选项”之“显示”对话框。

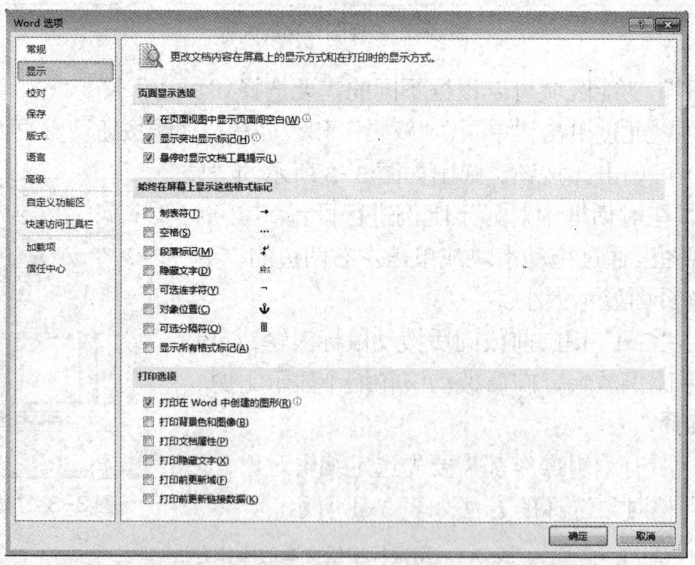

图 3-4 “Word 选项”之“显示”对话框

（2）在“始终在屏幕上显示这些格式标记”栏中勾选“段落标记（M）”选项。

（3）如果在选择“始终在屏幕上显示这些格式标记”栏中勾选“显示所有格式标记（A）”，

就会将所有非打印字符全部显示；反之隐藏。

5．窗口的排列

单击“视图”选项卡，在窗口功能区单击“全部重排”按钮，可以将多个文档窗口排列在屏幕上，可对文档中的文字或图片复制、移动或粘贴等操作，以方便同时对多个文档进行排版或进行编辑工作。

在窗口功能区中单击“拆分”按钮，可以将同一个文档的内容分别显示在两个或多个窗口中，在两个或多个窗口中同时看到一个文档的不同部分，从而对同一个文档前后内容进行对比、复制或粘贴等操作，如图 3-5 所示。

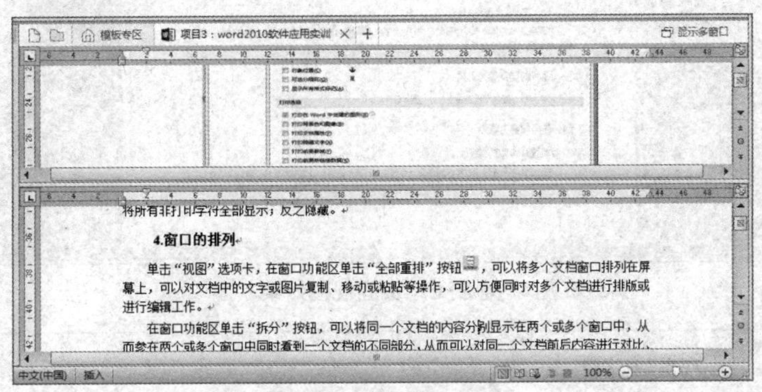

图 3-5　拆分后的窗口

6．Word 2010 的视图

Word 2010 提供了页面视图、阅读版式视图、Web 版式视图、大纲视图和草稿等多种视图方式。不同的视图方式分别从不同的角度、按不同的方式来显示文档，从而适应不同的工作要求。因此，应用合理的视图方式将极大地提高工作效率。

选择“视图”选项卡，可在视图功能面板的“文档视图”功能区通过单击视图方式按钮切换视图显示方式，也可以单击图 3-1 所示文档编辑窗口右下角水平滚动条左边的视图按钮切换文档的视图显示方式。

在 5 种视图中，“页面视图”是最常用的视图之一。它可以按照文档的打印效果显示文档，具有“所见即所得”的效果，“页面视图”效果如图 3-6 所示。页面视图方式可以更好地显示排版格式，因此常用来对文本、格式版面或文档的外观进行编辑。在页面视图方式下，可直接看到文档的外观以及图形、文字、页眉和页脚、脚注和尾注在页面上的精确位置和多栏排列，可以很直观地看到文档打印出来的实际效果。页面视图方式能够显示水平标尺和垂直标尺，可以用鼠标移动图形和表格在页面上的位置，并对页眉和页脚进行编辑。

7．拼写与语法检查

在默认状态下，Word 2010 会在用户输入文本的同时自动进行拼写与语法检查，并在可能存的拼写错误的文本下方显示一条红色的波浪线，在可能存在语法错误的文本下方显示一条绿色的波浪线。

单击“审阅”选项卡，显示如图 3-7 所示的审阅功能面板。

在“校对”功能区单击“拼写与语法”功能按钮，会弹出如图 3-8 所示的拼写和语法对话框，通常会在“建议（N）”框中显示相应的拼写建议或语法建议。在输入文本时自动进行拼写和语法检查是 Word 默认的操作，但若文档中包含有较多特殊拼写或特殊语法，启用该默认操作会对用户编辑文档时产生一些不便。因此在编辑一些专业性较强的文档时，可先将输入时自动检查拼写和语法错误功能关闭，具体操作如下。

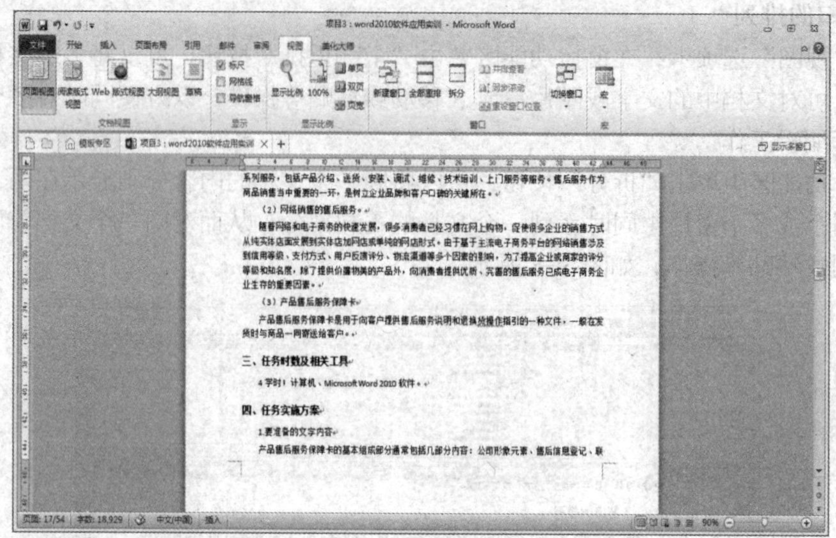

图 3-6　页面视图效果

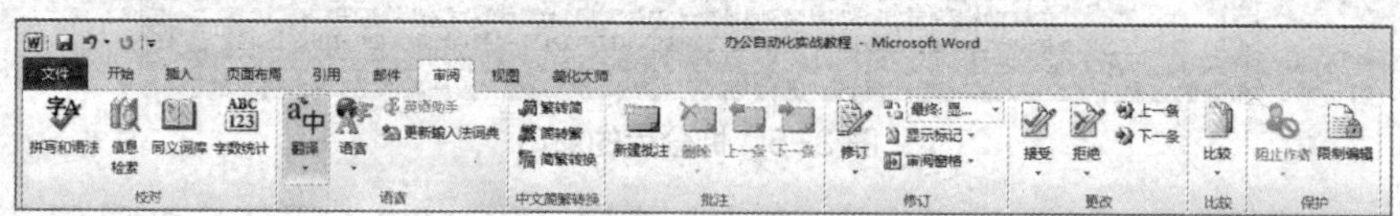

图 3-7　审阅功能面板

在“Word 选项”对话框中选择“校对”选项卡，显示如图 3-9 所示的校对选项对话框。在“在 Word 中更正拼写和语法时”选项栏中取消勾选“键入时检查拼写”复选框。

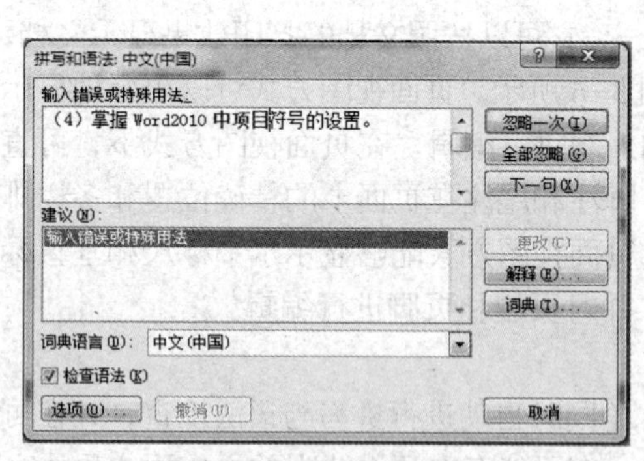

图 3-8　拼写和语法对话框

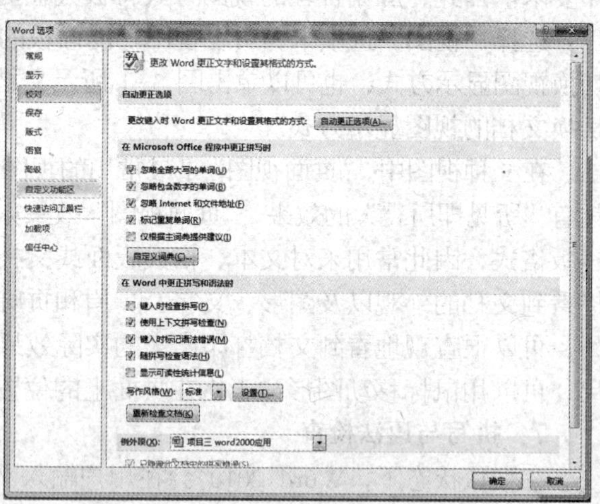

图 3-9　Word 选项之校对选项对话框

六、任务实施

（一）页面属性设置，录入原始内容并设置

（1）单击“文件”按钮，选择“新建”命令，新建一空白文档。

（2）单击“页面布局”菜单项，在“页面设置”功能区单击“页边距”功能按钮，将文档的“上、下边距”为“2.5 厘米”，“左、右边距”设置“3.1 厘米”。

（3）根据申请报告的格式、要求，录入申请报告书的内容，如图 3-10 所示。

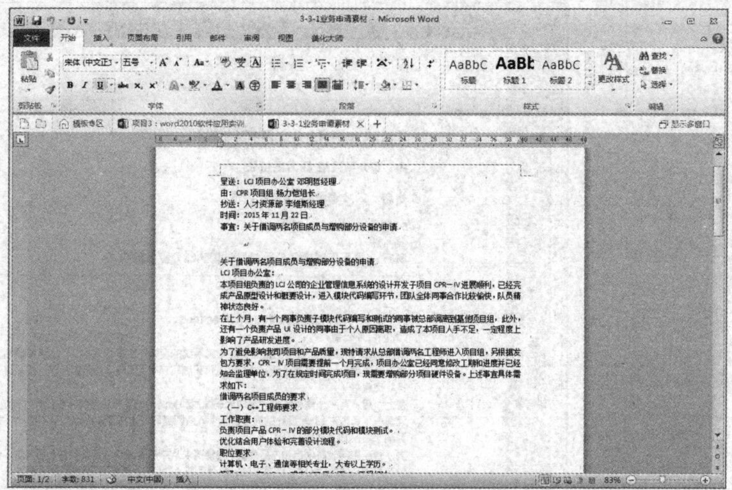

图 3-10　录入原始报告内容

（二）设置申请报告的基本信息格式

（1）选中申请报告的基本信息文本（从“呈送：LCJ 项目办公室”至“事宜：关于供调两名项目成员与增购部分设备的申请”），设置文本的字体格式为“黑体”、字号“小四”“加粗”，如图 3-11 所示。设置文本的段落格式为“左对齐”“段前 4 磅”“段后 2 磅”、行距为“1.5 倍行距”，如图 3-12 所示。格式设置效果如图 3-15 所示。

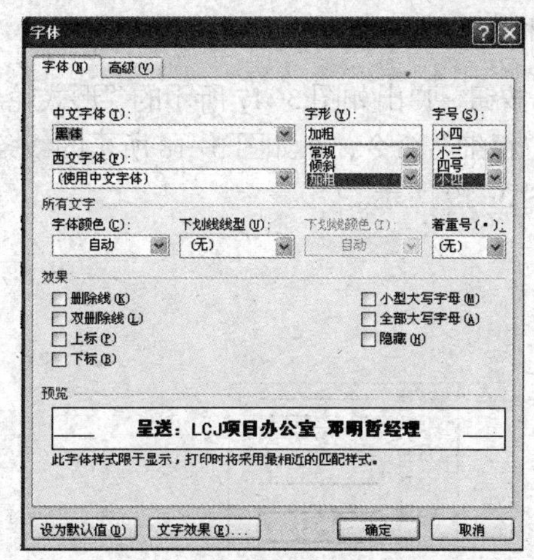

图 3-11　基本信息的字体格式

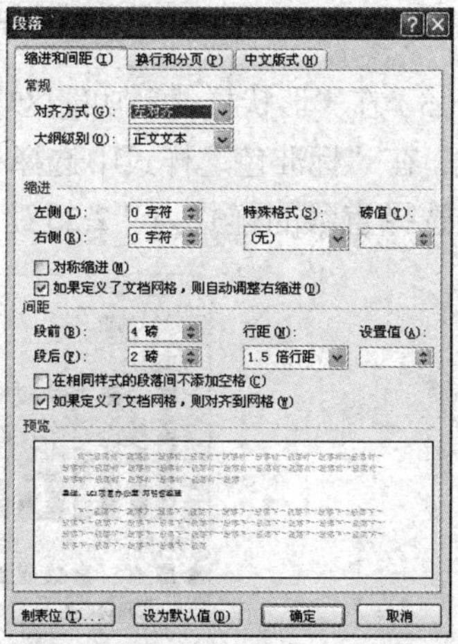

图 3-12　基本信息的段落格式

（2）选择“插入”菜单项，如图 3-13 所示。

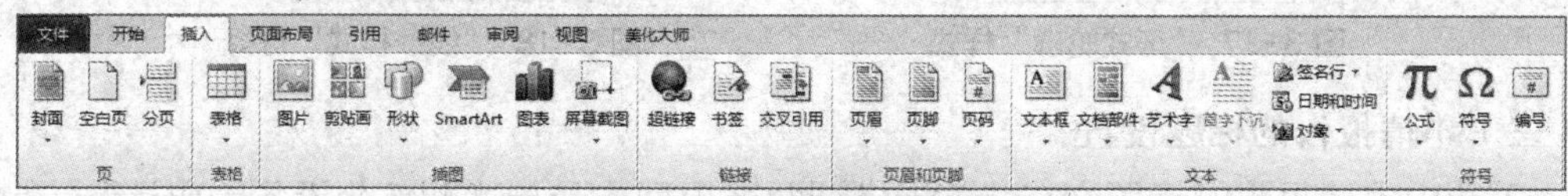

图 3-13　“插入”功能面板

（3）单击“形状”功能按钮，弹出如图 3-14 所示的形状面板，在“线条”栏选择直线图标＼，在申请报告基本信息的“事宜”文字所在行下方空白处插入一条直线，效果如图 3-15 所示。

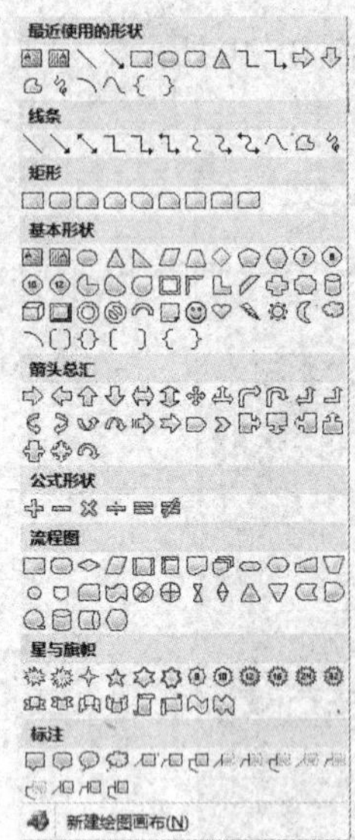

图 3-14　Word 可插入“形状”示意

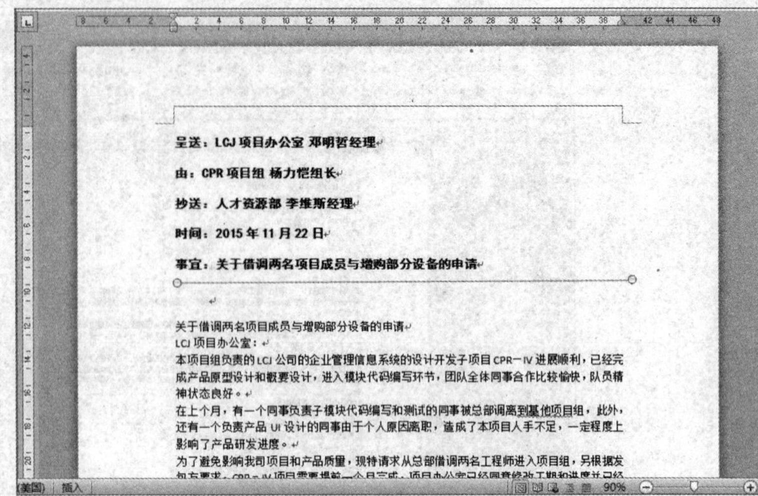

图 3-15　插入“直线”形状

（4）单击插入的直线，此时 Word 功能区显示如图 3-16 所示的“绘图工具”→“格式”选项卡。

图 3-16　“绘图工具”→“格式”功能面板

（5）在“形状样式”功能区中单击“形状轮廓”按钮，弹出如图 3-17 所示的“形式轮廓”样式，在“标准色”样式中选择标准色红色，选择“粗细”命令，在如图 3-18 所示的线条样式中选择直线的样式为“2.25 磅单实线”，效果如图 3-19 所示。

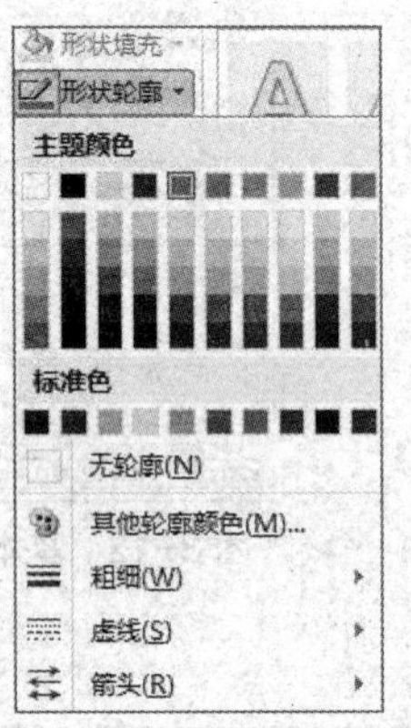

图 3-17　“形式轮廓”样式

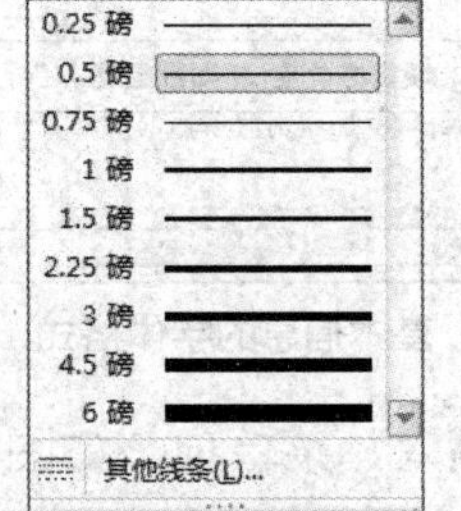

图 3-18　“线条样式”选择

（三）申请报告的标题设置

（1）选中申请报告的标题文字“关于借调两名项目成员与增购部分设备的申请”，设置文字格式为“宋体”“加粗”“三号”。

（2）设置标题文字的段落格式为“居中对齐”，段前间距为“4 磅”，段后间距为“2 磅”，行距为“单倍行距”，效果如图 3-20 所示。

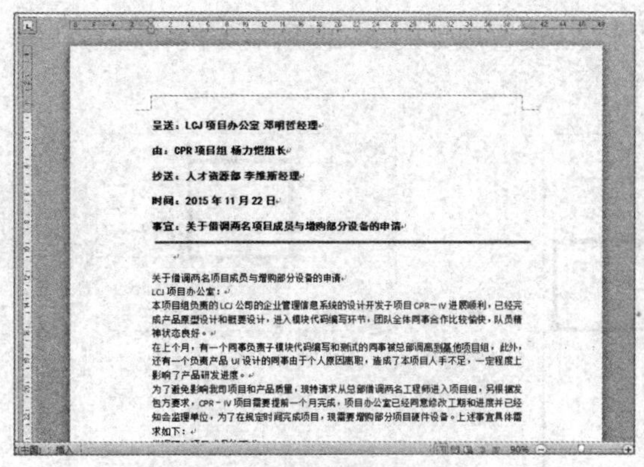

呈送：LCJ 项目办公室 邓明哲经理

由：CPR 项目组 杨力恺组长

抄送：人才资源部 李维斯经理

时间：2015 年 11 月 22 日

事宜：关于借调两名项目成员与增购部分设备的申请

关于借调两名项目成员与增购部分设备的申请
LCJ 项目办公室：
本项目组负责的 LCJ 公司的企业管理信息系统的设计开发子项目 CPR－IV 进展顺利，已经完成产品原型设计和概要设计，进入模块代码编写环节，团队全体同事合作比较愉快，队员精神状态良好。
在上个月，有一个同事负责子模块代码编写和测试的同事被总部调离到其他项目组，此外，还有一个负责产品 UI 设计的同事由于个人原因离职，造成了本项目人手不足，一定程度上影响了产品研发进度。
为了避免影响我司项目和产品质量，现特请求从总部借调两名工程师进入项目组，另根据发包方要求，CPR－IV 项目需要提前一个月完成，项目办公室已经同意修改工期和进度并已经知会监理单位，为了在规定时间完成项目，现需要增购部分项目硬件设备。上述事宜具体需求如下：

图 3-19　设置直线格式

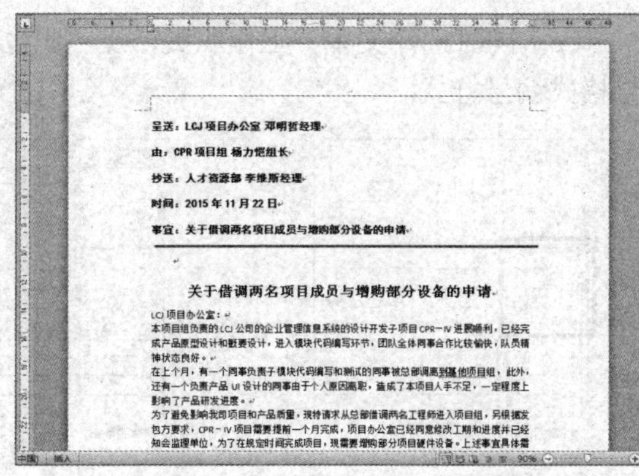

呈送：LCJ 项目办公室 邓明哲经理

由：CPR 项目组 杨力恺组长

抄送：人才资源部 李维斯经理

时间：2015 年 11 月 22 日

事宜：关于借调两名项目成员与增购部分设备的申请

关于借调两名项目成员与增购部分设备的申请

LCJ 项目办公室：
本项目组负责的 LCJ 公司的企业管理信息系统的设计开发子项目 CPR－IV 进展顺利，已经完成产品原型设计和概要设计，进入模块代码编写环节，团队全体同事合作比较愉快，队员精神状态良好。
在上个月，有一个同事负责子模块代码编写和测试的同事被总部调离到其他项目组，此外，还有一个负责产品 UI 设计的同事由于个人原因离职，造成了本项目人手不足，一定程度上影响了产品研发进度。
为了避免影响我司项目和产品质量，现特请求从总部借调两名工程师进入项目组，另根据发包方要求，CPR－IV 项目需要提前一个月完成，项目办公室已经同意修改工期和进度并已经知会监理单位，为了在规定时间完成项目，现需要增购部分项目硬件设备。上述事宜具体

图 3-20　申请报告标题格式设置后效果图

（四）组织称谓的文本格式设置

（1）选中受理组织称谓文本“LCJ 项目办公室:”，设置文字格式为“宋体”“小四”，段落格式为“左对齐”，段前间距“0 磅”，段后间距“2 磅”，行距为“1.5 倍行距”，效果如图 3-21 所示。

（2）选中申请报告下方的组织称谓文字，设置文字格式为“宋体”“小四”，段落格式为“右对齐”，段前间距“0 磅”，段后间距“2 磅”，行距为“1.5 倍行距”。

（五）申请报告内容的格式设置

（1）选中报告内容前三段（“本项目组负责的……上述事宜具体需求如下:”），设置文字格式为“宋体”“小四”，段落格式为“两端对齐”，特殊格式为“首行缩进 2 字符”，段前间距“0 磅”，段后间距“2 磅”，行距为“1.5 倍行距”，效果如图 3-21 所示。

（2）选中报告正文内容第四段至最后（“借调两名项目成员的要求……能承受工作压力”），设置文字格式为“宋体”“小四”，段落格式为“两端对齐”，段前间距“0 磅”，段后间距“2 磅”，行距为“1.5 倍行距”。

（3）选择段落“借调两名项目成员的要求”，按住“Ctrl”键再选择“增购部分项目硬件设备”所在段落，同时选择两段不相邻的段落或行。

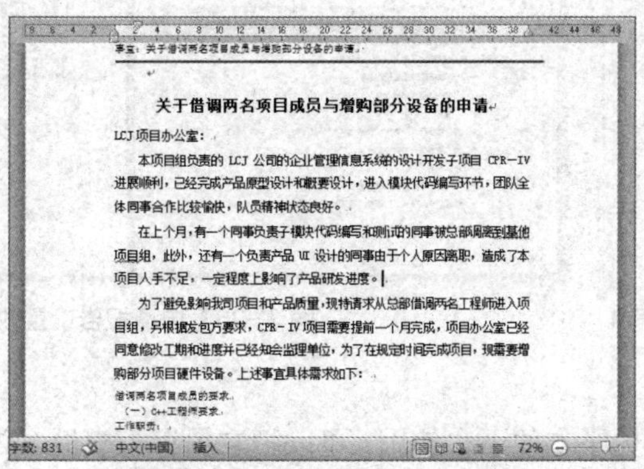

事宜：关于借调两名项目成员与增购部分设备的申请

关于借调两名项目成员与增购部分设备的申请

LCJ 项目办公室：

本项目组负责的 LCJ 公司的企业管理信息系统的设计开发子项目 CPR－IV 进展顺利，已经完成产品原型设计和概要设计，进入模块代码编写环节，团队全体同事合作比较愉快，队员精神状态良好。

在上个月，有一个同事负责子模块代码编写和测试的同事被总部调离到其他项目组，此外，还有一个负责产品 UI 设计的同事由于个人原因离职，造成了本项目人手不足，一定程度上影响了产品研发进度。

为了避免影响我司项目和产品质量，现特请求从总部借调两名工程师进入项目组，另根据发包方要求，CPR－IV 项目需要提前一个月完成，项目办公室已经同意修改工期和进度并已经知会监理单位，为了在规定时间完成项目，现需要增购部分项目硬件设备。上述事宜具体需求如下：

借调两名项目成员的要求

（一）C++工程师要求

工作职责：

字数: 831　中文(中国)　插入　72%

图 3-21　前 3 段设置效果示意图

（4）单击“开始”菜单项，在“段落”功能区单击“编号”按钮，弹出如图 3-22 所示的项目符号和编号式编号样式。

（5）依据第（3）步方法同时选择“C++工程师要求”和“UI 设计师要求”所在两段文本，设置如图 3-23 所示的项目符号和编号式编号样式。

（6）同时选择文本“工作职责”及“职位要求”，设置项如图 3–24 所示方框目符号和编号格式编号样式。

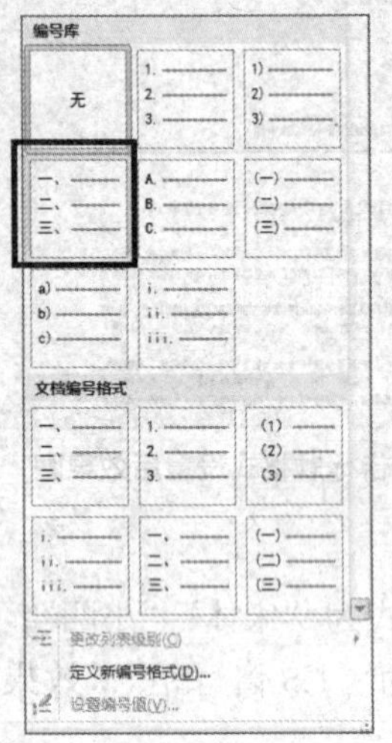

图 3–22　项目符号和编号 1

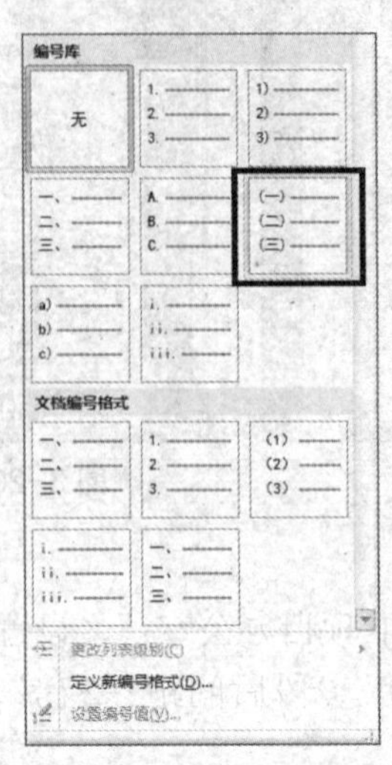

图 3–23　项目符号和编号 2

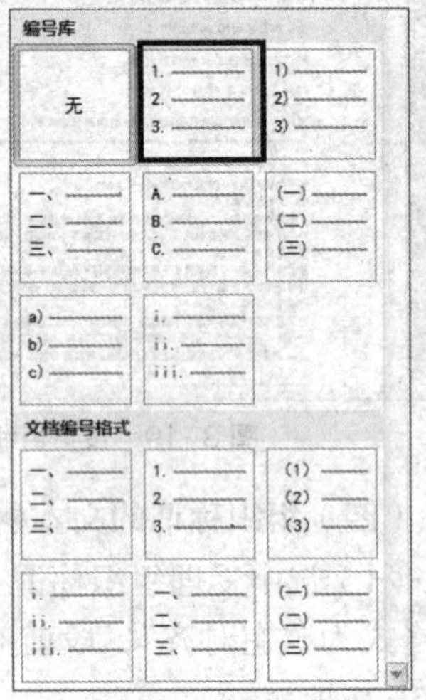

图 3–24　项目符号和编号 3

（7）用第（3）步中的方法同时选中除第（2）、（4）、（5）、（6）步选中文本以外的“工作职责”及“职位要求”标题下的文本，设置如图 3–25 所示方框中项目符号库中的符号样式。

（8）文档最后设置效果如图 3–26 所示。

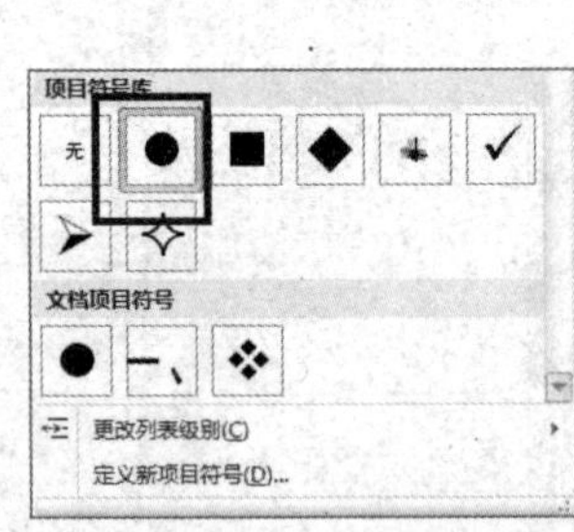

图 3–25　项目符号及编号 4

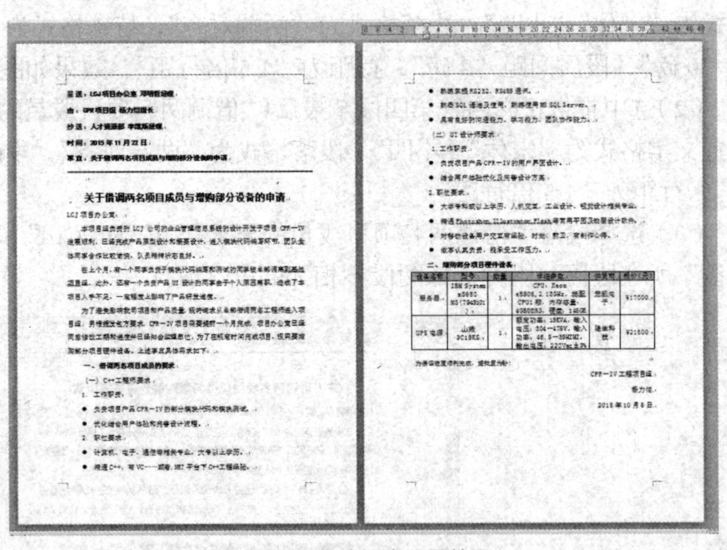

图 3–26　申请报告设置效果

（六）文档模板制作

申请报告完成以后，为了方便下次使用，可以把它另存为模板。文档模板的制作方法如下。

（1）打开已经完成的申请报告，单击“文件”按钮，选择“另存为”命令，设置保存类型为“Word 模板”，保存到“受信任的模板”栏目位置，如图 3–27 所示。

（2）下次要再打申请报告的时候，只需要单击“文件”按钮，选择“新建”命令，从“我的模板”中打开对应的业务申请报告模板，修改相应的内容，即可以快速创建申请报告文档，操作如图 3–28 所示。

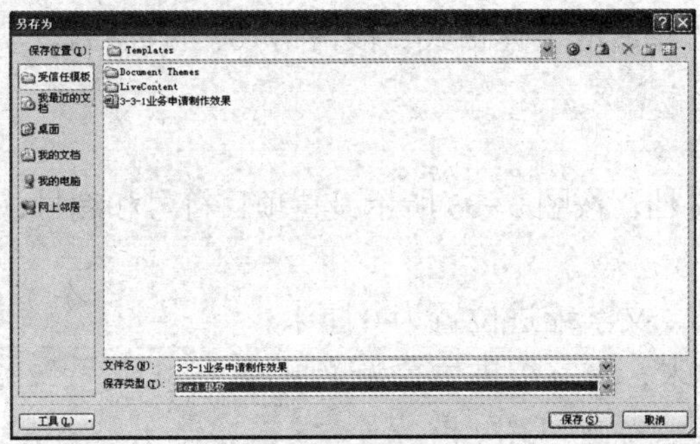

图 3-27 文档模板的制作

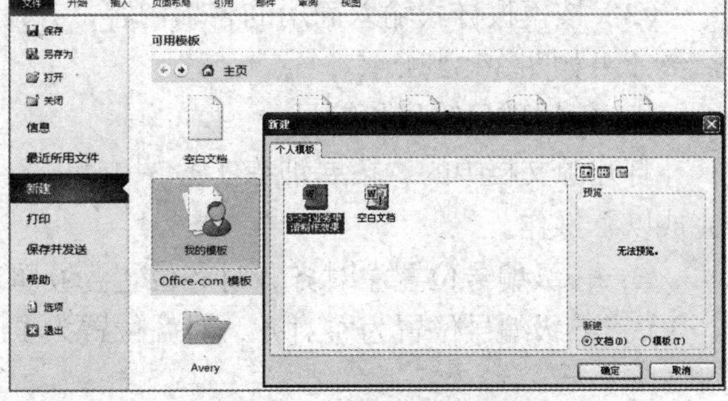

图 3-28 使用申请报告模板

七、任务相关技能训练点导图

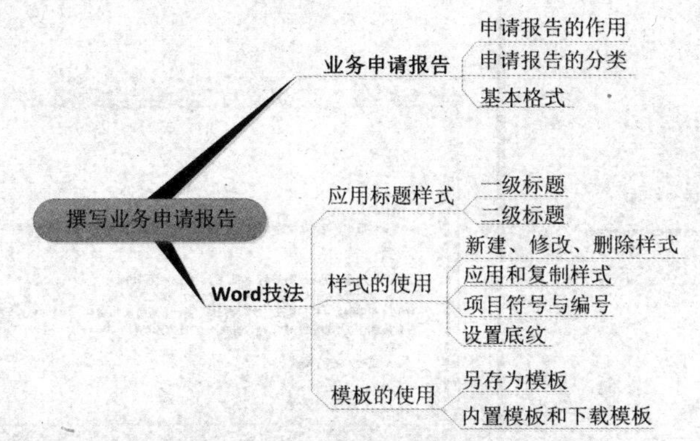

图 3-29 任务相关技能训练点导图

八、拓展技能训练

【Word 技法使用】

1. 样本模板的应用

利用样本模板快速创建一份个人基本简历，具体操作如下。

（1）打开 Word 2010 软件，单击“文件”按钮，选择“新建”命令，单击“样本模板”，打开样本模板列表，从样本模板列表里选择“基本简历”模板，如图 3-30 所示。

（2）双击打工“基本简历”样本模板，或单击选择“简历模板”样式后在窗口右侧选中“文档”单选按钮，并单击“创建”按钮新建文档，如图 3-31 所示。

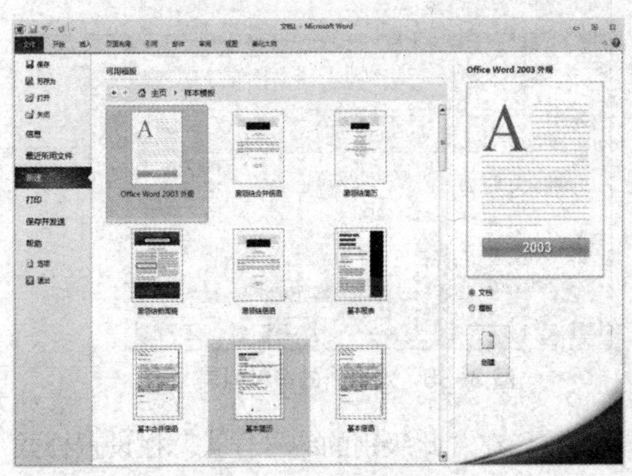

图 3-30 样本模板列表图

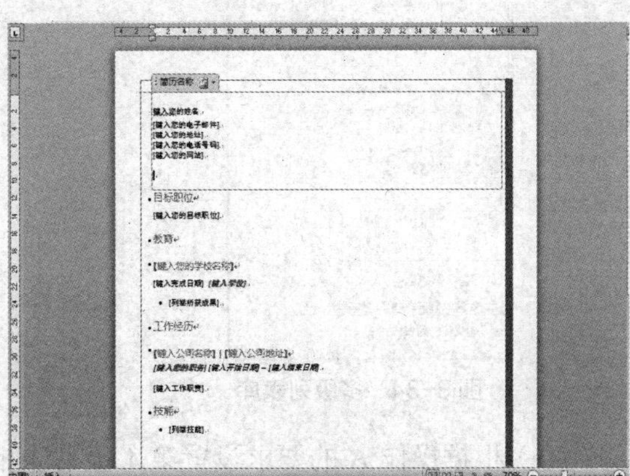

图 3-31“基本简历”样本模板

（3）按模板样式输入简历的各项内容，并设置相应的字体格式、段落格式、页面格式，最终效果如图 3-32 所示。

2．使用项目符号和编号

打开源文档中的“拓展训练任务 3-1.docx”文档，按图 3-33 所示设置项目符号和编号，完成以下操作。

A：一级编号位置左对齐，对齐位置为 0 厘米，文字缩进位置为 0 厘米；

B：二级编号位置为左对齐，对齐位置为 1 厘米，文字缩进位置为 1 厘米。

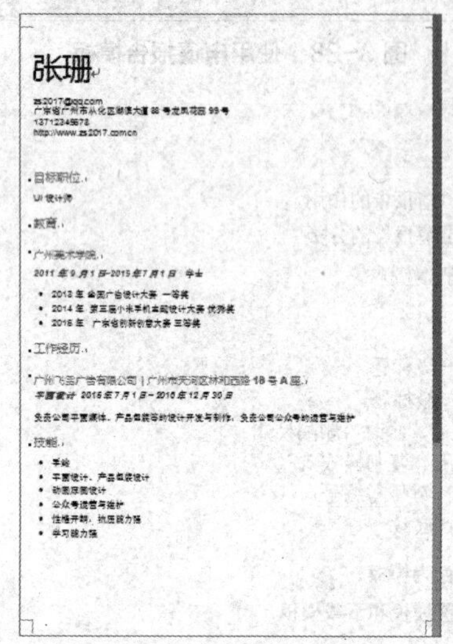

图 3-32　基本简历效果图

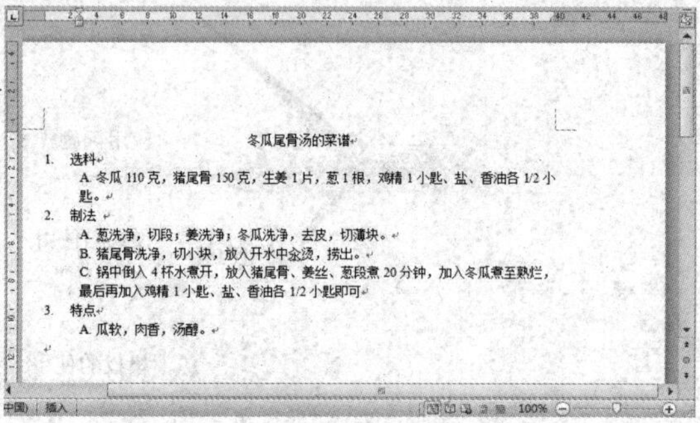

图 3-33　多级符号和编号应用示例

操作步骤如下。

（1）选择除“冬瓜尾骨汤的菜谱”行以外的所有行。

（2）单击“开始”菜单项，在“段落”功能区选择“多级列表”功能按钮，弹出如图 3-34 所示的项目符号库。

（3）选择“定义新的多级列表”选项，弹出如图 3-35 所示。

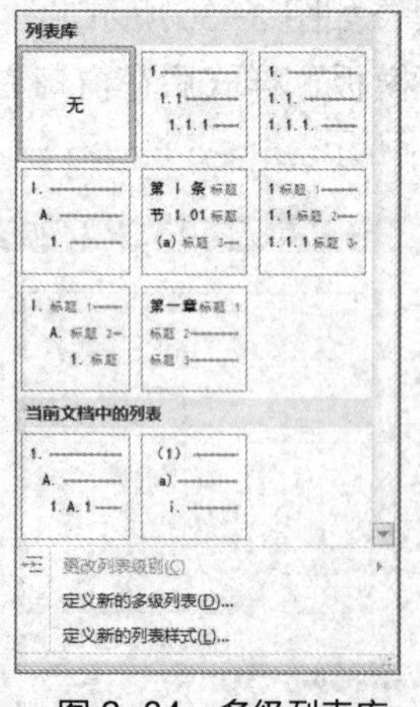

图 3-34　多级列表库

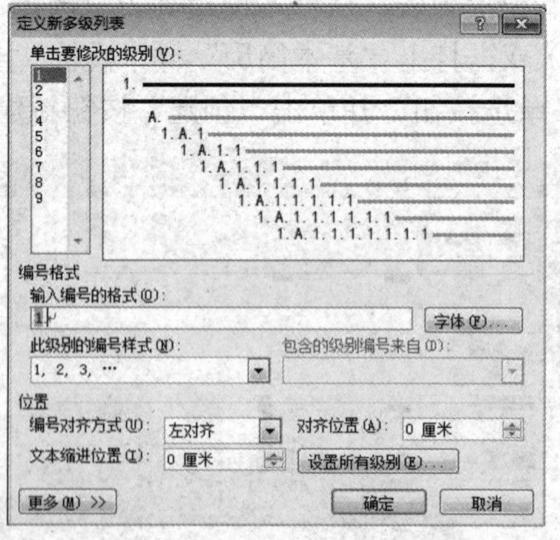

图 3-35　定义新的多级列表

（4）根据操作 A 的要求设置第 1 级列表相关参数，在“此级别的编号样式”栏设置样式为“1，2，3，…”，在“输入样式的格式”栏中设置样式格式为“1.”，对齐位置为“0 厘米”，文本缩进位置为“0 厘米”，如图 3-36 所示。

（5）在“单击要修改的级别”列表中选择第 2 级，如图 3-36 所示，“此级别的编号样式”栏设置样式为“A，B，C，…”，在“输入样式的格式”栏中设置样式格式为“A.”，对齐位置为“1 厘米”，文本缩进位置为“1 厘米”，并单击“确定”按钮，生成如图 3-37 所示的效果。

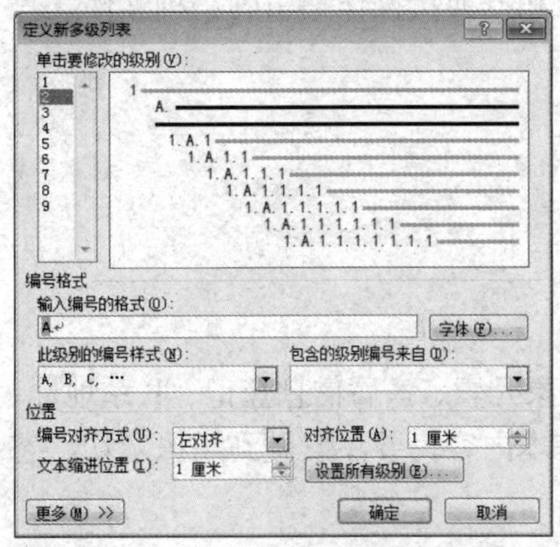

图 3-36　定义新的多级列表第 2 级

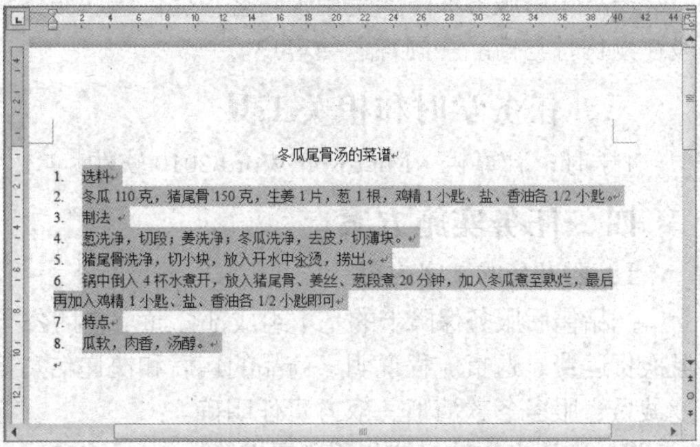

冬瓜尾骨汤的菜谱

1. 选料

2. 冬瓜 110 克，猪尾骨 150 克，生姜 1 片，葱 1 根，鸡精 1 小匙、盐、香油各 1/2 小匙。

3. 制法

4. 葱洗净，切段；姜洗净；冬瓜洗净，去皮，切薄块。

5. 猪尾骨洗净，切小块，放入开水中汆烫，捞出。

6. 锅中倒入 4 杯水煮开，放入猪尾骨、姜丝、葱段煮 20 分钟，加入冬瓜煮至熟烂，最后再加入鸡精 1 小匙、盐、香油各 1/2 小匙即可

7. 特点

8. 瓜软，肉香，汤醇。

图 3-37　多级列表生成示意

（6）同时选择编号 2、4、5、6、8 所在行的文本，单击段落功能区中的“增加缩进量”按钮，则生成图 3-33 所示的多级列表效果。

任务 2　产品售后服务保障卡制作

一、任务背景

小杜是公司销售部的一名新员工，主要负责公司电子商务系统的产品信息管理和文案撰写。近期，公司在某电子商务平台开了一个官方网店进行产品的网络推广和销售，小杜被上级领导调派到网络营销组参与客户服务管理工作。由于网络在线销售的客户售后服务与公司传统的实体店销售客户服务有比较大的区别，上级主管要求小杜制作用于网络销售的产品信售后服务保障卡，小杜欣然接受了任务。

二、任务目的和要求

1. 任务目的

（1）了解产品售后服务保障卡的作用和基本内容及撰写的要求、规则及格式。

（2）掌握 Word 中纸张的开数设置、格式的分栏、分隔符的使用。

（3）掌握 Word 中形状的格式及形状的组合与拆分设置等基本技法。

2. 任务要求分析

（1）售后服务保障

售后服务保障是指生产企业、经销商把产品（或服务）销售给消费者之后，为消费者提供的一系列服务，包括产品介绍、送货、安装、调试、维修、技术培训及上门服务等服务。售后服务作为商品销售当中重要的一环，是树立企业品牌和客户口碑的关键所在。

（2）网络销售的售后服务

随着网络和电子商务的快速发展，很多消费者已经习惯在网上购物，这促使很多企业的销售方式从纯实体店发展到实体店加网店或纯网店形式。由于基于主流电子商务平台的网络

销售受到信用等级、支付方式、用户反馈评分、物流渠道等多个因素的影响，为了提高企业或商家的评分等级和知名度，除了提供价廉物美的产品外，向消费者提供优质、完善的售后服务已成为电子商务企业生存的重要因素。

（3）产品售后服务保障卡

产品售后服务保障卡是用于向客户提供售后服务说明和退换货操作指引的一种文件，一般在发货时与商品一同寄送给客户。

三、任务学时和相关工具

4 学时；计算机、Microsoft Word 2010 软件。

四、任务实施方案

1．要准备的文字内容

产品售后服务保障卡的基本组成部分通常包括公司形象元素、售后信息登记、联系地址、退换货运费、退货流程说明、商品的售后和快递信息等基本内容，要注意做到用语亲切、态度诚恳、服务条款清晰、双方责任明确。

2．确认卡片的格式和印刷要求等

使用 Word 制作产品售后服务保障卡，在制作时可视内容多少分为单栏卡片或双栏卡片，一般为正反两面印刷。流程图可使用多种形状组合的方式完成。

五、知识准备

1．使用“格式刷”复制格式

选中已经设置好格式的文本或段落，单击“开始”功能面板“剪贴板”功能区中的“格式刷”按钮，拖动鼠标选择要应用该格式的文本或段落。若要将所选格式应用于文档中的多处内容，只需要双击“格式刷”按钮，然后依次选择要应用该格式的文本或段落即可。格式复制完毕后，按“Esc”键可退出。

2．Word 2010 的图形编辑

图文混排是 Word 2010 的特色功能之一，用户可以在文档中插入由其他软件制作的图片，也可以直接在文档中绘制各种自选图形，并且还可以使用系统提供的各种工具和命令对图形进行编辑和处理，以使图形更适合文档排版的需要，使文章达到图文并茂的效果。

在 Word 2010 中，用户可以使用的图形通常有图片文件、剪贴画、形状、SmartArt 图形、文本框、艺术字、图表及屏幕截图等，而文件图片和剪贴画具有类似的属性，习惯统称为图片。

图形插入文档中后，经常需要到其进行选定、移动、缩放、复制、添加边框底纹及删除等操作，可能还会根据特殊文档的编辑需要进行如色彩、艺术效果、样式、文字环绕、裁剪重置及组合等操作，以使图形满足文档的要求。

六、任务实施

（一）设置卡片页面属性

1．创建空白文档及保存

打开“Word 2010”软件，把“任务源文档”中“售后服务保障卡.docx”的文字内容全部复制建立新文档，单击“保存”按钮或按“Ctrl+S”组合键，弹出如图 3-38 所示的“另存为”对话框；设置“文件名”为“3-2 售后卡效果”，“保存类型”为“Word 文档（*.docx）”，单击“保存”按钮。

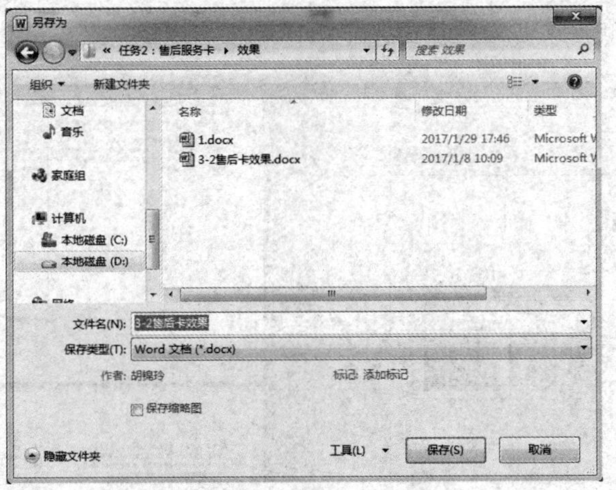

图 3-38 “另存为”对话框

2．对页面属性进行设置

（1）单击“页面布局”菜单项，显示如图 3-39 所示的“页面布局”功能面板。

图 3-39 “页面布局”功能面板

（2）单击“页面设置”功能区中右下角的按钮，弹出如图 3-40 所示的“页面设置”对话框；设置“页边距”中的“上”和“下”为 2.54 厘米，“左”和“右”为 3.18 厘米；选择纸张方向为“横向”，其他为默认值。

（二）设置页面分栏

（1）在“页面布局”功能面板的“页面设置”功能区中单击“分栏”按钮，弹出如图 3-41 所示的分栏选项。

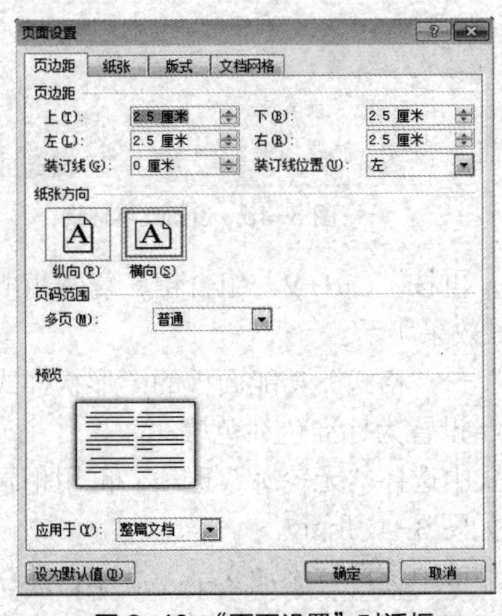

图 3-40 “页面设置”对话框

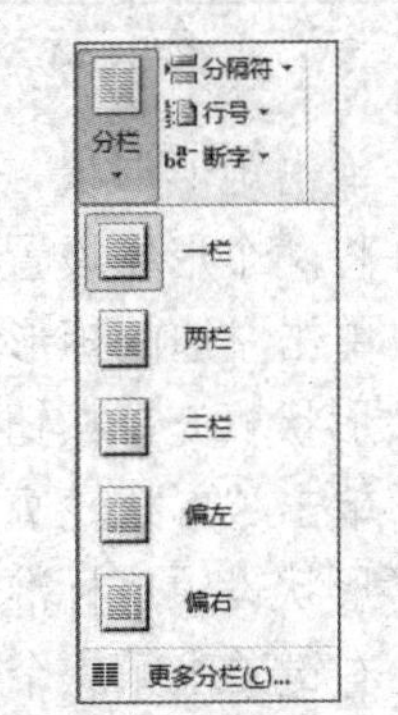

图 3-41 分栏选项

（2）选择“更多分栏”命令，弹出如图 3-42 所示的“分栏”对话框，设置“栏数”为 2，勾选“分隔线”复选框，其他为默认值，单击“确定”按钮，文档分栏效果如图 3-43 所示。

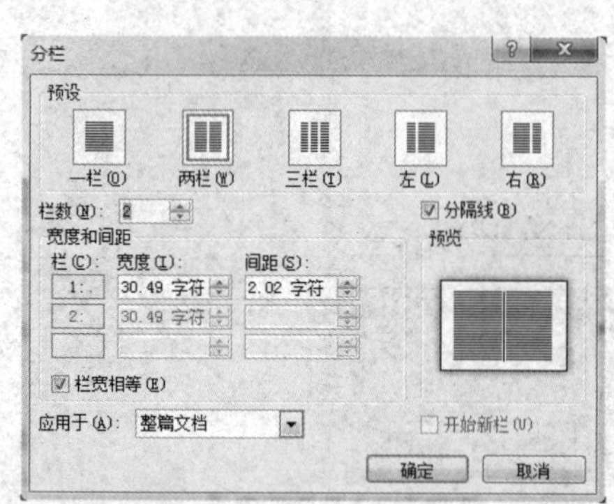

图 3-42 “分栏”对话框

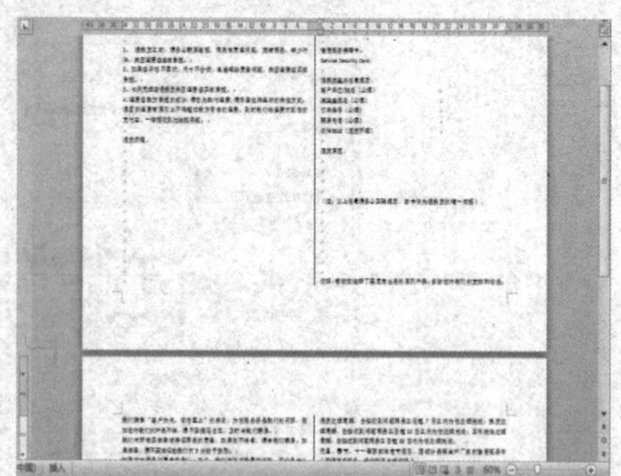

图 3-43 设置分栏文档效果图

（三）制作卡片正面左侧的退换货运费信息

1. “关于退换货运费”标题效果制作

（1）单击“插入”菜单项，在“插入”功能面板的“文本”功能区中单击“文本框”功能按钮。在弹出的“形状样式”对话框中选择“矩形”形状样式，并在文档第一段绘制一矩形。单击“绘图”→“格式”功能面板中“大小”功能区右下侧的 ，弹出如图 3-44 所示的“布局”对话框，在“大小”选项卡中设置矩形的长度为“6 厘米”，高度为“1 厘米”；在“文字环绕”选项卡中设置“环绕方式”为“嵌入型”，如图 3-45 所示。

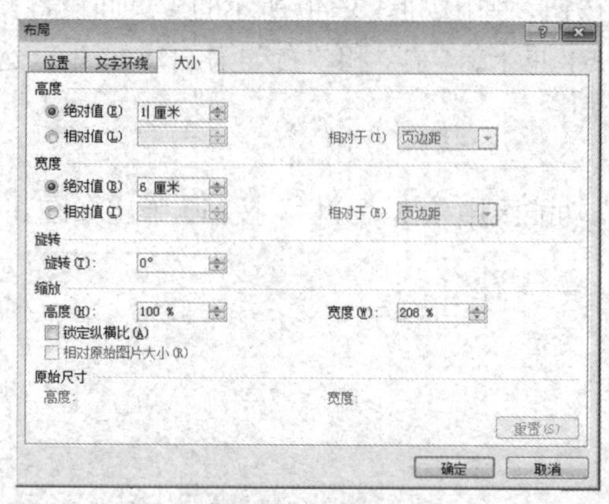

图 3-44 设置大小

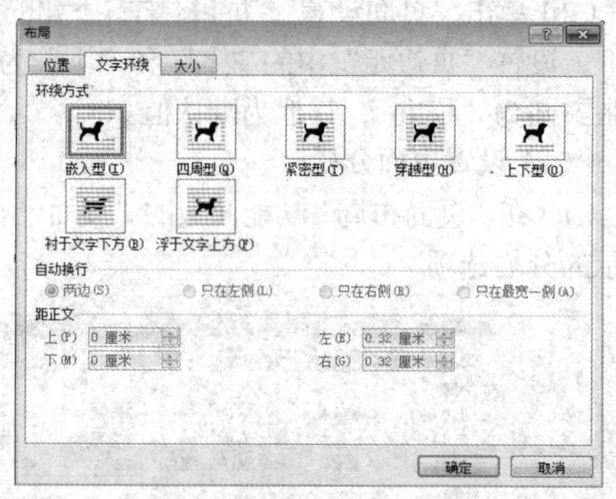

图 3-45 设置文字环绕

（2）单击矩形形状，按“Ctrl+C”组合键，再按“Ctrl+V”组合键，复制生成两个矩形形状，并将两个形状设置水平对齐。如图 3-46 效果所示。

（3）单击左边的矩形形状，在“绘图工具”→“格式”功能面板的“形状样式”功能区中单击“形状填充”按钮，将所选择的矩形形状设置为标准色红色填充。

（4）单击“形状轮廓”按钮，在弹出的样式中选择“无轮廓”选项，再用相同方法将第二个矩形形状设置成标准色浅绿无轮廓，效果如图 3-47 所示。

（5）右键单击第一个矩形形状，在弹出的菜单中选择“添加文字”命令，并在第一个矩形形状中输入“关于退换货运费”文字，设置文字对齐方式为分散对齐，字体为小四黑体加粗，效果如图 3-47 所示。

（6）同时选择两个矩形形状，在“绘图工具”→“格式”功能面板的“排列”功能区中单击“组合”按钮，在弹出的菜单中选择“组合”命令，将两个矩形组合一个形状组合。

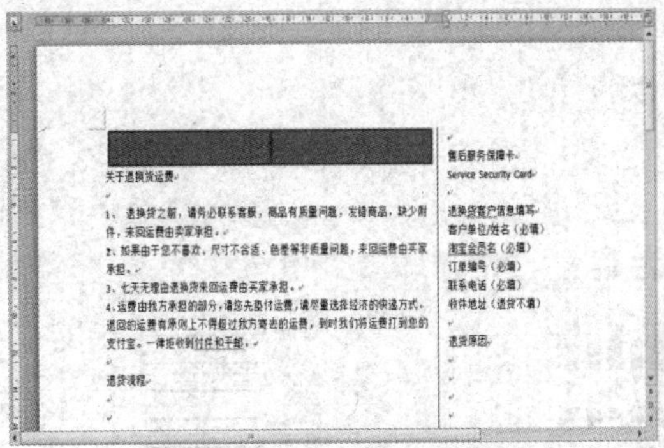

图 3-46 矩形形状复制效果

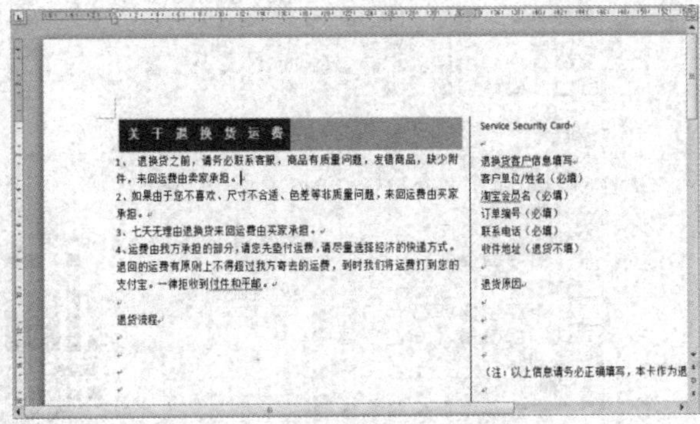

图 3-47 退换货运费标题制作效果

2．“关于退换货运费”正文文字效果的编辑

（1）选择“关于退换货运费”栏下面4段文字，单击“开始”菜单项。

（2）在“字体”功能区中设置文字的字体为宋体、五号字，最终文字效果如图3-48所示。

（四）制作卡片正面左侧的退货流程图

1．“退货流程”标题效果的制作

（1）单击“关于退换货运费”标题，按“Ctrl+C”组合键复制，再按“Ctrl+V”组合键粘贴标题形状。

（2）将复制生成的“关于退换货运费”调整到合适位置，并将文本内容修改为“退货流程”，如图3-48所示。

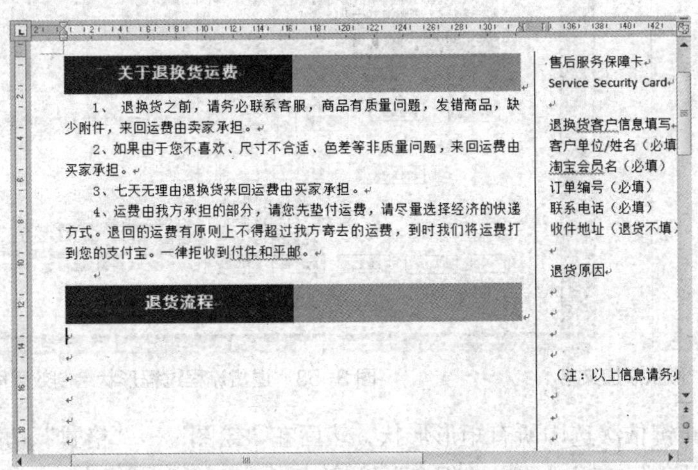

图 3-48 “退货流程”标题制作效果

2．退货流程图制作

（1）单击“插入”菜单项，单击“插图”功能区中的“形状”按钮，在弹出的菜单的“流程图”栏中选择“流程图：过程”形状，如图3-49所示。

（2）在“退货流程”标题下面区域适当的位置绘制一个“矩形”过程形状，单击菜单项“绘图”在“格式”选项卡的“形状样式”功能区中单击“形状填充”按钮，设置“过程”形状为“无填充颜色”，如图3-50所示。

（3）在“形状样式”功能区单击“形状轮廓”按钮，选择“黑色文字 1”颜色样式，形状边框“粗细”，选择 0.75 磅，如图 3-51 所示。

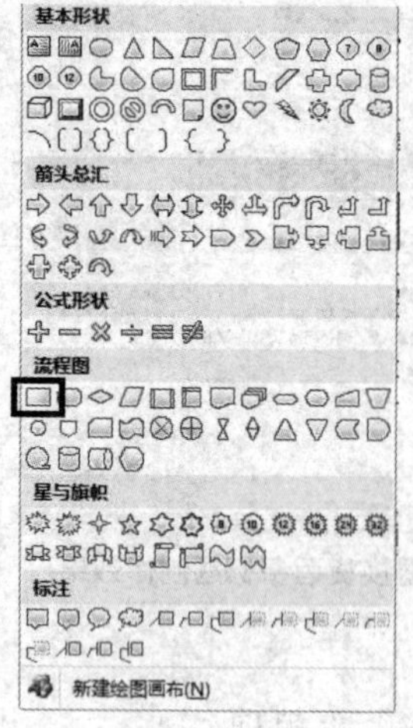

图 3-49 “流程图：过程”形状绘制

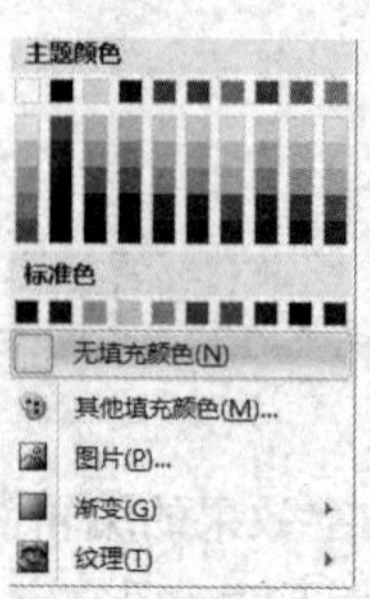

图 3-50 颜色样式设置

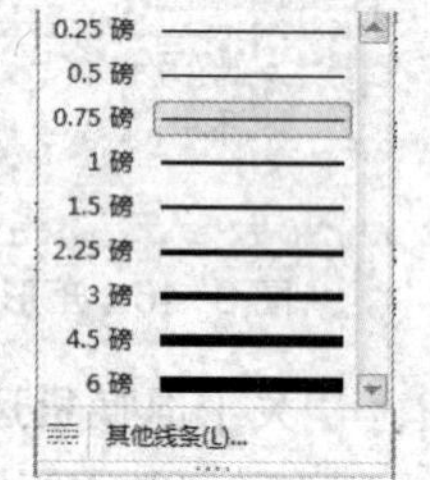

图 3-51 边框粗细设置

（4）选中前面绘制的矩形，右键单击，弹出如图 3-52 所示的快捷菜单，选择“添加文字”命令，在矩形中输入文字“收到商品”，设置文字为宋体小四号字体。

（5）根据效果图，依次绘制或复制前面绘制并添加好文字的过程形状，调整合适位置，并输入相应的内容，效果如图 3-53 所示。

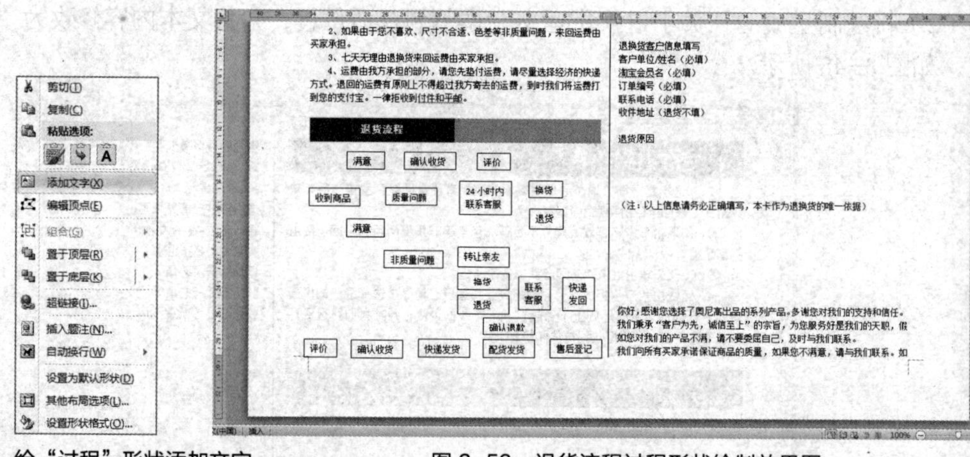

图 3-52 给“过程”形状添加文字　　图 3-53 退货流程过程形状绘制效果图

（6）按住 Shift 键依次选中所有矩形形状，然后在“绘图”→“格式”功能面板的“排列”功能区中单击“组合”按钮，选择“组合”命令，形成一个矩形组合。

3．箭头效果的制作

（1）单击“插入”菜单项，在“插图”功能区单击“形状”按钮，选择“箭头”形状，绘制由“收到商品”指向“满意”的箭头。

（2）根据效果图依次将箭头，如图 3-54 所示。

（3）按住 Shift 键依次选中前述两步绘制的所有箭头，然后在“绘图”→“格式”功能面板的“排列”功能区中单击“组合”按钮，选择“组合”命令，将所有箭头形成一个箭头的组合。

（4）在“绘图”→“格式”功能面板中的“形式样式”功能区中单击“形状轮廓”按钮，

在弹出的菜单中选择“箭头”，然后在箭头样式中选择“箭头样式 5”，如图 3-55 所示；再在“形状轮廓”中选择“主题颜色”为黑色文字 1，最后箭头设置效果如图 3-56 所示。

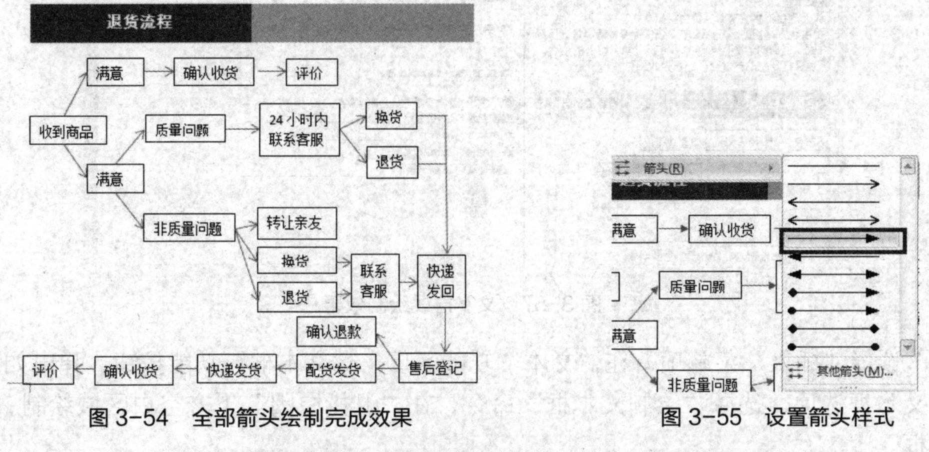

图 3-54 全部箭头绘制完成效果　　图 3-55 设置箭头样式

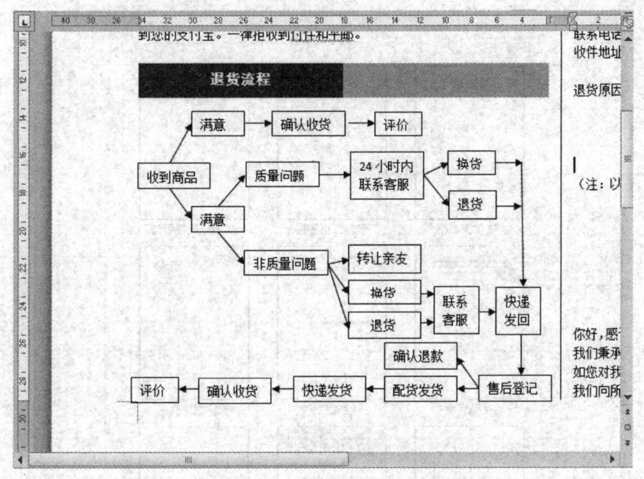

图 3-56 箭头样式设置效果

（五）制作卡片正面右侧内容

1．文字格式设置

（1）选中文字“奥尼高”，设置字体为黑体，字号为三号；选中文字“http://www.osgtech.com”，设置字体为宋体小四。

（2）选中文字“售后服务保障卡”，设置字体为黑体，字号为小初；选中英文“Service Security Card”，设置字体为“Wide Latin”，大小为“四号”。

（3）选中文字“退换货客户信息填写……收件地址（退货不填）”，设置字体为“宋体（正文）”，字号为小四（也可根据实际版面情况自行设置字体和大小）。

2．直线绘制

选择“插入”菜单，单击“插图”功能区中的“形状”按钮，选择“直线”形状，绘制五条直线，并分别将直线放在相应的位置，效果如图 3-57 所示。

3．退货原因区域制作

（1）选中文字从“退货原因”及“注：以上信息……唯一依据”，设置字体为“楷体”，字号为“小四”。

图 3-57　文字直线绘制效果

（2）选择“插入”菜单项，在“文本”功能区单击“文本框”功能按钮，弹出如图 3-58 所示的文本框选项，选择“绘制文本框”命令，在“退货原因”下方空白区域绘制一个长方形文本框。

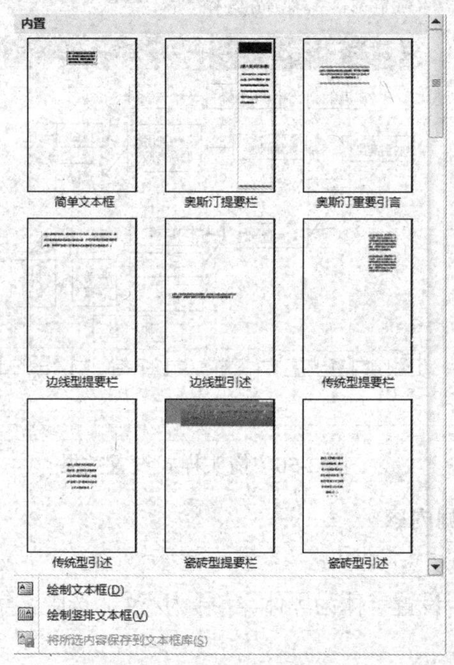

图 3-58　插入文本框选项

（3）选择“绘图工具”→“格式”菜单项，在“大小”功能区设置文本框的长度为“12 厘米”，高度为“3 厘米”。

（4）选择“绘图工具”→“格式”菜单项，单击“形状样式”功能区中的“形状轮廓”按钮，选择“虚线”选项中的“圆点”样式，效果如图 3-59 所示。

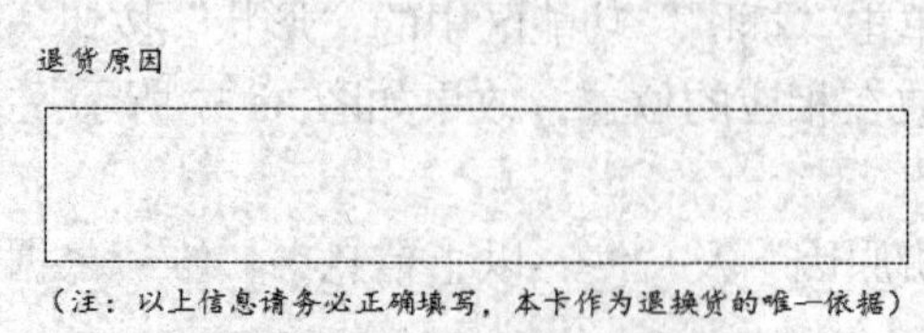

图 3-59　虚线文本框效果图

4．客服联系方式制作

（1）单击选中“退货原因”下的文本框，按“Ctrl+C”组合键，再按“Ctrl+V”组合键复制文本框。

（2）将复制生成的文本框移动到“注：...”文本下方，并调整文本框高度为“2厘米”。

（3）单击“形状样式”功能区中的“形状填充”按钮，选择标准色浅绿色填充文本框。

（4）在文本框中输入相应文字，完成售后服务卡正面制作，效果如图3-60所示。

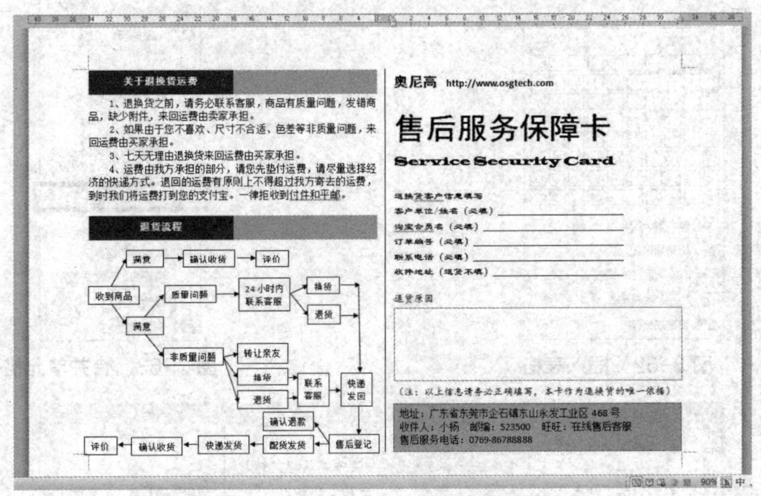

图3-60 售后服务卡正面制作效果图

（六）制作卡片背面左侧内容

1．左侧“给客户的信”和“星级服务品质保证”标题形状制作

单击“关于退换货运费”标题形状，按“Ctrl+C”组合键复制，在“你好……”所在段前一空行段和在“满意请打5分”前一空行段分别按“Ctrl+V”组合键将标题形状复制到所在位置，并分别将两标题形状名称调整“给客户的信”和“星级服务品质保证”，效果如图3-61所示。

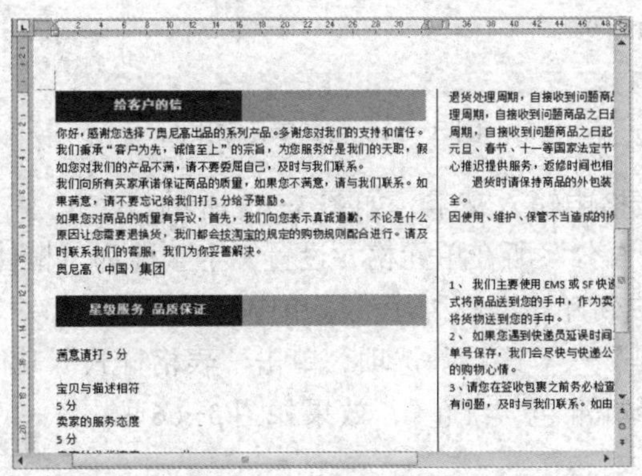

图3-61 标题效果图示

2．给客户的信正文文字设置

选择文字“你好，感谢您选择了……奥尼高（中国）集团”，设置字体为“楷体”，字号为“小四”；单击“段落”功能区中右下角的按钮，在“段落”对话框中设置“特殊格式”中的“首行缩进”为“2字符”；选择文字“奥尼高（中国）集团”，设置对齐方式为“右对齐”。

3．星级评价表制作

（1）单击“插入”菜单项，在“表格”功能区单击“表格”按钮，在弹出的“插入表格”选项下选择 4 行 4 列，如图 3-62 所示。

（2）选择第一行中的前三个单元格，右键单击，弹出如图 3-63 所示快捷菜单，选择“合并单元格”命令；选择最后一列，用上述相同的方法合并单元格，效果如图 3-64 所示。

图 3-62　插入表格

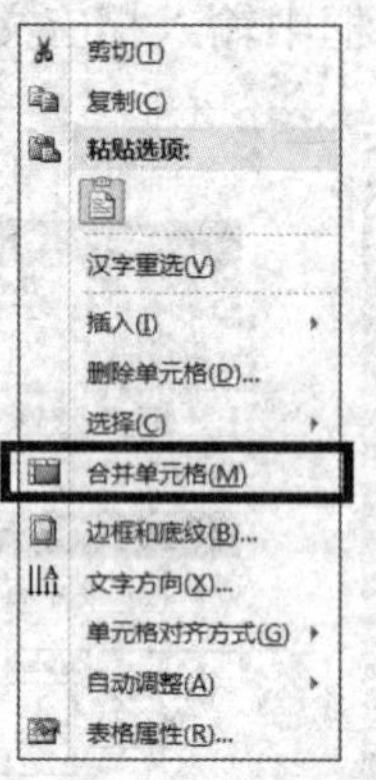

图 3-63　合并单元格

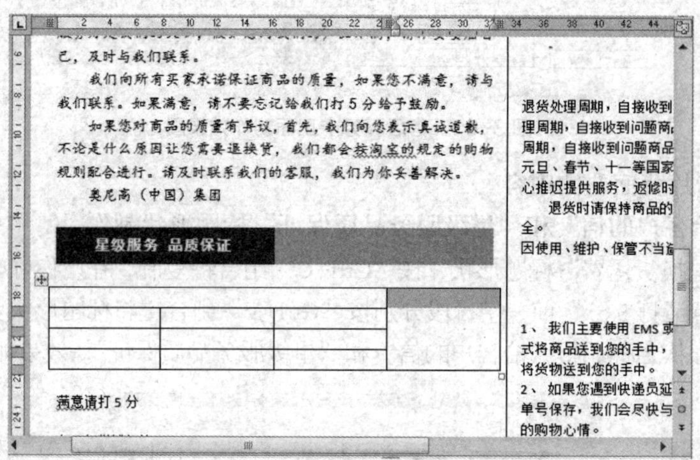

图 3-64　合并单元效果图

（3）参照效果图在表格中输入文字，如图 3-65 所示。

（4）选择“满意请打 5 分”所在单元格，设置文字字体为“楷体”“四号”“加粗”，字体颜色为标准色“白色”；右键单击，在弹出的菜单中选择“单元格对齐方式”为中部居中；单击选项卡中的“表格工具”—“设计”选项，单击“表格样式”功能区中的“底纹”按钮，在弹出的颜色样式中选择标准色“红色”，效果如图 3-66 所示。

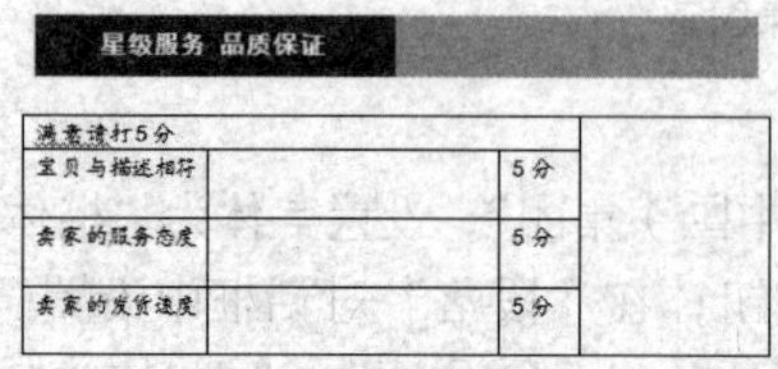

满意请打5分			
宝贝与描述相符		5分	
卖家的服务态度		5分	
卖家的发货速度		5分	

图 3-65　输入文字

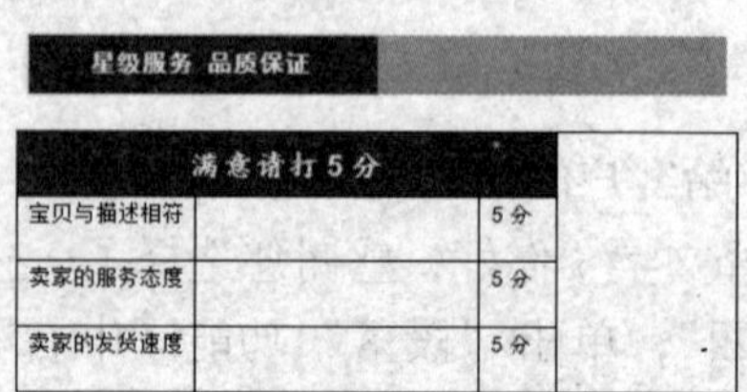

满意请打5分			
宝贝与描述相符		5分	
卖家的服务态度		5分	
卖家的发货速度		5分	

图 3-66　设置单元格底纹和文字格式

（5）选择表格第2、3、4行的1至3列，设置表格中文字为“楷体”“小四”“加粗”，单元格对齐方式为“中部居中”，适当调整表格的宽度。

（6）单击“插入”菜单项，单击“符号”功能区的“符号”按钮，在弹出的符号样式中单击“其他符号”按钮，弹出如图3-67所示的“符号”对话框。

（7）在“字符代码”文本框中输入“171”，则会在代码171代表的符号显示蓝色亮显标志，如图3-67所示。单击“插入”按钮，在“与宝贝描述相符”右边单元格插入5个星形符号。

（8）选择前一步插入的5个星形符号，设置为字号为小二，标准色红色。并将5个星形符号复制到如图3-68所示单元格。

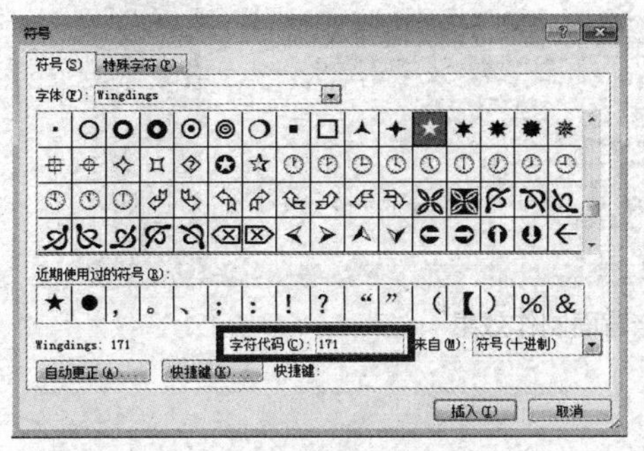

图3-67 符号对话框

满意请打5分		
宝贝与描述相符	★★★★★	5分
卖家的服务态度	★★★★★	5分
卖家的发货速度	★★★★★	5分

图3-68 制作星形符号效果

（9）单击“插入”菜单项，单击“插图”功能区中的“图片”按钮，在弹出的“插入图片”对话框中选择“my.jpg”图片插入表格最后一列，设置图片文字环绕方式为“浮于文字上方”，并适当调整图片大小，最终效果如图3-69所示。

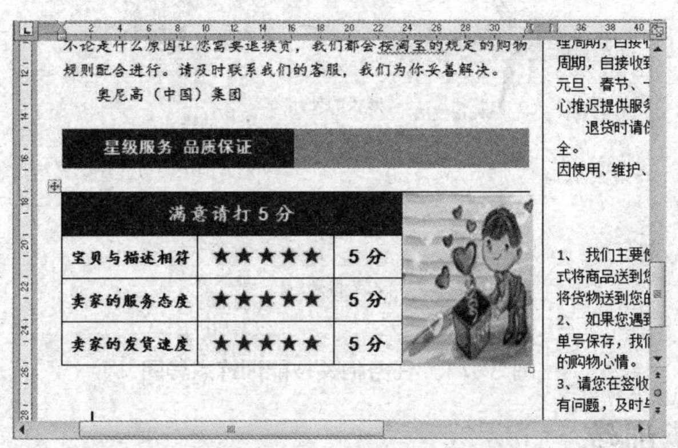

图3-69 “星级服务品质保证”栏制作效果

（七）制作卡片背面右侧内容

1．关于商品的售后和关于快递标题栏制作

（1）单击背面左侧两标题栏形状，按“Ctrl+C”组合键复制形状，分别粘贴到右侧的顶部和中间，并分别将原标题形状的左边标准色红色调整为浅绿，右边标准色浅绿色调整为标准红色。

（2）在复制的形状中删除原来文字，在标题形状右边添加“关于商品的售后”和“关于快递”文字，并设置文字为标准色“白色”，字体为“黑体”“小四”“加粗”。

2．关于商品售后和关于快递正文格式设置

（1）选择“给客户的信”标题栏下方的正文文字，双击“开始”→“剪贴板”功能区中

的“格式刷”按钮。

（2）依次将“给客户的信”下的正文文字格式复制到“关于商品售后”和“关于快递”下的正文文字，最终效果如图 3-70 所示。

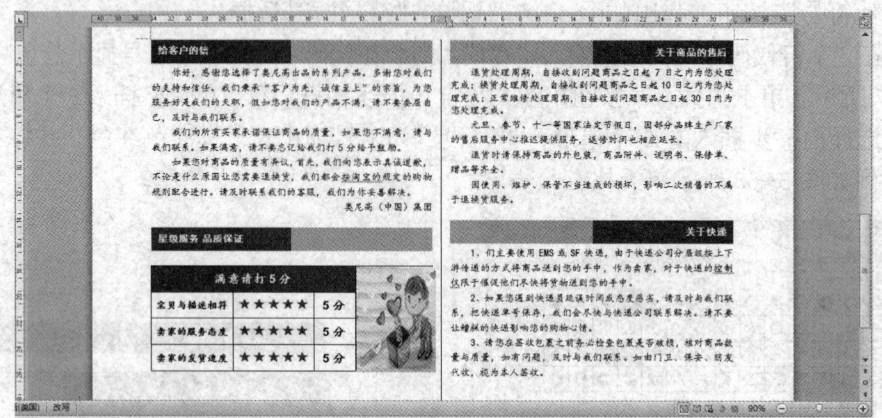

给客户的信

你好，感谢您选择了奥尼高出品的系列产品。多谢您对我们的支持和信任。我们秉承“客户为先，诚信至上”的宗旨，为您服务好是我们的天职，假如您对我们的产品不满，请不要委屈自己，及时与我们联系。

我们向所有买家承诺保证商品的质量，如果您不满意，请与我们联系。如果满意，请不要忘记给我们打 5 分给予鼓励。

如果您对商品的质量有异议，首先，我们向您表示真诚道歉，不论是什么原因让您需要退换货，我们都会按淘宝的规定的购物规则配合进行。请及时联系我们的客服，我们为你妥善解决。

奥尼高（中国）集团

星级服务 品质保证

满意请打 5 分		
宝贝与描述相符	★★★★★	5 分
卖家的服务态度	★★★★★	5 分
卖家的发货速度	★★★★★	5 分

关于商品的售后

退货处理周期，自接收到问题商品之日起 7 日之内为您处理完成；换货处理周期，自接收到问题商品之日起 10 日之内为您处理完成；正常维修处理周期，自接收到问题商品之日起 30 日内为您处理完成。

元旦、春节、十一等国家法定节假日，因部分品牌生产厂家的售后服务中心推迟提供服务，返修时间也相应延长。

退货时请保持商品的外包装，商品附件、说明书、保修单、赠品等齐全。

因使用、维护、保管不当造成的损坏，影响二次销售的不属于退换货服务。

关于快递

1、们主要使用 EMS 或 SF 快递，由于快递公司分层级按上下游传递的方式将商品送到您的手中，作为卖家，对于快递的控制仅限于催促他们尽快将货物送到您的手中。

2、如果您遇到快递员延误时间或态度恶劣，请及时与我们联系，把快递单号保存，我们会尽快与快递公司联系解决。请不要让糟糕的快递影响您的购物心情。

3、请您在签收包裹之前务必检查包裹是否破损，核对商品数量与质量，如有问题，及时与我们联系。如由门卫、保安、朋友代收，视为本人签收。

图 3-70　售后服务卡背面制作效果

七、任务相关技能训练点导图

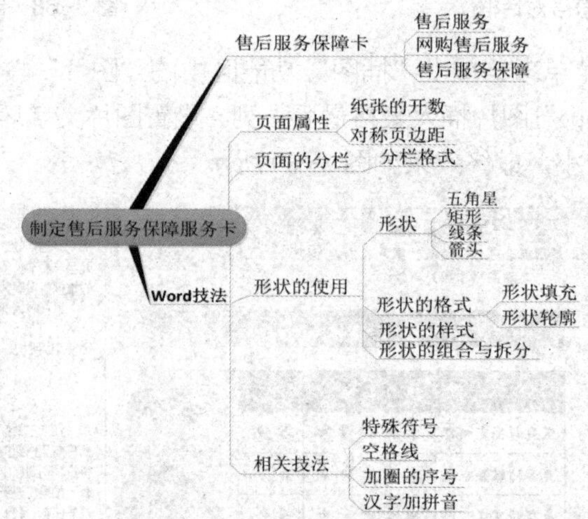

图 3-71　任务相关技能训练点导图

八、拓展技能训练

【组织结构图应用】

请打开“拓展训练任务 3-2.docx”文档，并根据如图 3-72 所示的效果图在第二段插入一个 SmartArt 图形中标记的层次结构图，并输入相应文字内容，具体操作如下。

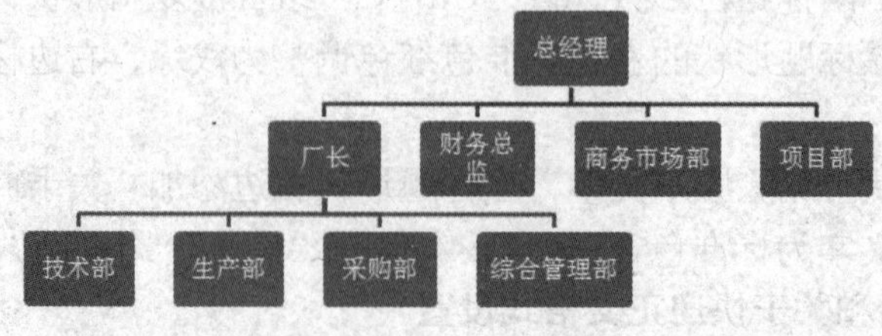

图 3-72　SmartArt 图形制作示例

（1）将光标放置于文档的第二段，选择“插入”菜单项，单击“插图”功能区中的“SmartArt”按钮，弹出“选择 SmartArt 图形”对话框，如图 3-73 所示的。

（2）选择“层次结构”选项卡中的“层次结构”样式，如图 3-74 所示。

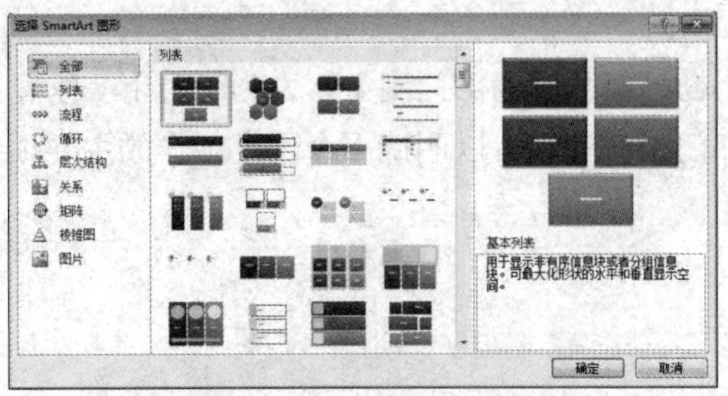

图 3-73 选择 SmartArt 图形对话框

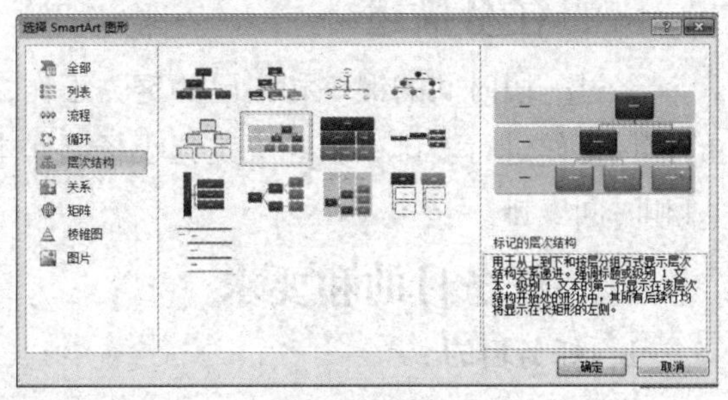

图 3-74 选择层次结构 SmartArt 图

（3）单击“确定”按钮，在文档中插入一个层次结构图，如图 3-75 所示，

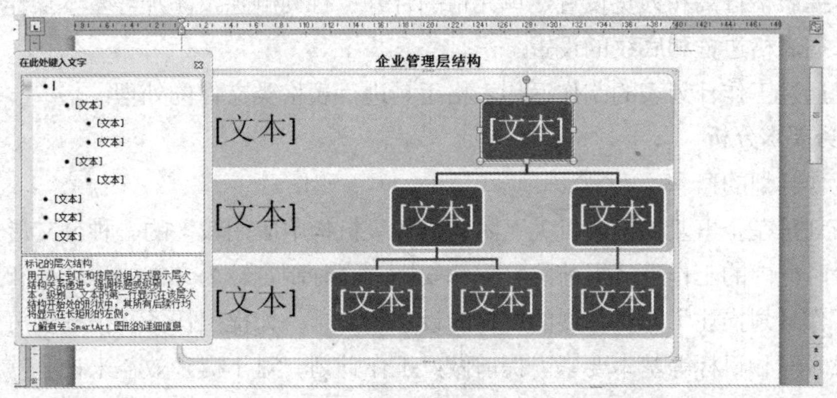

图 3-75 插入标记的层次结构图

（4）分别右键单击图 3-75 所示层次结构图中的第二行第一个文本输入框和第三行第二个文本输入框，弹出如图 3-76 所示的快捷菜单，选择“添加形状”→“在后面添加形状”命令，依次在第二行和第三行添加 2 个文本输入框；单击选中第三行最后一个文本输入框，按“Delete”键删除该文本输入框，图形如图 3-77 所示。

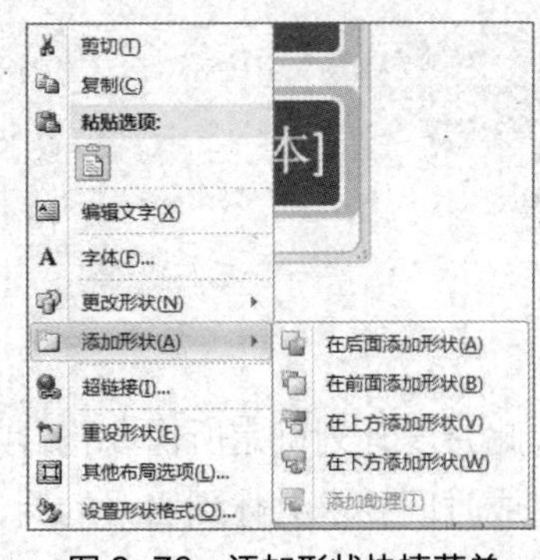

图 3-76 添加形状快捷菜单

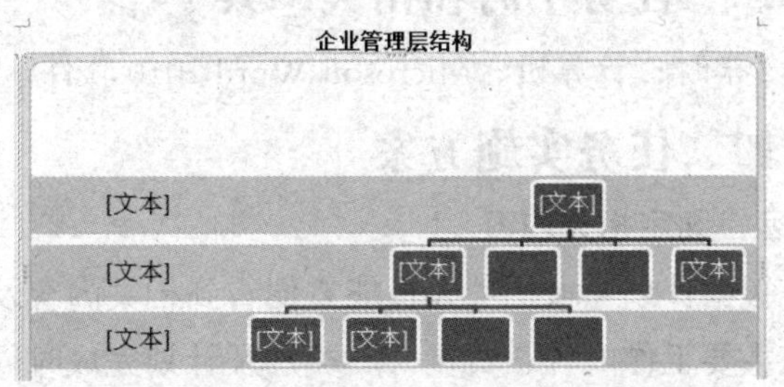

图 3-77 添加和删除形状后的层次结构图

（5）根据图 3-72 所示依次输入相应的文字，设置文字水平居中对齐，并根据文字内容适当调整文本框在小，最后层次结构图效果如图 3-72 所示。

任务3　部门工作计划表制作

一、任务描述

经过一段时间的锻炼和自己的努力工作，小杨已经升职为部门副主管，为了对下一季度的部门工作进行安排，领导决定让小杨制作本部门工作计划，以明确下个季度工作的主要项目和时间安排。

二、任务目的和要求

1．任务目的

（1）掌握工作计划的撰写格式及基本要素。

（2）掌握运用 Word 2010 编制表格及表格文字录入、对齐方式设置的基本方法。

（3）掌握表格行高和列宽设置、单元格的合并、行列删除及添加等基本操作。

（4）掌握表格边框和底纹的设置。

（5）能通过工作计划表的制作运用表格工具进行表格类文件的处理。

2．任务要求分析

（1）工作计划的概念

工作计划是在企事业单位、机关、团体的各级机构中应用较多的一种公文形式，它主要用于对一段时间内的工作进行提前的打算和安排，同时制定较为详细的工作量和工作细节上的规划。工作计划描述了即将开展的工作的设想和安排，如提出任务、指标、负责人、进度要求、完成时间和目标等基本要素。提前做好工作计划，对于提升效益来说非常重要，有助于提高工作效率，方便沟通与协调和整体统筹安排。工作计划按时间跨度可分为年度计划、季度计划、月计划、周计划等。

（2）用什么工具来制作工作计划表

制作工作计划，可以考虑使用文档描述的方式，也可以使用 Word 的表格工具来制作。

（3）工作计划案例

某部门月度工作计划表如图 3-78 所示。

三、任务学时和相关工具

2 学时；计算机、Microsoft Word 2010 软件。

四、任务实施方案

1．确定相关内容

根据计划要求相关人员能方便看到相关内容及进度，因此月度计划确定所需要包含的内容有主要工作内容、负责人、类别及计划完成时间，其中完成时间要求具体到当月的周，且计划要求包含主管领导审核意见栏。

2．确定呈现形式

计划采用表格方式呈现，利用 Word 2010 的表格功能来编制月度工作计划。

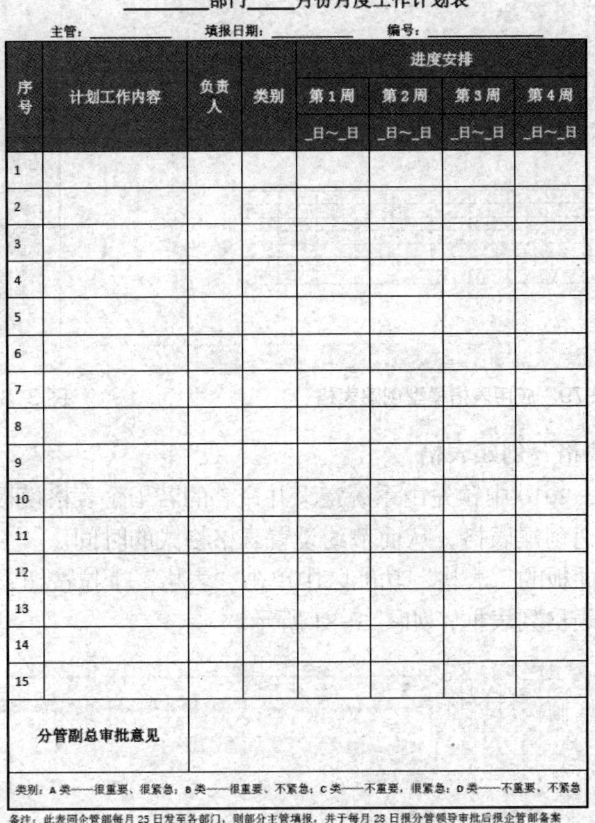

______部门____月份月度工作计划表

主管：________　填报日期：________　编号：__________

序号	计划工作内容	负责人	类别	进度安排			
				第 1 周	第 2 周	第 3 周	第 4 周
				_日~_日	_日~_日	_日~_日	_日~_日
1							
2							
3							
4							
5							
6							
7							
8							
9							
10							
11							
12							
13							
14							
15							
分管副总审批意见							
类别：A 类——很重要、很紧急；B 类——很重要、不紧急；C 类——不重要，很紧急；D 类——不重要、不紧急							

备注：此表同企管部每月 25 日发至各部门，则部分主管填报，并于每月 28 日报分管领导审批后报企管部备案

图 3-78　部门月度工作计划表

五、知识准备

相对于段落而言，表格更具有结构严谨、显示直观等特点。Word 2010 对表格数据的处理能力虽然不及 Excel 2010，但它操作简单、格式丰富，并且容易实现文、表混排，因此广泛应用于各种数据处理要求不高的场合，如课程表、简历表等。在 Word 中，不仅可以以多种方式在文档中创建表格，而且可以对表格进行编辑、转换、排序及简单计算。

创建表格的方法有如下几种。

1．使用表格模型创建表格

（1）将插入点定位到要插入表格的文档位置。

（2）在“插入”功能选项卡的“表格”功能区中单击“表格”按钮，在表格模型中拖动鼠标，选定所需的行数和列数，释放鼠标即可在相应位置插入表格，如图 3-79 所示。

2．使用“表格”对话框创建表格

（1）选择“插入表格”命令，可以弹出如图 3-80 所示“插入表格”对话框。

（2）在“自动调整”栏可选择一种表格调整方式。

① **固定列宽**：用户输入一个数值决定每列的列宽，若选取“自动”，则自动根据设置的纸张大小、页边距和列数来平均分配各列。

② **根据内容调整表格**：创建表格后，各列列宽处于最小值，当用户在列中输入信息时，自动根据输入的信息调整列宽。

③ **根据窗口调整表格**：与“固定列宽”中的“自动”选项设置相同。

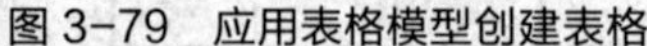

图 3-79　应用表格模型创建表格

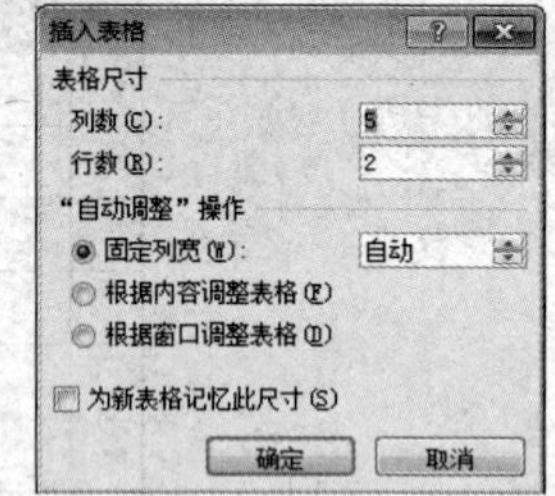

图 3-80　"插入表格"对话框

3. 使用"快速表格"创建表格

快速表格是 Word 2010 中预先由系统定义并命名的若干个表格模板，用户可以从中选择一种适合的风格以快速创建表格，从而节约设置表格格式的时间。

在"插入"功能面板的"表格"功能区中单击"表格"下拉按钮，并选择"快速表格"命令，打开"内置"表格列表框，如图 3-81 所示。

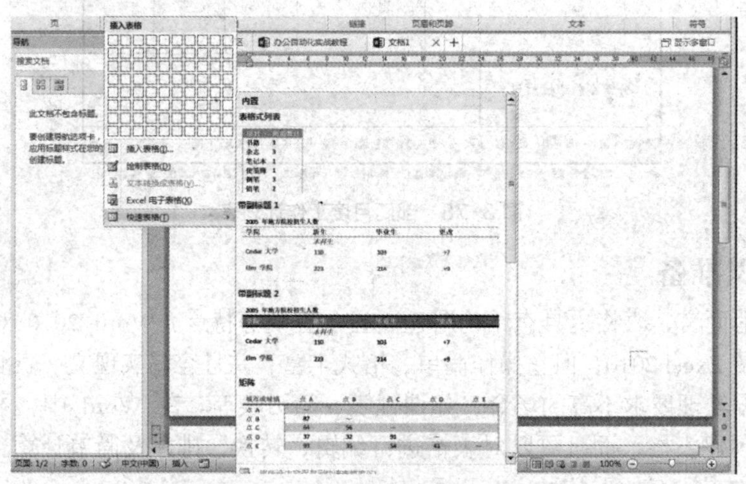

图 3-81　快速表格样式列表

在表格列表框中根据需要选择一个项目即可快速创建一个已经设置好格式的表格。

六、任务实施

（一）设置标题和表头文字

在制作表格之前应先对表格中的标题进行设置，输入标题及表头相关内容后，再进行格式设置，具体步骤如下。

（1）单击"文件"按钮，在弹出的菜单中选择"新建"命令，新建一空白文档。

（2）单击"页面布局"菜单项，在"页面设置"功能区中单击"页边距"功能按钮，将文档的"上、下边距"和"左、右边距"分别设置为"2.5 厘米"。

（3）在文档中输入标题文字"部门月份月度工作计划表"，设计文字字体为"宋体"，字号为"二号"，"加粗"，设置文字为"居中"对齐，并在文字"部门"和"月份"前绘制下划线（按 Shift+"-"组合键），如图 3-82 所示。

（4）在标题下面一行输入文字“主管:”“填报日期:”和“编号:”，设置文字字体为“宋体”，字号为“五号”，“加粗”，设置文字“居中”对齐，并根据图 3-78 所示的效果图分别绘制下划线，如图 3-82 所示。

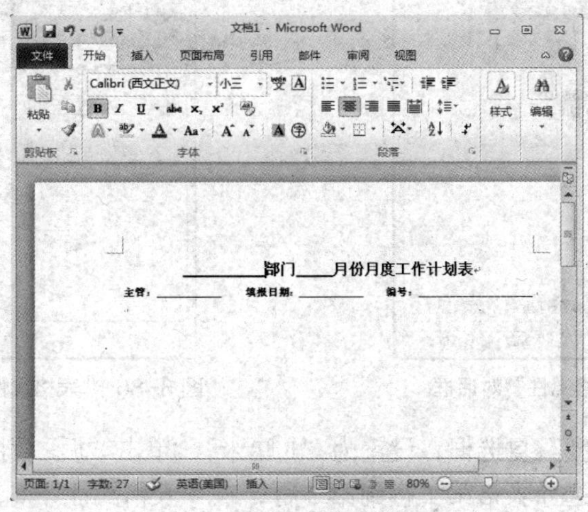

图 3-82　设置标题和表头文字

（二）插入表格

（1）移动插入点到表头文字下一行，单击“插入”菜单项，在“插入”功能区中单击“表格”功能按钮，弹出如图 3-83 所示的功能菜单。

（2）选择“插入表格”命令，弹出如图 3-84 所示的“插入表格”对话框。

图 3-83　插入表格选项

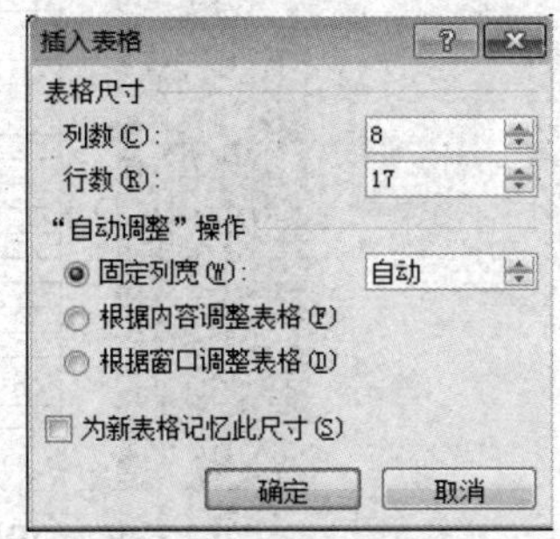

图 3-84　插入表格对话框

（3）在“表格尺寸”栏输入“行数”为 17，输入“列数”为 8，单击“确定”按钮。此时，在文档中插入了一个自动列宽的 17 行 8 列的表格。

（三）调整单元格

1．调整表格列宽

根据表格中文本内容显示的需要，分别将“序号”“计划工作内容”“负责人”“类别”及“计划进度”对应列的列宽设置为“1 厘米”“4 厘米”“1.5 厘米”“1.5 厘米”及“8 厘米”；将序号“1”~“15”及“类别说明”所在行设置行高为“1 厘米”，“分管副总审批意见”行高设置为“2 厘米”，具体操作如下。

（1）将插入点放于表格任意位置，单击表格左上角的⊞，选中整个表格。

（2）切换到“表格工具”—“布局”功能面板，在“属性”功能区中单击“属性”按钮，弹出如图 3-85 所示的“表格属性”对话框。

（3）在“表格”选项卡中选择“对齐方式”为“居中”，然后单击“列”选项卡，显示如图 3-86 所示。

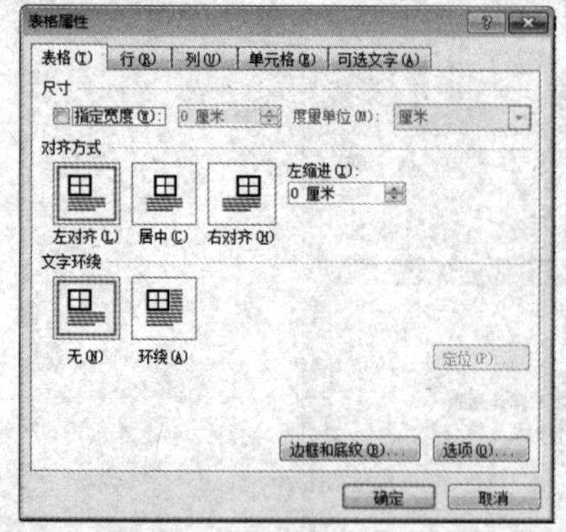

图 3-85 “表格属性”对话框

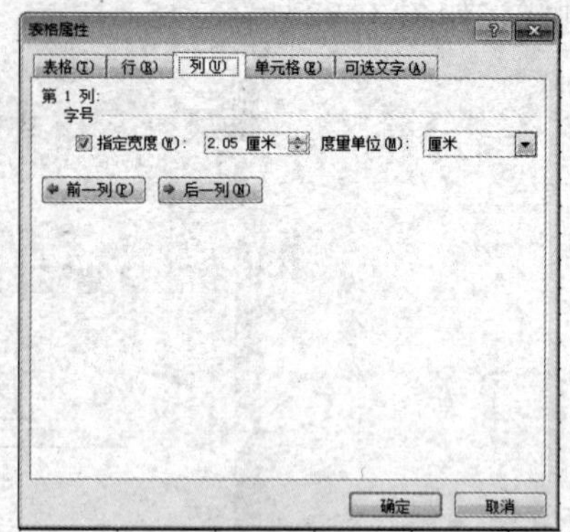

图 3-86 “表格属性”对话框“列”设置

（4）勾选“指定宽度”复选框，设置为“1 厘米”，单击“后一列”按钮，依次将各列设置为指定的宽度即可。选择表格第 1 行到第 3 行，在“表格属性”对话框中设置行高为“0.7 厘米”；同样选择表格其他行，设置行高为“1 厘米”；再选择表格倒数第 2 行，设置行高为“2 厘米”。设置后效果如图 3-87 所示。

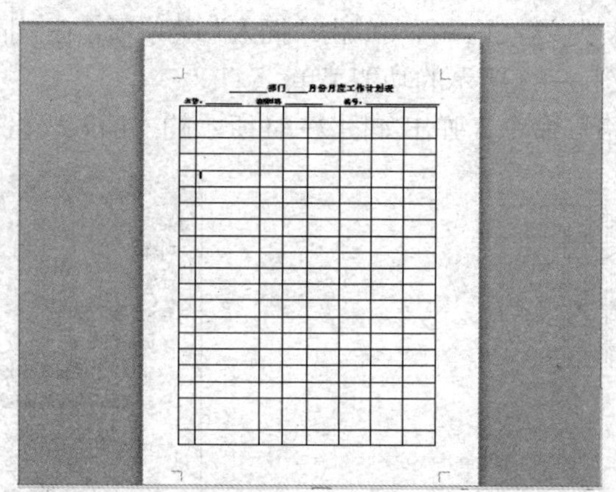
图 3-87 设置“列宽”和“行高”后效果

2．单元格合并

建立表格后，总有一些单元格需要进行调整。在调整单元格时，用户可以根据需要将一个单元格拆分、合并生成新单元格。

在本例中，标题栏中“序号”“主要工作计划内容”“负责人”和“类别”4 栏跨 3 行，需要分别进行合并单元格。“计划完成时间”“分管副总审批意见”和“类别”说明栏需要进行跨列合并，具体操作步骤如下。

（1）选择“序号”栏前 3 行，单击“表格工具”菜单项中的“布局”选项卡，显示如图 3-88 所示表格布局功能面板。

图 3-88 表格“布局”功能区

（2）单击“合并”功能区中的“合并单元格”按钮，将当前选择的 3 个单元格合并成一个单元格；然后依次将第 2 列、第 3 列、第 4 列前 3 行按上述方式合并。

（3）用同样的方法选择第 5 到第 8 列的第一行，用上述方法实现单元格合并。

（4）用相同的方法将表格最后两行根据效果图进行单元格合并。上述 3 步进行单元格合并后效果如图 3–89 所示。

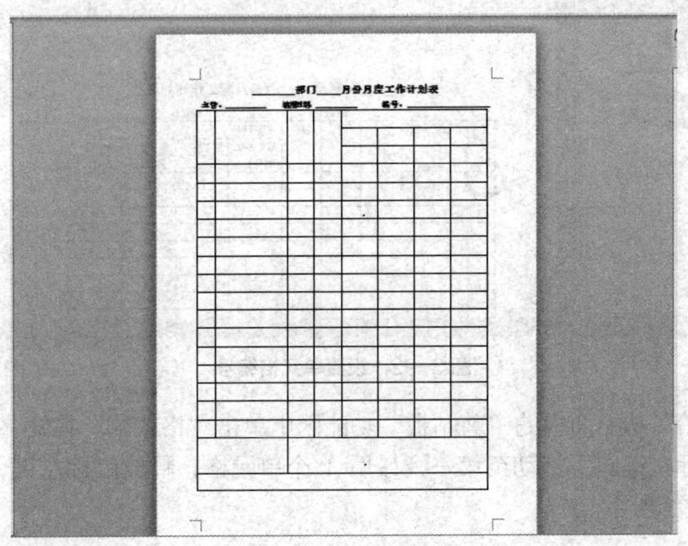

图 3–89　单元格合并效果

（四）表格文本输入

1．表格文本输入

根据图 3–78 所示内容分别输入文本内容（不包含“序号”列的数字）。

2．表格自动编号输入

（1）单击“序号”列第 1 个单元格，在“开始”功能面板的“段落”功能区中单击“编号库”按钮。在弹出的菜单中选择如图 3–90 所示的“定义新编号格式”命令，弹出如图 3–91 所示的“定义新编号格式”对话框。

图 3–90　选择“定义新编号格式”命令

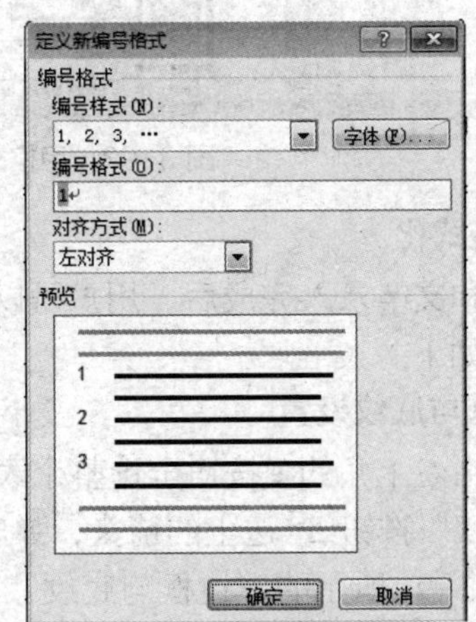

图 3–91　“定义新编号格式”对话框

（2）在“编号样式”下拉列表中选择图 3–78 所示效果图的编号格式“1，2，3，…”并单击“确定”按钮，此时当前单元格显示编号如图 3-92 所示。

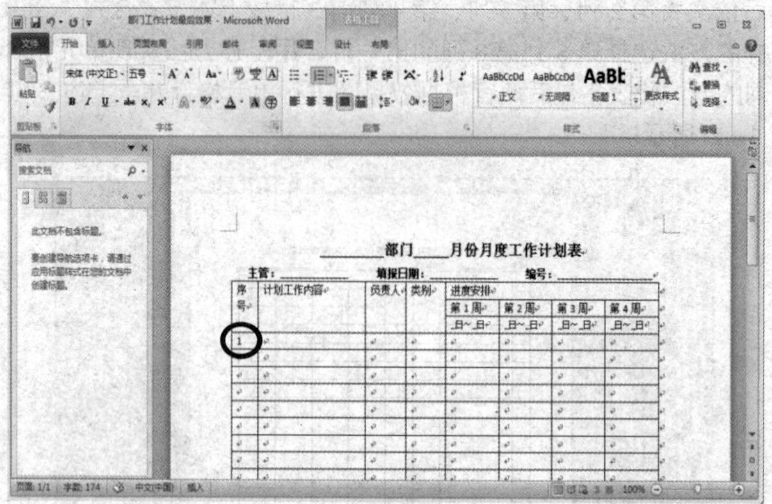

图 3-92　设置单元格编号

（3）在“开始”功能面板的“剪贴板”功能区中单击“格式刷”按钮，从“1”下面的单元格开始按住鼠标左键向下拖动至第一列最后 1 个单元格，释放鼠标左键，此列即可插入自动编号，如图 3-93 所示。

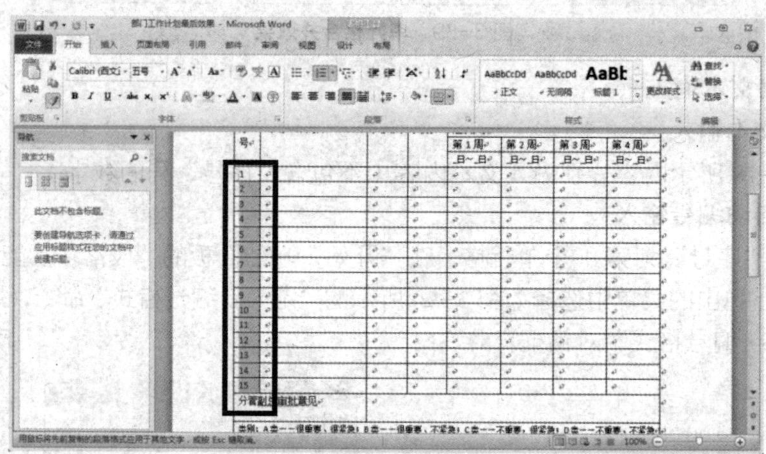

图 3-93　用格式刷生成自动编号

（五）表格格式化

单元格调整和文字录入完成后，用户可以对表格再进行格式上的美化，使其看上去更加美观，具体操作如下。

1．表格边框与底纹设置

（1）单击表格左上角的⊞按钮全选整个表格，然后在“开始”功能面板的“段落”功能区中单击“下框线”按钮⊞·边上的箭头，弹出如图 3-94 所示的菜单，选择“边框与底纹”命令，弹出如图 3-95 所示的“边框与底纹”对话框。

（2）在“边框”选项卡下的“设置”选项栏中选择“自定义”选项，在“宽度”下拉列表中选择“1.5 磅，单击“预览”栏表格的 4 个外边框，如图 3-96 所示。

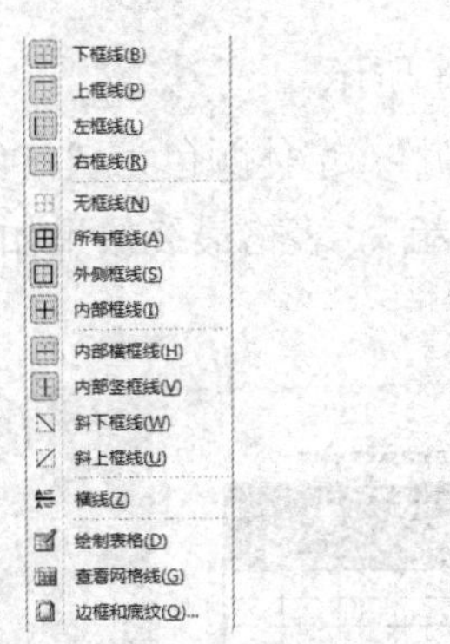

图 3-94 设置表格边框选项

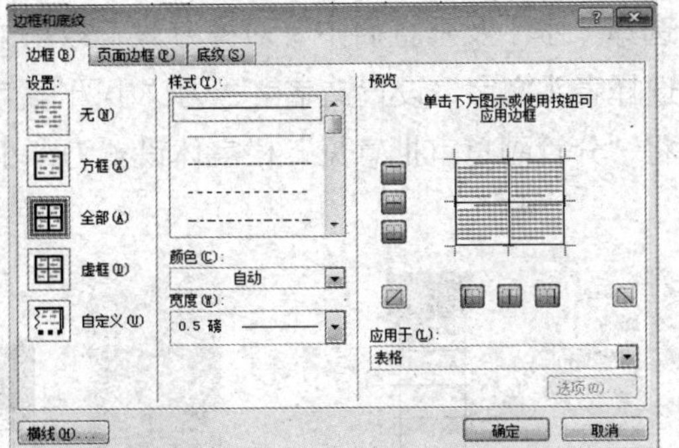

图 3-95 “边框与底纹”对话框

（3）单击“确定”按钮，表格外边框设置成1.5磅粗实线边框。

（4）选择并右键单击表头，在弹出的如图3-97所示的快捷菜单中选择“边框与底纹”命令。

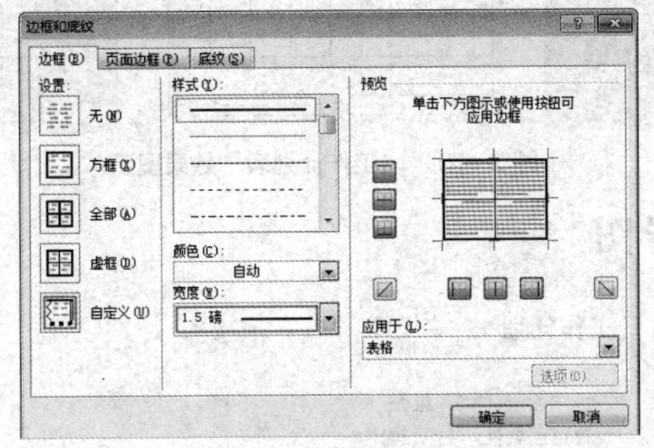

图 3-96 设置1.5磅外边框

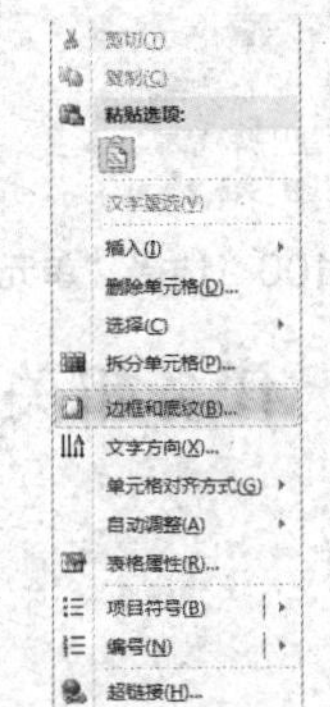

图 3-97 “边框与底纹”快捷菜单

（5）在弹出的“边框与底纹”对话框中选择“底纹”选项卡，如图3-98所示。

（6）在“填充”栏选择“水绿色，强调颜色文字5，深色25%”颜色，单击“确定”按钮，表头设置效果如图3-99所示。

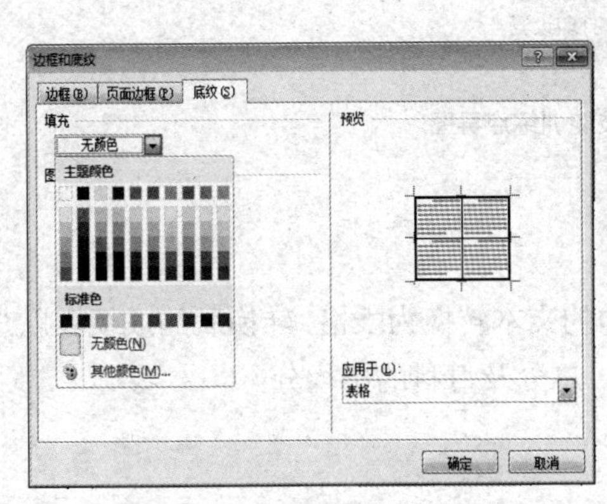

图 3-98 设置“底纹”填充色

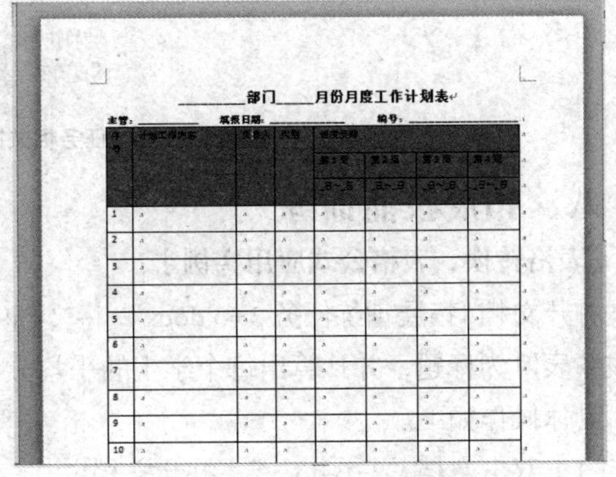

图 3-99 表头底纹设置效果

2．设置表格文字居中对齐

（1）单击表格左上角的⊞按钮全选整个表格，右键单击，在弹出的菜单中将鼠标指针移动到“单元格对齐方式”命令，如图3-100所示。

（2）选择“水平及垂直居中”对齐方式，效果如图 3-101 所示。

（3）选择表头文字，设置文字字号为“小四”、字体“加粗”、字体颜色为“白色”“背景 1”。同时将“分管副总审批意见”栏字体设置为“小四”“加粗”。表格最终效果如图 3-101 所示。

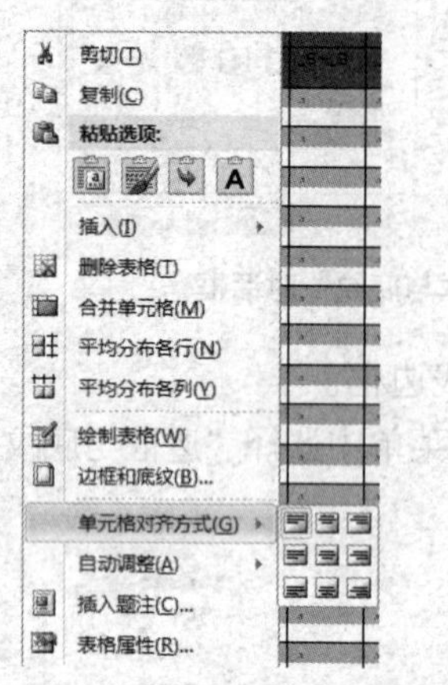

图 3-100　选择“单元格对齐方式”

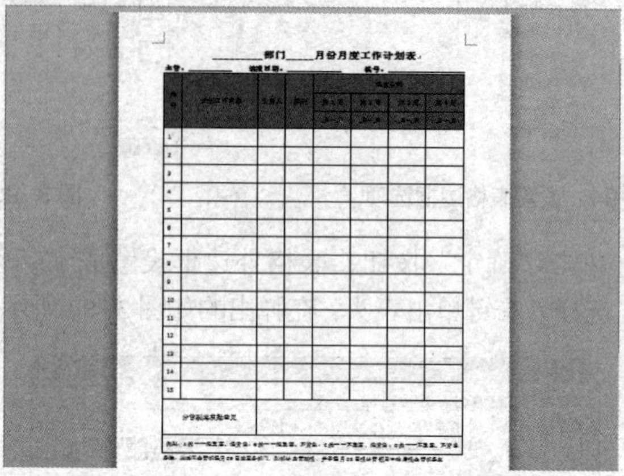

图 3-101　“工作计划表”效果图示

七、任务相关技能训练点导图

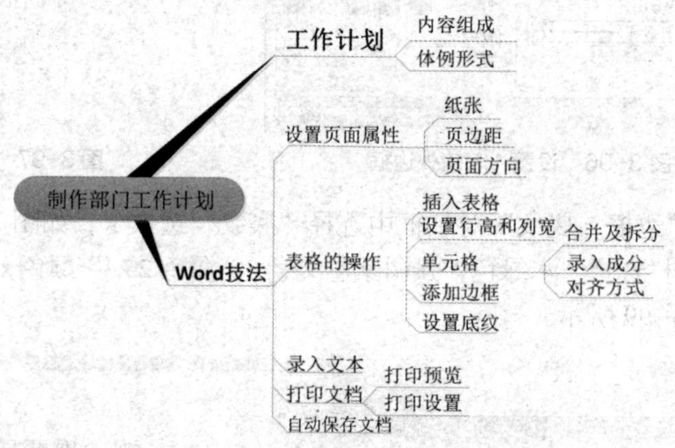

图 3-102　任务相关技能训练点导图

八、拓展技能训练

【表格转换、表格公式应用实例】

打开文档“拓展训练任务 3-3.docx”，将文档中的文本转换为表格，转换后的成绩表以“学生成绩表”为标题，并计算出每个学生的平均分、总分及每科的平均分。

具体操作如下。

（1）双击文档“3-3.docx”，打开文档。

（2）选择除“学生成绩表”行外的所有文本行，如图 3-103 所示。

（3）单击“插入”菜单项，在“表格”功能区单击“表格”按钮旁边的箭头图标，在弹出的菜单中选择“文本转成表格”命令，弹出如图 3-104 所示的“将文字转换成表格”对话框。

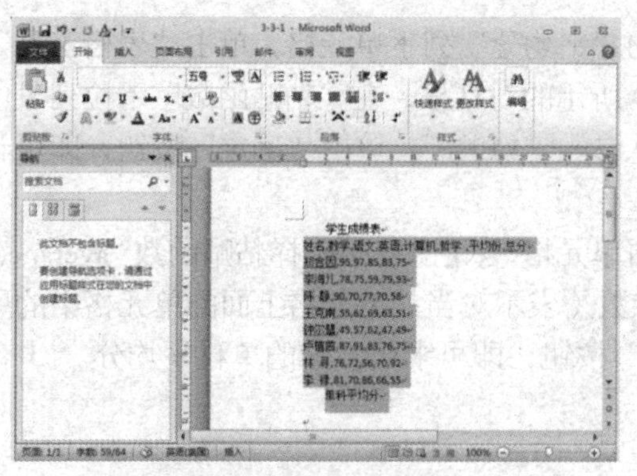
图 3-103　选择需要转换的文本

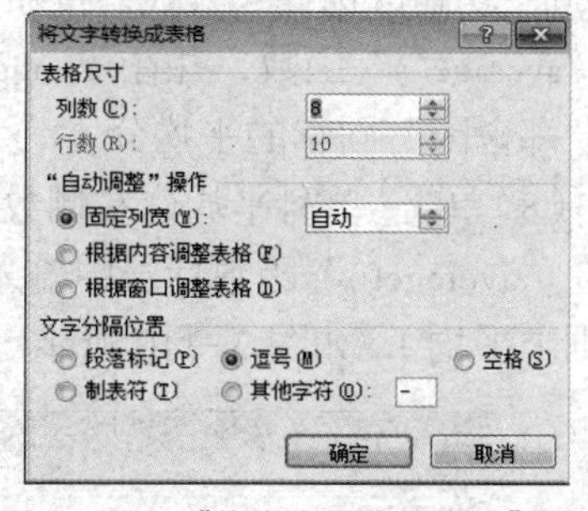

图 3-104　“将文字转换成表格”对话框

（4）根据文档中的文字间隔符号在“文字分隔位置”栏选择“逗号”，此时在“表格尺寸”栏会自动显示表格为 8 行 10 列，单击“确定”按钮即可生成如图 3-105 所示的表格。

（5）单击“总分”列下“郑含因”所在行的单元格，切换到“表格”-“布局”功能面板，在“数据”功能区中单击“公式”按钮，弹出如图 3-106 所示的“公式”对话框，从“粘贴函数”下拉列表中选择“求和函数 sum()”，在括号中输入“LEFT”，表示对单元格左边所有数值进行求和运算，单击“确定”按钮，将在当前单元格中求出“郑含因”同学的总分。

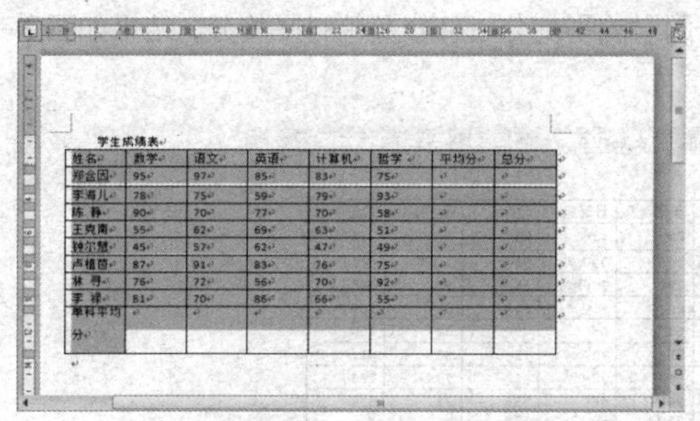
图 3-105　文字转换表格示例

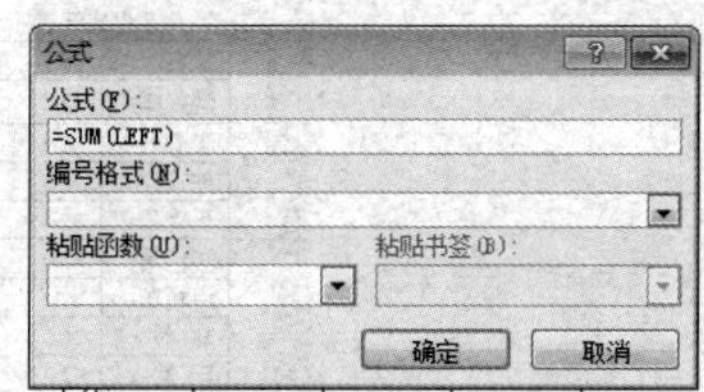

图 3-106　公式对话框

（6）选择“郑含因”总分，按“Ctrl+C”组合键复制所求总分，单击“总分”列下“李海儿”行所在单元格，按“Ctrl+V”组合键，此时如图 3-107 所示粘贴数据，右键单击，在弹出的快捷菜单中选择“更新域”命令，此时数据更新为该“LEFT”数据的和，如图 3-108 所示。

图 3-107　粘贴公式并更新域示意

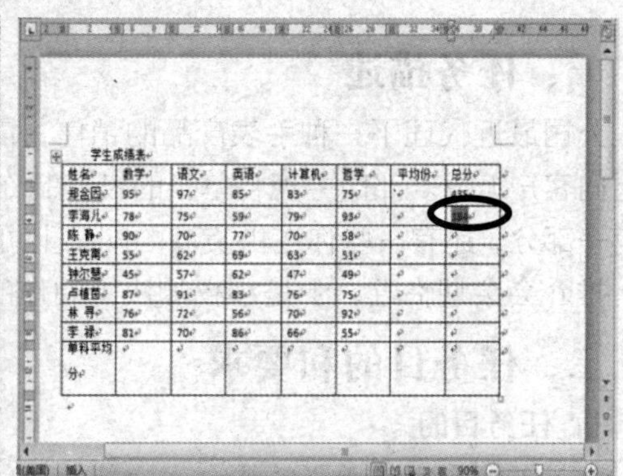
图 3-108　更新域后结果示意

（7）同第（5）步，选择“郑含因”同学的“平均分”列下单元格，单击“表格工具”→“布局”功能区选择“公式”按钮，弹出 3-109 所示的对话框，在“粘贴函数”下拉列表中选择“average( )”函数，并在 average 函数中输入参数“LEFT”，单击“确定”按钮，即可计算出“郑含因”同学的平均分。

（8）单击“单科平均分右侧数学列下的空白单元格，依前述方法，择粘贴函数“average( )”，并在“average( )”函数括号中输入“above”参数（表示对当前单元格上面的单元格中的所有数据求平均），如图 3-110 所示。单击“确定”按钮，即可求出数学的单科平均分。

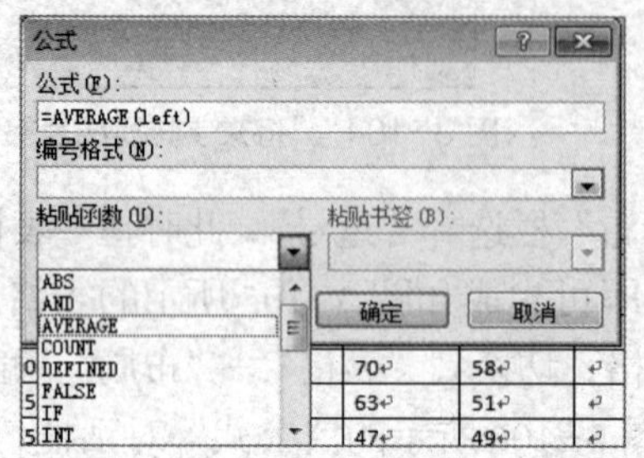

图 3-109　average( )函数 left 参数应用

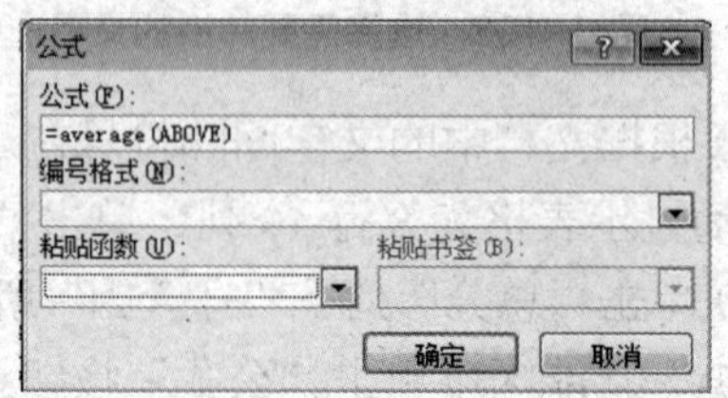

图 3-110　average( )函数 above 参数应用

（9）其他行的平均分、和总分计算依次采用第（6）步的方法用“Ctrl+C”“Ctrl+V”组合键复制、粘贴，并更新域，即得到每个同学的平均分、总分及单科平均分，结果如图 3-111 所示。

学生成绩表

姓名	数学	语文	英语	计算机	哲学	平均分	总分
郑含因	95	97	85	83	75	87	435
李海儿	78	75	59	79	93	76.8	471
陈 静	90	70	77	70	58	73	365
王克南	55	62	69	63	51	60	300
钟尔慧	45	57	62	47	49	52	260
卢植茵	87	91	83	76	75	82.4	412
林 寻	76	72	56	70	92	73.2	366
李 禄	81	70	86	66	55	71.6	358
单科平均分	75.88	74.25	72.13	69.25	68.5		

图 3-111　运用表格公式计算结果

任务 4　产品推广宣传单张制作

一、任务描述

公司最近代理了一种手表产品的销售，需要设计一张产品推介宣传单张，用于在推介会场上向客户派发。部门主管将单张的设计制作任务交给了小杨。主管说：“这个产品的资料这里有一部分，还有一些你在供货商的网站上可以找到，至于尺寸，弄个 A4 纸大小的就行了。”由于推介会会期临近，于是小杨加快了制作的进度。

二、任务目的和要求

1. 任务目的

（1）了解了宣传单张的概念、宣传单张的主要要素、制作过程及评判标准。

（2）掌握 Word 中艺术字的设置；

（3）掌握矩形文本框的设置、对象的组合；

（4）掌握图片编辑工具栏中各类工具的使用以及矩形和直线的格式设置等基本技法。

2．任务要求分析

（1）宣传单张简称传单，又名广告单张，是为广告宣传而制作的单页印刷品。与海报比起来，它更加个人化，读者可以带走，闲时可以重读再三。宣传单张是一种成本较低且行之有效的宣传手段，是商家向客户传递商品、店铺等宣传信息的一种重要途径。

宣传单张的分发途径有邮寄至目标读者的信箱、专人按户派至收件人的办公室及住宅、在街上人流多的通道或行人路或车站等地方派发到路人手中；或者放在公众地方显眼的地方，例如银行大堂、售票处、报亭等，任人自由取阅。

宣传单张的印刷主要有单色印刷、双色印刷和彩色印刷。

（2）宣传单张的基本要素通常包括图像、文字、色彩、版面、图形等表达元素，从内容构成来看则包含宣传主题、产品图片、公司标志、活动介绍以及联系方式等基本元素。

（3）宣传单张的完整制作过程包括设计分析、创意设计、素材整理、文案撰写、制作单张、样稿审校、修改设计、样稿印刷及批量印刷等步骤。

（4）一张好的宣传单张的评判标准主要有 5 个方面，一是宣传单张的目的是否明确，二是宣传单张的目标受众是否清晰，三是宣传单张是否符合目标受众的特点和可接受方式，四是宣传单张的内容是否涵盖了必要的基本元素（公司信息、产品信息、联系方式、时间地点等）以及主题和字体是否醒目，五是宣传单张的创意和表现手法是否与产品密切结合？

三、任务学时和相关工具

2 学时；计算机、Microsoft Word 2010 软件。

四、任务实施方案

首先收集产品信息，了解公司的销售意图，撰写文案和广告词句，明确宣传单张的印刷要求和设计要求，查找或拍摄相关的产品图片。然后使用 Word 的图文混排功能来制作较简单的宣传单张，主要用到的功能有艺术字、自选图形的制作、文本格式设置及图片工具的使用等。

五、知识准备

1．在文档中插入并编辑艺术字

艺术字是一种特殊的文字样式，用户可以将艺术字添加到 Office 文档中，制作出装饰性效果，如带阴影的文字或镜像（反射）文字；也可以将现有的文字转换为艺术字。

（1）单击“插入”功能面板“文本”功能区中的“艺术字”按钮，然后根据需要选择任意一个艺术字样式，即可在文档插入点位置插入样式对应风格的文本框；然后在文本框中输入文字内容即可。

（2）在 Word 2010 中插入艺术字后，可以随时修改艺术字文字。选择要修改的艺术字，单击功能区“绘图工具”→“格式”选项卡，可显示艺术字的各类操作按钮，如图 3-122 所示。

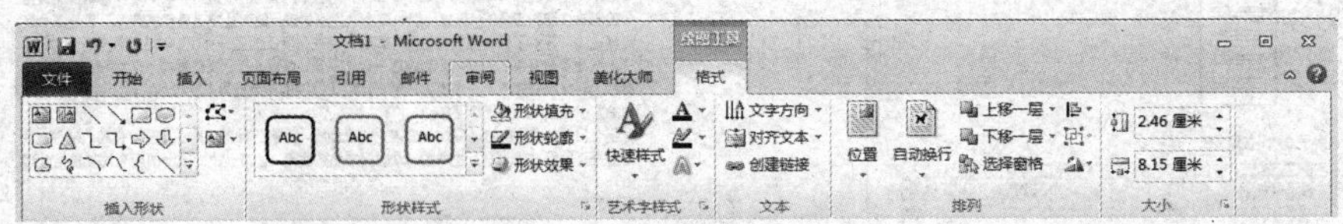

图 3-112　艺术字格式功能面板

2. 图片布局设置

单击插入文档中的图形，在打开的“图片工具”→“格式”功能面板的“排列”功能区单击“自动换行”按钮，在弹出的列表项中选择“其他布局选项”，弹出如图 3-113 所示文字环绕布局对话框。

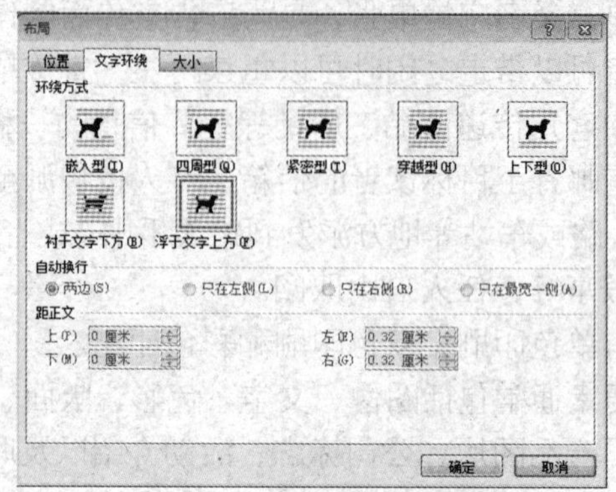

图 3-113　文字环绕方式对话框

选择环绕方式可以设置图形与文字之间的位置关系、层次关系，具体关系如下所述。

- 嵌入式：图片与文字在同一个平面内，将文字分成上下两部分。
- 四周型：图片与文字在同一个平面内，当图片环绕图片框的两边。
- 紧密型：图片与文字在同一平面内，当图片为不规则形状时，文字嵌入图片边缘。
- 穿越型：图片与文字在同一平面内，文字围绕着图形的环绕顶点。
- 上下型：图片与文字在同一个平面内，效果与嵌入型类似。
- 衬于文字下方：位于文字的下一个平面，图片作为文字的底纹。
- 浮于文字上方：位于文字的前一个平面，图片会将文字遮盖。

六、任务实施

（一）设置宣传单张的页面属性

（1）单击“文件”按钮，在弹出的菜单中选择“新建”命令，新建一空白文档。

（2）单击“页面布局”菜单项，在“页面设置”功能区中单击“页边距”功能按钮，将文档的“上、下边距”为“2.5 厘米”，“左、右边距”设置为“2.5 厘米”，如图 3-114 所示。

（3）根据提供的宣传单张内容及搜集的文字素材录入宣传单的文字内容，如图 3-115 所示。

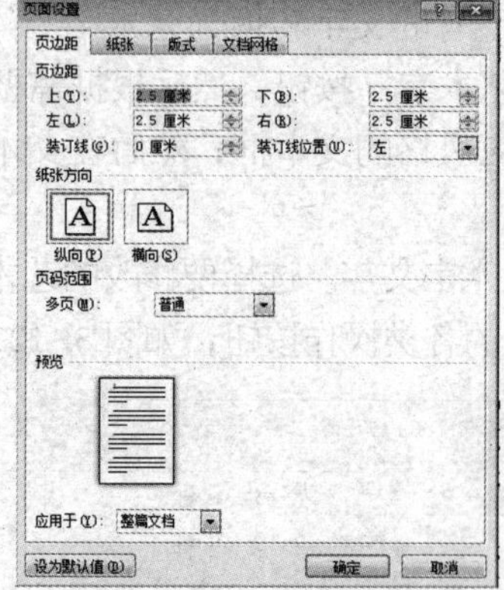

图 3-114　宣传单页面设置

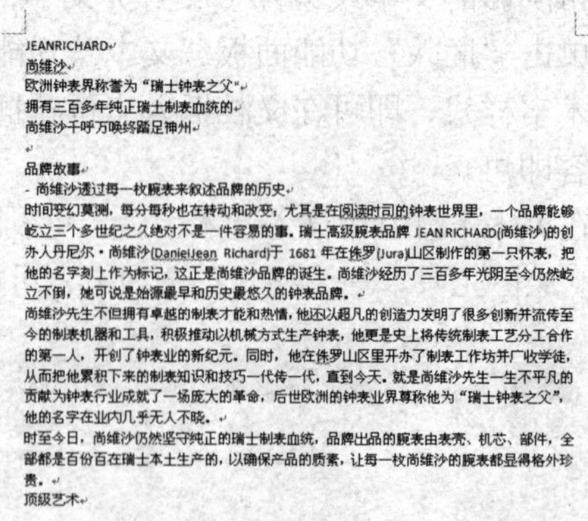

JEANRICHARD
尚维沙
欧洲钟表界称誉为“瑞士钟表之父”
拥有三百多年纯正瑞士制表血统的
尚维沙千呼万唤终踏足神州

品牌故事
- 尚维沙透过每一枚腕表来叙述品牌的历史
时间变幻莫测，每分每秒也在转动和改变，尤其是在阅读时司的钟表世界里，一个品牌能够屹立三个多世纪之久绝对不是一件容易的事。瑞士高级腕表品牌 JEAN RICHARD(尚维沙)的创办人丹尼尔·尚维沙(DanielJean Richard)于 1681 年在侏罗(Jura)山区制作的第一只怀表，把他的名字刻上作为标记，这正是尚维沙品牌的诞生。尚维沙经历了三百多年光阴至今仍然屹立不倒，她可说是始源最早和历史最悠久的钟表品牌。
尚维沙先生不但拥有卓越的制表才能和热情，他还以超凡的创造力发明了很多创新并流传至今的制表机器和工具，积极推动以机械方式生产钟表，他更是史上将传统制表工艺分工合作的第一人，开创了钟表业的新纪元。同时，他在侏罗山区里开办了制表工作坊并广收学徒，从而把他累积下来的制表知识和技巧一代传一代，直到今天。就是尚维沙先生一生不平凡的贡献为钟表行业成就了一场庞大的革命，后世欧洲的钟表业界尊称他为“瑞士钟表之父”，他的名字在业内几乎无人不晓。
时至今日，尚维沙仍然坚守纯正的瑞士制表血统，品牌出品的腕表由表壳、机芯、部件，全部都是百份百在瑞士本土生产的，以确保产品的质素，让每一枚尚维沙的腕表都显得格外珍贵。
顶级艺术

图 3-115　录入宣传单文字内容

（二）使用艺术字制作标题

（1）选中文字“JEANRICHARD”，单击“插入”菜单项，在“插入”功能面板的“文本”功能区中单击“艺术字”功能按钮，弹出艺术字样式，选择“第四行第三列”艺术字样式，如图 3-116 所示。

（2）在“绘图工具”→“格式”功能面板的“排列”功能区中单击“自动换行”按钮，弹出如图 3-117 所示的布局样式，选择“上下型环绕”布局样式。

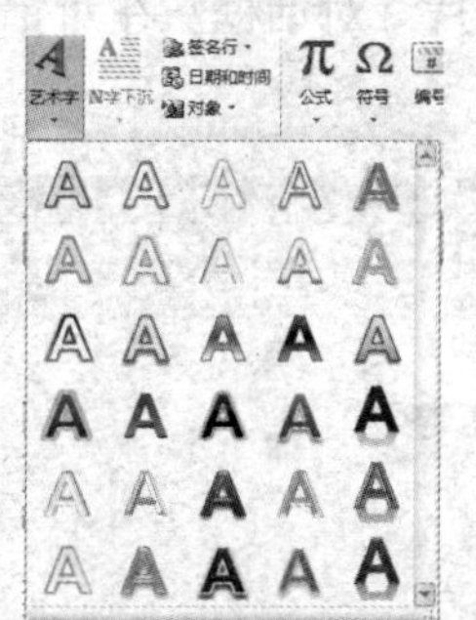

图 3-116　艺术字样式列表

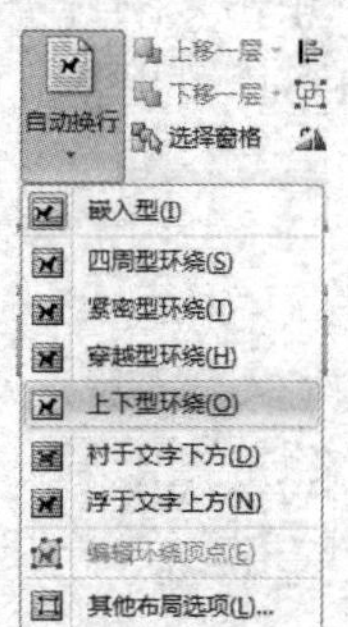

图 3-117　艺术字布局版式

（3）在“图片工具”→“格式”功能面板的“排列”功能区中单击“自动换行”按钮，选择“其他布局选项”命令，弹出“布局”对话框，选择“位置”选项卡“水平”选项设置“对齐方式”为相对于栏居中对齐，如图 3-118 所示。

（4）选中标题文字“尚维沙”，设置文字格式为隶书一号字、加粗，段落格式为居中对齐。

（5）选中标题文字“欧洲钟表界称……踏足神州”，设置文字格式为华文中宋三号加粗，段落格式为居中对齐。标题设置完成后效果如图 3-119 所示。

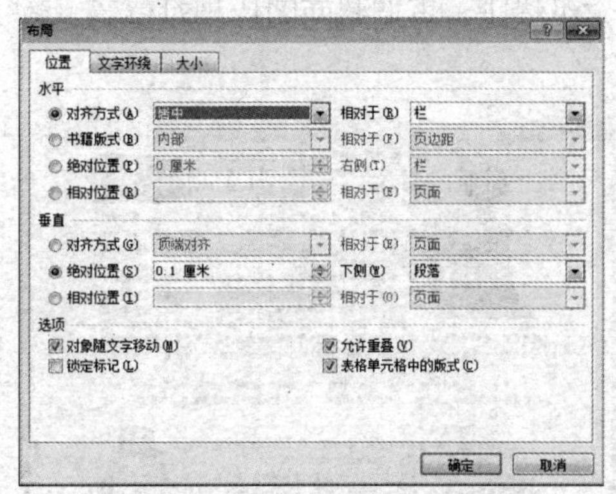

图 3-118　“位置”设置水平居中对齐

图 3-119　宣传单标题设置效果图

（三）编排正文的文本格式

（1）选中文字“品牌故事”“尚维沙透过每一枚腕表来叙述品牌的历史”“顶级艺术”和“尚维沙万年历腕表”四段文字，设置文字格式为宋体小四，字体颜色为标准色橙色，字体样式为加粗，段落格式为左对齐。

（2）选中正文中的其他文本，设置文字格式为宋体五号，段落格式为左对齐，特殊格式为首行缩进 2 字符，行距为单倍行距。

（3）将插入点定位于“尚维沙以自行研制的万年历腕表……殿堂之列。”所在段落，在“插入”功能面板的“文本”功能区中单击“首字下沉”按钮，在弹出的选项中选择“首字下沉选项”，弹出如图 3-120 所示的“首字下沉”对话框。

（4）在对话框中选择“下沉”选项，“下沉行数”设置为 2，单击“确定”按钮。

（四）插入产品图片，设置图片效果

（1）单击“尚维沙透过每一枚腕表来叙述品牌的历史”下一段前，在“插入”功能面板“插图”功能区中单击“图片”功能按钮，弹出“插入图片”对话框。在对话框中选择文件名为“Jean Richard.jpg”的图片，如图 3-121 所示。

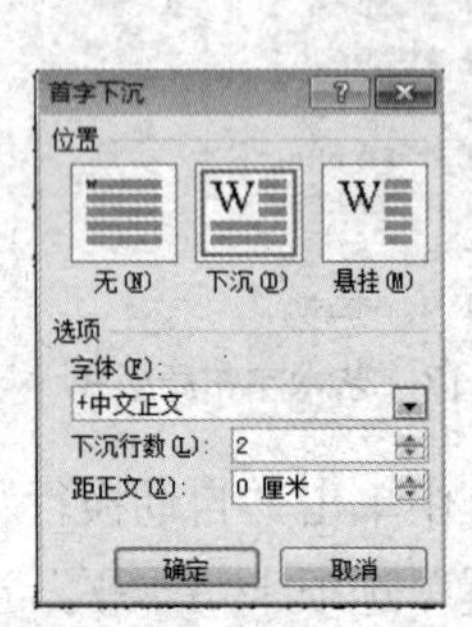

图 3-120 首字下沉对话框

图 3-121 插入图片对话框

（2）单击“确定”按钮，在“时间”前插入了“Jean Richard.jpg”图片；在“绘图工具”→“格式”功能面板的“排列”功能区中单击“自动换行”按钮，在弹出的布局样式中选择“四周型环绕”，图片位置在文档中的效果如图 3-122 所示。

（3）参考第（1）、（2）步的方法插入图片“street.jpg”和“watch.jpg”，设置为四周型环绕，将“Watch.jpg”图片大小设置为宽度 3 厘米，锁定纵横比，再调整两图片相对位置，效果如图 3-123 所示。

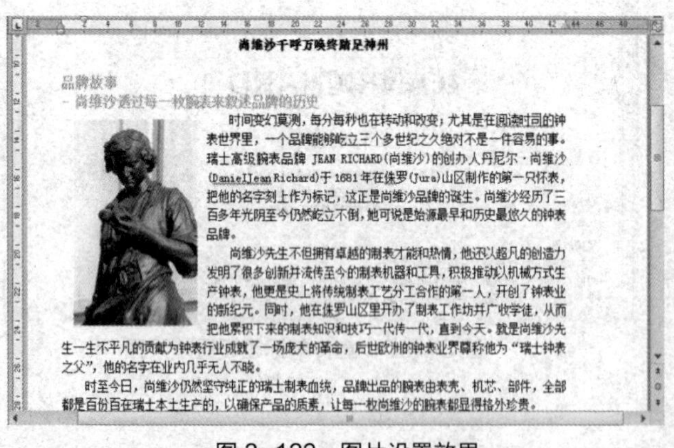

图 3-122 图片设置效果

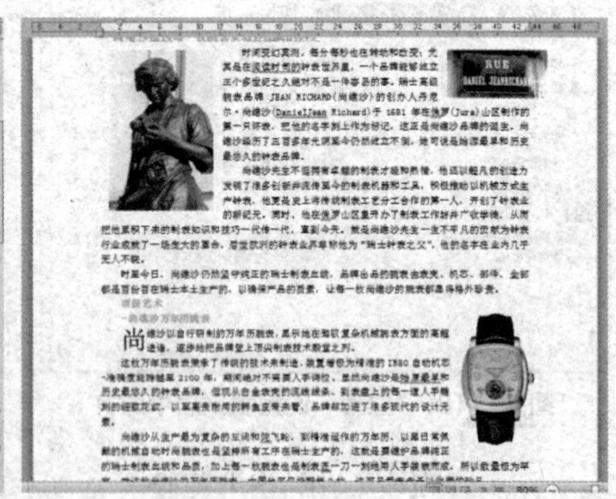

图 3-123 图片插入效果

（五）给图片加上说明文字

（1）单击“插入”菜单项，在“文本”功能区中单击“文本框”按钮，在弹出的文本框样式中选择“绘制文本框”命令，在“Jean Richard.jpg”图片下绘制合适大小的文本框，给图片加上说明文字，并设置文本框为四周环绕型布局，无边框。

（2）选择“在钟表业重镇 LeLocle 的钟表学……世代的景仰。”文本所在段，将所有文字移动到上一步绘制的文本框中；设置文本框中的文字字体为楷体小五，行距为 12 磅，并适当调整文本框位置和大小。

（3）参考上述第（1）、（2）步，依次为图片“street.jpg”和“watch.jpg”添加说明文字，效果如图 3-124 所示。

（六）图片效果修改

（1）选中图片“Jean Richard.jpg”，在“图片工具”→“格式”功能面板，“图片样式”功能区中选择“柔化边缘矩形”样式，为选定的图片设置边缘柔化效果，如图 3-125 所示。

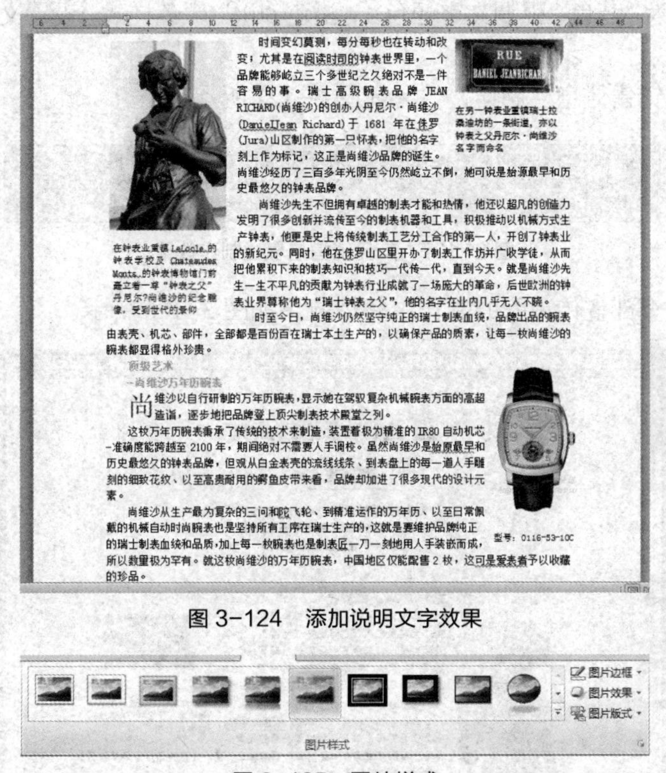

时间变幻莫测，每分每秒也在转动和改变；尤其是在阅读时间的钟表世界里，一个品牌能够屹立三个多世纪之久绝对不是一件容易的事。瑞士高级腕表品牌 JEAN RICHARD(尚维沙)的创办人丹尼尔·尚维沙(DanielJean Richard)于 1681 年在侏罗(Jura)山区制作的第一只怀表，把他的名字刻上作为标记，这正是尚维沙品牌的诞生。尚维沙经历了三百多年光阴至今仍然屹立不倒，她可说是始源最早和历史最悠久的钟表品牌。

在另一钟表业重镇瑞士拉桑迪坊的一条街道，亦以钟表之父丹尼尔·尚维沙名字而命名

尚维沙先生不但拥有卓越的制表才能和热情，他还以超凡的创造力发明了很多创新并流传至今的制表机器和工具，积极推动以机械方式生产钟表，他更是史上将传统制表工艺分工合作的第一人，开创了钟表业的新纪元。同时，他在侏罗山区里开办了制表工作坊并广收学徒，从而把他累积下来的制表知识和技巧一代传一代，直到今天。就是尚维沙先生一生不平凡的贡献为钟表行业成就了一场庞大的革命，后世欧洲的钟表业界尊称他为“瑞士钟表之父”，他的名字在业内几乎无人不晓。

在钟表业重镇 LeLocle 的钟表学校及 Chateaudes Monts 的钟表博物馆门前矗立着一尊“钟表之父”丹尼尔?尚维沙的纪念雕像，受到世代的景仰

时至今日，尚维沙仍然坚守纯正的瑞士制表血统，品牌出品的腕表由表壳、机芯、部件，全部都是百份百在瑞士本土生产的，以确保产品的质素，让每一枚尚维沙的腕表都显得格外珍贵。

顾盼艺术

-尚维沙万年历腕表

尚维沙以自行研制的万年历腕表，显示她在驾驭复杂机械腕表方面的高超造诣，逐步地把品牌登上顶尖制表技术殿堂之列。

这枚万年历腕表秉承了传统的技术来制造，装置着极为精准的 JR80 自动机芯-准确度能跨越至 2100 年，期间绝对不需要人手调校。虽然尚维沙是始原最早和历史最悠久的钟表品牌，但观从白金表壳的流线线条、到表盘上的每一道人手雕刻的细致花纹、以至高贵耐用的鳄鱼皮带来看，品牌却加进了很多现代的设计元素。

尚维沙从生产最为复杂的三问和陀飞轮、到精准运作的万年历、以至日常佩戴的机械自动时尚腕表也是坚持所有工序在瑞士生产的，这就是要维护品牌纯正的瑞士制表血统和品质，加上每一枚腕表也是制表匠一刀一刻地用人手装嵌而成，所以数量极为罕有。就这枚尚维沙的万年历腕表，中国地区仅能配售 2 枚，这可是爱表者予以收藏的珍品。

型号：0116-53-10C

图 3-124　添加说明文字效果

图 3-125　图片样式

（2）单击图 3-125“图片样式”功能区中的“图片效果”按钮，在弹出的图片效果选项中选择如图 3-126 所示的柔化边缘选项，设置柔化为 5 磅。

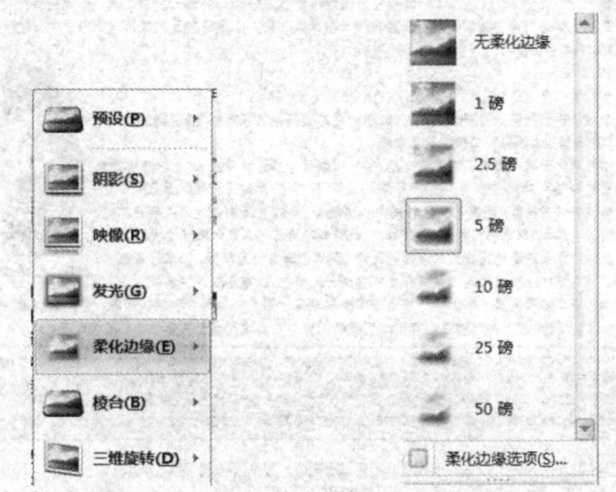

图 3-126　设置 Jean Richard.jpg 图片柔化边缘为 5 磅

（七）产品销售信息制作

（1）单击“插入”菜单项，在“插图”功能区中单击“形状”功能按钮，选择直线工具，拖动鼠标在正文稿下方绘制一条黑色水平直线。

（2）在“文本”功能区中单击“文本框”功能按钮，绘制的正文宽度相近的矩形文本框。

（3）将产品销售信息移动到文本框中。

（4）在“绘图工具”→“格式”功能面板的“形状样式”功能区中单击“形状轮廓”按钮，设置文本框线粗细为 0.75 磅，短划线样式虚线。

（5）在“绘图工具”→“格式”功能面板的“形状样式”功能区中单击“形状填充”按钮，将文本框填充为“蓝色，强调文字颜色 1，淡色 60%”颜色样式，设置文本框外框线为“短划线”“0.75 磅”。

（6）完成产品销售信息栏制作，效果如图 3-127 所示。

尚维沙专卖店：深圳中心城(0755)82801592　特约经销商　：亨吉利世界名表中心
北京丽晶店(010)85221660?长沙百联东方广场(0731)2254296?大同云冈大厦店(0352)2050238
总代理：FJ BENJAMIN 查询电话：(852)2966 0292　传真：(852)2506 3573　电邮：inquiry@fjb.com.hk

图 3-127　产品销售信息栏制作效果

（7）最后完成全部宣传单张的制作，整体效果如图 3-128 所示。

图 3-128　产品宣传单张制作整体效果

七、任务相关技能训练点导图

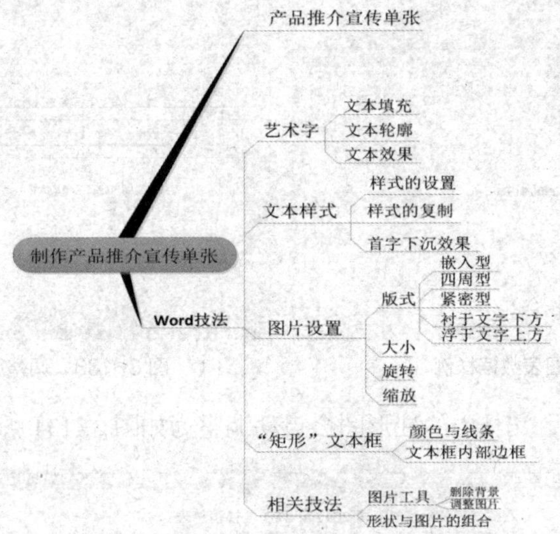

图 3-129　任务相关技能训练点导图

八、拓展技能训练

【插入图表应用实例】

打开拓展训练任务“3-4-1.docx”文档，在文档第二段位置插入一个 Excel 簇状柱形图表，并录入相关数据并适当调整数据区域大小，设置图表布局为布局 5，图表样式为样式 37，具体操作步骤如下。

（1）将插入点置于打开的文档第二段，单击“插入”菜单项，在“插图”功能区中单击“插入图表”功能按钮，弹出如图 3-130 所示的“插入图表”对话框。

（2）在“插入图表”对话框中选择“柱形图”模板，并在“柱形图”样式列表中选择第 1 行“族状柱形图”，单击“确定”按钮。此时文档中会生成如图 3-131 所示的柱形图，并且会启动 Microsoft Excel 2010，显示标题为“Microsoft Word 中的图表”，如图 3-132 所示。

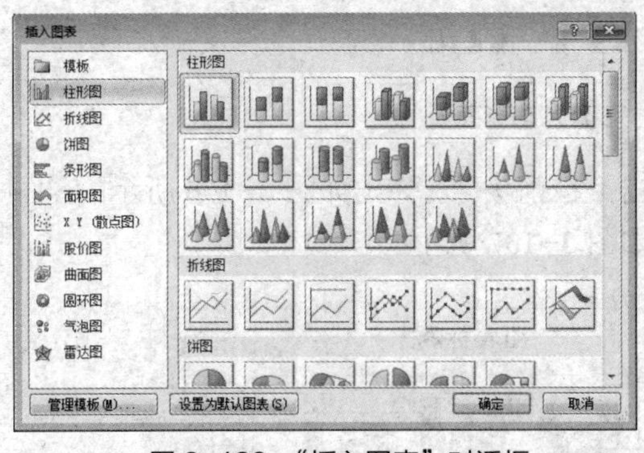

图 3-130　“插入图表”对话框

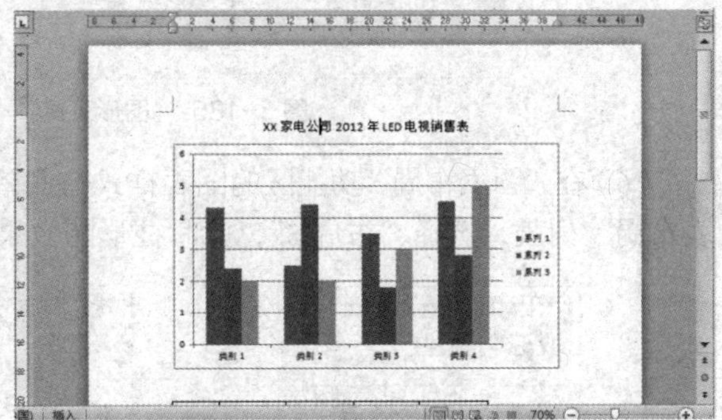

图 3-131　生成的簇状柱形图

（3）根据源文档的表格数据，将“系列 1”“系列 2”“系列 3”字段名分别调整为“一季度（万台）”“二季度（万台）”和“三季度（万台）”；将“类别 1”“类别 2”“类别 3”和“类别 4”行标名分别调整为“华东地区”“华南地区”“华北地区”和“西北地区”；将对应数据调整为如图 3-133 所示。

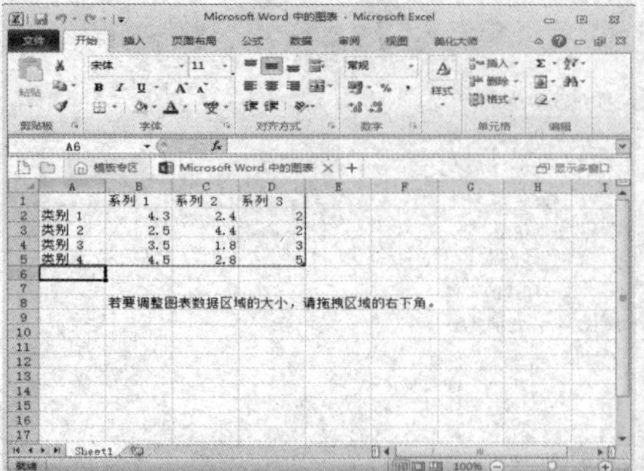

图 3-132　图表数据样例

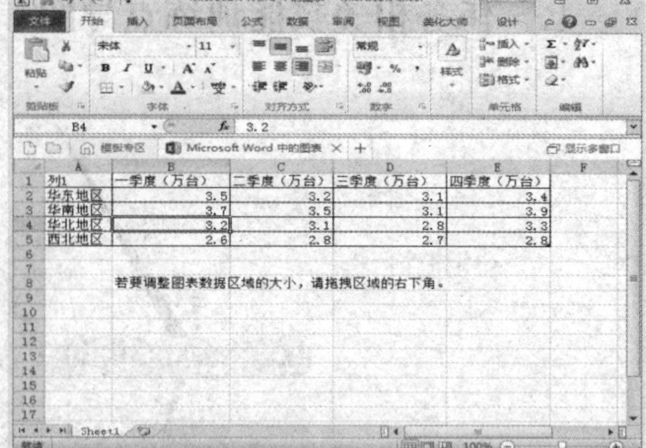

图 3-133　调整后的图表数据样例

（4）数据调整好后，文档中的柱形图会自动调整为如图 3-134 所示的效果。

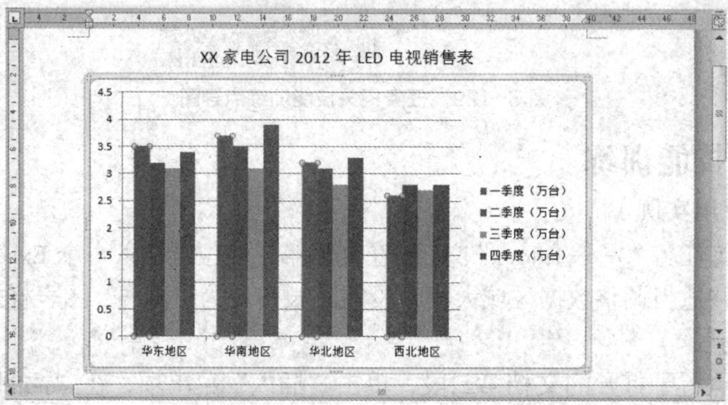

图 3-134　调整数据后的柱形图效果

（5）单击文档中的图表，切换到“图形工具”→“设计”功能面板，显示如图 3-135 所示功能面板。

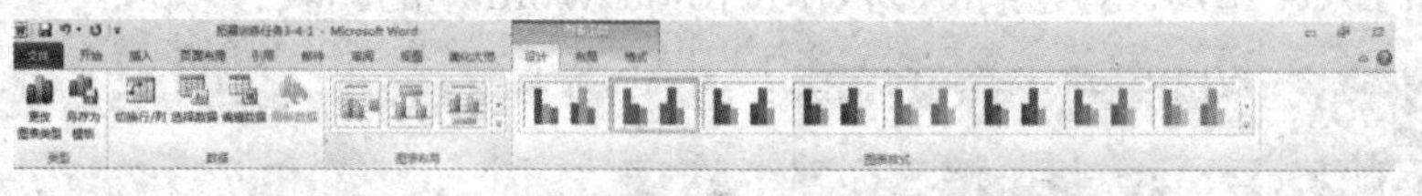

图 3-135　“图形工具”→“设计”功能面板

（6）在“图表布局”功能区的图表样式右侧单击下拉箭头，弹出如图 3-136 所示的“图表布局”列表，选择“布局 5”，此时柱形图效果如图 3-137 所示。

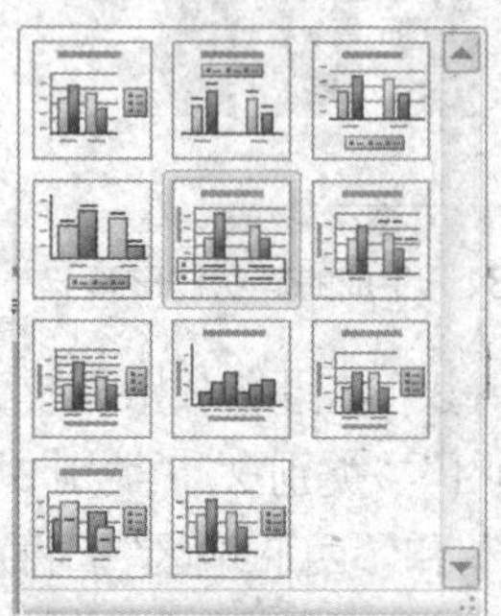

图 3-136　选择“图表布局 5”

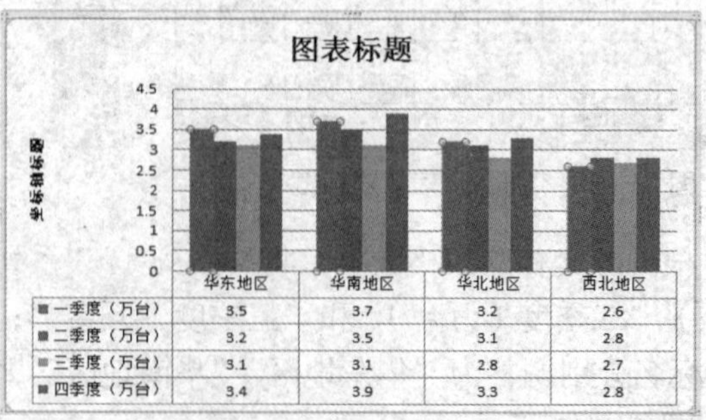

图 3-137　柱形图效果

(7) 在“图表样式”功能区中单击右侧的下拉箭头，弹出如图 3-138 所示的图表样式列表，选择“图表样式 37”，此时柱形图效果如图 3-139 所示。

图 3-138　展开图表样式

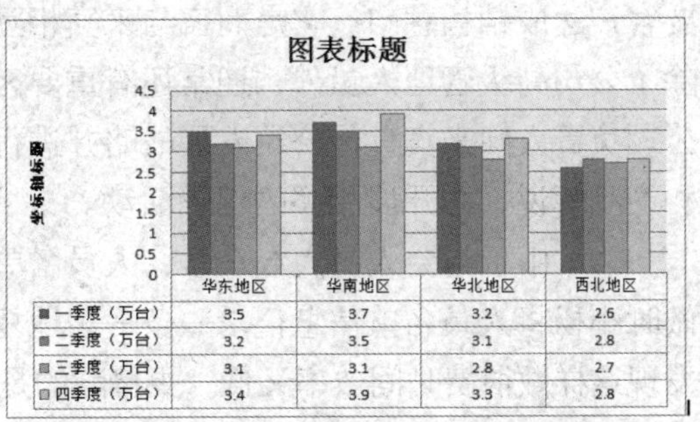

图 3-139　设置“图表样式 37”后的效果

(8) 将“图表标题”设置为“XX 家电公司 2012 年 LED 电视销售表”，插入的图表最终效果如图 3-140 所示。

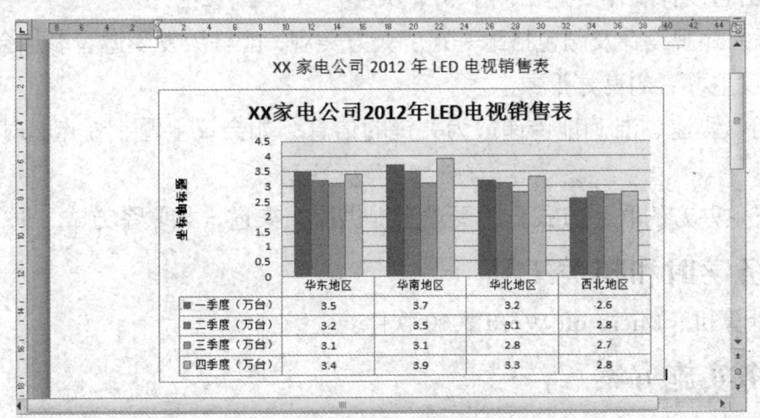

图 3-140　插入的簇状柱形图效果

任务 5　产品发布会邀请函制作

一、任务背景

下个月就要召开公司新产品发布会了，小杨除了负责产品发布会那天的会场管理外，还要准备许多相关的会议材料，例如，在发布会前要制作产品发布会邀请函和打印寄送邀请函的信件，并由客户服务部门根据销售部提供的客户和相关媒体参会人员信息提前寄送到相关人员手中。

二、任务目的和要求

1. 任务目的

(1) 掌握 Word 2010 编辑文档技巧，并掌握插入图片的方法。

(2) 更改 Word 2010 的显示比例，并进行基本的页面设置。

(3) 掌握办公设备打印机/复印机的使用方法及会对办公设备进行简单的维护。

(4) 掌握一般申请报告撰写的要求、规则及格式。

2. 任务要求分析

（1）公司召开产品发布会的目的主要是为新产品投入市场进行宣传和造势，并希望与重要客户达成销售意向。它是商家与来宾相互沟通，达成产销合作意愿的重要机会。与会人员除了公司高级管理人员外，通常还有重要客户、媒体人士以及行业专家等。一般在会场上由公司负责人向来宾宣传公司发展战略并进行新产品的介绍和推广，在现场还会设立实物观摩和产品解说，并开展相关的促销活动。

（2）由于与会人员人数众多，人员名单身份等信息必须与邀请函和信封完全一致，开始做时小杨将人员名单信息记录一条一条地复制然后粘贴到邀请函中对应的位置，但很快小杨发现这样做很费时间效率又低，更糟糕的是，他检查时发现竟然有 3 个重要来宾的信息被他贴错了，他吓出了一身冷汗，要是错误邮件寄出去的话，可能会给公司造成极为不好的影响。小杨在网上查了一下，发现用 Word 的邮件合并功能来完成这个任务就可以轻松很多，还很准确。

（3）邀请函的设计制作要遵循以下 3 个要点。

① 邀请函的外观设计及颜色搭配一定要大方美观，能够激发受邀者参加会议的兴趣，并展示会议和会议主办者的良好形象。

② 邀请函要快速、准确地传递最为关键的信息，如会议主题、特点、时间、地点、议程等。

③ 要留下主办方的联系方式，为受邀者提供反馈渠道，如联系方式、联系人等。

三、任务学时和相关工具

2 学时；计算机、Microsoft Word 2010 软件。

四、任务实施方案

了解邀请函在商务会务组织中起到的作用，以及如何准备会务的材料。学习使用邮件合并功能进行文档的批量制作和打印，包括在 Word 中制作各类型的主文档、使用 Word 数据表格或者 Excel 文档作为数据源进行邮件合并以及信封的制作、一页纸打印多条记录及制作多行多列的标签的高级技能。

五、知识准备

在日常工作中，如要处理的文件主要内容基本上是相同的，只是具体数据有变化。在填写大量格式相同、只修改少数内容、其他文档内容不变的文件时，可以灵活运用 Word 2010 的邮件合并功能，不仅操作简单，而且还可以设置各种格式，打印效果又好。执行邮件合并操作时涉及主文档和数据源文件两个文档，主文档是邮件合并内容固定不变的部分，即信函中通用的部分；数据源文件主要用于保存联系人的相关信息。

在执行邮件合并操作之前，一般先创建好主文档和数据源文件，然后将它们关联起来，完成这两个文档的合并操作，主要步骤如下。

（1）创建 Word 主文档，即通用部分。

（2）创建 Word 数据源文件。

（3）合并邮件，完成信函的制作。

六、任务实施

（一）制作产品发布会客户邀请函

1．创建数据源

（1）启动“Excel 2010”软件，单击保存按钮或按组合键“Ctrl+S”，弹出如图 3-141 所示的“另存为”对话框；设置“文件名”为“客户数据（数据源）”，“保存类型”为“.xlsx”，单击“保存”按钮。

（2）在“客户数据（数据源）.xlsx”表格中根据拟邀请的客户数据资料录入如图 3-142 所示的客户信息并保存。

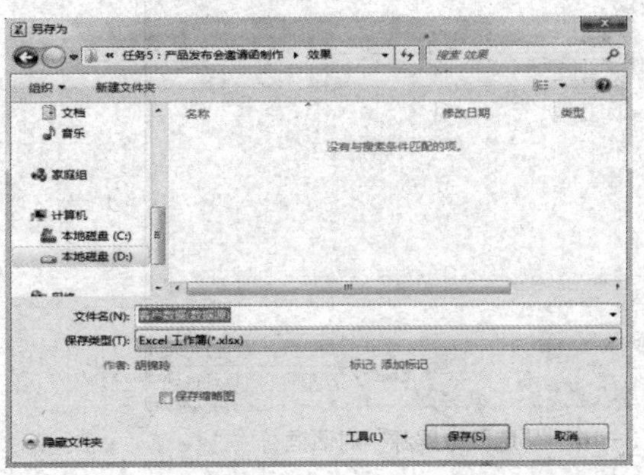

图 3-141 “另存为”对话框

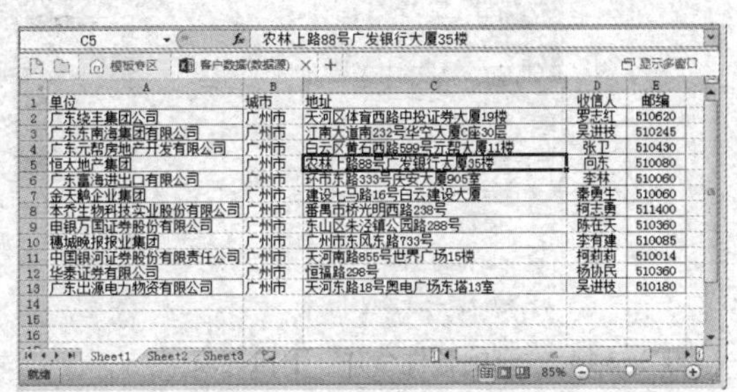

单位	城市	地址	收信人	邮编
广东绕丰集团公司	广州市	天河区体育西路中投证券大厦19楼	罗志红	510620
广东东南海集团有限公司	广州市	江南大道南232号华空大厦C座30层	吴进枝	510245
广东元帮房地产开发有限公司	广州市	白云区黄石西路599号元帮大厦11楼	张卫	510430
恒太地产集团	广州市	农林上路88号广发银行大厦35楼	向东	510080
广东富海进出口有限公司	广州市	环市东路333号庆安大厦905室	李林	510060
金天鹅企业集团	广州市	建设七马路16号白云建设大厦	秦勇生	510060
本乔生物科技实业股份有限公司	广州市	番禺市桥光明西路238号	柯志勇	511400
申银万国证券股份有限公司	广州市	东山区朱泾镇公园路288号	陈在天	510360
穗城晚报报业集团	广州市	广州市东风东路733号	李有建	510085
中国银河证券股份有限责任公司	广州市	天河南路855号世界广场15楼	柯莉莉	510014
华泰证券有限公司	广州市	恒福路298号	杨协民	510360
广东出源电力物资有限公司	广州市	天河东路18号奥电广场东塔13室	吴进枝	510180

图 3-142 创建客户资料信息

2．创建邀请函主文档

（1）打开“Word 2010”软件，单击快速工具栏中的保存按钮或按组合键“Ctrl+S”，弹出“另存为”对话框，设置“文件名”为“邀请函主文档”，“保存类型”为“.docx”，单击“保存”按钮。

（2）在“邀请函主文档”文档中把样板（共同的内容）编辑出来，效果如图 3-143 所示。

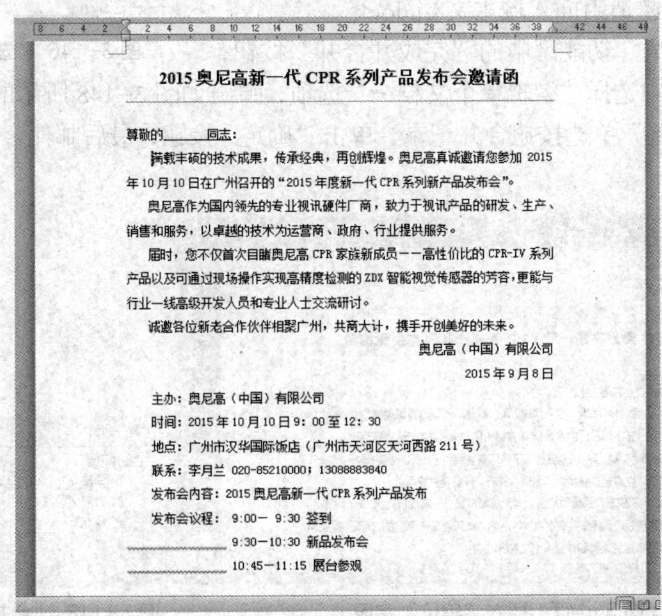

2015 奥尼高新一代 CPR 系列产品发布会邀请函

尊敬的______同志：

满载丰硕的技术成果，传承经典，再创辉煌。奥尼高真诚邀请您参加 2015 年 10 月 10 日在广州召开的“2015 年度新一代 CPR 系列新产品发布会”。

奥尼高作为国内领先的专业视讯硬件厂商，致力于视讯产品的研发、生产、销售和服务，以卓越的技术为运营商、政府、行业提供服务。

届时，您不仅首次目睹奥尼高 CPR 家族新成员——高性价比的 CPR-IV 系列产品以及可通过现场操作实现高精度检测的 ZDX 智能视觉传感器的芳容，更能与行业一线高级开发人员和专业人士交流研讨。

诚邀各位新老合作伙伴相聚广州，共商大计，携手开创美好的未来。

奥尼高（中国）有限公司

2015 年 9 月 8 日

主办：奥尼高（中国）有限公司

时间：2015 年 10 月 10 日 9：00 至 12：30

地点：广州市汉华国际饭店（广州市天河区天河西路 211 号）

联系：李月兰 020-85210000；13088883840

发布会内容：2015 奥尼高新一代 CPR 系列产品发布

发布会议程： 9:00— 9:30 签到

9:30—10:30 新品发布会

10:45—11:15 展台参观

图 3-143 邀请函主文档

3. 插入合并域

（1）单击“邮件”菜单项，单击“开始邮件合并”功能区中的“开始邮件合并”按钮，在弹出的下拉列表中选择“信函”选项，如图 3-144 所示。

（2）单击“开始邮件合并”功能区中的“选择收件人”按钮，在弹出的下拉列表中选择“使用现有列表”选项，弹出如图 3-145 所示的“选取数据源”对话框，选择“客户数据（数据源）.xlsx”文件。

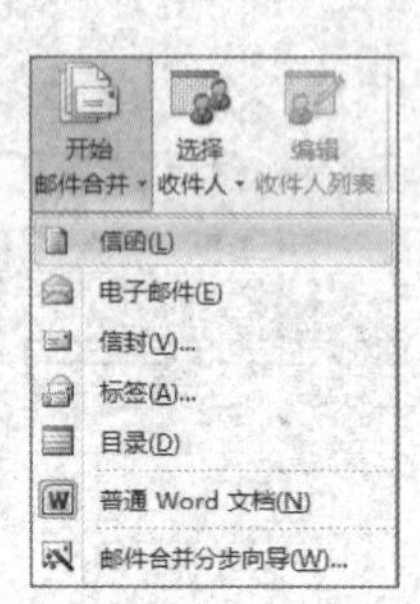

图 3-144 “开始邮件合并”下拉列表

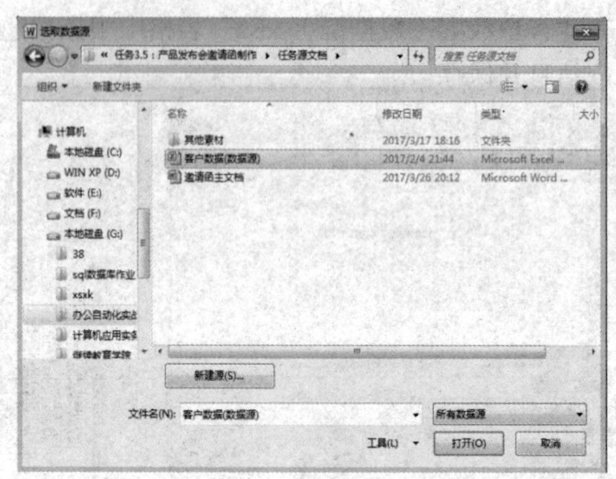

图 3-145 “选取数据源”对话框

（3）单击“打开”按钮，弹出如图 3-146 所示的“选择表格”对话框。因为客户数据都保存在客户数据（数据源）.xlsx 文件的 sheet1 表中，直接单击“确定”按钮完成数据源获取。

（4）把插入点定位在主文档“尊敬的________同志:”的横线空格上，单击“编写和插入域”功能区中的“插入合并域”按钮，在弹出的下拉列表中选择“单位”和“收信人”选项，效果如图 3-147 所示。将插入合并域后的主文档保存为“邀请函插入域主文档.docx”。

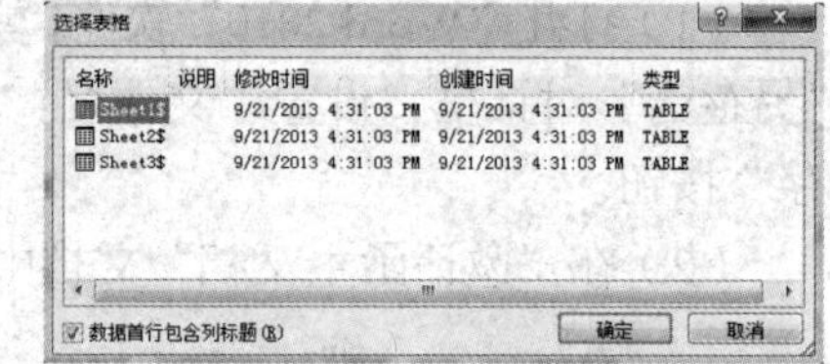

图 3-146 “选择表格”对话框

（5）单击“完成”功能区中的“完成并合并”按钮，在弹出的下拉列表中选择“编辑单个文档…”选项，弹出如图 3-148 所示的“合并到新文档”对话框，选中“全部”单选按钮合并记录，单击“确定”按钮，最后邮件合并效果如图 3-149 所示。

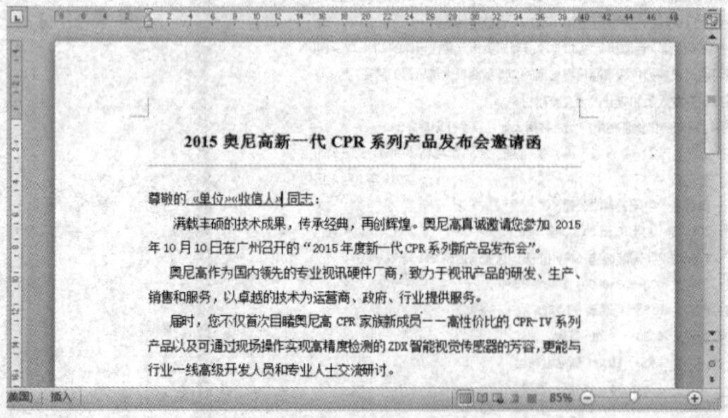

图 3-147 插入“单位”字段

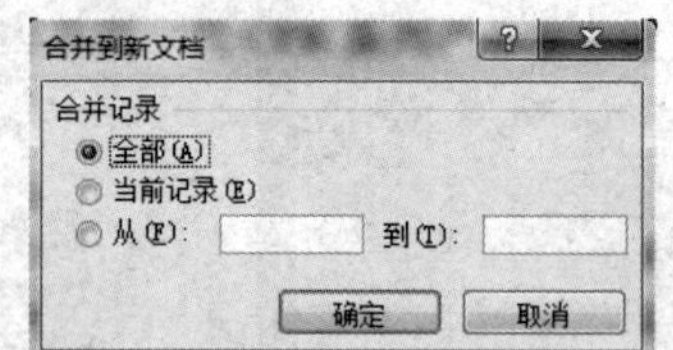

图 3-148 “合并到新文档”对话框

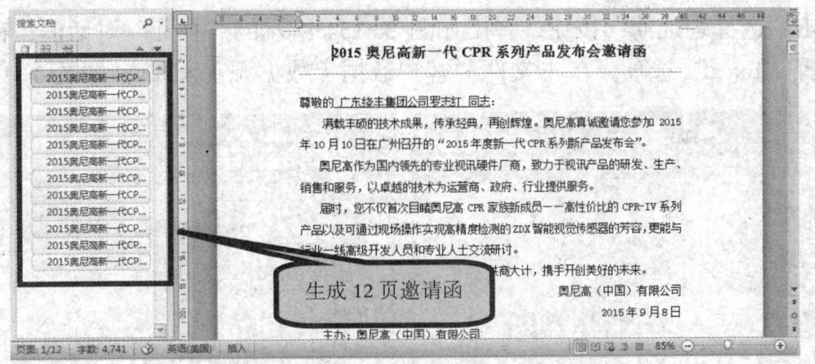

图3-149　插入合并域的最终效果图

（二）制作中文信封

（1）单击“邮件”菜单项，在“邮件”功能面板的“创建”功能区中单击“中文信封”按钮，弹出如图3-150所示的“信封制作向导”对话框。

（2）单击“下一步”按钮，选择“信封样式”为“国内信封-B6”，如图3-151所示。

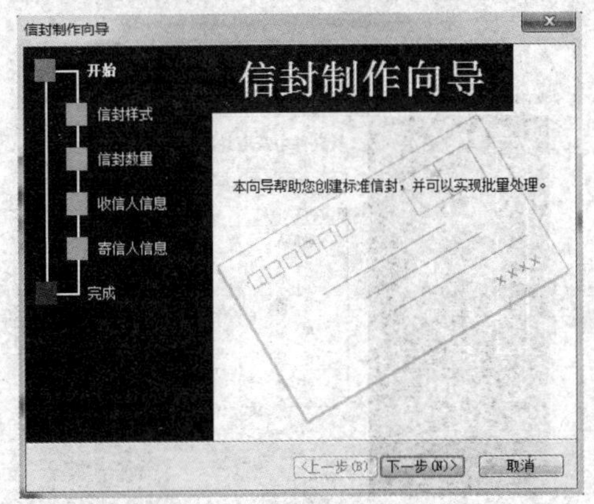

图3-150　信封制作向导

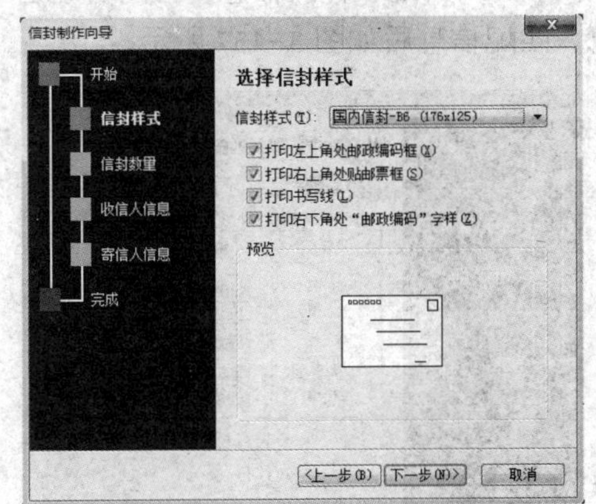

图3-151　选择信封样式

（3）单击“下一步”按钮，选择生成信封的方式和数量为“基于地址簿文件，生成批量信封”，如图3-152所示。

（4）单击“下一步”按钮，如图3-153所示，进入“从文件中获取并匹配收信人信息”界面。

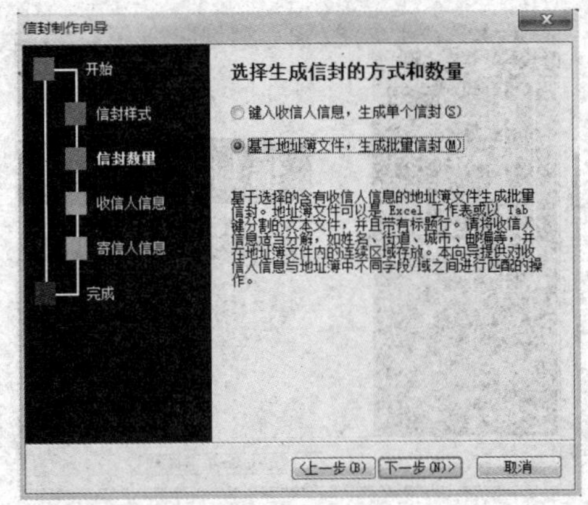

图3-152　选择生成信封的方式和数量

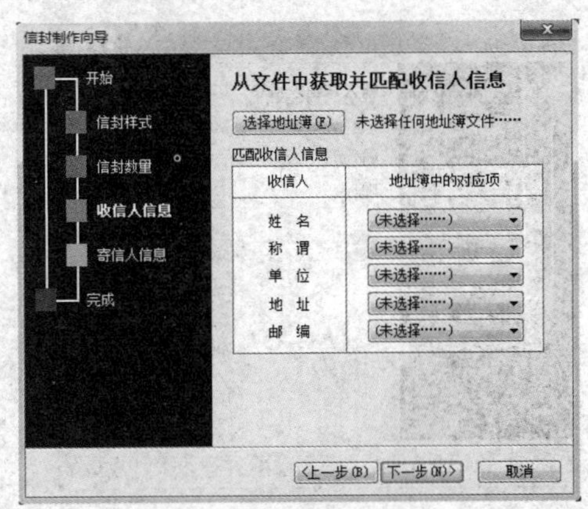

图3-153　从文件中获取收信人信息

（5）单击“选择地址簿”按钮，弹出如图 3-154 所示的“打开”对话框；在右下角的下拉列表中选择“Excel”选项，单击文件“客户数据（数据源）.xlsx”，如图 3-155 所示。

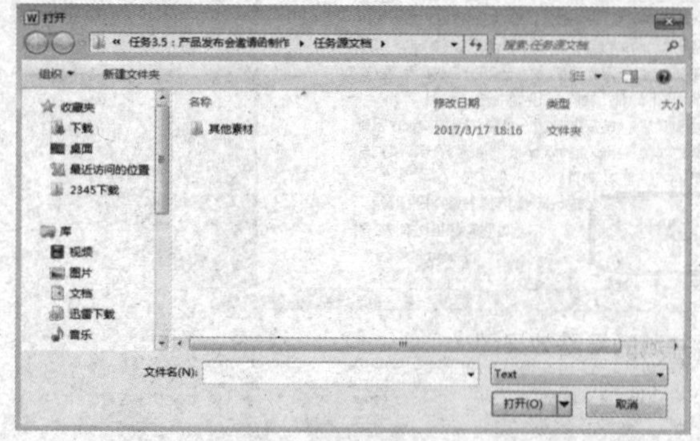

图 3-154　打开保证地址簿的数据文件

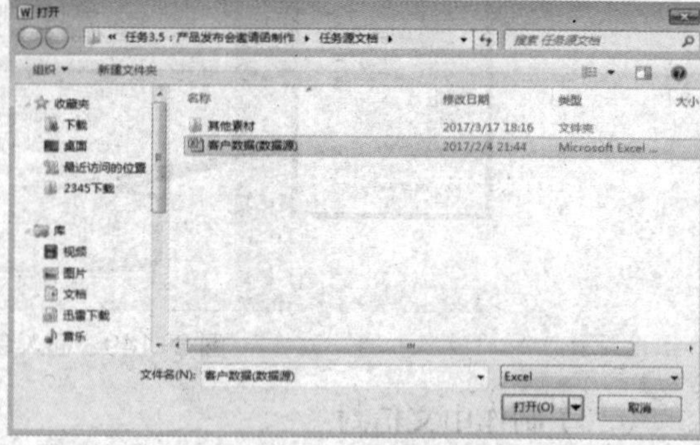

图 3-155　选择客户数据（数据源）

（6）单击“打开”按钮，将客户数据导入地址簿，如图 3-156 所示。

（7）在“匹配收件人信息”栏的“姓名”等收件人信息中依次选择“收信人”“单位”等信息，匹配信息后如图 3-157 所示。

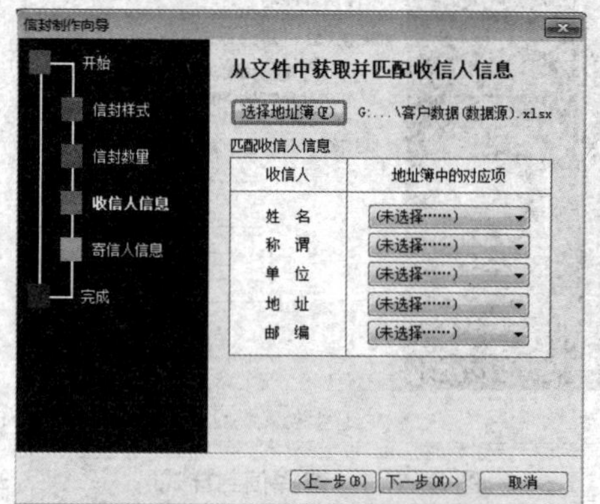

图 3-156　导入客户地址簿

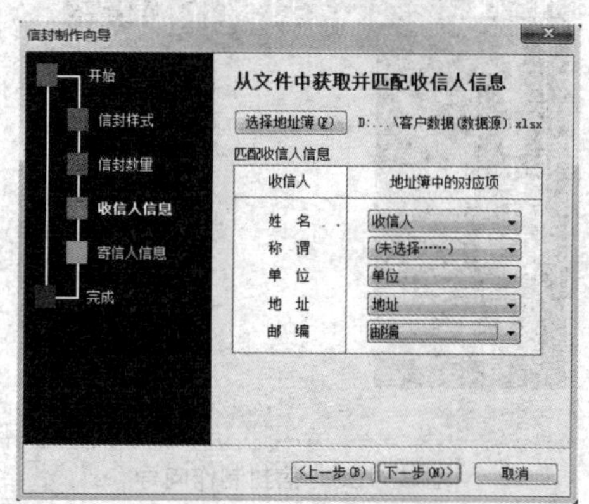

图 3-157　匹配收信人信息

（8）单击“下一步”按钮，进入“输入寄信人信息”界面，在相应栏依次输入如图 3-158 所示的相关信息。

（9）单击“下一步”按钮，提示信封创建单击“完成”按钮即可完成，如图 3-159 所示。

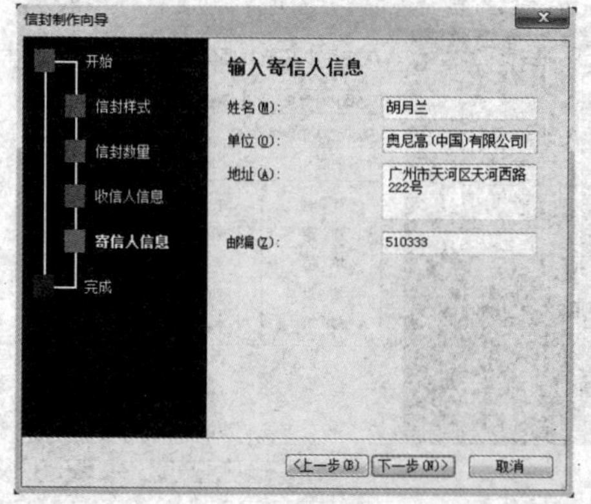

图 3-158　输入寄信人信息

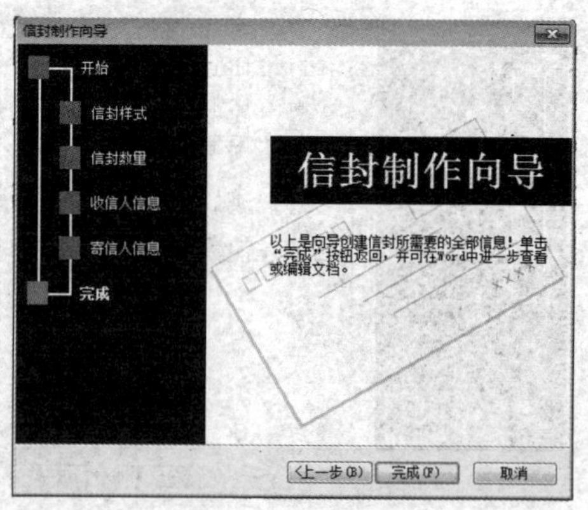

图 3-159　信封制作向导完成

（10）信封效果如图3-160所示，保存文件，文件名设为“中文信封最终效果.docx”。

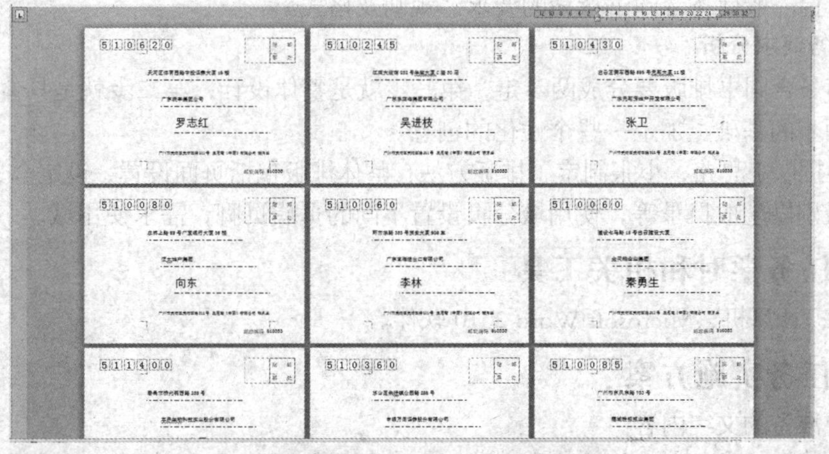

图3-160 信封制作完成示例

七、任务相关技能训练点导图

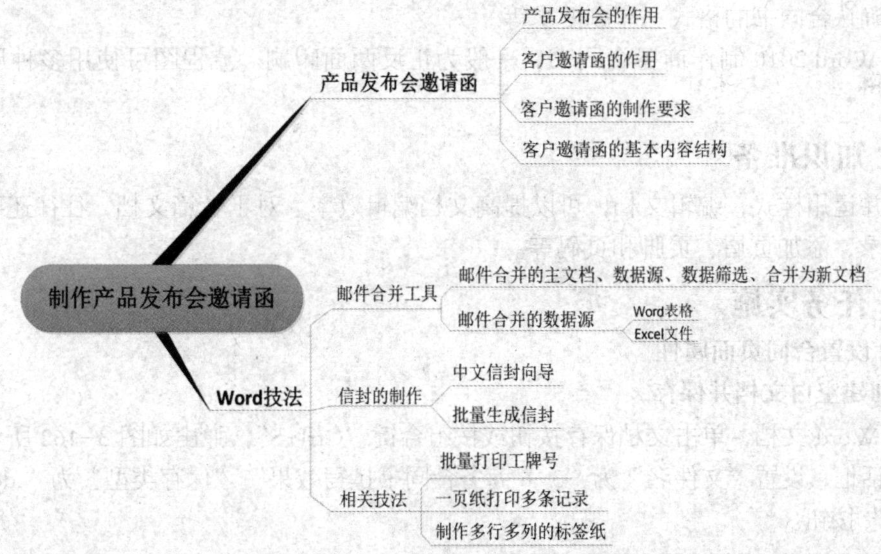

图3-161 任务相关技能训练点导图

任务6 商务合同书撰写

一、任务背景

小杨晋升为主管之后，工作特别努力，首先对自己的工作做了详细的计划和安排，然后对自己职责内的工作做了更详细的计划和安排。商务合同书也在小杨职责之内，小杨安排助理小张撰写商务合同书，并对合同书上所要体现的内容做了说明。

二、任务目的和要求

1．任务目的

（1）掌握Word 2010页面属性设置的方法。

（2）掌握 Word 2010 层级标题样式设置的方法。

（3）掌握一般商务合同书撰写的要求、规则及格式。

2．任务要求分析

（1）商务合同书排版要分成两步走，第一步就是整体设计，第二步就是具体布局设计，最后在这两步的基础上加上一些个性化的创意。

（2）根据以上思路，小张制定了排版方法：整体排版包括页面设置、设定全文所需样式、设定大纲级别以生成目录等；使用域分页设置不同的页眉页脚，需求使用域。

三、任务学时和相关工具

2 学时；计算机、Microsoft Word 2010 软件。

四、任务实施方案

（1）要准备的文字内容

商务合同书的基本组成部分通常包括甲乙双方基本信息，双方明确业务工作任务及内容要求，委托人应向咨询人提交的有关资料及文件并对其完整性、正确性及时限负责，合同收费方式，付费方式，等等。

（2）确认合同书的格式、印刷要求等

使用 Word 2010 制作商务合同书，一般为正反两面印刷。流程图可使用多种形状组合完成。

五、知识准备

创建并运用样式，编辑文档，可以提高文档编辑效率。对于长篇文档，往往还要插入分页符、目录，添加页眉、页脚和页码等。

六、任务实施

（一）设置合同页面属性

1．创建空白文档并保存

新建 Word 文档，单击文档保存按钮或按组合键“Ctrl+S”，弹出如图 3-162 所示的“另存为”对话框；设置“文件名”为“3-6 商务合同书撰写效果”，“保存类型”为“.docx”，单击“保存”按钮。

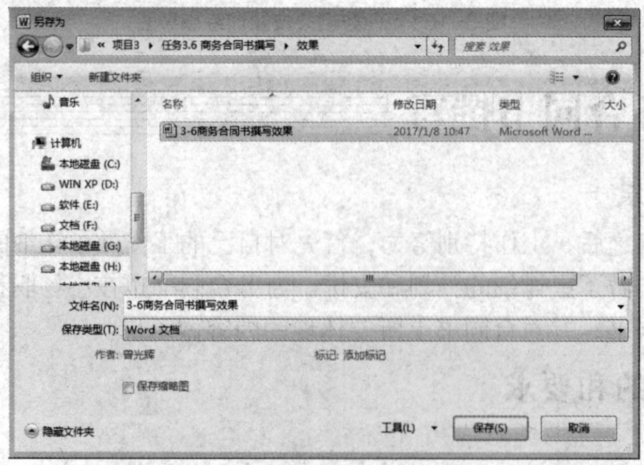

图 3-162 “另存为”对话框

2．页面属性设置

（1）单击“页面布局”菜单项，单击“页面设置”功能区中右下角的按钮，弹出如图3-163所示的“页面设置”对话框，设置“页边距”，在页边距选项卡中设置“上”为2.5厘米、“下”为2.5厘米、“左”为2.5厘米、“右”为2.5厘米。

（2）单击选择“版式”选项卡，在“页眉与页脚”栏中勾选“奇偶页不同”和“首页不同”复选框，并设置距边界页眉1.2厘米，页脚为1厘米，其他为默认值，如图3-164所示。

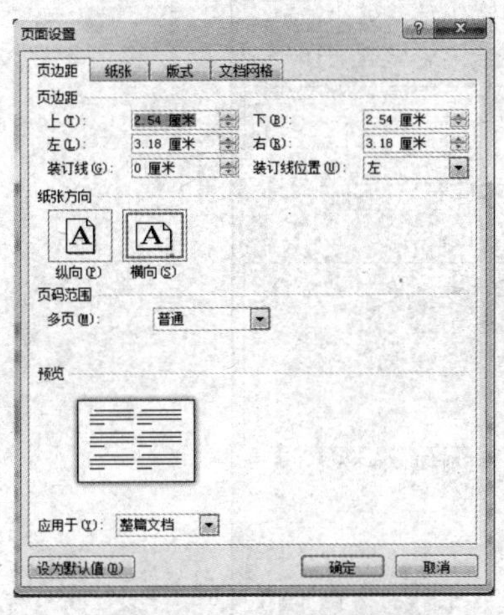

图3-163　页面边距设置

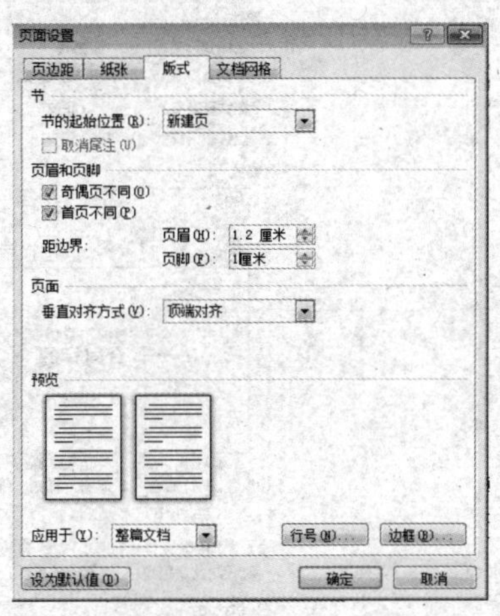

图3-164　页面版式设置

（二）录入合同书内容

根据拟定合同内容录入文本（此处请打开任务“3-6 商务合同书”撰写源文件，将所有内容复制到3-6商务合同书文档中）。

（三）合同书封面制作

（1）选择文字“VPN设备采购合同”，设置字体为“黑体”，大小为“初号”，对齐方式为“居中”。

（2）选择文字“签订地点：广州……合同版本：2.0”，设置字体为“宋体”，大小为“三号”；单击“段落”功能区中右下角的按钮，弹出如图3-165所示的“段落”对话框，设置“特殊格式”中的“首行缩进”为“2字符”；合同封面制作效果如图3-166所示。

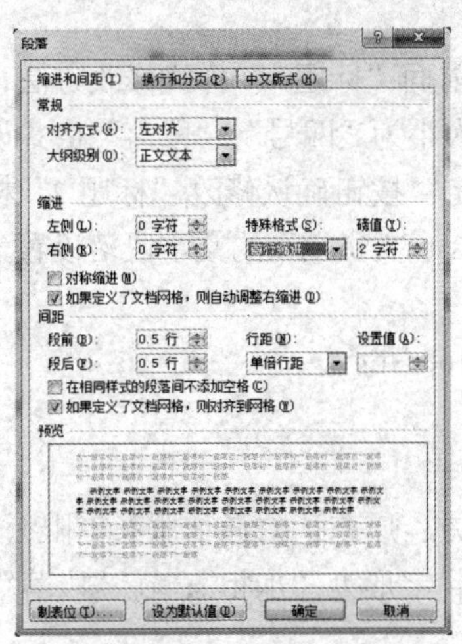

图3-165　“段落”对话框

VPN设备采购合同

签订地点：广州

签订时间：2015年3月3日

甲方：奥尼高（中国）有限公司

乙方：广东达信通信服务有限公司

合同编号：GZDX20150303B4

合同版本：2.0

图3-166　合同封面制作效果

（四）设置标题样式

1．设置一级标题

（1）单击“开始”菜单项，将插入点放在“一、合同标的”所在段，在“样式”功能区中选择“标题 1”样式，右键单击，在弹出的快捷菜单中选择“修改”命令，弹出如图 3-167 所示的“修改样式”对话框。

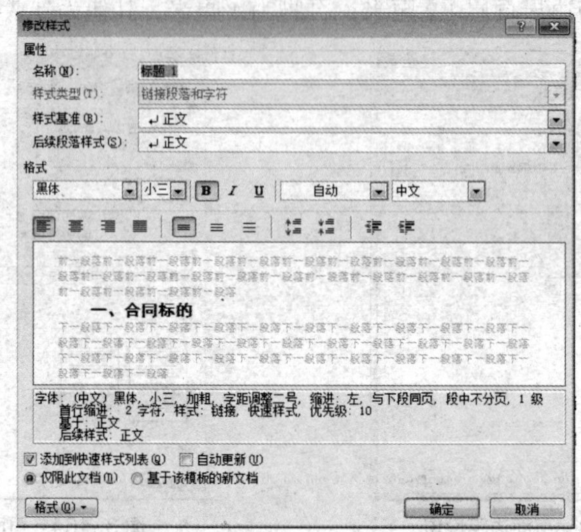

图 3-167 “修改样式”对话框

（2）在“修改样式”对话框中设置字体格式为“黑体”“小三”“加粗”。

（3）单击“格式”按钮，在弹出的菜单中选择“段落”命令，弹出“段落”对话框，设置“段前”“段后”均为“0 行”，行距为“1.5 倍行距”，单击“确定”按钮确认标题 1 格式修改。

（4）依次将插入点置于“一、合同标的”“二、交货及设备运输”等类似含有中文序号的段落，并单击“开始”菜单项，在“样式”功能区中单击“标题 1”样式，将样式格式应用于文字段落。或将“一、合同标的”应用标题 1 样式，双击“剪贴板”功能区的格式刷，再依次选择“二、交货及设备运输”等类似文字段落，也可完成一级标题样式设置。

2．设置二级标题

（1）在“样式”功能区中选择“标题 2”样式，同前面“标题 1”样式修改方法，为“标题 2”样式设置中文字体为“宋体”，字形为“加粗”，大小为“四号”；“段落”格式设置为段前段后为“0 行”，行间距为“1.5 倍行距”，单击“确定”按钮确认修改“标题 2”样式。

（2）设置一级标题的方法，在文档中依次将类似“2.1 交货期”的文字段落设置为“标题 2”样式。

（3）完成一、二级标题样式设置后，效果如图 3-168 所示。

（五）设置合同正文格式

1．受理组织称谓的文本格式设置

选择文字“甲方：奥尼高（中国）有限公司”“乙方：广东达信通信服务有限公司”，在“字体”功能区中设置字体为“宋体”，大小为“小四”，字形为“加粗”；在“段落”功能区中设置行间距为“1.5 倍行距”。

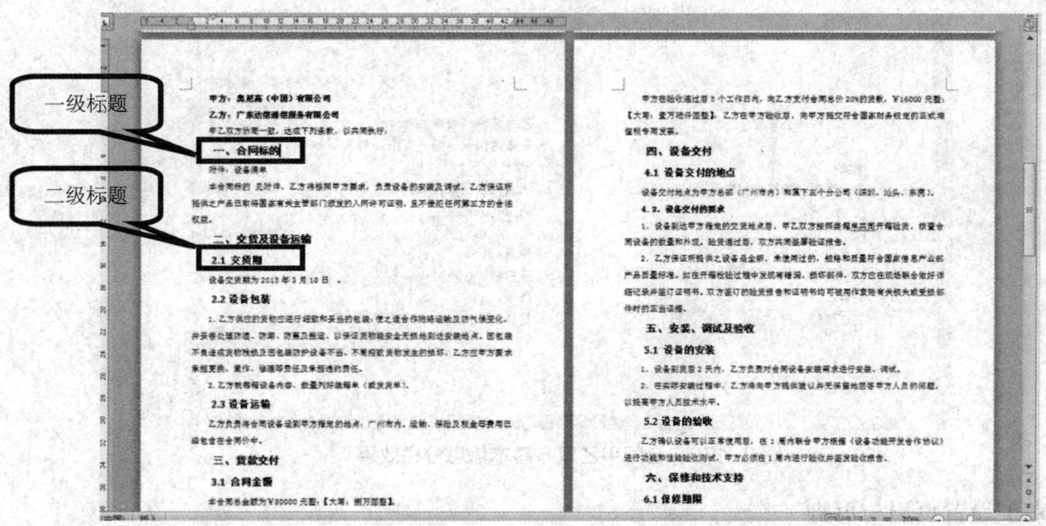

图 3-168 标题格式设置效果示例

2．设置正文格式

（1）选择文字“甲乙双方协商一致，达成下列条款，以共同执行:”，单击“开始”菜单项，在“编辑”功能区中单击“选择”按钮，弹出下拉列表。

（2）在列表中选择“选择格式相似的文本”选项。这时，合同内容将全部被选中（除了前面已设置的文本）。

（3）在“字体”功能区中设置字体为“宋体”，字号为“小四”；在“段落”功能区中设置行间距为“1.5 倍行距”，首行缩进 2 字符，效果如图 3-169 所示。

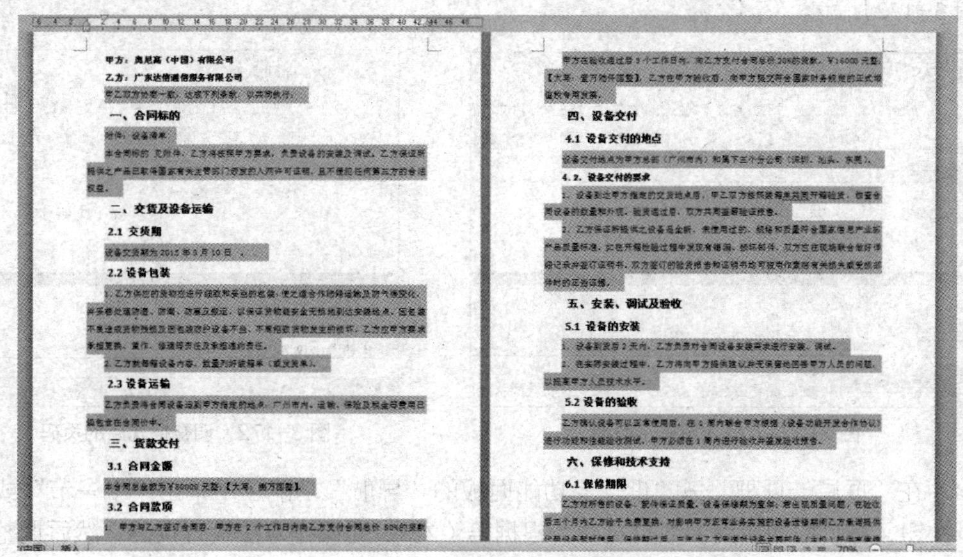

图 3-169 正文格式设置效果示例

3．对合同甲乙双方基本信息

选中合同最后的基本信息文字，单击“页面布局”菜单项，单击“页面设置”功能区中的“分栏”按钮，在弹出的下拉列表中选择“两栏”选项；分栏最终效果如图 3-170 所示。

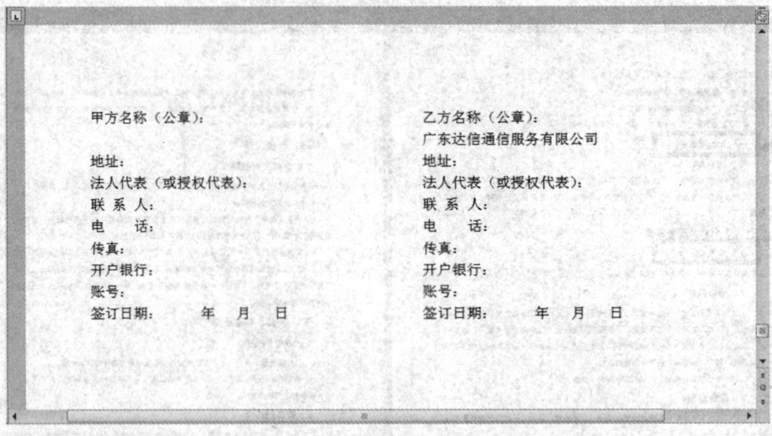

图 3-170　合同甲乙双方基本信息分栏效果

（六）设置页眉与页脚

1．页脚和页码的设置

（1）将插入点置于合同首页最后一行，单击“页面布局”菜单项，在“页面设置”功能区单击“分隔符”功能按钮，在弹出的分节符选项中选择“下一页”选项，将合同首页与正文页分成 2 节。

（2）在奇数页双击页脚位置，并单击“插入”菜单项，单击“页眉和页脚”功能区中的“页码”按钮，弹出“页码”下拉列表，在页码下拉列表中选择“页面底端”选项，然后选择“加粗显示的数字 2”样式，页脚显示页码效果如图 3-171 所示。

（3）将页码调整为“第 X 页共 X 页”样式，并设置页码字体格式为“宋体”“小五”，效果如图 3-172 所示。

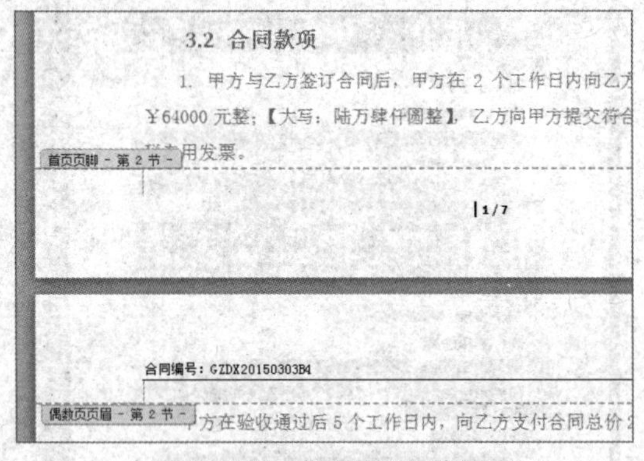

图 3-171　插入页码示意图

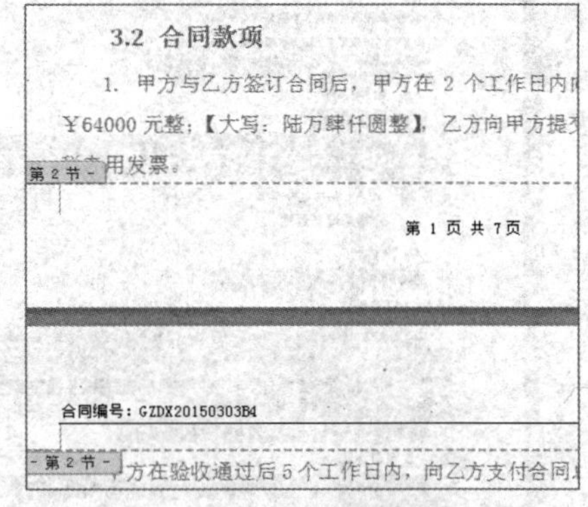

图 3-172　调整格式后的页码

（4）在“页眉与页脚”→“设计”功能面板的“导航”功能区中单击“下一节”或“上一节”按钮，将页面切换到偶数页页面，根据第（2）步的操作方法设置页码，然后调整页码文字的格式，按“Esc”键退出页码设置。

2．页眉文字设置

（1）在页眉位置双击，把插入点定位在偶数页的页眉，输入文字“合同号：GZDX20130303B4”，并设置文字左对齐，效果如图 3-173 所示。

（2）单击“下一节”按钮切换到奇数页，把插入点定位在奇数页的页眉，输入文字“VPN 设备采购合同”，并设置文字居中对齐。

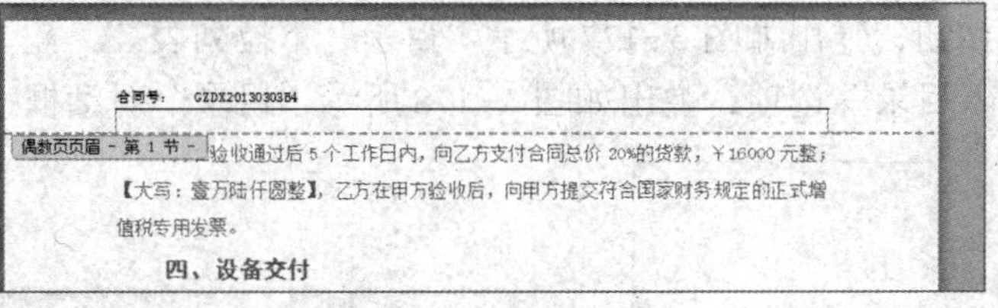

图 3-173 设置偶数页页眉

（七）给合同加上水印

（1）单击“页面布局”菜单项，在“页面布局”功能面板的“页面背景”功能区中单击“水印”按钮，弹出如图 3-174 所示的选项。

（2）选择“自定义水印”项，弹出如图 3-175 所示的“水印”对话框。

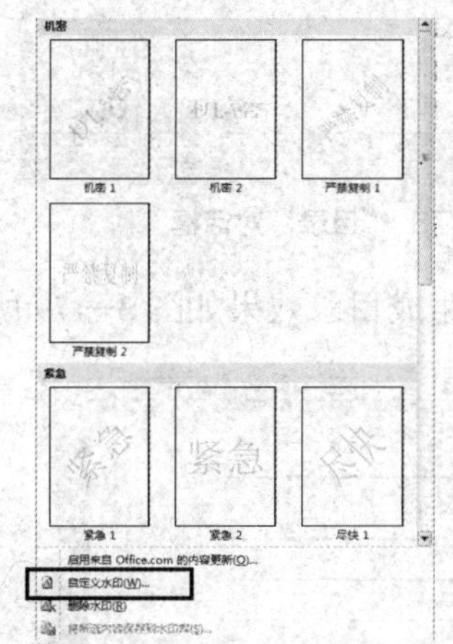

图 3-174 选择“自定义水印”项

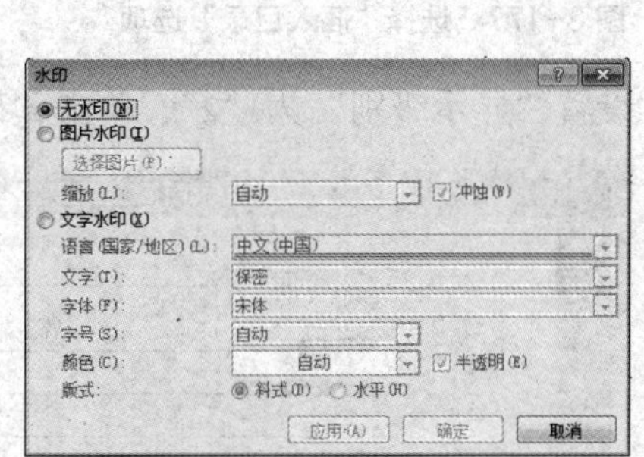

图 3-175 “水印”对话框

（3）在“水印”对话框中单击选中“文字水印”单选按钮，并在“文字”框中输入文字：“合同编号：GZDX20150303B4”。并设置“字体”为“宋体”、“字号”为“48”，效果如图 3-176 所示。

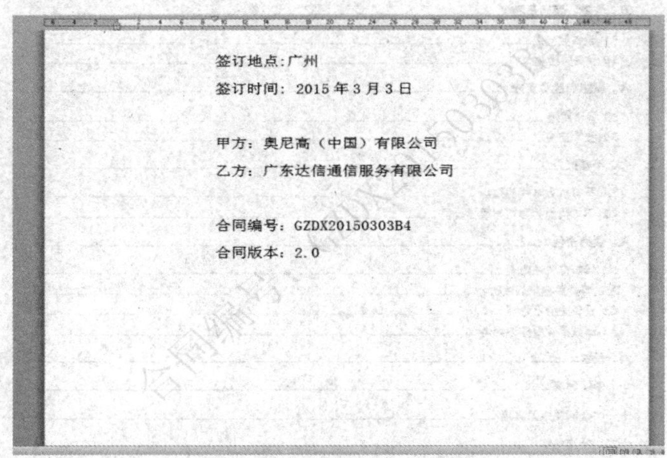

图 3-176 水印设置效果示意图

（八）生成合同文档目录

（1）将插入点定位在目录页的第二行，单击选项卡中的“引用”选项，单击“目录”功能区中的“目录”按钮，弹出如图 3-177 所示“目录”下拉列表。

（2）选择“插入目录”选项，弹出如图 3-178 所示“目录”对话框

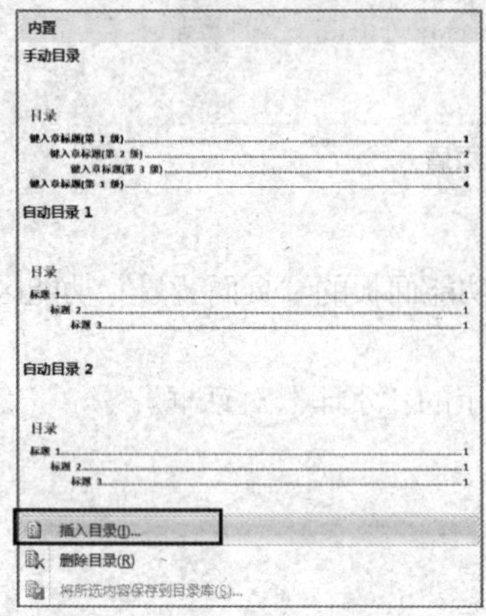

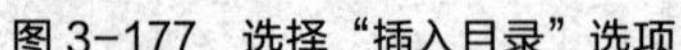

图 3-177　选择“插入目录”选项

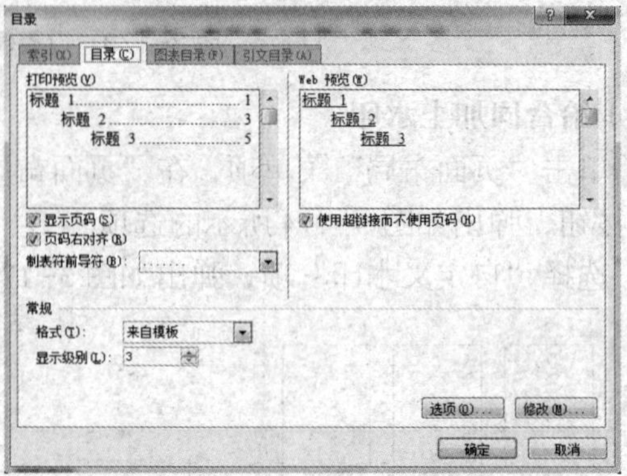

图 3-178　“目录”对话框

（3）设置“显示级别”为“2”，单击“确定”按钮，生成目录效果如图 3-179 所示。

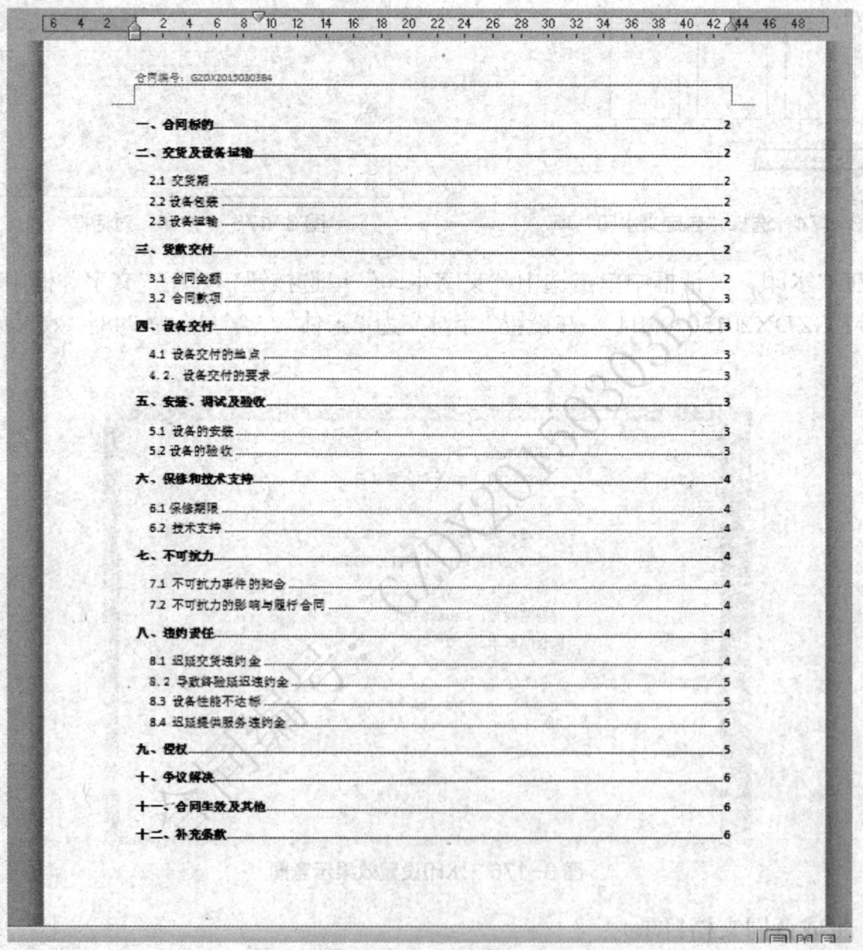

合同编号：GZDX2015030384

一、合同标的……2
二、交货及设备运输……2
2.1 交货期……2
2.2 设备包装……2
2.3 设备运输……2
三、货款交付……2
3.1 合同金额……2
3.2 合同款项……3
四、设备交付……3
4.1 设备交付的地点……3
4.2. 设备交付的要求……3
五、安装、调试及验收……3
5.1 设备的安装……3
5.2 设备的验收……3
六、保修和技术支持……4
6.1 保修期限……4
6.2 技术支持……4
七、不可抗力……4
7.1 不可抗力事件的知会……4
7.2 不可抗力的影响与履行合同……4
八、违约责任……4
8.1 迟延交货违约金……4
8.2 导致终验延迟违约金……5
8.3 设备性能不达标……5
8.4 迟延提供服务违约金……5
九、授权……5
十、争议解决……6
十一、合同生效及其他……6
十二、补充条款……6

图 3-179　目录完成效果

七、任务相关技能训练点导图

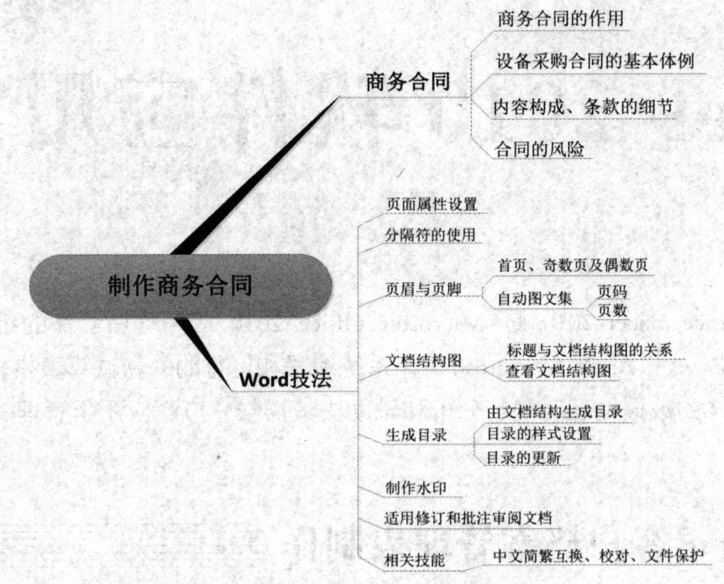

图 3-180　任务相关技能训练点导图

八、拓展技能训练

【查看文档结构】

“文档结构图”作用犹如 PDF 阅读器的阅读状态。阅读文档时，它在 Word 文档的左侧，用纲目展现文档的概貌，单击纲目，这一纲目中的文档内容便呈现在主页面中，它对于长文档的阅读、编辑非常有用，尤其是在改写长篇文档的时候，特别方便查询文档结构图的具体操作步骤如下。

单击“视图”菜单项，在“显示”功能区中单击“导航窗格”功能按钮，即可在 Word 编辑区左侧显示如图 3-181 所示的导航空格。

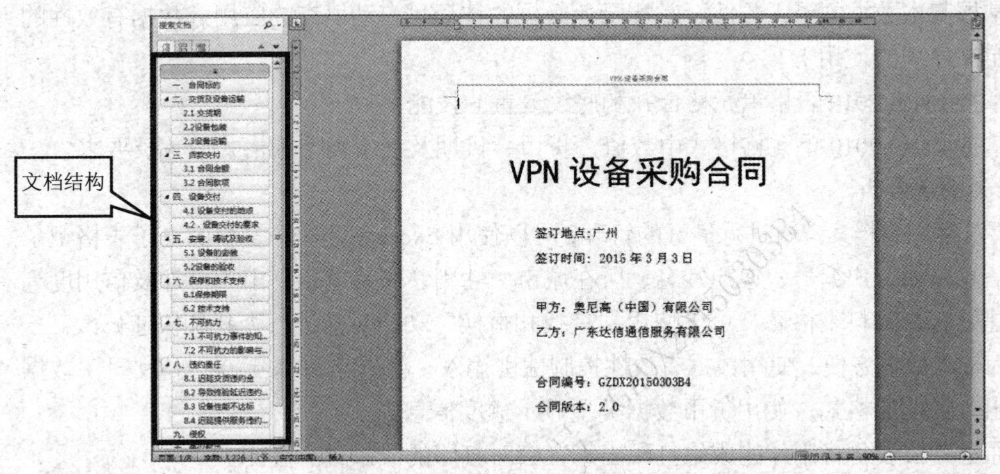

图 3-181　查看文档结构图

PART 4 项目 4 Excel 2010 软件应用实战

Microsoft Office Excel 2010 是 Microsoft Office 2010 应用程序套件的组成部分，是由 Microsoft 为Windows和Apple Macintosh操作系统编写和运行的一款试算表格软件。Excel 2010 可以进行各种各样的数据处理、统计分析和辅助决策操作，广泛应用于管理、统计财经、金融等众多领域。

任务 1　公司客户档案管理表制作

一、任务背景

作为客服经理助理的小杨，日常工作要负责协助客户经理处理客户关系，常常将客户的资料、联系方式等信息记录在一个随身携带的记事本上，随着业务越来越多和客户资源日益增加，查寻客户信息也变得极不方便。有什么办法可以帮助小杨方便、快捷地记录和查找所需客户信息资料，并能在客户资料变更后也可快速准确定位并修改客户资料呢？

二、任务目的和要求

1．任务目的

（1）掌握 Excel 中工作簿、工作表的创建、复制、移动及工作表标签的命名。

（2）掌握基本数据的录入方法，掌握录入数据的技巧（自动填充的应用、数据有效性的应用、自定义序列的使用）。

（3）掌握 Excel 2010 表格单元格合并和底纹设置的技能。

（4）掌握 Excel 2010 单元格格式中数值、货币、日期及文本类型等格式设置及要求。

2．任务要求分析

（1）要对客户的档案资料进行良好的管理，可以使用 Excel 创建客户资料的电子表格记录相关资料信息，如客户编号、客户姓名、所在城市、性别、联系电话、出生日期及信用度等信息。创建好客户资料表格后，可以使用“查找和替换”功能对其进行查找和快速修改。

（2）为输入数据方便，使用数据有效性控制性别输入；使用“2014 年 08 月 09 日”数据形式设置出生日期的格式；使用货币数据类型显示额度信息等。

（3）通过办公设备将制作的成果打印出来，会对打印的成果进行复印。

三、任务学时和任务工具

2 学时；计算机、Microsoft Excel 2010。

四、任务实施方案

（1）使用 Excel 表格来记录客户的资料信息并建立客户档案管理管理表格。

（2）通过 Excel 表格格式设置美化客户档案管理表。

五、知识准备

1．熟悉 Excel 2010 的启动与退出

（1）Microsoft Office Excel 2010 启动方法有 3 种。

方法 1：执行【开始】→【所有程序–Microsoft Office–Microsoft Excel 2010】命令启动 Excel。

方法 2：双击已有的 Excel 文件来启动 Excel。

方法 3：在桌面空白处右键单击，在弹出的快捷菜单中选择【新建】→【Microsoft Office Excel 工作表】命令。

（2）Microsoft Office Excel 2010 退出方法有两种。

方法 1：单击 Excel 2010 界面左上角的 按钮，从弹出的菜单中选择"关闭（C）"命令，即可退出 Excel 2010。

方法 2：单击 Excel 2010 界面右上角的 按钮，即可退出 Excel 2010。

Excel 退出时，如果文档内容有修改，会弹出如图 4–1 所示的对话框。

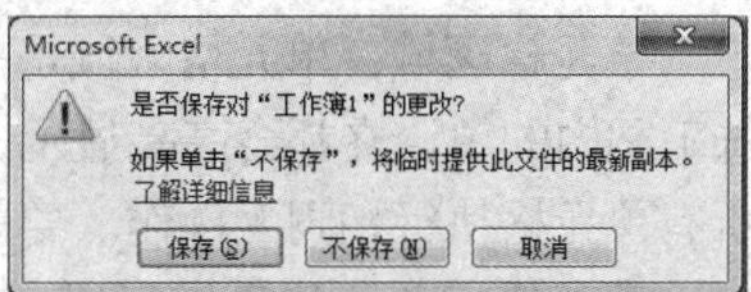

图 4–1 Excel 保存对话框

2．熟悉 Excel 2010 的界面

当启动 Excel 2010 后，即可打开 Excel 2010 的工作界面，它主要由标题栏、"Office" 按钮、功能区、编辑栏、工作区和状态栏几部分组成，如图 4–2 所示。

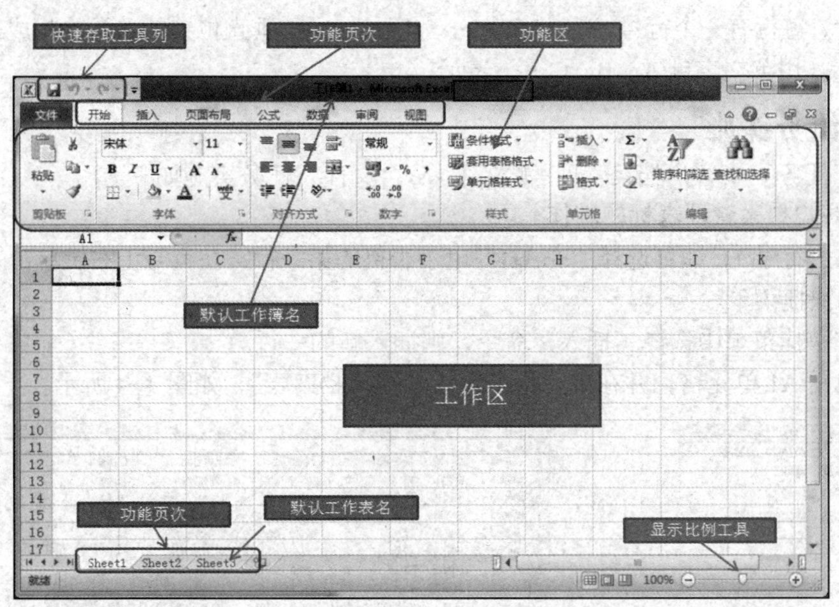

图 4–2 Excel 的界面

3．熟悉 Excel 2010 的基本信息元素

在创建工作簿之前，需要了解一些有关工作簿和工作表的基本概念，以利于后面的学习。Excel 的基本信息元素主要包括工作簿、工作表、单元格和单元格区域。

（1）工作簿和工作表

工作簿：Excel 是以工作簿来储存并处理工作数据的。当启动 Excel 时，就自动打开了工作簿，工作簿内除了可以存放工作表外，还可以存放宏表、图表等。一个工作簿内可以有数个工作表，即可以同时处理多张工作表。

工作表：工作表是 Excel 进行一次完整作业的基本单位，通常称为电子表格，若干个工作表构成一个工作簿。工作表通过工作表标签来标识，工作表标签位于工作簿窗口的底部。在默认情况下，每一个工作簿文件会打开 3 个工作表文件，分别以 Sheet1、Sheet2、Sheet3 来命名。一个工作簿内最多可以有 255 个工作表，用户可以单击不同的工作表标签来进行工作表之间切换。当前正在使用的工作表即为当前活动的工作表。

（2）单元格和单元格区域

单元格：单元格是工作表中的小方格，它是工作表最基本的元素，也是 Excel 独立操作的最小单位。用户可以向单元格中输入文字、数据和公式，也可以对单元格进行各种各样的设置，如字体、颜色、长度、宽度和对齐方式等。单元格的位置是通过它所在的行号和列号来确定的，如 B10 单元格表示对应的第 B 列第 10 行交汇处的小方格。

单元格区域：单元格区域是一组被选中的相邻或分离的单元格。单元格区域被选中后，所选范围内的单元格都会高亮显示，取消时又恢复原样。对一个单元格区域的操作是对该区域的所有单元格执行相同的操作。要取消单元格区域的选择，只需要在所选区域外单击鼠标即可。

单元格或单元格区域可以一个变量的形式引入公式参与计算。为便于使用，有时需要给单元格或单元格区域起个名称，这就是单元格的命名和引用。

（3）行号和列标

单元格是 Excel 的最小数据单位，用户的数据只能输入到单元格内。同一水平位置的单元格组成一行，每行有一个行号，用 1、2、3……表示。同一垂直位置的单元格构成一列，每列有一个列标，用英文字母 A、B、C……表示。

六、任务实施

打开“任务 4-1 客户档案管理-源文件.xlsx”文件，任务实施如下。

（一）客户档案管理表标题制作

（1）单击行号 1，即可选择“Sheet1”电子表格的第一行，在行号上右键单击，弹出如图 4-3 所示的快捷菜单。

（2）在快捷菜单中选择“插入”命令，则插入新的一行。

（3）单击 A1 单元格，并在单元格中输入“客户档案表”，如图 4-4 所示。

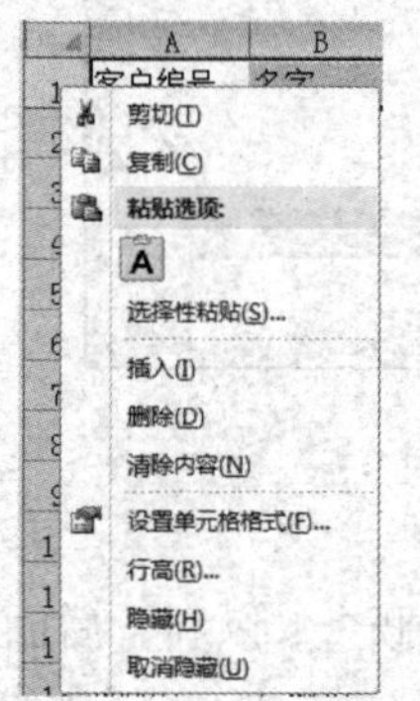

图 4-3　选择“插入”快捷菜单项

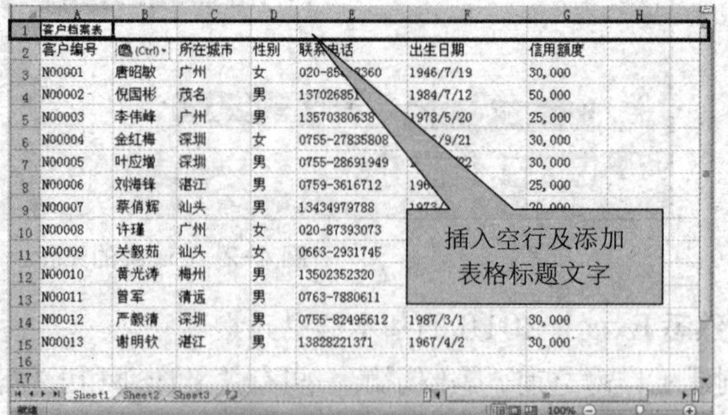

图 4-4　插入空白行

（4）单击 A1 单元格，拖动鼠标，选择 A1:G1 单元格区域。

（5）选择“开始”菜单项，在“对齐方式”功能区中单击“合并后居中”功能按钮，效果如图 4-5 所示。

	A	B	C	D	E	F	G
1	客户档案表						
2	客户编号	名字	所在城市	性别	联系电	出生日期	信用额度
3	N00001	唐昭敏	广州	女	020-856	1946/7/19	30,000
4	N00002	倪国彬	茂名	男	13		000
5	N00003	李伟峰	广州	男	13		000
6	N00004	金红梅	深圳	女	0755-27835808	1986/9/21	30,000
7	N00005	叶应增	深圳	男	0755-28691949	1975/5/22	30,000
8	N00006	刘海锋	湛江	男	0759-3616712	1966/4/23	25,000
9	N00007	蔡俏辉	汕头	男	13434979788	1973/3/24	20,000
10	N00008	许瑾	广州	女	020-87393073	1946/12/25	25,000
11	N00009	关毅茹	汕头	女	0663-2931745	1968/9/26	50,000
12	N00010	黄光涛	梅州	男	13502352320	1976/2/27	25,000
13	N00011	曾军	清远	男	0763-7880611	1957/2/28	25,000
14	N00012	严毅清	深圳	男	0755-82495612	1987/3/1	30,000
15	N00013	谢明钦	湛江	男	13828221371	1967/4/2	30,000

标题合并居中后效果

图 4-5　标题行合并单元格效果

（二）单元格数据格式设置

1. F3:F15 和 G3:G15 单元格区域数据格式设置

（1）选择单元格区域 F3:F15，在如图 4-6 所示的“开始”功能面板的“数字”功能区中单击 按钮，弹出如图 4-7 所示的“设置单元格格式”对话框。

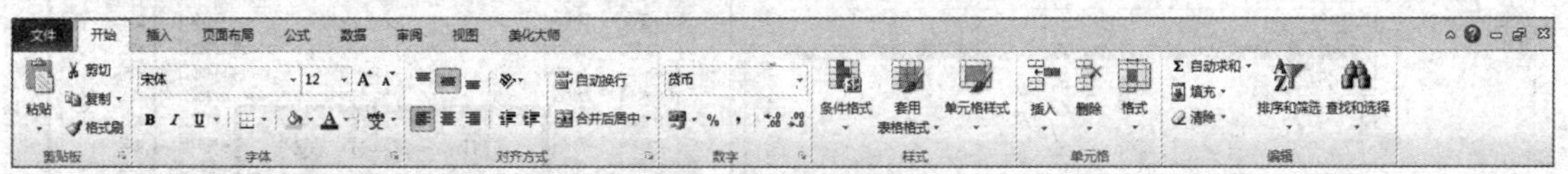

图 4-6　开始功能面板

（2）切换到“数字”选项卡，在“分类”列表框中选择“日期”型数据类型，再在“类型”列表中选择“2001 年 3 月 14 日”日期格式。如图 4-8 所示。

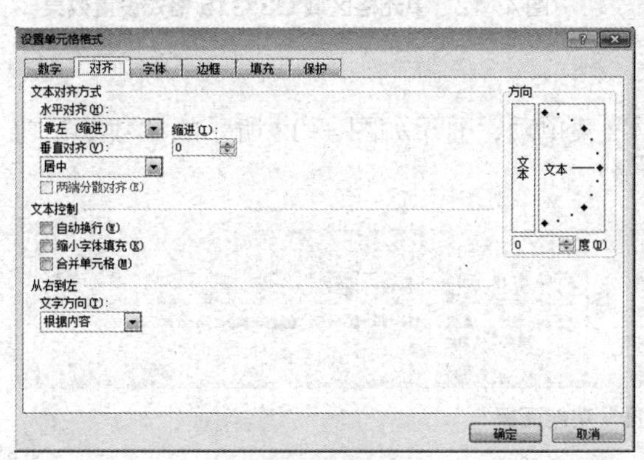

图 4-7　“设置单元格格式”对话框

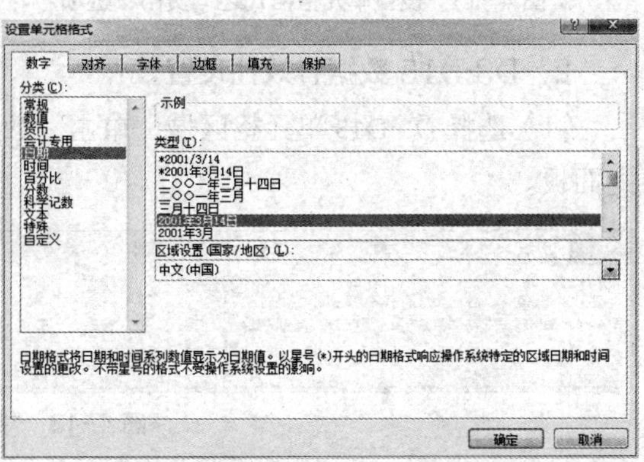

图 4-8　设置单元格格式之“数字”选项卡

（3）单击“确定”按钮，完成 F3:F15 单元格式区域格式设置。效果如图 4-9 所示。

（4）选择区域 G3:G15，右键单击，弹出如图 4-10 所示的快捷菜单。

图 4-9　单元格区域 F3:F15 格式设置效果

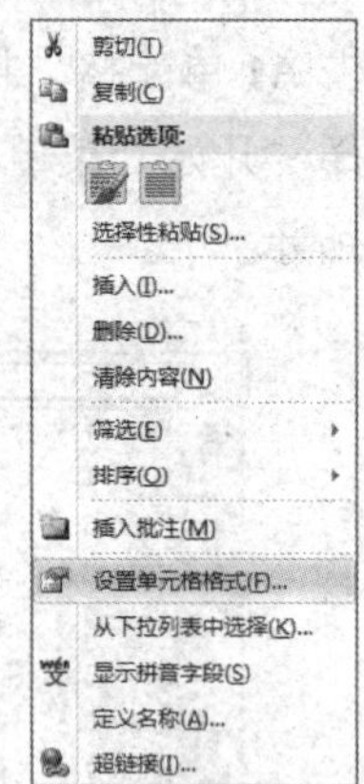

图 4-10　设置单元格式快捷菜单

（5）在快捷菜单中选择“设置单元格格式”命令，弹出“设置单元格格式”对话框，切换到“数字”选项卡，在“分类”列表框中选择“货币”，如图 4-11 所示；设置“小数位数”为 2 位；在“负数”列表中选择“￥1234.10”格式，单击“确定”按钮即完成 G3:G15 单元格式区域格式设置，效果如图 4-12 所示。

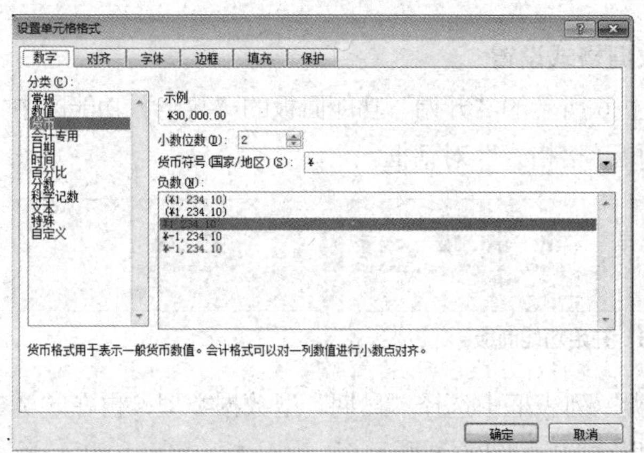

图 4-11　设置单元格格式之“货币”选项

图 4-12　单元格区域 G3:G15 格式设置效果

2．D3:D15 数据有效性设置。

（1）选择 D3:D15 单元格区域，单击“数据”菜单项，显示如图 4-13 所示的“数据”功能面板。

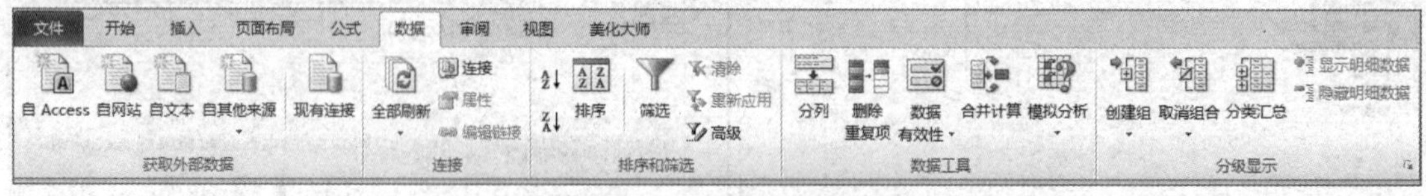

图 4-13　“数据”功能面板

（2）在“数据”功能面板的“数据工具”功能区中单击“数据有效性”功能按钮，弹出如图 4-14 所示的“数据有效性”对话框。

（3）在“设置”选项卡“有效性条件”栏的“允许”下拉列表中选择“序列”，如图 4-15 所示，“来源”栏输入“男，女”。

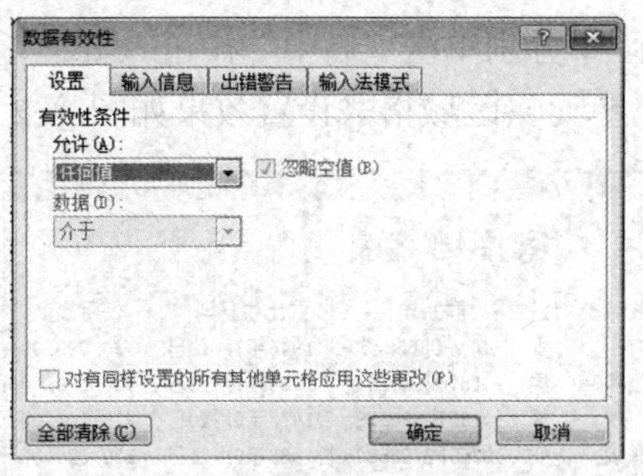

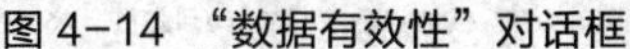

数据有效性
设置
输入信息
出错警告
输入法模式
有效性条件
允许(A):
任何值
忽略空值(B)
数据(D):
介于
对有同样设置的所有其他单元格应用这些更改(P)
全部清除(C)
确定
取消

图 4-14 “数据有效性”对话框

数据有效性
设置
输入信息
出错警告
输入法模式
有效性条件
允许(A):
序列
忽略空值(B)
提供下拉箭头(I)
数据(D):
介于
来源(S):
男,女
对有同样设置的所有其他单元格应用这些更改(P)
全部清除(C)
确定
取消

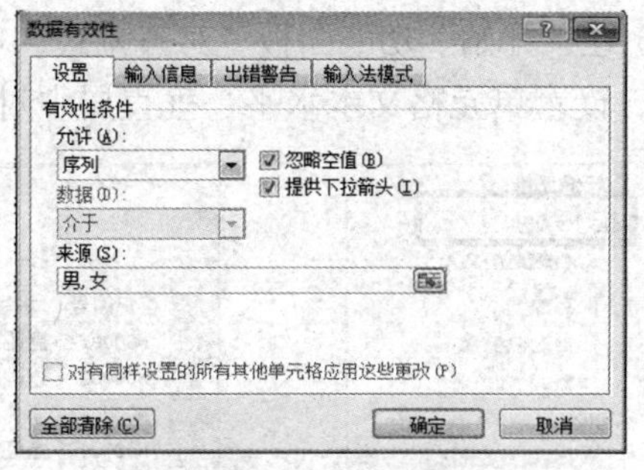

图 4-15 “序列”设置

（4）单击“确定”按钮，D3:D15 单元格区域显示有效性设置效果，如图 4-16 所示。

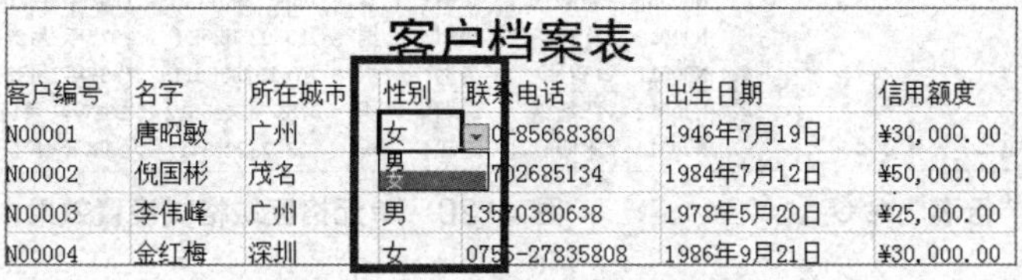

客户档案表
客户编号 名字 所在城市 性别 联系电话 出生日期 信用额度
N00001 唐昭敏 广州 女 020-85668360 1946年7月19日 ¥30,000.00
N00002 倪国彬 茂名 男 女 13702685134 1984年7月12日 ¥50,000.00
N00003 李伟峰 广州 男 13570380638 1978年5月20日 ¥25,000.00
N00004 金红梅 深圳 女 0755-27835808 1986年9月21日 ¥30,000.00

图 4-16 有效性设置效果图

（三）美化客户档案管理表

1．设置表格标题格式

（1）选择合并后的 A1 单元格，单击“开始”菜单项，在功能面板“字体”功能区中设置标题“客户档案表”字体为“黑体”“24”“加粗”，标准色浅绿。

（2）单击第一行行标，然后右键单击，弹出如图 4-17 所示的快捷菜单。

（3）选择“行高”命令，在弹出的“行高”对话框中“行高”栏输入“50”，单击“确定”按钮，效果如图 4-18 所示。

剪切(T)
复制(C)
粘贴选项:
选择性粘贴(S)...
插入(I)
删除(D)
清除内容(N)
设置单元格格式(F)...
行高(R)...
隐藏(H)
取消隐藏(U)

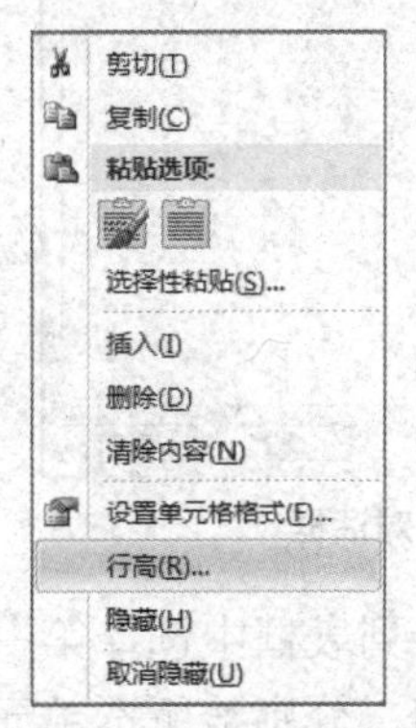

图 4-17 设置行高快捷菜单

客户档案表
客户编号 名字 所在城市 性别 联系电话 出生日期 信用额度
N00001 唐昭敏 广州 女 020-85668360 1946年7月19日 ¥30,000.00
N00002 倪国彬 茂名 男 13702685134 1984年7月12日 ¥50,000.00
N00003 李伟峰 广州 男 13570380638 1978年5月20日 ¥25,000.00
N00004 金红梅 深圳 女 0755-27835808 1986年9月21日 ¥30,000.00
N00005 叶应增 深圳 男 0755-28691949 1975年5月22日 ¥30,000.00
N00006 刘海锋 湛江 男 0759-3616712 1966年4月23日 ¥25,000.00
N00007 蔡倩辉 汕头 男 13434979788 1973年3月24日 ¥20,000.00
N00008 许瑾 广州 女 020-87393073 1946年12月25日 ¥25,000.00
N00009 关毅茹 汕头 女 0663-2931745 1968年9月26日 ¥50,000.00
N00010 黄光涛 梅州 男 13502352320 1976年2月27日 ¥25,000.00
N00011 曾军 清远 男 0763-7880611 1957年2月28日 ¥25,000.00
Sheet1 Sheet2 Sheet3

图 4-18 表格标题设置效果图

2．设置单元格区域格式

要求：整个表格的文字在垂直、水平方向均居中；列宽根据这列内容自适应调整；除了标题行外的所有行行高为 20。

（1）选择单元格区域 A2:G15，单击“开始”功能面板“单元格”功能区中的“格式”按钮，弹出如图 4-19 所示的菜单，选择“行高”命令，在弹出的“行高”对话框中设置行高为 20。

（2）在“格式”菜单中选择“自动调整列宽”命令，则根据单元格文字的长度自动调整表格的宽度。

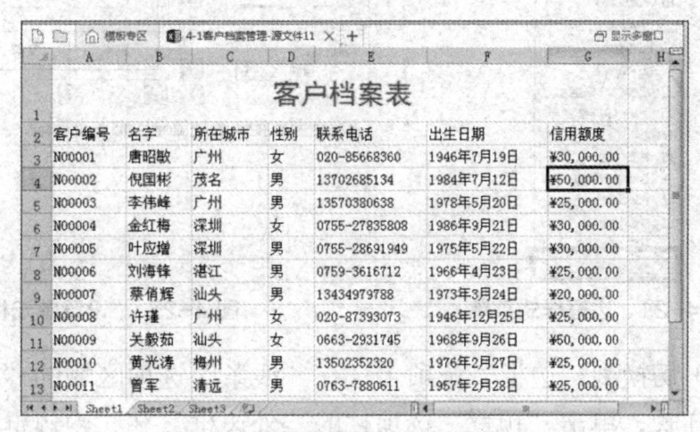

（3）在“开始”功能面板“对齐方式”功能区中分别单击“居中”按钮和“垂直居中”按钮，设置单元格文本水平、垂直居中对齐。单元格区域格式设置效果如图 4-20 所示。

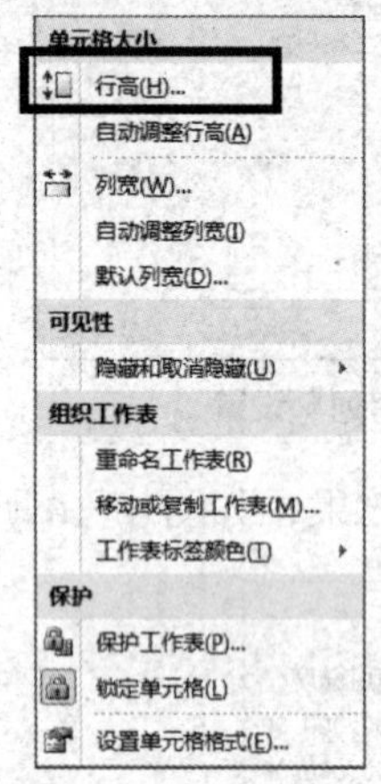

图 4-19 选择“行高”命令

	A	B	C	D	E	F	G
1	客户档案表						
2	客户编号	名字	所在城市	性别	联系电话	出生日期	信用额度
3	N00001	唐昭敏	广州	女	020-85668360	1946年7月19日	¥30,000.00
4	N00002	倪国彬	茂名	男	13702685134	1984年7月12日	¥50,000.00
5	N00003	李伟峰	广州	男	13570380638	1978年5月20日	¥25,000.00
6	N00004	金红梅	深圳	女	0755-27835808	1986年9月21日	¥30,000.00
7	N00005	叶应增	深圳	男	0755-28691949	1975年5月22日	¥30,000.00
8	N00006	刘海锋	湛江	男	0759-3616712	1966年4月23日	¥25,000.00
9	N00007	蔡俏辉	汕头	男	13434979788	1973年3月24日	¥20,000.00
10	N00008	许瑾	广州	女	020-87393073	1946年12月25日	¥25,000.00
11	N00009	关毅茹	汕头	女	0663-2931745	1968年9月26日	¥50,000.00
12	N00010	黄光涛	梅州	男	13502352320	1976年2月27日	¥25,000.00
13	N00011	曾军	清远	男	0763-7880611	1957年2月28日	¥25,000.00
14	N00012	严毅清	深圳	男	0755-82495612	1987年3月1日	¥30,000.00
15	N00013	谢明钦	湛江	男	13828221371	1967年4月2日	¥30,000.00

图 4-20 单元格区域格式设置效果

3．设置表格边框

（1）选择 A2:G15 单元格区域，单击“开始”功能面板“字体”功能区的“边框”按钮，弹出如图 4-21 所示的边框样式菜单。

（2）选择“其他边框”命令，弹出如图 4-22 所示的“设置单元格格式”对话框。

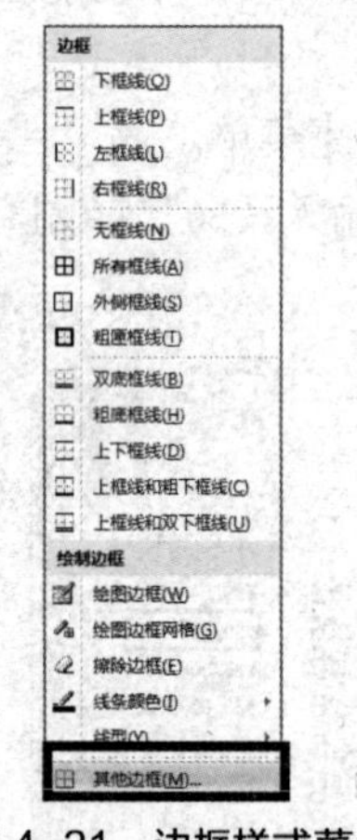

图 4-21 边框样式菜单

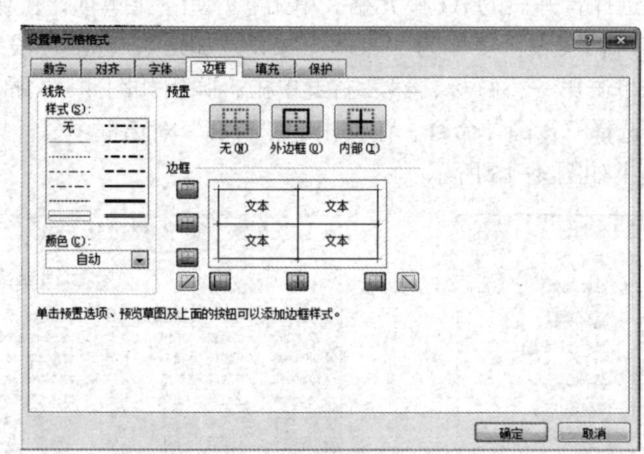

图 4-22 “设置单元格格式”对话框

（3）切换到“边框”选项卡，在“线条”选项区域的“样式”列表框中选择第一列第七行线条样式，单击“预置”选项栏的“外边框”和“内边框”按钮，分别给所选单元格区域添加内外边框。

4．设置单元格背景色

（1）选择 A2:G2 单元格区域，单击“开始”→“字体”功能区中的“填充颜色”按钮，弹出如图 4-23 所示的填充颜色样式列表，选择“标准色”浅绿颜色，即完成列标题背景色设置。

（2）选择 A3:G15 单元格区域，同第（1）步操作，设置单元格区域背景色为标准色黄色。

至此，客户档案表格管理及美化完成，效果如图 4-24 所示。

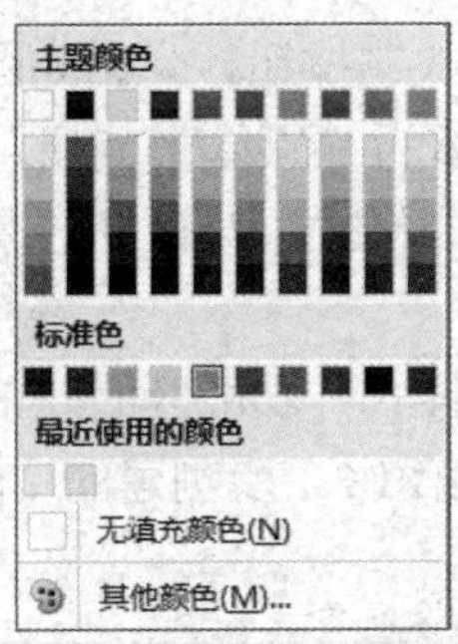

图 4-23 填充色的设置

客户档案表

编号	名字	所在城市	性别	电话	出生日期	信用额度
N00001	唐昭敏	广州	女	020-85668360	1946年7月19日	￥30,000.00
N00002	倪国彬	茂名	男	13702685134	1984年7月12日	￥50,000.00
N00003	李伟峰	广州	男	13570380638	1978年5月20日	￥25,000.00
N00004	金红梅	深圳	女	0755-27835808	1986年9月21日	￥30,000.00
N00005	叶应增	深圳	男	0755-28691949	1975年5月22日	￥30,000.00
N00006	刘海锋	湛江	男	0759-3616712	1966年4月23日	￥25,000.00
N00007	蔡俏辉	汕头	男	13434979788	1973年3月24日	￥20,000.00
N00008	许瑾	广州	女	020-87393073	1946年12月25日	￥25,000.00
N00009	关毅茹	汕头	女	0663-2931745	1968年9月26日	￥50,000.00
N00010	黄光涛	梅州	男	13502352320	1976年2月27日	￥25,000.00
N00011	曾军	清远	男	0763-7880611	1957年2月28日	￥25,000.00
N00012	严毅清	深圳	男	0755-82495612	1987年3月1日	￥30,000.00
N00013	谢明钦	湛江	男	13828221371	1967年4月2日	￥30,000.00

图 4-24 客户档案表制作效果

七、任务相关技能训练点导图

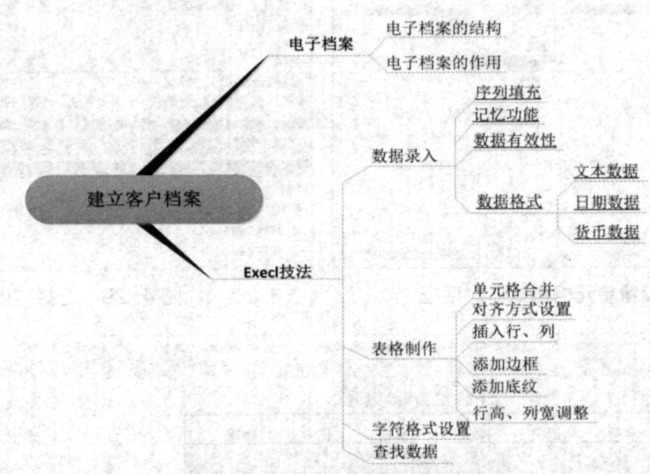

图 4-25 任务相关技能训练点导图

八、拓展技能训练

【单元格样式设置】

打开"4.1 拓展训练 1.xlsx"，完成如下操作：创建一个名称为"内容"的新样式，该样式字体格式为"黑体"，字号"12"，倾斜，标准色红色，设置 A3:F10 单元区域套用该新样式。

具体操作步骤如下。

（1）在"开始"功能面板的"样式"功能区中单击"单元格样式"按钮，弹出如图 4-26 所示单元格样式选项。

（2）选择"新建单元格样式"选项，弹出如图 4-27 所示的"样式"对话框。

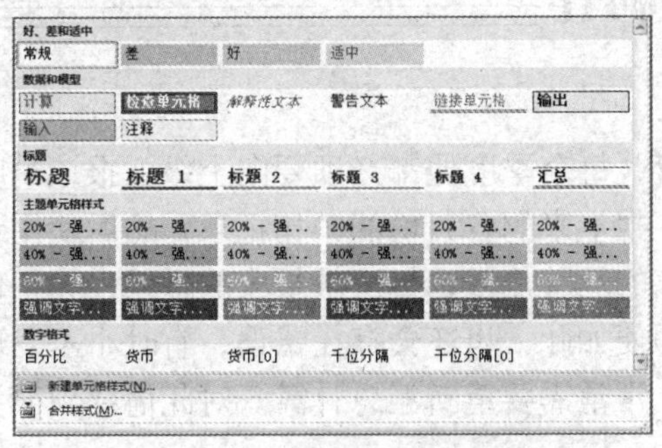

图 4-26 创建新样式菜单选项

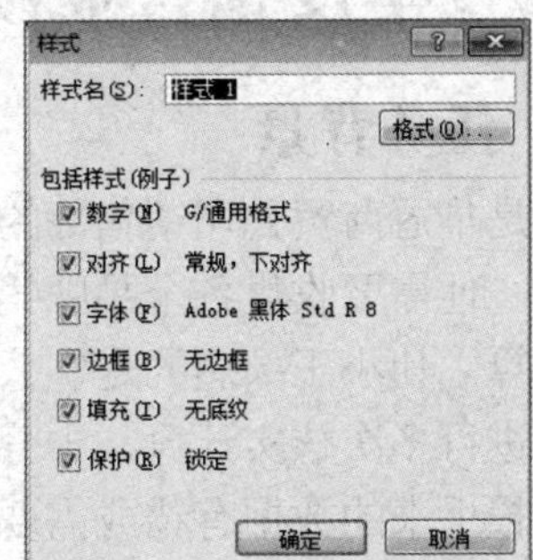

图 4-27 "样式"对话框

（3）在“样式名”框中输入样式名为“内容”，单击“格式”按钮，弹出如图 4-28 所示的“设置单元格格式”对话框。在“字体”选项卡中设置字体为“黑体”、字形“加粗”，字号为“12”，字体颜色为标准红色，并单击“确定”按钮回到“样式”对话框，在“样式”对话框单击“确定”按钮回到文档编辑窗口。

（4）选择 A3:F10 单元格区域，单击“开始”功能面板“样式”功能区的“单元格样式”按钮，弹出如图 4-29 所示的样式列表，在“自定义”栏选择第（3）步创建的“内容”样式。此时单元格区域效果如图 4-30 所示。

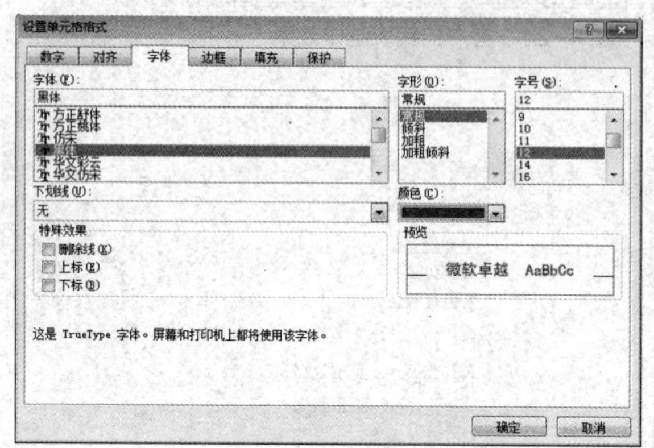

图 4-28 “设置单元格格式”对话框

图 4-29 选择“内容”样式

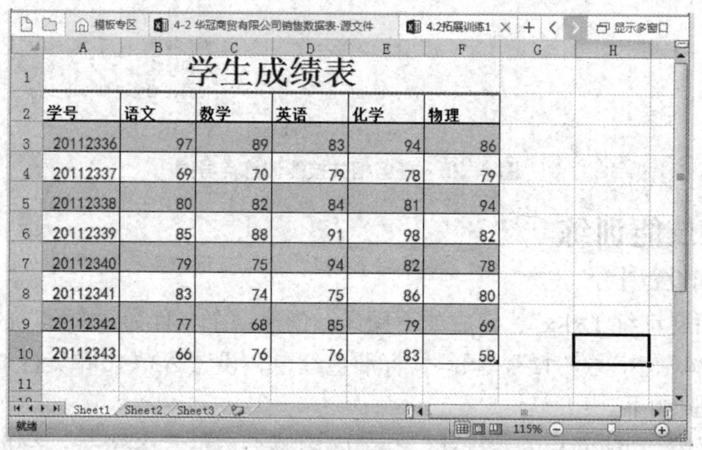

学生成绩表					
学号	语文	数学	英语	化学	物理
20112336	97	89	83	94	86
20112337	69	70	79	78	79
20112338	80	82	84	81	94
20112339	85	88	91	98	82
20112340	79	75	94	82	78
20112341	83	74	75	86	80
20112342	77	68	85	79	69
20112343	66	76	76	83	58

图 4-30 单元格样式应用示例

任务 2 季度销售业绩报表制作

一、任务背景

小王是华冠商贸公司销售部的销售主管，每个季度他都必须要向上级汇报该季度的业绩销售情况。他需要收集各个品牌销售人员汇报上来的各月份的销售记录，然后使用计算器进行汇总计算。让小王头痛的是，公司所销售的品牌众多，每次做报表的时候，为了使计算无误，需要进行多次核实计算，十分耗时。即便如此，也还会存在错误，有时小王发现部分销售人员汇报上来的数据有错或需要修改时，常常需要重新汇总计算。对此他感到很头痛。有什么办法可以帮助小王解决这些问题呢？

二、任务目的和要求

1. 任务目的

（1）掌握 Excel 2010 中运用公式进行简单计算。

（2）掌握 Excel 2010 中相对地址和绝对地址的基本应用。

（3）掌握 Excel 2010 中表格格式的设置（包括边框和底纹设置、单元格合并、行列调整、插入和删除行列、单元格对齐方式设置等）。

（4）掌握 Excel 2010 中数据有效性设置。

（5）掌握报表页面设置、打印区域和打印设置，并能顺利打印报表。

2. 任务要求分析

销售业绩报表是企业管理人员与基层销售员之间重要的沟通渠道，是考核销售人员工作水平的有力工具。同时，业绩报表能帮助管理层和决策层了解市场一线的真实情况，进而获取数据信息，为运营决策提供有力支撑。

使用计算器计算销售业绩再填写报表，这个过程有几个容易错误的环节：在计算时，人为输入错误，如在输入 12 时，可能误输入成 13；在填写报表时，看错数据或误输数据的人为错误。小王需要重复计算以确保计算结果无误，而重复计算耗时费力，增加了许多工作量。当计算量大的时候，人的脑子容易疲劳，注意力下降，容易造成错误，进而可能形成恶性循环。

三、任务学时和任务工具

2 学时；计算机、Microsoft Excel 2010。

四、任务实施方案

使用 Excel 中的数据计算功能及表格制作功能，完成数据报表的制作。首先，制作一个销售数据的记录表，该记录表主要用于记录每个月份各个品牌的销售数据。Excel 可以根据相关的数据自动地产生小王所需要的报表，使得计算和报表的显示全自动完成。小王所要做的工作就是确保各个月份的销售数据准确，不需要再花大量的时间去做计算和制作报表。

五、知识准备

1. 公式中的运算符

运算符用于对公式中的元素进行特定类型的运算，Excel 包括 4 种类型的运算符，分别为算术运算符、文本运算符、比较运算符和引用运算符。

（1）算术运算符

算术运算符是用户最熟悉的运算符，可以完成基本数字运算，如加、减、乘、除等，用以对数字进行运算并产生数字结果。表 4-1 列出了算术运算符的含义及示例。

表 4-1 算术运算符

算术运算符	运算符含义	示例
+（加号）	加	3+5=8
-（减号）	减	5-3=2
*（星号）	乘	4*2=8 相当于 4×2=8
/（斜杠）	除	8/2 相当于 8 除以 2，商为 4
%（百分号）	百分号	60%表示百分之六十
^（脱字号）	乘方	4^2 表示 4 的平方

（2）文本运算符

文本运算符只有一个“&”，使用“&”可以将文本连接起来。例如，在单元格 A1 中输入“华冠”，在 A2 中输入“商贸”，然后在 A3 中输入公式“=A1&A2”，此时 A1 和 A2 单元格会被不同颜色的矩形框包围。按 Enter 键或单击编辑栏中的“输入”按钮✔，A3 单元格中即会显示“华冠商贸”。

（3）比较运算符

比较运算符可以比较两个数值，并产生逻辑值 True 或 False。若条件相符，则产生逻辑真值 True；否则产生逻辑假值 False。比较运算符的含义及示例如表 4-2 所示。

表 4-2　比较运算符

比较运算符	含　义	示　例
=（等号）	相等	B1=C1，若 B1 单元格内的值与 C1 中的值相等，则产生逻辑真值 True；若两者不相等，则产生逻辑假值 False
<（小于号）	小于	B1<C1
>（大于号）	大于	B1>C1，若 B1 中的数值为 8，C1 中的数值为 6，则条件成立，产生逻辑真值 True；否则产生逻辑假值 False
>=（大于等号）	大于等于	B1>=C1
<>（不等号）	不等于	B1<>C1
<=（小于等号）	小于等于	B1<=C1

（4）引用运算符

单元格引用就是用于表示单元格在工作表上所处的位置的坐标集。例如，显示在第 B 列和第 3 行交叉处的单元格，其引用形式为 B3。使用引用运算符可以将单元格区域合并计算，引用运算符的含义如表 4-3 所示。

表 4-3　引用运算符

引用运算符	含　义	示　例
:	区域运算符，产生对包括在两个引用之间的所有单元格的引用	（B5:B15）引用即单元格 B5:B15 区域
,	联合运算符，将多个引用合并成为一个引用	SUM（A5:A15，C5:C15）
（空格）	交叉运算符，产生对两个引用共有的单元格引用	（B7:D7 C6:C8）

（5）运算顺序

要在公式中同时使用多个运算符，则应该了解运算符的运算优先级。其中，算术运算符的优先级是先乘幂运算，再乘、除运算，最后为加、减运算。相同优先级按从左到右的次序进行运算。

公式中出现不同类型的运算符混用时，运算次序是引用运算符→算术运算符→文本运算符→比较运算符。如果要改变运算次序，可以在公式中优先计算的部分加圆括号()。

例如：（11−5）*4/2^2=6*4/2^2

=6*4/4

=24/4

=4

2．单元格引用

引用单元格是指在公式和函数中使用引用来表示单元格中的数据。使用单元格引用，可以在公式中使用不同单元格中的数据，或在多个公式中使用同一个单元格中的数据。在 Excel 2010 中，根据处理的需要可以采用相对引用、绝对引用和混合引用 3。

（1）相对引用

相对引用，就是指公式中引用的单元格位置随着公式单元格的位置改变而改变。如在任务 2 中，在 E14 单元格中求各品牌销售总量时公式为“=SUM(E3:E13)”，可以得到结果 1343。若将 E14 单元格中的公式复制到 F14 单元格，则在 F14 单元格中显示结果为 100%，此时编辑栏显示 F14 单元格的公式为“=SUM（F3:F13）。使用相对引用时字母表示列，数字表示行。

（2）绝对引用

绝对引用，就是指公式和函数中引用的单元格位置固定不变。如果公式中的引用是绝对引用，那么不管公式被复制到哪个单元格中，公式的结果都保持不变。绝对引用是在列字母和行数字之前加上美元符号“$”，如任务 2 中 F3 单元格，单元格中输入“＝E3/$E$14”，再复制到 F4 单元格，将发现公式变为“=E4/$E$14”，在这里分子采用相对引用，结果单元格下移一行，因 E3 增加一行变为 E4，分母由于采用绝对引用，引用单元格的数值不变。

（3）混合引用

混合引用是指在一个单元格引用中即有绝对引用，也有相对引用，即混合引用具有绝对列和相对行，或是相对列和绝对行。绝对引用列采用$A1 和$B1 等形式，绝对引用行采用 A$1 和 B$1 等形式。在混合引用中，如果公式所在单元格的位置改变，绝对引用不作调整，相对引用自动调整。

六、任务实施

（一）建立四个季度的销售报表

打开“任务 4-2 华冠商贸有限公司销售数据表-源文件.xlsx”。

（1）单击“销售数据表”标签右侧的“插入工作表”按钮，此时在“销售数据表”标签右侧生一个工作表标签“Sheet1”，如图 4-31 所示。

（2）双击新生成的“Sheet1”标签，或在 Sheet1 标签上右键单击，弹出如图 4-32 所示的快捷菜单，在快捷菜单中选择“重命名”命令，标签变为重命名状态 Sheet1。

图 4-31　新生成 Sheet1 工作表

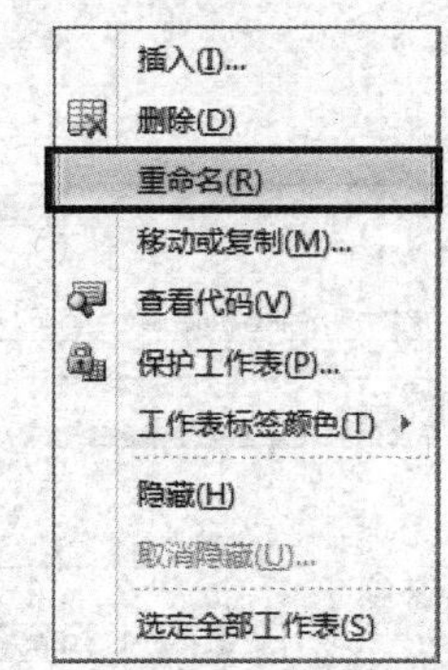

图 4-32　重命名工作表快捷菜单

（3）输入“第一季度销售报表”，然后单击工作表任意位置，完成工作表重命名。

（4）在“销售数据表”中选择 A2:D13 单元格区域，按“Ctrl+C”组合键复制单元格区域数据。

（5）切换到“第一季度销售报表”，将插入点定位在 A2 单元格，按“Ctrl+V”组合键粘贴复制数据。

（6）在“第一季度销售报表”的 E2 单元格中输入“第一季度销售总量”；在 F2 单元格中输入“所占季度总量的百分比”；选择 E2 和 F2，单击“开始”功能面板“对齐方式”功能区中的“自动换行”按钮。

（7）选择 A14:D14 单元格区域，单击“对齐方式”功能区的“合并居中”按钮，将 A14:D14 合并，然后输入“合计”。

（8）选择 A2:F14 单元格区域，在“段落”功能区单击“边框”按钮，在弹出的列表中选择“所有框线”选项，设置单元格区域边框。

（9）在 A1 单元格中输入“华冠商贸有限公司第一季度销售报表”标题文字。

（10）选择 A1:F1 单元格区域，单击“开始”功能面板“对齐方式”功能区的“合并居中”按钮及垂直居中按钮；设置 A1 单元格文字格式为“华文中宋”“16”“加粗”；设置行高为 50 磅，垂直居中效果如图 4-33 所示。

（11）右键单击“第一季度销售报表”标签，在弹出的快捷菜单中选择“移动与复制”命令，弹出如图 4-34 所示的“移动或复制工作表”对话框。

（12）在对话框的“下列选定工作表之前”列表框中选择“移至最后”，并勾选“建立副本”复选框，单击“确定”按钮，则在“第一季度销售报表”后即可生成“第一季度销售报表”的副本“第一季度销售报表（2）”工作表，如图 4-35 所示。

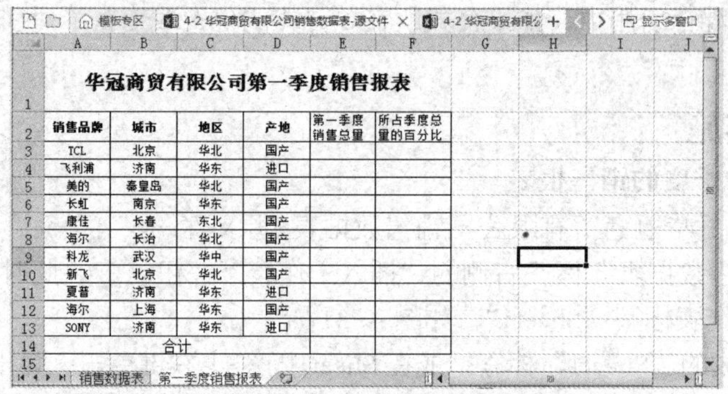

华冠商贸有限公司第一季度销售报表

销售品牌	城市	地区	产地	第一季度销售总量	所占季度总量的百分比
TCL	北京	华北	国产		
飞利浦	济南	华东	进口		
美的	秦皇岛	华北	国产		
长虹	南京	华东	国产		
康佳	长春	东北	国产		
海尔	长治	华北	国产		
科龙	武汉	华中	国产		
新飞	北京	华北	国产		
夏普	济南	华东	进口		
海尔	上海	华东	国产		
SONY	济南	华东	进口		
合计					

图 4-33　第一季度销售报表效果

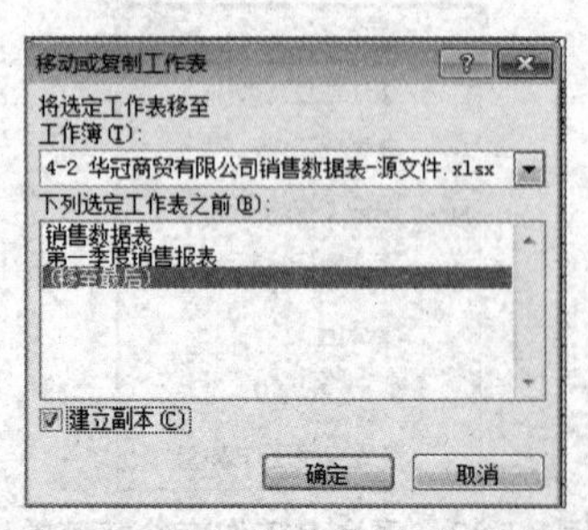

图 4-34　移动与复制工作表对话框

华冠商贸有限公司第一季度销售报表

销售品牌	城市	地区	产地	第一季度销售总量	所占季度总量的百分比
TCL	北京	华北	国产	143	
飞利浦	济南	华东	进口	130	
美的	秦皇岛	华北	国产	76	
长虹	南京	华东	国产	165	
康佳	长春	东北	国产	123	
海尔	长治	华北	国产	114	
科龙	武汉	华中	国产	181	
新飞	北京	华北	国产	103	
夏普	济南	华东	进口	86	
海尔	上海	华东	国产	119	
SONY	济南	华东	进口	103	
合计					

图 4-35　生成工作表复制副本

（13）双击“第一季度销售报表（2）”标签，将工作表重命名为“第二季度销售报表”，并在工作表中将标题调整为“华冠商贸有限公司第二季度销售报表”，将 E 列标题改为“第二季度销售总量”。

（14）依据前述步骤依次完成“第三季度销售报表”和“第四季度销售报表”创建，效果如图 4-36 所示。

华冠商贸有限公司第四季度销售报表

销售品牌	城市	地区	产地	第四季度销售总量	所占季度总量的百分比
TCL	北京	华北	国产		
飞利浦	济南	华东	进口		
美的	秦皇岛	华北	国产		
长虹	南京	华东	国产		
康佳	长春	东北	国产		
海尔	长治	华北	国产		
科龙	武汉	华中	国产		
新飞	北京	华北	国产		
夏普	济南	华东	进口		
海尔	上海	华东	国产		
SONY	济南	华东	进口		
合计					

图 4-36　四个季度销售报表示意图

（二）完成四个季度的销售报表

（1）单击“第一季度销售报表”里的 E3 单元格，输入“=”；切换到“销售数据表”，单击 E3 单元格，输入“+”号，再单击 F3 单元格，再输入“+”号，单击 G3 单元格，完成“第一季度销售报表”中 E3 单元格公式输入，如图 4-37 所示。按“Enter”键，完成第一季度销售总量计算，如图 4-38 所示。

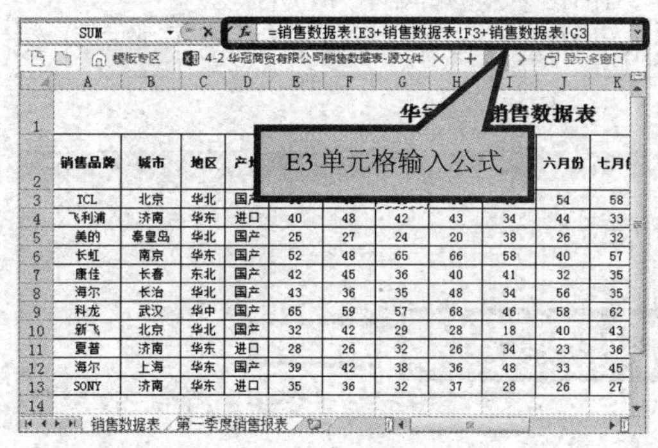

图 4-37　输入公式

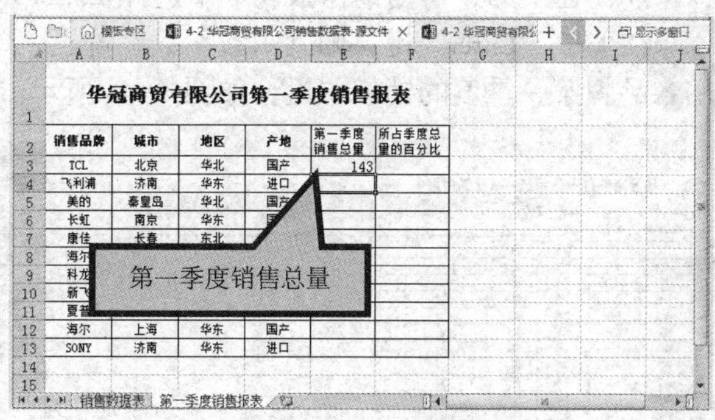

图 4-38　公式结果

（2）单击“第一季度销售报表”中的 E3 单元格，将鼠标指针置于单元格右下角，当指针变成“**＋**”形状时，按住左键拖动鼠标至 E13 填充公式，可计算出各品牌第一季度销售总量，如图 4-39 所示。

华冠商贸有限公司第一季度销售报表

销售品牌	城市	地区	产地	第一季度销售总量	所占季度总量的百分比
TCL	北京	华北	国产	143	
飞利浦	济南	华东	进口	130	
美的	秦皇岛	华北	国产	76	
长虹	南京	华东	国产	165	
康佳	长春	东北	国产	123	
海尔	长治	华北	国产	114	
科龙	武汉	华中	国产	181	
新飞	北京	华北	国产	103	
夏普	济南	华东	进口	86	
海尔	上海	华东	国产	119	
SONY	济南	华东	进口	103	
合计					

图 4-39　各品牌销售总量计算

（3）单击单元格 E14，然后单击“编辑栏”左边的函数按钮 *fx*，弹出如图 4-40 所示的“插入函数”对话框。

（4）选择“常用函数”类别，选择函数“SUM”，单击“确定”按钮，弹出如图 4-41 所示的“函数参数”对话框。

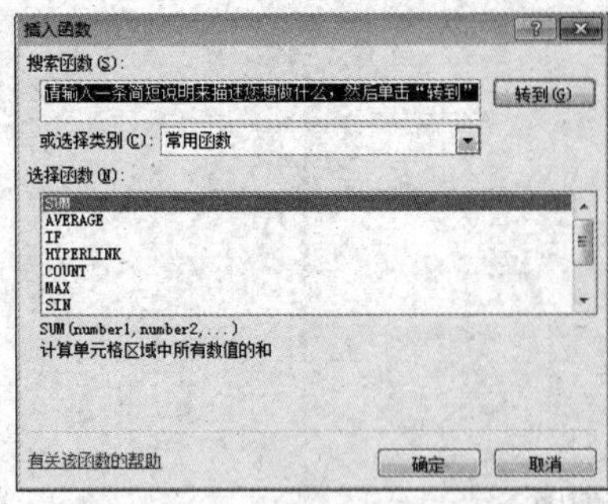

图 4-40 “插入函数”对话框

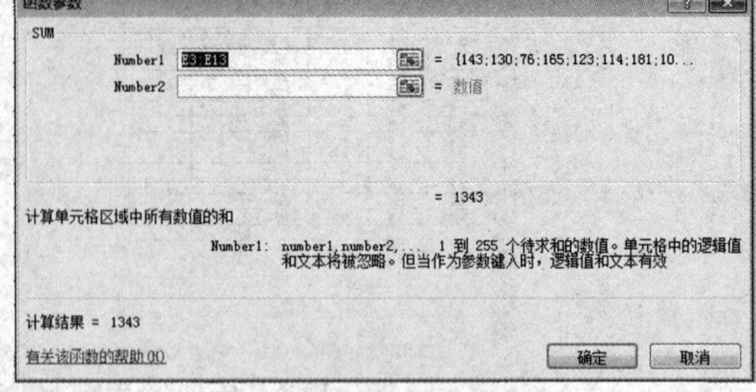

图 4-41 函数参数对话框

（5）单击“Number”框右侧的按钮，弹出如图 4-42 所示的参数设置栏。

图 4-42 函数参数设置

（6）在“第一季度销售报表”中选择 E3:E13 单元格区域，如图 4-43 所示。

（7）按“Enter”键，回到函数参数设置栏，单击“确定”按钮，E14 单元格中即可计算出各品牌第一季度的销售总量，如图 4-44 所示。

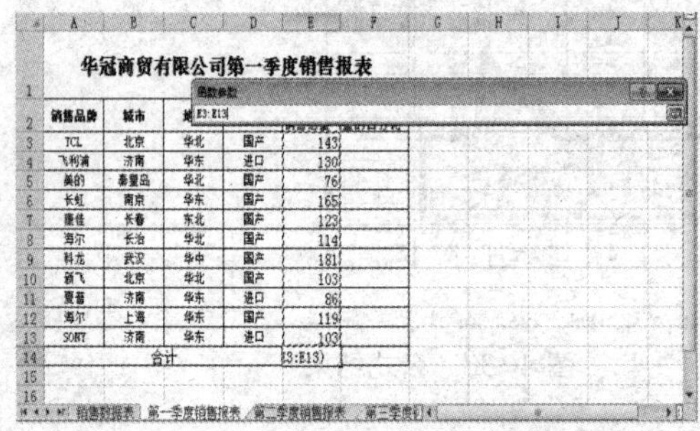

图 4-43 选择 SUM 函数参数单元格区域

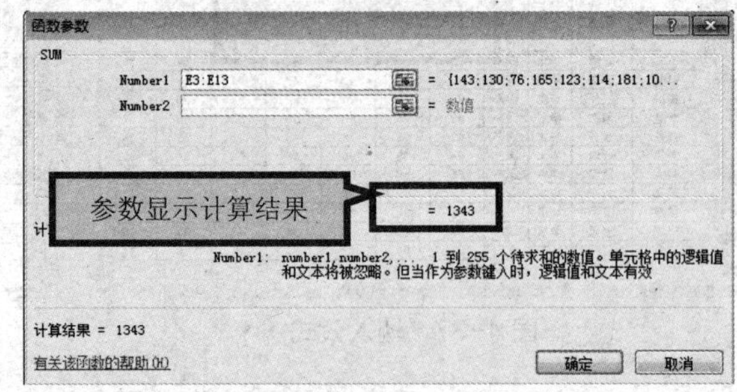

图 4-44 计算结果示意

（8）单击 F3 单元格，单元格中输入“＝E3/$E$14”，如图 4-45 所示。

（9）按“Enter”键，单元格显示结果为“10.647803”，参考第（2）步的方法在单元格 F4:F13 区域自动填充公式计算出各品牌所占季度总量的百分比值，如图 4-46 所示。

图 4-45 在单元格输入百分比计算公式

图 4-46 计算出各品牌所占季度总量的百分比

（10）单击 F14 单元格，在此单元格用 SUM 函数计算全部品牌百分比总数值 100%；选择单元格区域 F3:F14，单击“开始”功能面板“数字”功能区中的百分号按钮 %，再两次单击“增加小数位位数”按钮 ⁺.⁰⁰，设置百分比值保留两位小数，结果如图 4-47 所示。

	A	B	C	D	E	F	G	H
1	华冠商贸有限公司第一季度销售报表							
2	销售品牌	城市	地区	产地	第一季度销售总量	所占季度总量的百分比		
3	TCL	北京	华北	国产	143	10.65%		
4	飞利浦	济南	华东	进口	130	9.68%		
5	美的	秦皇岛	华北	国产	76	5.66%		
6	长虹	南京	华东	国产	165	12.29%		
7	康佳	长春	东北	国产	123	9.16%		
8	海尔	长治	华北	国产	114	8.49%		
9	科龙	武汉	华中	国产	181	13.48%		
10	新飞	北京	华北	国产	103	7.67%		
11	夏普	济南	华东	进口	86	6.40%		
12	海尔	上海	华东	国产	119	8.86%		
13	SONY	济南	华东	进口	103	7.67%		
14	合计				1343	100.00%		
15								

销售数据表 | 第一季度销售报表 | 第二季度销售报

图 4-47　设置单元格百分比格式及小数位设置效果图

（11）根据第（1）~（10）步操作方法，分别统计第二季度、第三季度和第四季度的销售总量和各品牌所占季度销售总量的百分比。注意，第二季度、第三季度和第四季度销售总量分别统计“销售数据表”的 4 月至 6 月、7 月至 9 月、10 至 12 月销售数据。

七、任务相关技能训练点导图

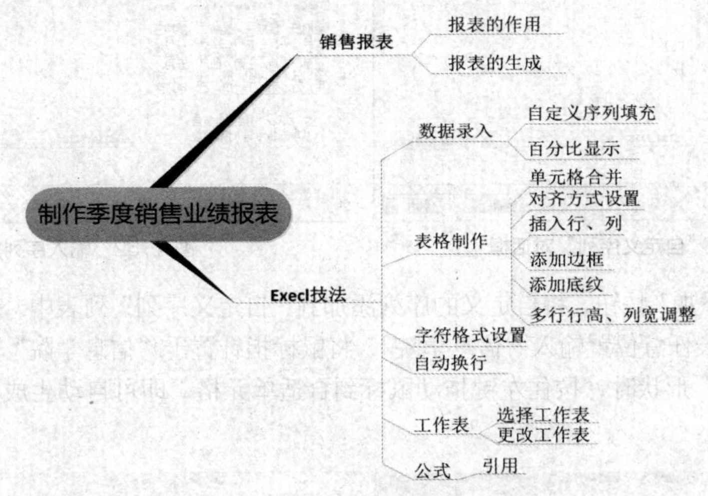

图 4-48　任务相关技能训练点导图

八、拓展技能训练

【自定义序列填充实训】

自定义一个序列，序列为信息学院、文学院、教育学院、管理学院、外语学院。

具体操作步骤如下。

（1）单击“文件”按钮，在弹出的菜单中选择“选项”菜单项，弹出如图 4-49 所示的 Excel 选项对话框。

（2）单击“高级”选项，如图 4-50 所示。

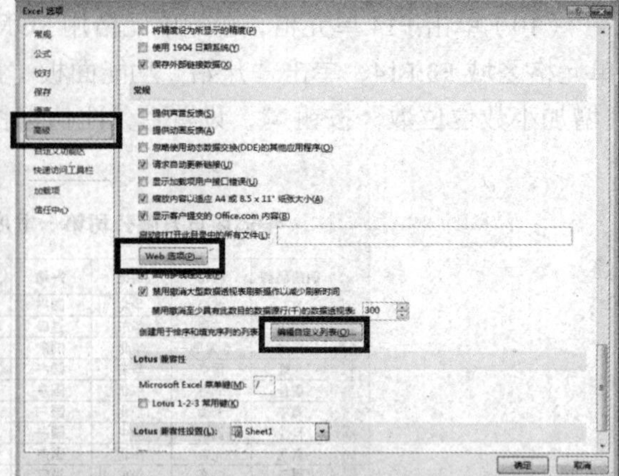

图 4-49 “Excel 选项”对话框　　图 4-50 选择“高级”选项

（3）拖动对话框右侧的下拉滚动条，找到“Web 选项”，单击“编辑自定义列表”按钮，弹出如图 4-51 所示的“自定义序列”对话框。

（4）在“输入序列”列表框中输入“信息学院，文学院，教育学院，管理学院，外语学院”，如图 4-52 所示。

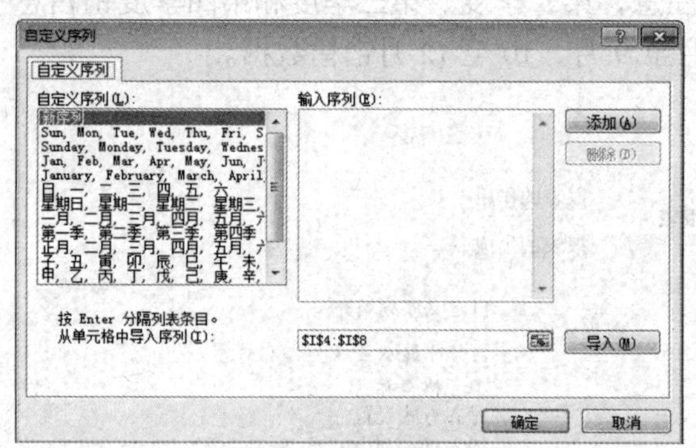

图 4-51 “自定义序列”对话框

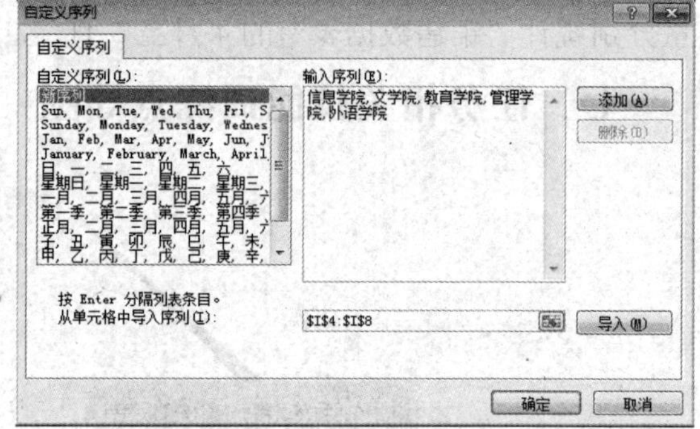

图 4-52 输入序列的值

（5）单击“添加”按钮，将自定义的序列添加到“自定义序列”列表中，如图 4-53 所示。

（6）在工作表任意位置输入“信息学院”，将鼠标指针置于“信息学院”所在单元格的右下角，变为“+”形状时，按住左键拖动鼠标到合适单元格，即可自动生成一个序列，如图 4-54 所示。

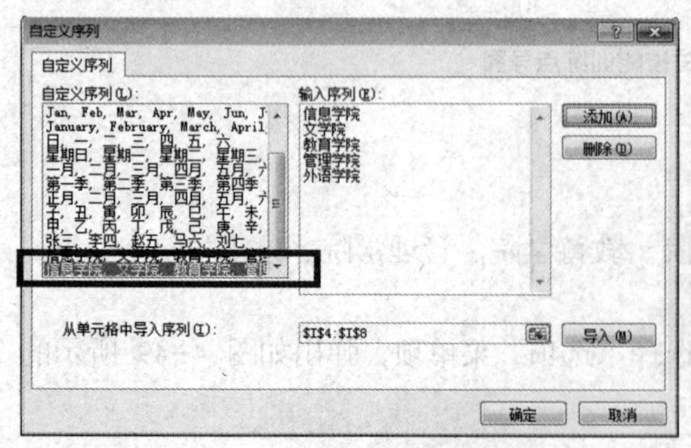

图 4-53 将自定义序列添加到列表库

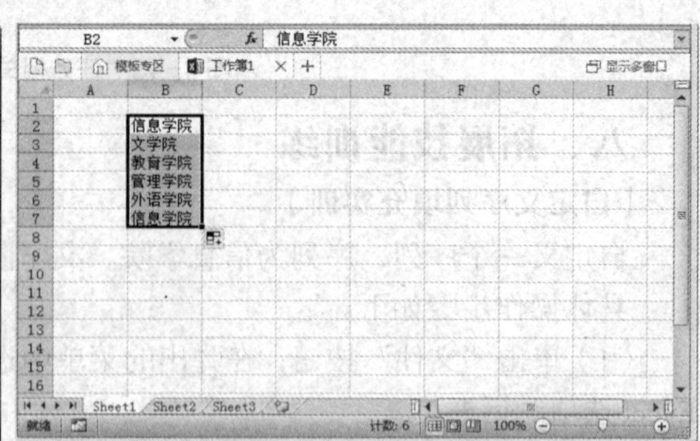

图 4-54 利用自定义序列在工作表生成序列

任务 3 部门销售业绩数据统计图表制作

一、任务背景

小王是华冠商贸公司的销售主管，华冠商贸公司是专做家用电器产品销售的一级经销商。时近年底，小王受经理委托在全年销售数据基础之上制作公司产品的销售图表，形象地展示不同产品在不同时间、不同地区的销售状况。

二、任务目的和要求

1. 任务目的

（1）了解图表的目的和意义。

（2）学习如何利用 Excel 的图表向导制作季度销售对比图、品牌销售对比图，并且对制作完成后的图表改进。

（3）掌握如何对制作完成后的图表进行编辑。

（4）具有运用图表进行数据分析的能力。

2. 任务要求分析

小王接受的任务具有典型性。一般来说，公司会有大量的销售数据，单纯的数据是枯燥的，很难看出它们之间的关系；而形象化的图示，即数据的可视化则能很好地揭示、表达这些关系。

数据的可视化具有一定技巧。首先明确销售报表需要展示什么信息，进而针对性收集相关的信息数据。一般来说，销售报表信息包括产品销售信息，例如销售情况和库存情况等；销售单位信息，例如销售地区、店面、促销员等；顾客购买信息，例如产品购买次数、购买金额、收入等。

其次，运用数据分析工具对数据进行处理。以产品销售数据为例，在产品销售情况方面，可以计算销售额百分比、任务完成率、销售费用、利润、利润百分比，也可以按时间计算同比增长率、环比增长率或者商品的月初库存、进货量、销货量、月末库存等。

最后，在数据分析处理的基础之上，根据数据生成各种图表，如柱状图、饼图、折线图等，例如对各个项目进行横向或者纵向比较，比较各个地区之间的销售额，比较一个销售地区的销售变化等。

还有一点，在制定销售报表时，不要为制作图表而制作图表，而要以解决实际问题为目标，需求应该放在第一。

三、任务学时和任务工具

2 学时；计算机和 Microsoft Excel 2010。

四、任务实施方案

使用 Excel 的报表工具可以在数据统计的基础上生成图表，实现数据的可视化。Excel 提供的图表类型包括柱状图、条形图、折线图、饼图、XY 散点图、面积图、圆环图、雷达图、曲面图、气泡图、股价图、圆柱图、圆锥图和棱锥图等。

为了解不同产品的季度销售情况，可用不同品牌季度销售量绘制柱形图。柱形图用于显示一段时间内数据变化或各项数据之间的比较情况。绘制柱形图时，通常平轴表示组织类型，垂直轴表示数据。

折线图可以显示随时间（根据常用比例设置）变化的连续数据，这里通过折线图来展示TCL、美的、长虹、康佳和海尔5个品牌产品在不同时间的销售情况。

五、知识准备

1. 创建图表

Excel 2010提供了类型丰富、功能强大的图表对象。图表既可以作为元素嵌入表格，也可作为独立的对象放置到其他工作表中。Excel提供了11种图表类型，每一类又有若干个子类，并且有很多二维和三维图表类型可供选择，常用的图表类型有以下几种。

柱形图：柱形图用于展示一段时间内数据变化或各项数据之间的比较情况，绘制柱形图时，通常横轴表示组织类型、纵轴表示数值。柱形图种类包括二维柱形图、三维柱形图、圆柱柱形图，圆锥柱形图和棱锥柱形图5个子类型。

折线图：折线图可以展示随时间（根据常用比例设置）变化的连续数据。绘制折线图时，通常类别数据沿水平轴均匀分布、所有值数据沿垂直轴均匀分布。折线图可分为二维折线图和三维折线图两种。

饼图：饼图可以直观地反映数据各项所占的百分比或某个单项占总体的比例，应用饼图能够很方便地查看整体与个体之间的关系。饼图的特点是只能将工作表中的一列或一行绘制到饼图中。饼图可分为二维饼图和三维饼图两种。

条形图：条形图是用来描绘各个项目数据之间的差别情况的一种图表，重点强调的是在特定时间点上分类轴和数值之间的比较。条形图主要包括二维条形图、三维条形图、圆柱图、圆锥图、棱锥图等。

面积图：面积图用于显示某个时间阶段总数与数据系列的关系，面积图强调数量随时间变化的程度，还可以使观看图表的人更加注意总值趋势的变化。面积图包括二维面积图和三维面积图两种子类型。

散点图：散点图又称为XY散点图，用于显示若干数据系列中各数值之间的关系。利用散点图可以绘制函数曲线。散点图通常用于显示和比较数值，如科学数据、统计数据或工程数据等。散点图中包括，仅带数据标记的散点图、带平滑线和数据标记的散点图、带平滑线的散点图、带直线和数据标记的散点图以及带直线的散点图5种类型。

股价图：顾名思义，股价图是用来分析股价的波动和走势的图表，在实际工作中，股价图也可用于计算和分析科学数据。需要注意的是，用户必须按正确的顺序组织数据才能创建股价图。股价图分为盘高→盘底→收盘图、开盘→盘高→盘底→收盘图、成交量→盘高→盘底→收盘图和成交量→开盘→盘高→盘底→收盘图4个子类型。

曲面图：曲面图主要用于展示两组数据之间的最佳组合，如果Excel工作表中的数据较多，而用户又准备找到两组数据之间的最佳组合，可以使用曲面图。曲面图包含4种子类型，分别是曲面图、曲面图（俯视框架）、三维曲面图和三维曲面图（框架图）。

圆环图：圆环图与饼图类似，同样用来表示各个数据间整体与部分的比例关系，但圆环图可以含多个数据系列，数据量更加丰富。圆环图主要包括圆环图和分离型圆环图两组子类。

气泡图：气泡图与 XY 散点图类似，用于显示变量之间的关系，但气泡图可以对成组的 3 个数值行比较。气泡图包括气泡图和三维气泡图两组子类型。

雷达图：雷达图可以比较若干数据系列的聚合值，用于展示数据中心点以及数据类别之间的变化趋势，也可以将覆盖的数据系列用不同的颜色显示出来。雷达图主要包括雷达图、带数据标记的雷达图和填充雷达图 3 种子类型。

2．图表组成

图表中包含许多元素，如图 4-55 所示。默认情况下，某类图表可能只显示其中的部分元素，而其他元素可以根据需要添加，或移动到图表的其他位置、调整图表元素的大小或者更改其格式，甚至可以删除不希望显示的图表元素。

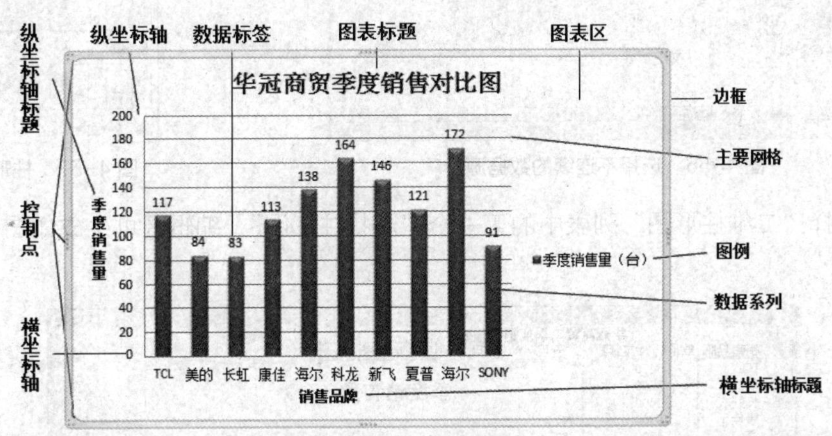

图 4-55　图表的组成

图表区：包含整个图表及其全部元素。一般图表中的空白位置单击即可选定整个图表区。

绘图区：通过坐标轴来界定的区域，包括所有数据系列、分类名、刻度线标志和坐标轴标题等。

数据系列：数据系列是指在图表中绘制的相关数据，这些数据来自数据表的行或列。图表中的每个数据系列具有唯一的颜色或图案标识，并且与图例相对应，可以在图表中绘制一个或多个数据系列。

横坐标轴（X 轴、分类轴）和纵坐标轴（Y 轴、值轴）：坐标轴是界定图表绘图区的线条，用作度量的参照框架。Y 轴通常为垂直坐标轴并包含数据，X 轴通常为水平轴并包含分类，数据沿横坐标轴和纵坐标轴绘制在图表中。

图表的图例：图例用于标识图表中的数据系统或分类。

图表标题：是对整个图表的说明性文本，可以自动在图表顶部居中。

坐标轴标题：是对坐标轴的说明性文本，可以自动与坐标轴对齐。

数据标签：用来标识数据系列中数据点的详细数值。

六、任务实施

（一）柱状图的制作

1．绘制柱状图

（1）单击单元格 A2，按住左键拖动鼠标到单元格 A12 选择单元区域 A2:A12，按住“Ctrl”键选择 F2:F12 区域，如图 4-56 所示。

（2）单击“插入”菜单项，在“图表”功能区单击“柱形图”按钮，弹出如图 4-57 所示的柱形图类型列表。

华冠商贸二季度销售报表					
销售品牌	单价(台)	四月	五月	六月	季度销售量（台）
TCL	3450	36	48	33	117
美的	3500	20	38	26	84
长虹	4400	26	34	23	83
康佳	3300	40	41	32	113
海尔	4300	48	34	56	138
科龙	2800	66	58	40	164
新飞	2700	44	48	54	146
夏普	4600	43	34	44	121
海尔	3100	68	46	58	172
SONY	5600	37	28	26	91
90<销售量<120					5

图 4-56　选择不连续的数据源

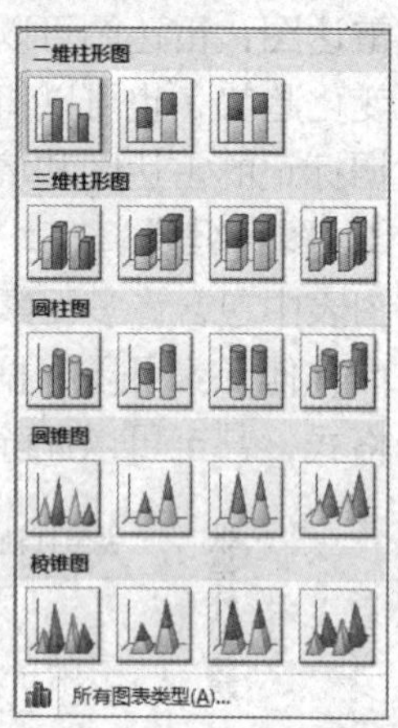

图 4-57　柱形图类型

（3）选择“二维柱形图”列表中的第一个“簇状柱形图”，编辑区可生成如图 4-58 所示的柱形图。

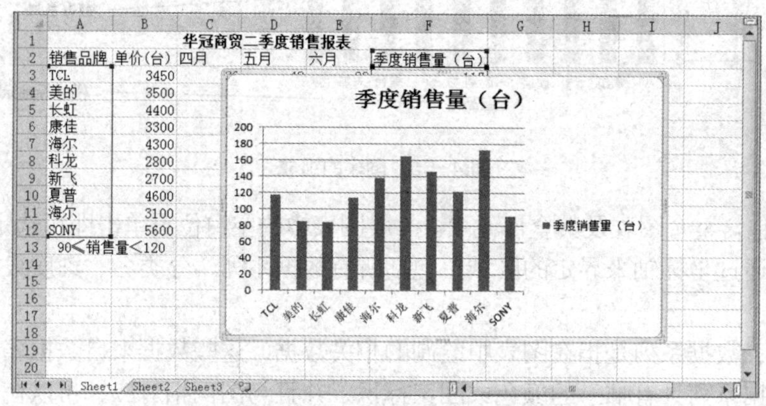

图 4-58　生成的簇状柱形图

2．柱状图表的编辑与修改

（1）单击图表标题“季度销售量（台）”，将原标题文字修改为“华冠商贸季度销售对比图”。

（2）切换到“图表工具”→“设计”功能面板，显示如图 4-59 所示。

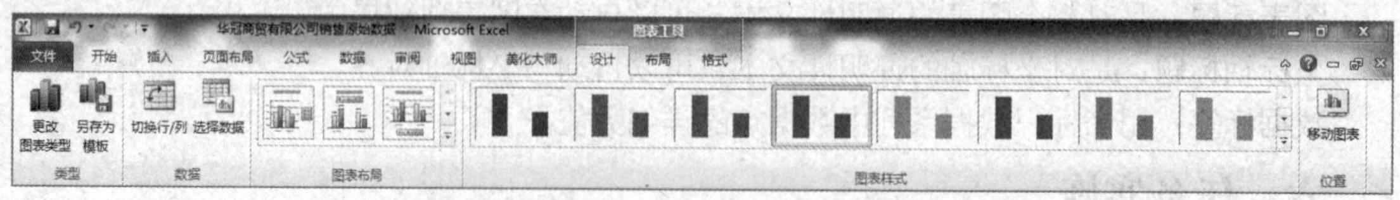

图 4-59　“图表工具”→“设计”功能面板

（3）单击“图表样式”功能区样式列表右侧的“其他”按钮，显示如图 4-60 所示的图表样式列表。

（4）选择“样式 28”，图表效果如图 4-61 所示。

图 4-60 柱形图样式列表

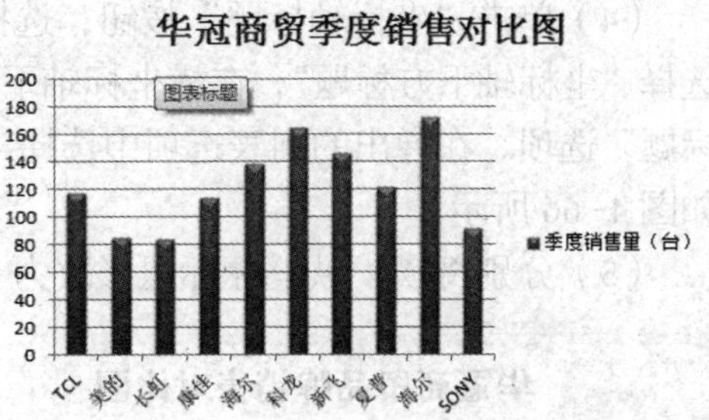

华冠商贸季度销售对比图

图 4-61 调整样式的图表效果图

（二）折线图的制作

1．折线图制作

（1）选择 A2:A7 和 C2:E7 单元格区域。

（2）在“图表”功能区单击“折线图”按钮，弹出如图 4-62 所示的折线图类型列表。

（3）在“二维折线图”栏选择“折线图”类型，生成如图 4-63 所示的折线图。

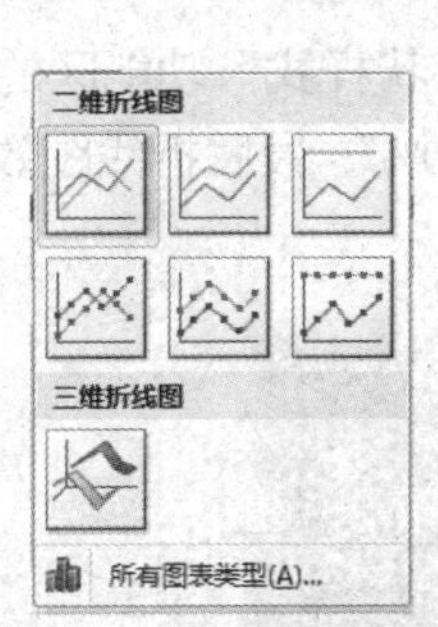

图 4-62 折线图类型列表

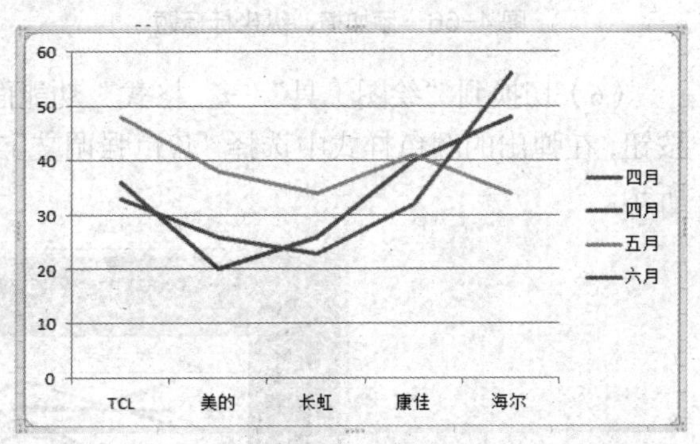

图 4-63 折线图示意

2．折线图编辑与修改

（1）切换到“图表工具”→“设计”功能面板，在“数据”功能区单击“切换行/列”按钮，折线图变换成如图 4-64 所示的类型。

（2）切换到“图表工具”→“布局”功能面板，在“标签”功能区单击“图表标题”按钮，在弹出的列表中选择“图表上方”选项，在图表上方生成一个“图表标题”，如图 4-65 所示。

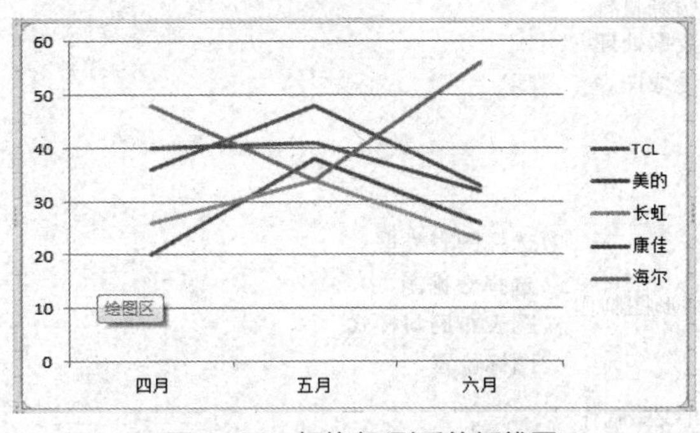

图 4-64 切换行/列后的折线图

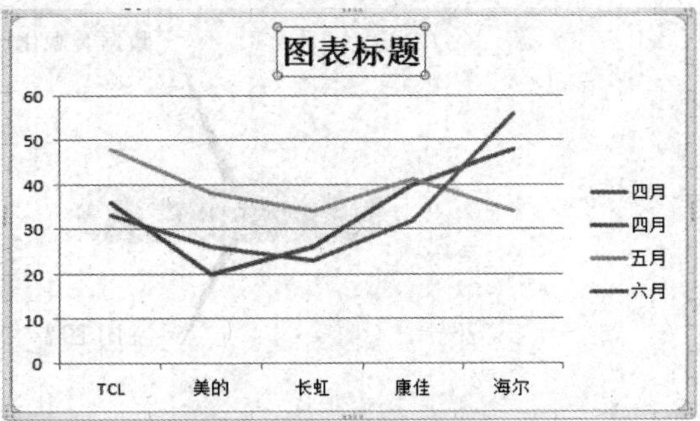

图 4-65 添加图标标题

（3）单击“图表标题”，将文字修改为“华冠商贸品牌销售对比图”。

（4）单击“坐标轴标题”按钮，选择“主要横坐标轴标题”选项，在弹出的选项列表中选择“坐标轴下方标题”，在横坐标轴下面生成“坐标轴标题”标签；再选择“主要纵坐标轴标题”选项，在弹出的列表选项中选择“竖排标题”，纵坐标左侧生成“坐标轴标题”标签，如图 4-66 所示。

（5）分别将横、纵坐标标题修改为“月份”和“销售台数”，如图 4-67 所示。

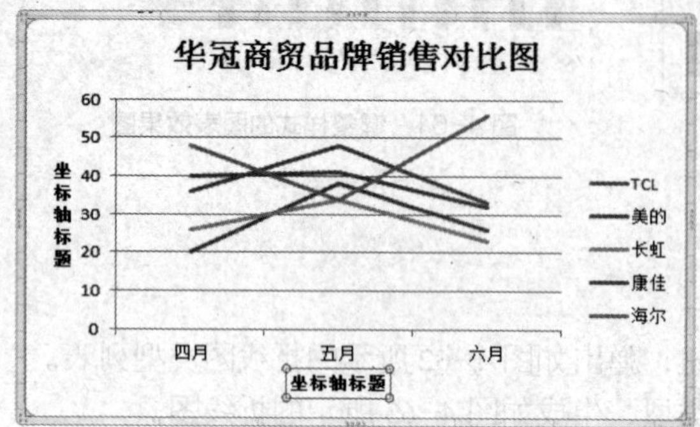

图 4-66　添加横、纵坐标标题

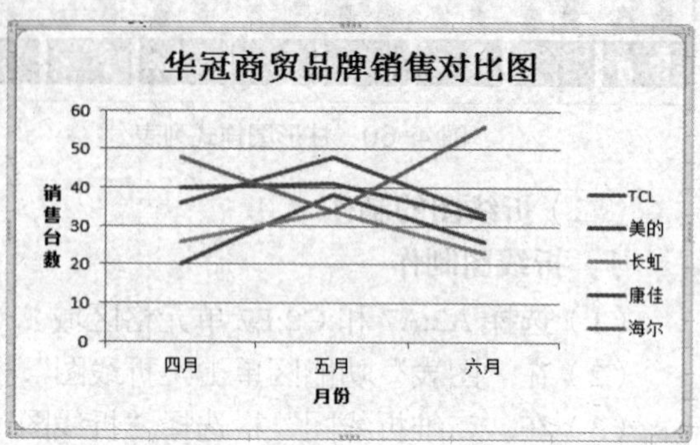

图 4-67　修改横、纵坐标标题文字

（6）切换到“绘图工具”→“格式”功能面板，单击“形状样式”功能区的“形状填充”按钮，在弹出的颜色样式中选择“蓝色强调文字颜色 1 淡色 40%”。最后折线图效果如图 4-68 所示。

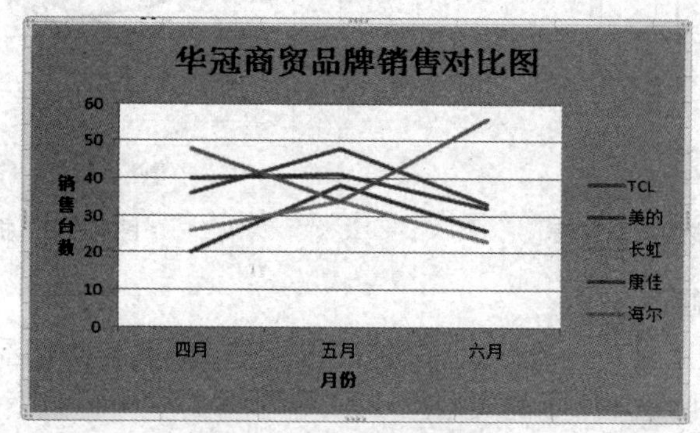

图 4-68　折线图效果

七、任务相关技能训练点导图

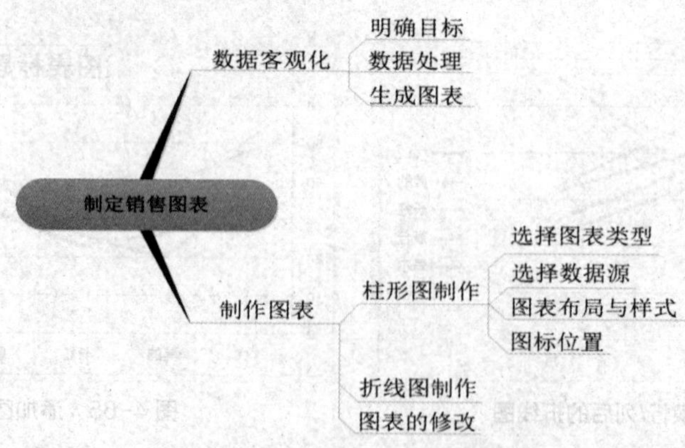

图 4-69　任务相关技能训练点导图

八、拓展技能训练

【制作图表】

打开“拓展实训 4-3-1 创建饼图源文档.xlsx”文档。在 Sheet1 表中，以城市和年总量 2 列数据创建分离型三维饼图，图表标题为“各城市年降水总量对比图”，数据标签在外，图表边框为短划线虚线，生成的饼图单独存放于新工作表“三维分离饼图”。

具体操作如下。

（1）选择 A2:A7 和 N2:N7 单元格区域。

（2）单击“插入”菜单项，在“图表”功能区中单击“饼图”按钮，弹出如图 4-70 所示的饼图类型列表。

（3）选择“三维饼图”栏第二个“分离型三维饼图”，生成如图 4-71 所示的饼图。

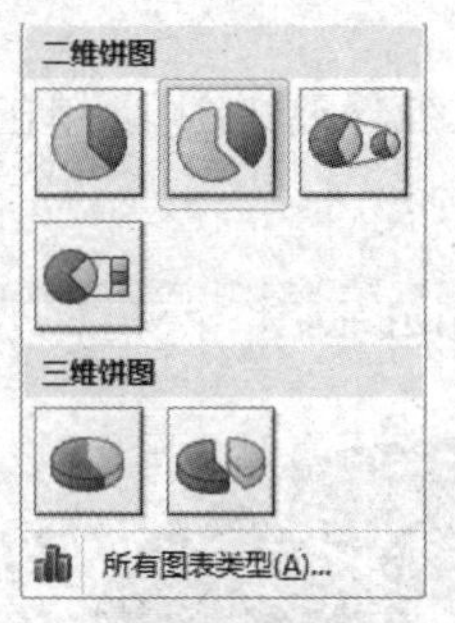

图 4-70　饼图类型列表

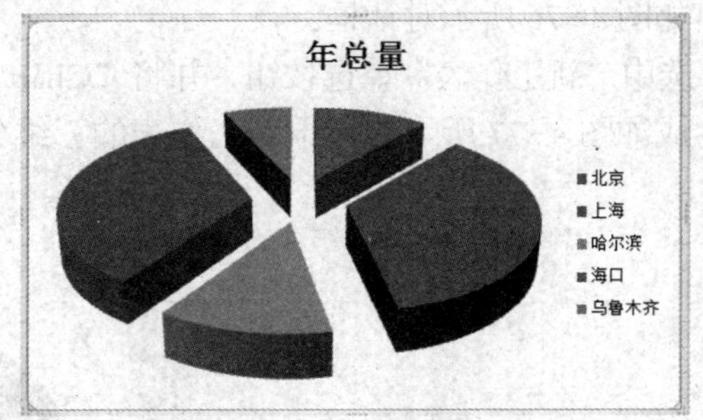

图 4-71　饼图效果

（4）在生成的饼图中任意位置单击，切换到“绘图工具”→“布局”功能面板，在“标签”功能区中单击“数据标签”按钮，弹出如图 4-72 所示的标签位置选项，选择“数据标签外”，效果如图 4-73 所示。

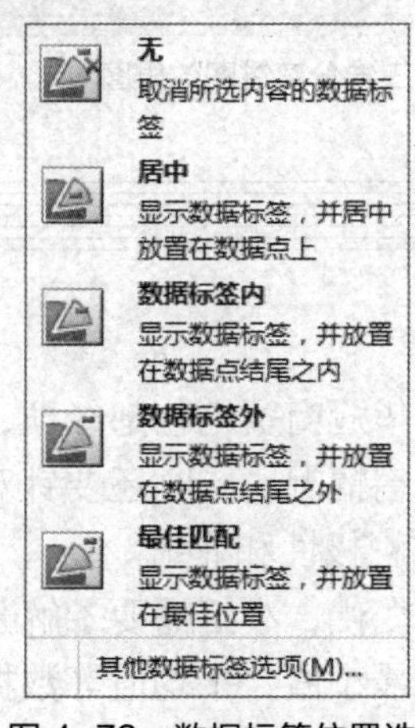

图 4-72　数据标签位置选项

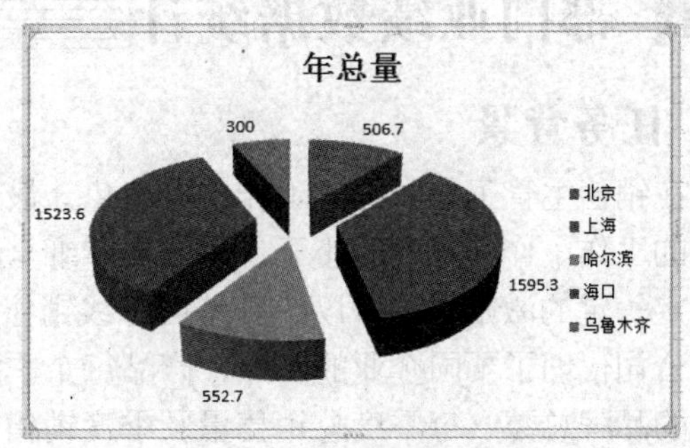

图 4-73　添加数据标签饼图

（5）单击图表标题“年总量”，将标题修改为“各城市年降水总量对比图”，如图 4-74 所示。

（6）切换到“绘图工具”→“格式”功能面板，在“形状样式”功能区中单击“形状轮廓”按钮，在弹出的轮廓选项中选择虚线、短划线▬ ▬ ▬ ▬ ▬，设置饼图边框为短虚划线，效果如图 4-75 所示。

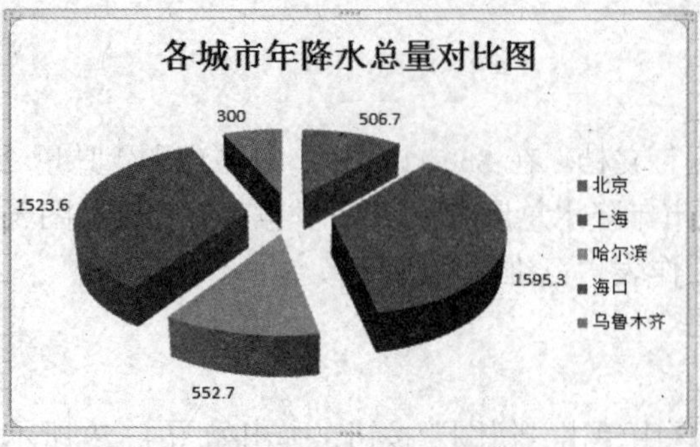

图 4-74　修改图表标题效果

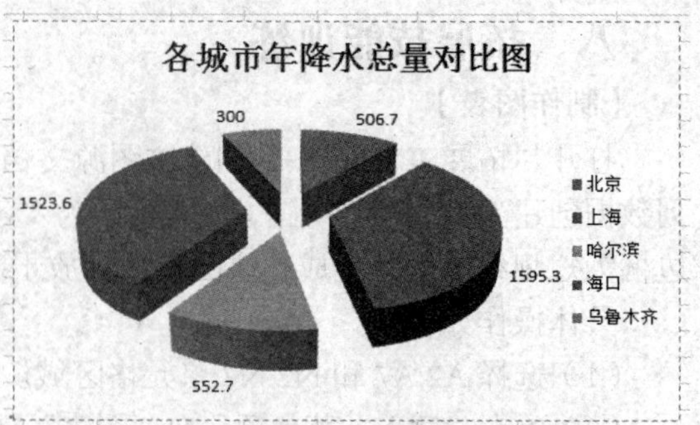

图 4-75　设置图表外框为虚短划线效果

（7）切换到“绘图工具”→“设计”功能面板，在“位置”功能区单击“移动图表”按钮，弹出如图 4-76 所示对话框。

（8）选中“新工作表”单选按钮，并将“Chart1”修改为“三维分离饼图”，单击“确定”按钮，生成如图 4-77 所示的基于新工作表的三维分离饼图。

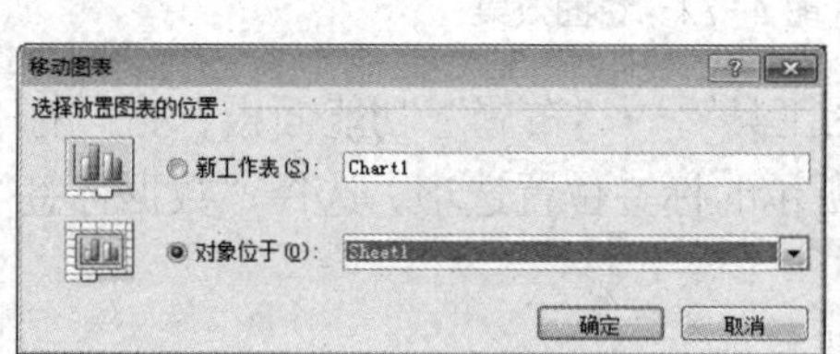

图 4-76　“移动图表”对话框

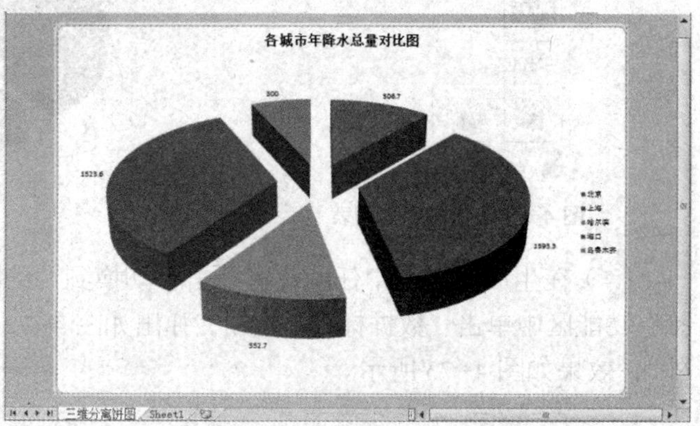

图 4-77　三维分离饼图效果图

任务 4　部门业绩数据统计

一、任务背景

小王在销售主管工作岗位上工作十分出色，最近被提拔为华冠商贸销售部经理，全面负责销售部的工作。作为经理的小王，需要更详细全面地了解销售情况，同时还要针对销售业绩数据制定一定的激励机制，以提高基层一线销售员工的工作积极性和业绩。

由于公司代理了不同企业的产品，产品每个季度都会有所变化，小王需要了解公司每个季度销售的品牌总数、每季度总销售量及季度销售量最大值、最小值、平均值等数据；同时需要了解各个季度的销售分布情况，以便通过销售分布情况分析客户的消费情况，可以更好地制定销售策略。根据以往的销售情况，小王把分布等级划分为如下 3 个区间。

- 季度销售总量没达到 90 台的品牌数。
- 季度销售总量在 90 台至 120 台的品牌数（含 90，不含 120）。
- 季度销售总量在 120 台以上的品牌数。

同时，为了更好激励员工销售的积极性，制定了如下措施。

- 季度销售总量达不到 90 台的为不达标，对于连续不达标的销售人员要查究原因。

- 季度销售总量超过 100 台的，每超 10 台就奖励 50 元。

为了做好这些工作，小王花费了大量的时间和精力在数据的统计和分析方面，如统计销售分布等级时，他需要逐一统计各个等级的数目，并且记录下来，再另行手工操作判断。如有不慎就会出错，一旦出错，就要重算，因此很是耗时费力，还要担心数据是否准确。在计算奖励金额时，也有同样的问题，为此他头痛不已。有什么办法可以帮助小王解决这些问题，并提高其工作效率呢？

二、任务目的和要求

1．任务目的

（1）掌握 Excel 2010 中视图的应用，学会应用“视图管理器”进行页面布局，打印报表。

（2）掌握 Excel 2010 中基本公式的应用。

（3）掌握 SUM、MAX、MIN、AVERAGE、COUNTA、COUNTIF、IF、INT 及 RANK 等函数在解决实际应用问题时的作用及运用相关函数应用方法。

2．任务要求分析

（1）小王对数据的统计和判断主要还是采用人工操作的方式，难免效率低下，容易出错。

（2）小王需要对不达标的销售人员查究原因，因此需要有较快较简便的方法标识出不达标的销售人员。

三、任务学时和任务工具

4 学时；计算机和 Microsoft Excel 2010。

四、任务实施方案

（1）Excel 中内置了许多功能强大的函数可以进行数据的自动统计和分析，使用函数可以帮助小王很好地解决上述问题。

（2）COUNT()函数可以统计品牌总数。

（3）SUM()函数用于计算销售总量。

（4）AVERAGE()函数可以用于计算销售平均值。

（5）MAX()函数可以用于计算出销售业绩最大值。

（6）MIN ()函数可以用于计算销售业绩最小值。

（7）COUNTIF()函数可以用于统计某个范围内符合条件的个数，统计销售分布情况。

（8）IF()函数可以用于条件判断，通过判断标识出不达标品牌。

（9）INT()函数对每 10 台进行分段取整。

（10）RANK()函数用于对销售量进行排名。

五、知识准备

Excel 2010 中的函数是系统预先定义好的具有某种特定运算规则的式子。一般情况下，函数会对合法输入的参数按预先定义的法则进行运算，并返回一个或多个值。函数可以单独使用，如“=SUM（D1:D6）”；可以出现在公式中，如“=A1*4+SUM（D1:D4）”。在数据的计算过程中，合理使用函数可以极大地简化公式的输入，提高计算速度。常见函数有数学函数、统计函数、文本函数、日期和时间函数等，除本任务应用的函数外，还有如下常用函数。

（1）TODAY 函数

用途：返回系统当前日期的序列号。

语法：TODAY( )

参数：无

实例：=TODAY( )

返回结果：2009/12/18（执行公式时的系统时间）

（2）MONTH 函数

用途：返回以序列号表示的日期中的月份，它是介于 1（1 月）和 12（12 月）之间的整数。

语法：MONTH(serial_number)

参数：Serial_number 表示一个日期值，其中包含着要查找的月份。

实例：=MONTH(2009/12/18)

返回结果：12

（3）YEAR 函数

用途：返回某日期的年份。其结果为 1900 到 9999 之间的一个整数。

语法：YEAR(serial_number)

参数：Serial_number 是一个日期值，其中包含要查找的年份。

实例：=YEAR(2009/12/18)

返回结果：2009

（4）VLOOKUP 函数

用途：在表格或数值数组中查找指定的数值，并由此返回表格或数组当前行中指定列处的数值。

语法：VLOOKUP(lookup_value，table_array，col_index_num，range_lookup)

参数：Lookup_value 为需要在数据表第一列中查找的数值，Table_array 为需要在其中查找数据的数据表，Col_index_num 为 table_array 中待返回的匹配值的列序号。

Range_lookup 为一逻辑值，如果为 True 或省略，则返回近似匹配值；如果 range_value 为 False 或 0，将返回精确匹配值；如果找不到，则返回错误值#N/A。

实例：=VLOOKUP(A:A,sheet2!A:B,2,0)

返回结果：#N/A

（5）ABS 函数

用途：返回某一参数的绝对值。

语法：ABS(number)

参数：number 是需要计算绝对值的一个实数。

实例：=ABS(−2)

返回结果：2

（6）ROUND 函数

用途：按指定位数四舍五入某个数字。

语法：ROUND(number，num_digits)

参数：Number 是需要四舍五入的数字；Num_digits 为指定的位数。

实例：=ROUND(16.848，2)

返回结果：16.85

（7）FIND 函数

用途：用于查找某字符串在其他参数内是否存在，并按字符数计算返回其起始位置编号。区分大小写。

语法：FIND(find_text，within_text，start_num)

参数：Find_text 是待查找的目标参数；Within_text 是包含待查找参数的源参数；Start_num 指定从第几个字符开始是要查找的字符串，如果忽略 start_num，则假设其为 1。

实例：=FIND("软件"，"电脑软件报"，1)

返回结果：3

（8）LEFT 函数

用途：将参数从左开始根据指定的字符数返回数值，空格也将作为字符进行统计。

语法：LEFT(text，num_chars)

参数：Text 是包含要提取字符的文本串；Num_chars 指定函数要提取的字符数，它必须大于或等于 0。

实例：=LEFT(A1,4)（假设 A1=电脑爱好者）

返回结果：电脑　爱

（9）MID 函数

用途：将参数从指定的开始位置根据指定的字符数返回数值，空格也将作为字符进行统计。

语法：MID(text，start_num，num_chars)

参数：Text 是包含要提取字符的文本串。Start_num 是文本中要提取的第一个字符的位置，Num_chars 指定希望从参数中返回字符的个数。

实例：=mid(A1,2,4)（如果 A1=电脑爱好者）

返回结果：脑　爱好

（10）RIGHT 函数

用途：将参数从右开始根据指定的字符数返回数值，空格也将作为字符进行统计。

语法：RIGHT(text，num_chars)

参数：Text 是包含要提取字符的文本串；Num_chars 指定函数要提取的字符数，它必须大于或等于 0。

实例：=RIGHT(A1,5)（如果 A1=电脑爱好者）

返回结果：脑　爱好者

（11）LEN 函数

用途：返回文本串的字符数，空格也将作为字符进行统计。

语法：LEN(text)

参数：Text 待要查找其长度的文本。

实例：=LEN(A1)（如果 A1=电脑　爱好者）

返回结果：6

（12）TRIM 函数

用途：除了单词之间的单个空格外，清除文本中所有空格。

语法：TRIM(text)

参数：Text 是需要清除其中空格的文本。

实例：TRIM(A1)（如果 A1=happy new year）

返回结果：happynewyear

六、任务实施

打开“任务 4-4 二季度销售数据表”，根据“二季度销售数据表”中的数据在相关单元格及“二季度销售统计表”相应单元格中统计出相关数据，具体操作如下。

（一）统计第二季度销售总量

1．各品牌季销售量计算

（1）单击“二季度销售数据表”工作表中的单元格 F3，然后单击“编辑栏”左边的函数按钮 fx，弹出如图 4-78 所示的“插入函数”对话框。

（2）选择“SUM”函数，单击“确定”按钮，弹出如图 4-79 所示的“函数参数”对话框。

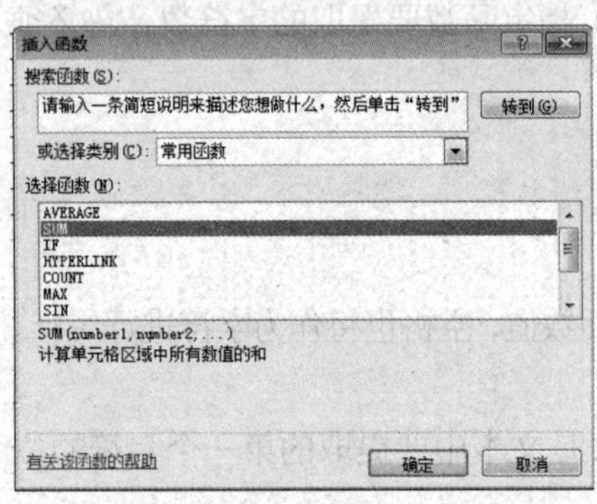

图 4-78 “插入函数”对话框

图 4-79 “函数参数”对话框

（3）单击“Number1”右侧的按钮，弹出如图 4-80 所示的“函数参数”对话框。

图 4-80 函数参数选择对话框

（4）在数据表中选择 C3:E3 单元格区域，如图 4-81 所示，按“Enter”键回到“函数参数”对话框，如图 4-82 所示。

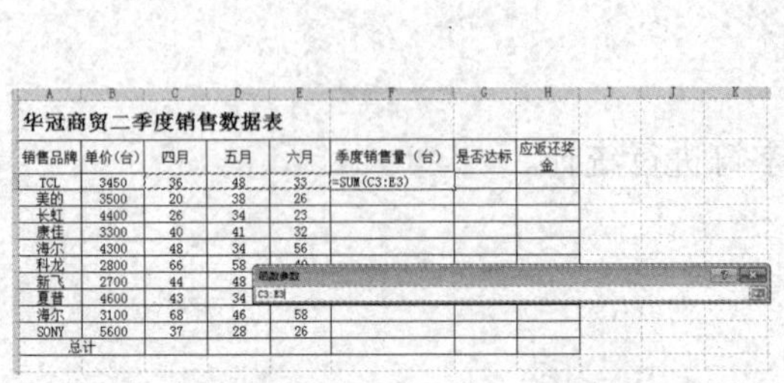

华冠商贸二季度销售数据表

销售品牌	单价(台)	四月	五月	六月	季度销售量（台）	是否达标	应返还奖金
TCL	3450	36	48	33	=SUM(C3:E3)		
美的	3500	20	38	26			
长虹	4400	26	34	23			
康佳	3300	40	41	32			
海尔	4300	48	34	56			
科龙	2800	66	58	[illegible]			
新飞	2700	44	48	[illegible]			
夏普	4600	43	34	[illegible]			
海尔	3100	68	46	58			
SONY	5600	37	28	26			
总计							

图 4-81 选择 C3:E3 单元格区域

图 4-82 C3:E3 求和结果

（5）单击“确定”按钮，求出 TCL 第二季度销售量；单击 F3 单元格，将鼠标指针置于单元格右下角，变成“十”形状时，按住左键，拖动鼠标至 E13，则计算出各品牌第一季度销售总量，如图 4-83 所示。

	A	B	C	D	E	F	G	H
1	华冠商贸二季度销售数据表							
2	销售品牌	单价(台)	四月	五月	六月	季度销售量(台)	是否达标	应返还奖金
3	TCL	3450	36	48	3	117		
4	美的	3500	20	38	26	84		
5	长虹	4400	26	34	23	83		
6	康佳	3300	40	41	32	113		
7	海尔	4300	48	34	56	138		
8	科龙	2800	66	58	40	164		
9	新飞	2700	44	48	54	146		
10	夏普	4600	43	34	44	121		
11	海尔	3100	68	46	58	172		
12	SONY	5600	37	28	26	91		
13	总计							
14								
15								

二季度销售数据表 / 二季度销售统计表 / Sheet3

图 4-83　第二季度各品牌销售量计算结果

2．每月各品牌销售总量及第二季度销售总量计算

（1）单击“四月”列 C13 单元格，依据前述方法，用“SUM”函数求出 4 月份所有品牌的累计销售的总量。

（2）单击 C13 单元格，将鼠标指针置于单元格右下角，变成“**+**”形状时，按住左键拖动鼠标至 F13，求出 4～6 月每个月所有品牌累计销售总量和季度销售量，如图 4-84 所示。

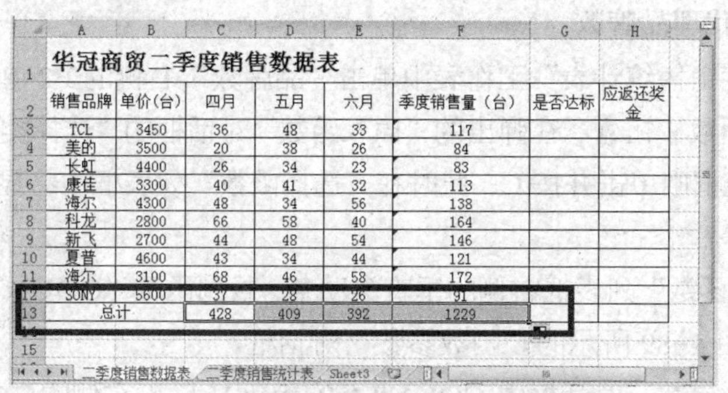

	A	B	C	D	E	F	G	H
1	华冠商贸二季度销售数据表							
2	销售品牌	单价(台)	四月	五月	六月	季度销售量(台)	是否达标	应返还奖金
3	TCL	3450	36	48	33	117		
4	美的	3500	20	38	26	84		
5	长虹	4400	26	34	23	83		
6	康佳	3300	40	41	32	113		
7	海尔	4300	48	34	56	138		
8	科龙	2800	66	58	40	164		
9	新飞	2700	44	48	54	146		
10	夏普	4600	43	34	44	121		
11	海尔	3100	68	46	58	172		
12	SONY	5600	37	28	26	91		
13	总计		428	409	392	1229		
14								
15								

二季度销售数据表 / 二季度销售统计表 / Sheet3

图 4-84　各品牌 4～6 月每月销售总量及季度销售量计算结果

（二）统计第二季度销售平均值、最大值、最小值

（1）单击“二季度销售统计表”中的 B4 单元格，单击编辑栏左侧的插入函数按钮 *fx*，弹出如图 4-78 所示的“插入函数”对话框选择“AVERAGE”函数，弹出如图 4-85 所示的“函数参数”对话框中单击按钮。

（2）单击“二季度销售数据表”标签，在表中选择 F3:F13 单元格区域，“函数参数”对话框中显示如图 4-86 所示。

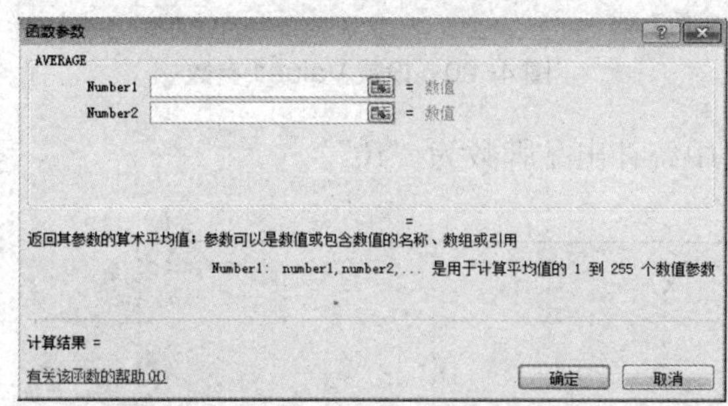

图 4-85　函数参数设置对话框

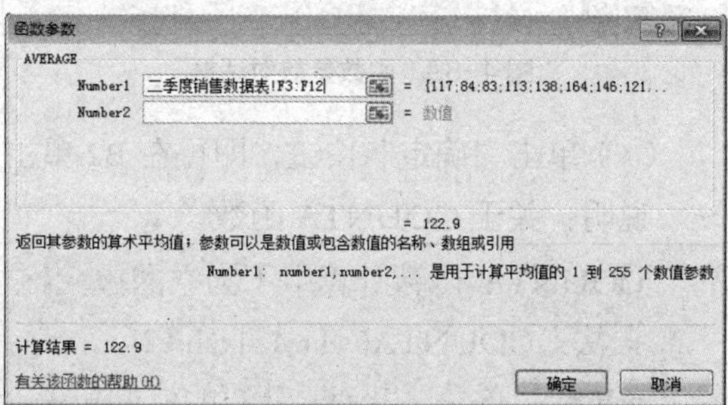

图 4-86　选择单元格区域后函数参数对话框

（3）单击“确定”按钮，则在“二季度销售统计表”的B4单元格统计出第二季度销售量的平均值为“122.9”，如图4-87所示。

（4）参照上述方法，依次在B5、B6单元格中计算出第二季度销售最大值、最小值，如图4-88所示。

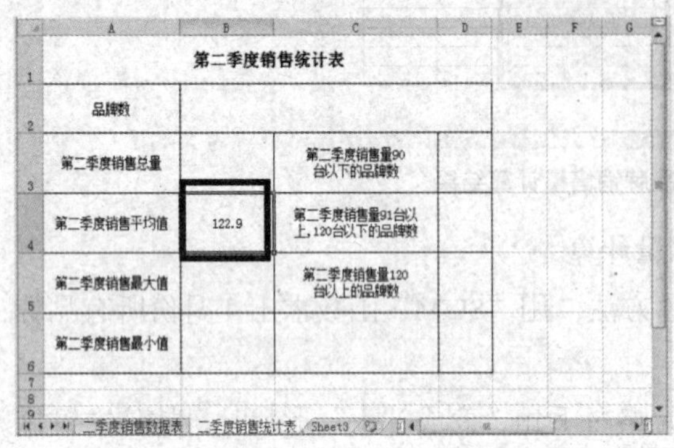

图4-87　第二季度销售平均值计算结果

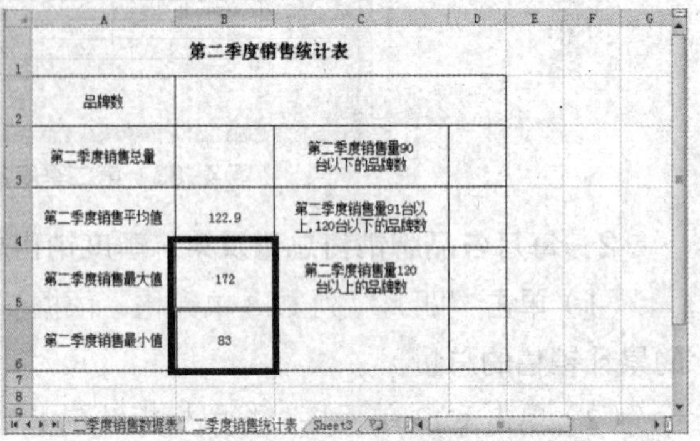

图4-88　统计第二季度销售量最大值和最小值

（三）第二季度代理品牌数

（1）在“二季度销售统计表”工作表中单击“品牌数”右侧的B2单元格，单击“编辑”工作栏左侧的插入函数按钮*fx*，在弹出的“插入函数”对话框的“选择类别”栏选择“统计”，在“选择函数”列表框中单击并按C，此时在“选择函数”列表框中将显示首字符为“C”的函数。

（2）拖动“选择函数”列表框右侧的垂直滚动条，找到函数“COUNTA”函数，单击“确定”按钮，弹出如图4-89所示的“函数参数”对话框。

（3）单击“函数参数”对话框中COUNTA的参数Value1右侧的文本框，然后单击“二季度销售数据表”工作表标签，并在数据表中选择A3:A12单元格区域，如图4-90所示。

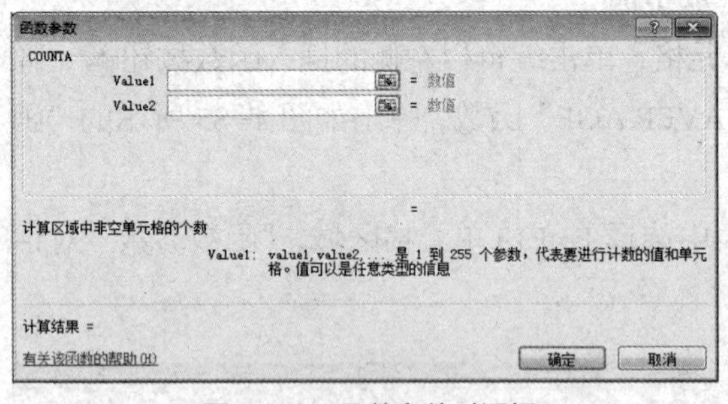

图4-89　函数参数对话框

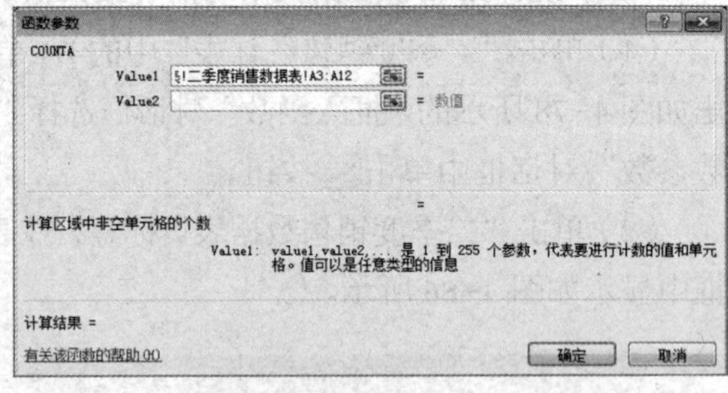

图4-90　设置Value1参数

（4）单击“确定”按钮，即可在B2单击格中统计出品牌数为“10”。

说明：关于COUNTA函数

COUNTA 函数计算中不为空的单元格的个数。

语法：COUNTA(value1, [value2], ...)

value1：必需，表示要计数的值的第一个参数。

value2, …：可选，表示要计数的值的其他参数，最多可包含 255 个参数。

（四）销售量在 90 台以下、120 台以上和介于 90 至 120 之间的品牌数统计

1. 销售量在 90 台以下品牌数

（1）在“二季度销售统计表”工作表中单击“第二季度销售量 90 台以下的品牌数”右侧的单元格 D3，单击编辑栏右侧的插入函数按钮，在弹出的对话框中选择“统计”，选择“COUNTIF”函数，并单击“确定”按钮，弹出如图 4-91 所示的“函数参数”对话框。

（2）单击“函数参数”对话框中 COUNTIF 的参数“Range”右侧的编辑框，单击“二季度销售数据表”工作表标签，选择数据表中的 F3:F12 单元格区域，如图 4-92 所示。

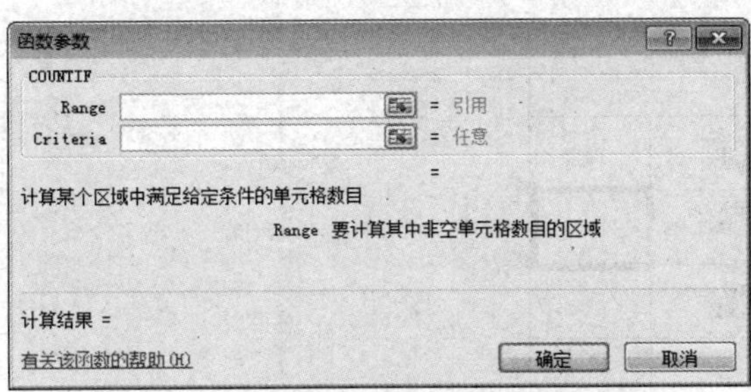

图 4-91 CountIF 函数参数对话框

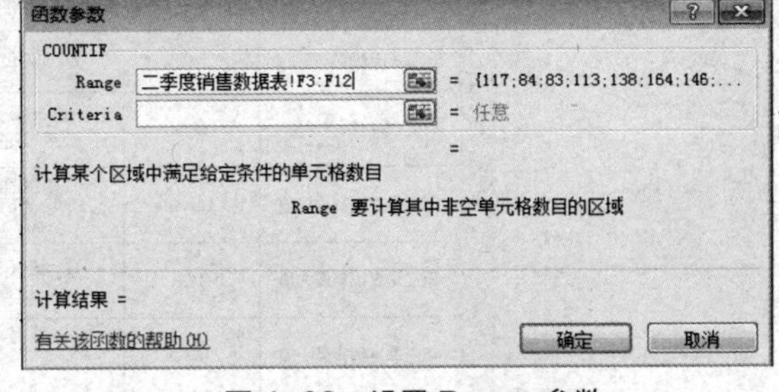

图 4-92 设置 Range 参数

（3）单击函数参数 Criteria 右侧的编辑框，在文本框中输入“<90”，如图 4-93 所示，并单击“确定”按钮，即可统计出季度销售量“<90”的品牌数为“2”，如图 4-94 所示。

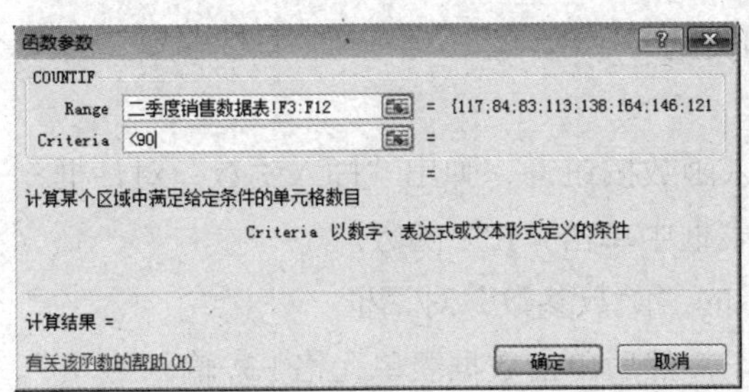

图 4-93 设置 Criteria 参数

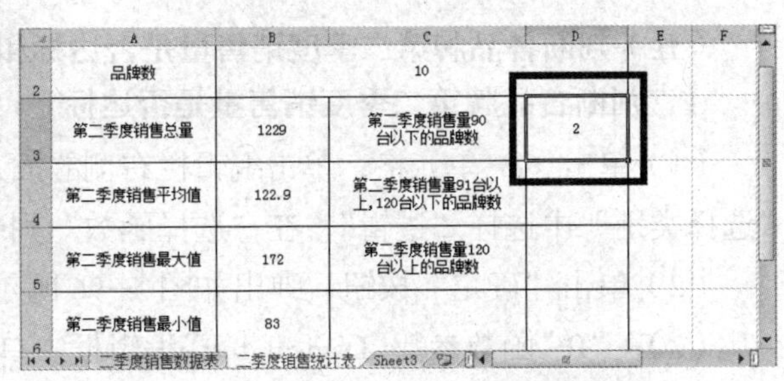

图 4-94 销售量 90 以下的品牌数统计

说明：关于 COUNTIF 函数

COUNTIF() 函数对区域中满足单个指定条件的单元格进行计数。函数包含 Range 和 Criteria 两个参数，参数含义如下。

Range 参数：必需，要对其进行计数的一个或多个单元格，其中包括数字或名称、数组或包含数字的引用。空值和文本值将被忽略。

Criteria 参数：必需，用于定义将对哪些单元格进行计数的数字、表达式、单元格引用或文本字符串。例如，条件可以表示为 32、">32" 、B4、"苹果" 或 "32"。

2. 第二季度销售量 120 台以上的品牌数

（1）参考销售量在 90 台以下品牌数的统计方法，在“二季度销售统计表”工作表中单击“第二季度销售量 120 台以上的品牌数”右侧的单元格 D5，选择 COUNTIF 函数，在函数参数 Range 编辑框中选择“二季度销售数据表”单元格区域 F3：F12。

（2）在 Criteria 参数框中输入“>120”，并单击“确定”按钮，即可在 D5 单元格统计出销售量大于 120 的品牌数为“5”。

3．第二季度季度销售总量在 90 台至 120 台的品牌数（含 90，不含 120）

（1）在“二季度销售统计表”工作表单击 D4 单元格，在单元格中输入“=B2-D3-D5”，如图 4-95 所示。

（2）按“Enter”键，即可统计出“第二季度销售总量在 90 台至 120 台的品牌数为“3”，如图 4-95 所示。

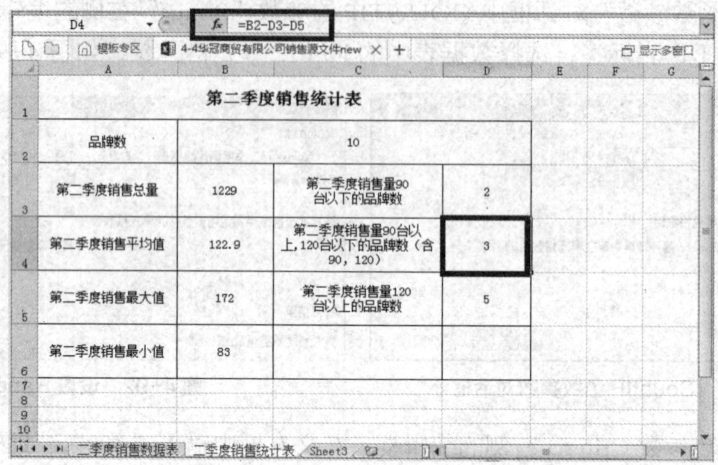

图 4-95　销售量各段统计情况

（五）判断各品牌第二季度销售量是否达标和奖励

1．判断各品牌第二季度销售量是否达标

（1）单击 G3 单元格，单击编辑栏右侧的插入函数按钮 *fx*，弹出“插入函数”对话框，“选择类别”中选择“逻辑”，在“选择函数”列表框中单击“IF”函数。

（2）单击“确定”按钮，弹出如图 4-96 所示的“函数参数”对话框。

（3）在“IF”函数参数“Logical_test”编辑框中单击，然后单击数据表单元格 F3，输入“<90”。

（4）在“IF”函数参数“Value_if_true”编辑框中单击，然后输入“不合格”文字。

（5）在参数“Value_if_flase”编辑框中输入“合格”文字，如图 4-97 所示。

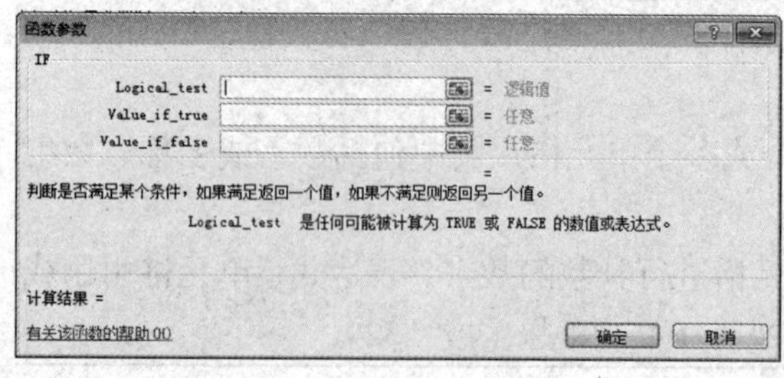

图 4-96　IF 函数参数对话框

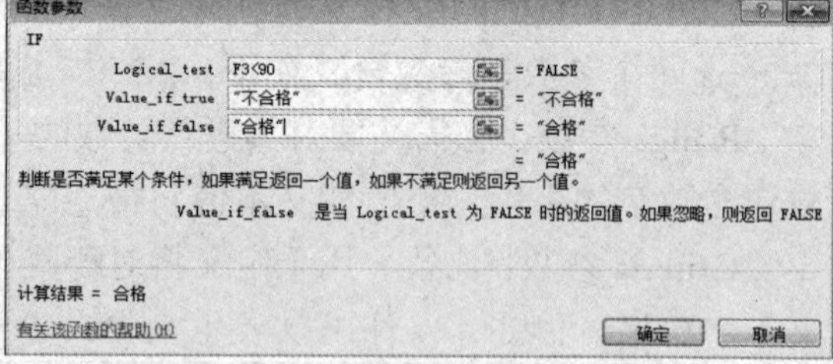

图 4-97　设置 IF 函数的三个参数

（6）单击“确定”按钮，即可判断出 G3 单元格 TCL 品牌第二季度销售量合格，如图 4-98 所示。

（7）单击 G3 单元格，将鼠标指针置于单元格右下角，变成“**+**”时，按住左键拖动鼠标到 G12 单元格，则自动填充公式对 G4 至 G12 单元格所有品牌销售量合格判断，结果如图 4-99 所示。

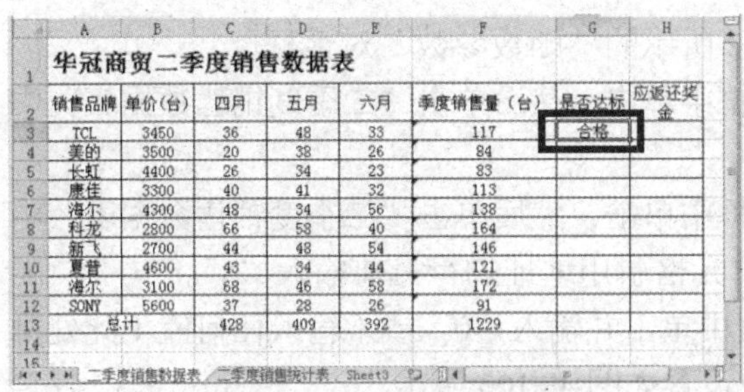

	A	B	C	D	E	F	G	H
1	华冠商贸二季度销售数据表							
2	销售品牌	单价(台)	四月	五月	六月	季度销售量（台）	是否达标	应返还奖金
3	TCL	3450	36	48	33	117	合格	
4	美的	3500	20	38	26	84		
5	长虹	4400	26	34	23	83		
6	康佳	3300	40	41	32	113		
7	海尔	4300	48	34	56	138		
8	科龙	2800	66	58	40	164		
9	新飞	2700	44	48	54	146		
10	夏普	4600	43	34	44	121		
11	海尔	3100	68	46	58	172		
12	SONY	5600	37	28	26	91		
13	总计		428	409	392	1229		

图 4-98　G3 单元格合格判断

	A	B	C	D	E	F	G	H
1	华冠商贸二季度销售数据表							
2	销售品牌	单价(台)	四月	五月	六月	季度销售量（台）	是否达标	应返还奖金
3	TCL	3450	36	48	33	117	合格	
4	美的	3500	20	38	26	84	不合格	
5	长虹	4400	26	34	23	83	不合格	
6	康佳	3300	40	41	32	113	合格	
7	海尔	4300	48	34	56	138	合格	
8	科龙	2800	66	58	40	164	合格	
9	新飞	2700	44	48	54	146	合格	
10	夏普	4600	43	34	44	121	合格	
11	海尔	3100	68	46	58	172	合格	
12	SONY	5600	37	28	26	91	合格	
13	总计		428	409	392	1229		

图 4-99　各品牌销售量是否合格判断结果

说明：关于 IF 函数

如果指定条件的计算结果为 True，IF 函数将返回某个值；如果该条件的计算结果为 False，则返回另一个值。

语法：IF(logical_test, [value_if_true], [value_if_false])，包含 3 个参数，参数含义如下。

logical_test 必需，计算结果可能为 True 或 False 的任意值或表达式。

value_if_true 可选，**logical_test** 参数的计算结果为 True 时所要返回的值。

value_if_false 可选，**logical_test** 参数的计算结果为 False 时所要返回的值。

2．判断各品牌第二季度销售量是否达标

（1）单击单元格 H3，选择 IF 函数，打开 IF 函数参数对话框，设置函数参数。

（2）在 IF 函数参数“Logical_test”编辑框中单击，然后单击数据表单元格 F3，输入“>90”。

（3）在 IF 函数参数“Value_if_true”编辑框中单击，然后输入“INT((F3-100)/10)*50”公式。

（4）在参数“Value_if_flase”编辑框中输入“0”，如图 4-100 所示。

（5）单击“确定”按钮，即可计算 TCL 品牌第二季度销售奖励值为“50”。

（6）单击 H3 单元格，将鼠标指针置于单元格右下角，变成“十”时，按住鼠标左键拖动鼠标到 H12 单元格，计算各品牌第二季度销售奖励值，如图 4-101 所示。

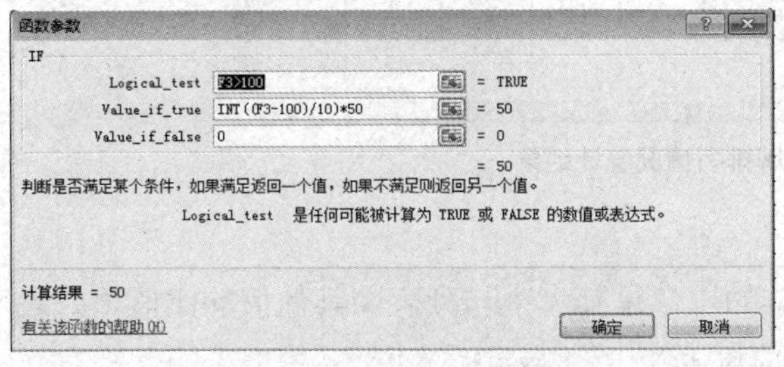

图 4-100　设置 IF 函数参数

	A	B	C	D	E	F	G	H
1	华冠商贸二季度销售数据表							
2	销售品牌	单价(台)	四月	五月	六月	季度销售量（台）	是否达标	应返还奖金
3	TCL	3450	36	48	33	117	合格	50
4	美的	3500	20	38	26	84	不合格	0
5	长虹	4400	26	34	23	83	不合格	0
6	康佳	3300	40	41	32	113	合格	50
7	海尔	4300	48	34	56	138	合格	150
8	科龙	2800	66	58	40	164	合格	300
9	新飞	2700	44	48	54	146	合格	200
10	夏普	4600	43	34	44	121	合格	100
11	海尔	3100	68	46	58	172	合格	350
12	SONY	5600	37	28	26	91	合格	0
13	总计		428	409	392	1229		

图 4-101　各品牌奖励计算结果

说明：关于 INT 函数

将数字向下舍入到最接近的整数

语法：INT（number），参数含义如下。

Number 必需。需要进行向下舍入取整的实数。例如：=INT(8.9)，结果将为将 8.9 向下舍入到最接近的整数 (8)

（六）对各品牌第二季度销售量进行排名

单击“二季度销售数据表”中的单元格 I3，单击插入函数按钮，在对话框中选择函数

RANK，并单击“确定”按钮，弹出如图 4-102 所示的“函数参数”对话框。

（1）在 RANK 函数参数“Number”编辑框中单击，然后单击“二季度销售数据表”中的 F3 单元格。

（2）在 RANK 函数参数“Number”编辑框中单击，然后单击“二季度销售数据表”中选择 F3:F12 单元格区域，然后在 F3 和 F12 的单元格引用地址的行号前输入“$”。

（3）在 RANK 函数参数“Number”编辑框中单击并输入“0”或不输入任何值（此处排名按降序即由销售量由高到低进行排名），参数设置如图 4-103 所示。

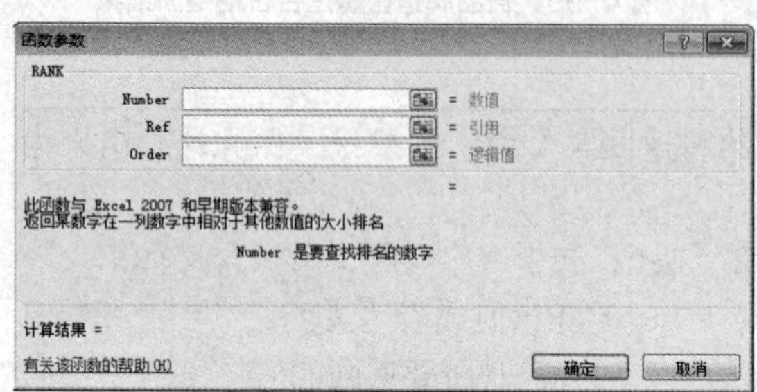

图 4-102　RAND 函数参数对话框

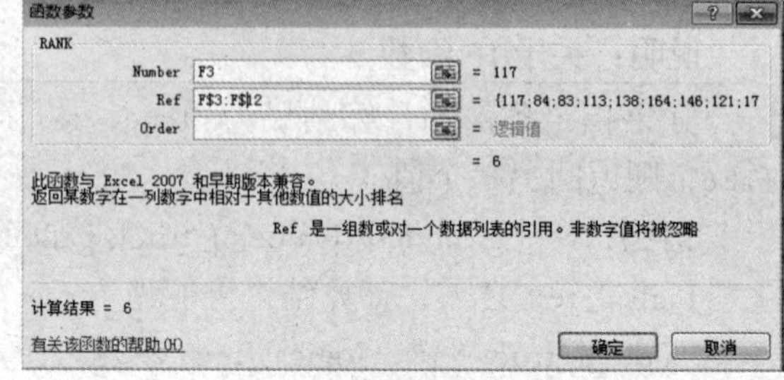

图 4-103　设置 RANK 参数

（4）单击“确定”按钮，统计出 F3 单元格数值代表的销售量在各品牌销售量中排第 6 名。

（5）单击 I3 单元，将鼠标置于单元格右下角，当鼠标变成“**+**”样式，按住鼠标左键，拖动鼠标到 I12 单元格，则计算机各个品牌第二季度销售排名情况，如图 4-104 所示。

华冠商贸二季度销售数据表

销售品牌	单价(台)	四月	五月	六月	季度销售量（台）	是否达标	应返还奖金	季度销售排名
TCL	3450	36	48	33	117	合格	50	6
美的	3500	20	38	26	84	不合格	0	9
长虹	4400	26	34	23	83	不合格	0	10
康佳	3300	40	41	32	113	合格	50	7
海尔	4300	48	34	56	138	合格	150	4
科龙	2800	66	58	40	164	合格	300	2
新飞	2700	44	48	54	146	合格	200	3
夏普	4600	43	34	44	121	合格	100	5
海尔	3100	68	46	58	172	合格	350	1
SONY	5600	37	28	26	91	合格	0	8
总计		428	409	392	1229			

二季度销售数据表　二季度销售统计表　Sheet3

图 4-104　各品牌排名情况统计结果

说明：关于 RANK 函数

返回一个数字在数字列表中的排位。数字的排位是其大小与列表中其他值的比值（如果列表已排过序，则数字的排位就是它当前的位置）。

语法：RANK(number,ref,[order])，参数含义如下。

Number 参数：必需，需要找到排位的数字。

Ref 参数：必需，数字列表数组或对数字列表的引用。Ref 中的非数值型值将被忽略。

Order 参数：可选，一数字，指明数字排位的方式。如果 Order 为 0（零）或省略，Microsoft Excel 对数字的排位是基于 Ref 为按照降序排列的列表。如果 Order 不为零，Microsoft Excel 对数字的排位是基于 Ref 为按照升序排列的列表。

在 Excel 2010 以后的版本，此函数已经由 Rank.avg()和 Rank.EQ()替换，使用方法基本一样。

七、任务相关技能训练点导图

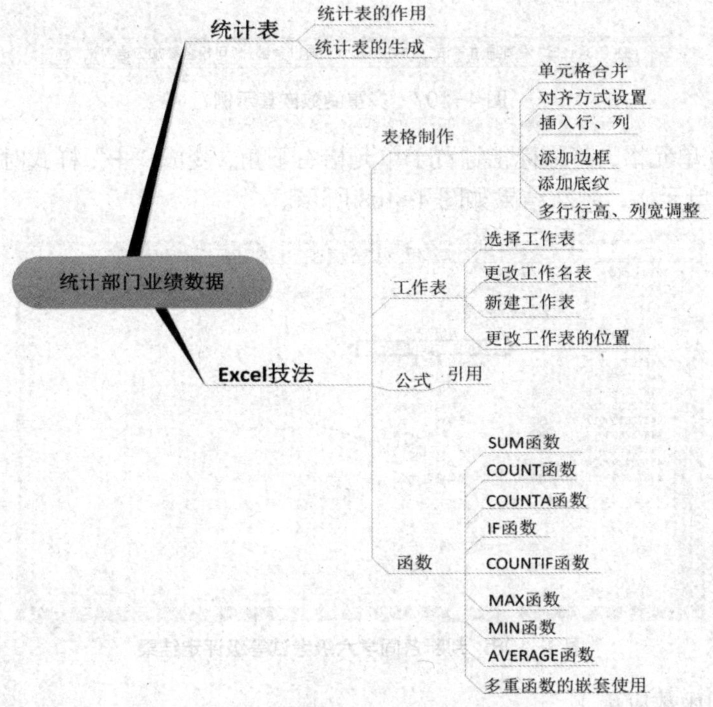

图 4-105　任务相关技能训练点导图

八、拓展技能训练

【多重函数嵌套应用】

打开“4-4 拓展实训源数据文件”，完成如下内容实训。C3:C12 单元格区域中使用 IF 函数对考生成绩评定等级，其中（0，425）为“没通过考试”，[425,520）为“通过考试”，[520,720] 为“可报名参加口语考试”。

具体操作如下。

（1）在“IF 多重嵌套”工作表中单击单元格 C3，选择 IF 函数，在 IF 函数参数对话框中设置相关参数。

（2）单击“Logical_test”参数框，然后单击单元格 B3，接着输入“<425”。

（3）单击“Value_if_true”参数框，设置逻辑判断为 True 时输出结果值：“没通过考试”。

（4）单击“Value_if_flase”参数框，因此时大于等于 425 分的数据需要再以 525 为分界值进行判断是否再“可报名参加口语考试”，还是只仅“通过考试”，所以输入 if(B3<525,“通过考试”,“可报名参加口语考试”)，如图 4-106 所示。

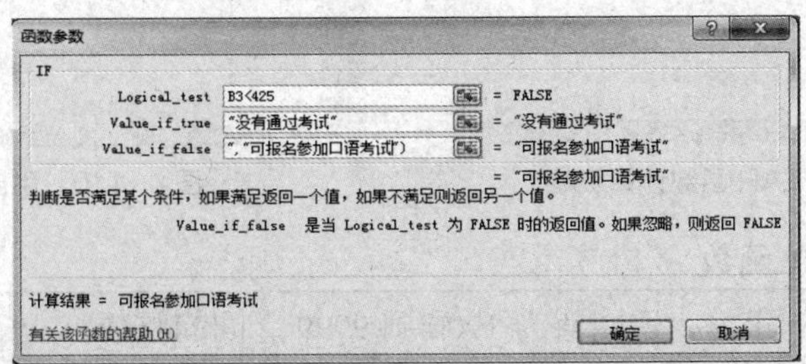

图 4-106　设置多重 IF 函数的参数

（5）单击“确定”按钮，C3 单元格显示“可报名参加口语考试”。单击单元格 C3，编辑栏会显示函数嵌套形式如图 4-107 所示。

```
fx  =IF(B3<425,"没有通过考试",IF(B3<520,"通过考试","可报名参加口语考试"))
```

图 4-107　多重函数嵌套示例

（6）单击 C3 单元格，将鼠标指针置于单元格右下角，变成“**+**”样式时，按住鼠标左键拖动鼠标到 C12 单元格，判断结果如图 4-108 所示。

C3　fx　=IF(B3<425,"没有通过考试",IF(B3<520,"通过考试","可报名参加口语考试"))

	A	B	C
1	六级成绩表		
2	准考证号	分数	等级评定
3	448722399012	567	可报名参加口语考试
4	448722399013	423	没有通过考试
5	448722399014	511	通过考试
6	448722399015	341	没有通过考试
7	448722399016	134	没有通过考试
8	448722399017	143	没有通过考试
9	448722399018	564	可报名参加口语考试
10	448722399019	590	可报名参加口语考试
11	448722399020	499	通过考试
12	448722399021	257	没有通过考试

IF多重嵌套　日期与时间　PMT函数　DB函数　FV函数

图 4-108　判断各同学六级考试等级评定结果

【日期与时间函数应用】

日期和时间函数主要用来获取相关的日期和时间信息，经常用于日期的处理。其中“=now()”可以返回当前系统的时间。

【计算工龄】请用 YEAR 函数在日期与时间函数表的 C2:C6 单元格区域计算每个人的年龄，以工作表 E2 单元格显示日期为计算的截止时间。

具体操作步骤如下。

（1）单击“日期与时间”工作表标签，在工作表中单击单元格 C2，在 C2 单元格输入“=year(E$2)−year(B2)”，如图 4-109 所示。

（2）按“Enter”键，在 C2 单元格计算工龄为“11”。

（3）单击 C2 单元，将鼠标指针置于单元格右下角，变成“**+**”样式时，按住鼠标左键拖动鼠标到 C6 单元格，完成工龄计算，如图 4-110 所示。

	A	B	C	D	E
1	姓名	进入公司的日期	工龄		指定的年份
2	张莉	2005/4/9	=YEAR(e2)-year(b2)		2016/12/30
3	李冰	2003/3/4			
4	小菲	2008/8/11			
5	琪琪	2001/6/2			
6	美丽	2002/12/13			

图 4-109　用 YEAR 函数计算工龄

	A	B	C	D	E
1	姓名	进入公司的日期	工龄		指定的年份
2	张莉	2005/4/9	11		2016/12/30
3	李冰	2003/3/4	13		
4	小菲	2008/8/11	8		
5	琪琪	2001/6/2	15		
6	美丽	2002/12/13	14		

图 4-110　用自动填充计算工龄

说明：关于 YEAR 函数

返回某日期对应的年份，返回值为 1900 到 9999 之间的整数。

语法：YEAR(serial_number)，参数含义如下。

Serial_number：必需，为一个日期值，其中包含要查找年份的日期。应使用 DATE 函数输入日期，或者将日期作为其他公式或函数的结果输入，例如使用函数 DATE(2008,5,23) 输入 2008 年 5 月 23 日。如果日期以文本形式输入，则会出现问题。

【财务函数应用】

财务函数作为 Excel 中的常用函数之一，为财务和会计核算（记录、算账和报账）提供了很多方便。

【计算每月存款】

年利率为 5.8%，计划三年存储 70000 元，用财务函数 PMT 在单元格 B4 中输出每月应用存数额。

具体操作步骤如下。

（1）单击数据表单元格 B4，选择 PMT 函数，弹出如图 4-111 所示的“函数参数”对话框。

（2）单击 PMT 函数“Rate”参数编辑框，再单击“年年率”单元格 B1，并设置 Rate 值为“B1/12”，即月利率值。

（3）单击 PMT 函数“Nper”参数编辑框，再单击“计划储蓄年数”单元格 B2，并设置 Nper 值为“B2*12”即设置总的投资期数，为年份*每年的月数。参数设置如图 4-112 所示。

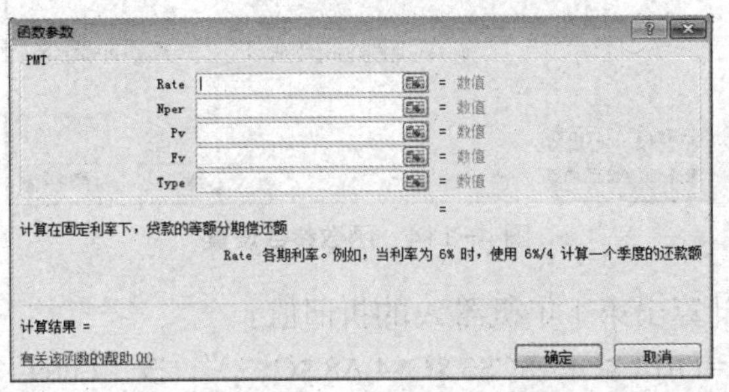

图 4-111　PMT 函数参数对话框

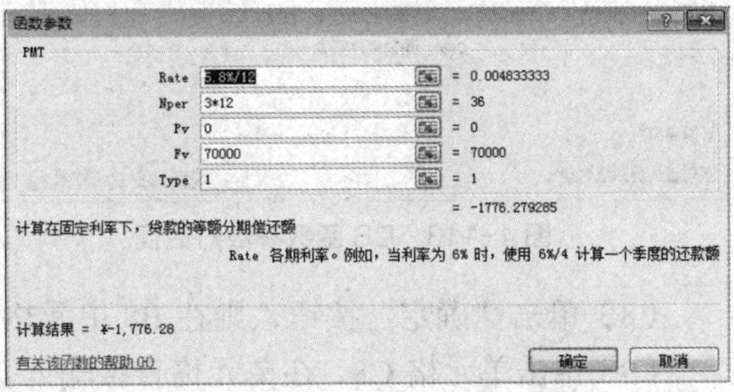

图 4-112　设置 PMT 函数参数

（4）单击“确定”按钮，即在 B4 单元格计算出了每月需要的存款数。

说明：关于 PMT 函数

基于固定利率及等额分期付款方式，返回贷款的每期付款额。

语法：PMT(rate, nper, pv, [fv], [type])，参数含义如下。

Rate：必需，贷款利率。

Nper：必需，该项贷款的付款总数。

Pv：必需，现值，或一系列未来付款的当前值的累积和，也称为本金。

Fv：可选，未来值，或在最后一次付款后希望得到的现金余额，如果省略 Fv，则假设其值为 0（零），也就是一笔贷款的未来值为 0。

Type：可选，数字 0（零）或 1，用以指示各期的付款时间是在期初还是期末。0 或省略，支付时间为期初；1，支付时间为期末。

【计算机器折旧】

海天公司 2012 年 7 月 16 日新购两台大型机器，购买价格 A 机器为 52 万元、B 机器为 48 万元，折旧期限都为 5 年，A 机器的资产产值为 6 万元、B 机器为 3.5 万元，试利用 DB 函数计算这两台机器每一年的折旧值。

具体操作步骤如下。

（1）单击“DB 函数”工作表，在数据表中单击选择单元格 B8，先计算使用年限一年后机器的折旧值，选择函数 DB，弹出如图 4-113 所示的“函数参数”对话框。

（2）在参数“Cost”编辑框中单击并选择 B2 单元格，设置机器 A 原来的资产总值。

（3）在参数“Salvage”编辑框中单击选择 B3 单元格，设置机器 A 的资产残值。

（4）在参数“Life”编辑框中单击选择 B4 单元格，设置机器 A 折旧计算的周期数。

（5）在参数“Period”编辑框中单击选择 A8 单元格，设置机器折旧的期次，此处为第一年，期次值为“1”，从第二到第五年期次值依次从第 2 递增到第 5。

（6）在参数“Month”编辑框中单击选择 B5 单元格，设置第一年的月份。

（7）为使用自动填充计算第 2～5 年的机器折旧值，DB 函数参数“cost”“Salvage”“Life”及“Month”参数引用的单元格依次设置为绝对引用，如图 4-114 所示。

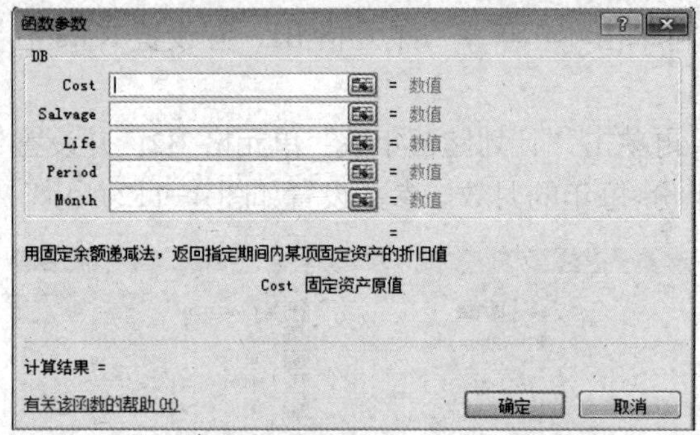

图 4-113　DB 函数参数对话框

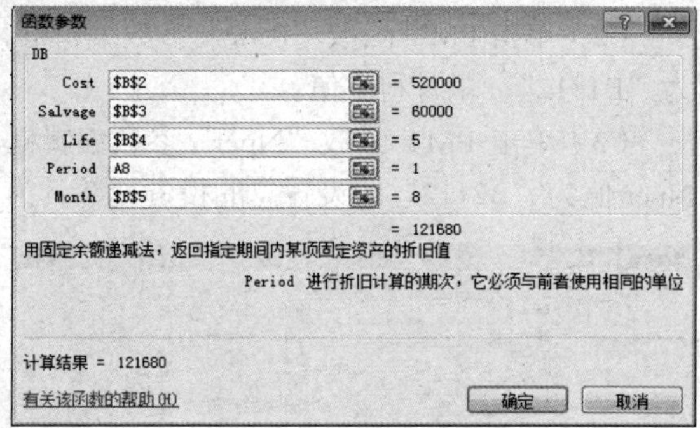

图 4-114　函数参数设置

（8）单击“确定”按钮，则在 B8 单元格计算出第 1 年机器 A 的折旧值。

（9）单击单元格 C8，在单元格直接输入“=DB（$C$2,$C$3,$C$4,A8,$C$5）”，按“Enter”键，即可计算出机器 B 的第一年折旧值。

（10）选择 B8:C8 单元格区域，将鼠标指针置于单元格区域右下角，变成“**十**”时，按住鼠标左键拖动鼠标到单元格 B12:C12 单元格，计算出机器 A 和机器 B 第 1 年到第 5 年各年机器的折旧值。如图 4-115 所示。

	A	B	C
1	说明	机器A	机器B
2	资产原值：	¥520,000	¥480,000
3	资产残值：	¥60,000	¥35,000
4	折旧年限：	5	5
5	月份：	8	8
6			
7	使用年限	机器A的折旧值	机器B的折旧值
8	1	¥121,680.00	¥130,560.00
9	2	¥139,810.32	¥142,571.52
10	3	¥90,736.90	¥84,402.34
11	4	¥58,888.25	¥49,966.19
12	5	¥38,218.47	¥29,579.98

图 4-115　机器折旧计算结果

说明：关于 DB 函数

使用固定余额递减法，计算一笔资产在给定期间内的折旧值。

语法：DB(cost, salvage, life, period, [month])，参数含义如下。

Cost：必需，资产原值。

Salvage：必需，资产在折旧期末的价值（有时也称为资产残值）。

Life：必需，资产的折旧期数（有时也称作资产的使用寿命）。

Period：必需，需要计算折旧值的期间。Period 必须使用与 Life 相同的单位。

Month：可选，第一年的月份数，如省略，则假设为 12。

【VLOOKUP 函数应用】

打开“VLOOKUP 函数应用.xlsx”文档，使用函数搜索“信息查询”表中的员工工号，并在姓名列中查找与之匹配的值，搜索数据的信息表为“员工基本信息”表。

具体操作步骤如下。

（1）在“信息查询”工作表中单击 B2 单元格，再选择函数 VLOOKUP，弹出如图 4-116 所示的“函数参数”对话框。

（2）在 VLOOKUP 函数的“Lookup_Value”参数编辑框中单击并选择单元格 A2，设置需要在数据表首列进行搜索的值，如图 4-117 所示。

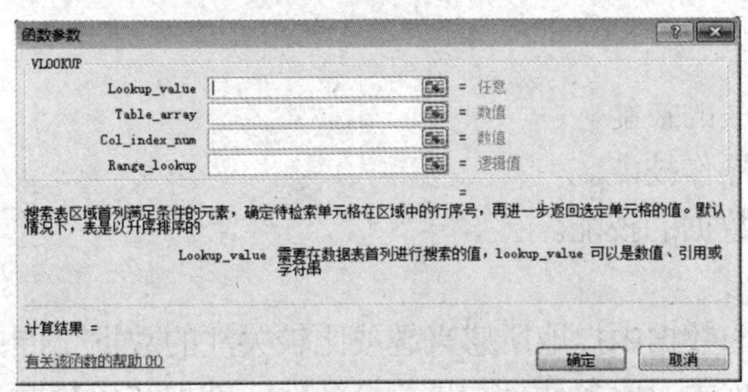

图 4-116　VLOOKUP 函数参数对话框

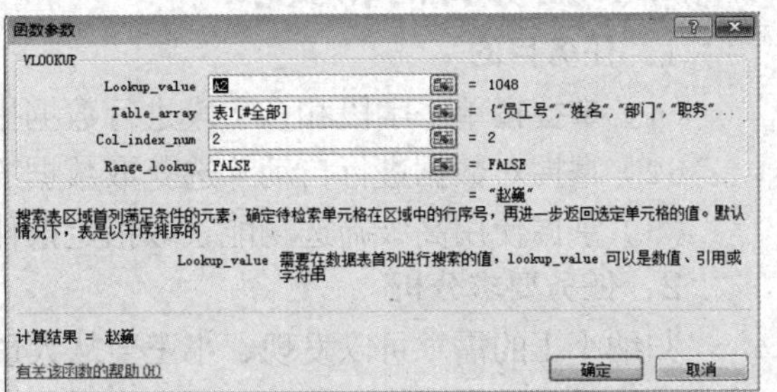

图 4-117　设置 VLOOKUP 函数参数

（3）在 VLOOKUP 函数的“Table_arry”参数编辑框中单击并选择“员工基本信息”工作表所有数据区域，即 A1:D9 单元格区域，设置需要在什么位置搜索与“Lookup_value”参数相匹配的值。

（4）在 VLOOKUP 函数的“Col_Index_num”参数编辑框中单击并输入“2”，设置匹配信息在“Table_arry”数据区域的第 2 列。

（5）单击“确定”按钮完成，结果如图 4-118 所示。

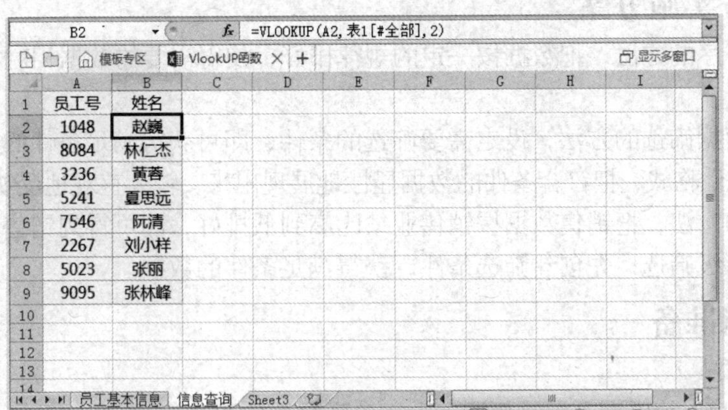

	A	B
1	员工号	姓名
2	1048	赵巍
3	8084	林仁杰
4	3236	黄蓉
5	5241	夏思远
6	7546	阮清
7	2267	刘小样
8	5023	张丽
9	9095	张林峰

图 4-118　VLOOKUP 函数执行结果示意

任务5 销售数据的排序与筛选

一、任务背景

小王自从任职销售部经理后，利用 Excel 工具的帮助，工作是越来越出色，通过 Excel 统计得到的数据能帮助他做出更好的决策。但是小王在最近的工作中又遇到了问题。小王需要掌握以下数据。

- 华东地区的销售数据。
- 华东地区的国产品牌销售数据。
- 华东进口品牌的销售数据及销售总量在 90 台以上、120 台以下的数据。

由于销售部的数据记录众多，要从海量的数据的找出符合以上条件的这些数据，如果通过人工一条一条地去查找，要匹配上述各个条件的记录逐条查找出来，耗时实在是太多了，单个人更是无法承受。急需一种办法在海量的销售数据中提取所关心的数据。

二、任务目的和要求

1. 任务目的

（1）掌握按单一字段和多字段进行数据排序的技能。

（2）掌握对数据进行自动筛选获取数据的操作技能。

（3）掌握使用高级筛选功能获取指定条件数据的技能。

2. 任务要求分析

归纳小王的需求可以发现，小王要从大量的数据中提取所感兴趣或比较关注的数据。传统的做法是对数据逐一查看，并且在查看的过程中对比条件，如果符合条件，就把该条数据记录下来。这种做法耗时费力，而且采用人工的操作方法难免会出现差错。

对销售情况进行排名，传统的手工操作的做法是逐一记录去查看，把记录最大值的记录记为第一，其他名次的做法类似。例如，如果有 100 条数据，那么则需要 100*100=1 万次排序才能得出最终的排名，相当耗时费力。

三、任务学时和任务工具

2 学时；计算机和 Microsoft Excel 2010。

四、任务实施方案

（1）使用排序的方法，把数据按一定的规律排好，使得需要的数据相对集中，即可获得数据。

（2）使用数据筛选的方法，设定需要筛选的条件，即可获得满足条件的数据。

（3）使用条件格式，把符合条件的数据显性地展现出来，较为直观地反映所需要的数据。

（4）排序的方法，把销售数据按销售业绩比高到低排好，即可得到销售排名情况。

（5）使用高级筛选，先创建筛选条件，获得满足条件的数据。

五、知识准备

1. 数据排序

（1）简单排序：简单排序指对数据表中的单列数据按照 Excel 默认的升序或降序进行排序的方式。

（2）多关键字排序：多关键字排序就是对工作表中的数据按照两个或两个以上的关键字进行排序，在此排序方式下，为了获得最佳效果，要排序的单元格区域应用包含列标题。

对多个关键字进行排序时，在主要关键字完全相同的情况下，会根据指定的次要关键字进行排序；在次要关键字完全相同的情况下，会根据指定的下一个次要关键字进行排序，依此类推。

2．数据筛选

在一个大数据清单中，有时参与操作的只是一部分记录，为了加快操作速度，往往把那些与操作无关的记录隐藏起来，使之不参与操作，而把操作的数据记录筛选出来作为操作对象，以减少查找范围，或将数据清单中满足指定条件的记录筛选出来单独作为一个新数据清单，Excel 2010 提供了自动筛选、高级筛选三种筛选方式。

自动筛选条件可以是一个，也可以是多个，但自动筛选通常一次只能对一个字段进行筛选操作，如果要涉及多条件筛选操作，就要分步完成，第二步筛选条件必须是在满足第一个条件的前提下才能完成，如在一个成绩表中筛选“语文不及格并且数学不及格”的同学，就可以用自动筛选先找出文不及格的同学，第二步在语文不及格同学中找出同时数学也不及格的同学。但如果条件是“语文不及格或数学不及格”，用自动筛选就不能实现了，此时可以用高级筛选来完成涉及多个字段的筛选。

六、任务实施

（一）排序获取华东地区销售数据

（1）选择单元格区域 A2:K12。

（2）单击“数据”菜单项，显示如图 4-119 所示的“数据”功能面板。

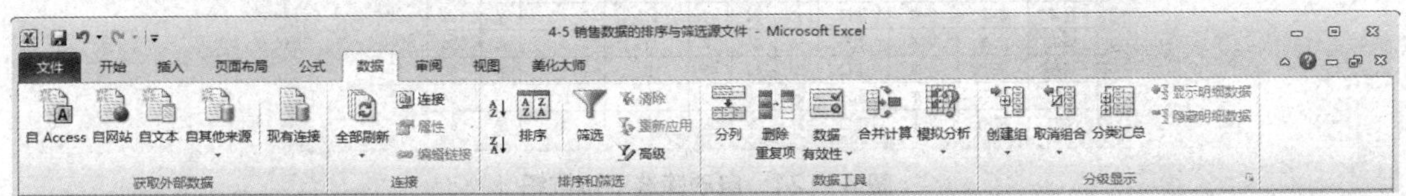

图 4-119 “数据”功能面板

（3）在“排序和筛选”功能区单击“排序”按钮，弹出如图 4-120 所示的“排序”对话框。

（4）单击“列”栏的“主要关键字”下拉按钮，弹出如图 4-121 所示的单元格列标题名称，选择“地区”作为排序的主要关键字。

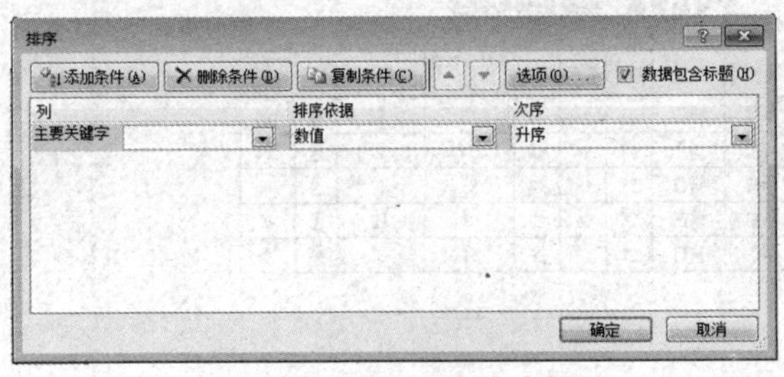

图 4-120 “排序”对话框

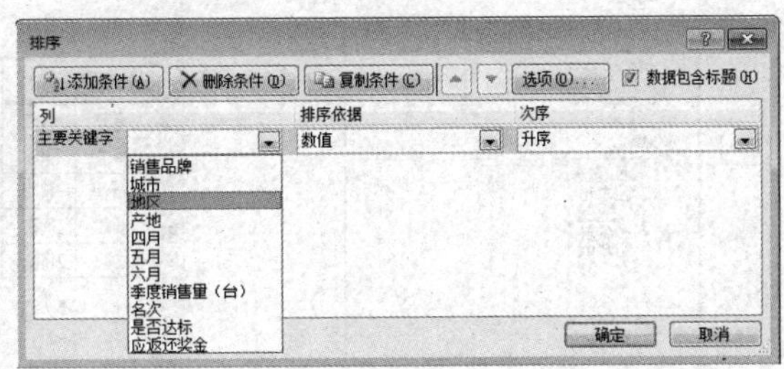

图 4-121 设置排序的主要关键字为“地区”

（5）单击“确定”按钮，所选单元格数据排序结果如图 4-122 所示。

（6）从 4-117 排序结果可以看到“华北”和“华东”两个地区的数据分别排序相放在一起，选择排序后的单元格 A8:K13 区域，按“Ctrl+C”组合键，将“华东”地区的数据复制到“Sheet2”的 A1 单元格开始的数据区域，并将“Sheet2”重命名为“华东地区销售数据”，如图 4-123 所示。

图 4-122　排序结果

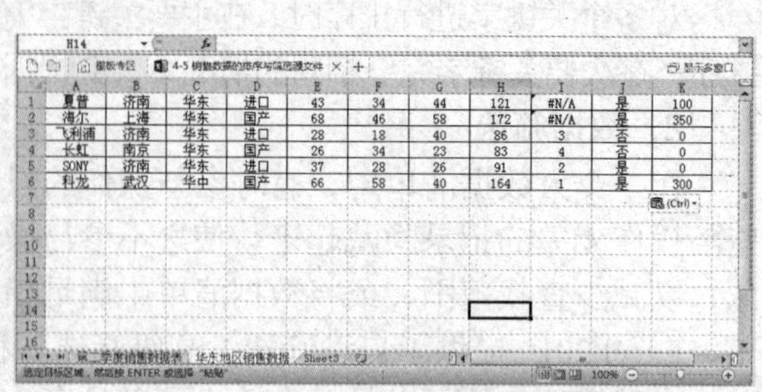

图 4-123　将华东销售数据复制到新表

（二）筛选获取华东地区国产品牌销售数据

（1）在“数据”功能面板的“排序与筛选”功能区中单击“筛选”按钮，数据区域每列标题会显示下拉按钮，如图 4-124 所示。

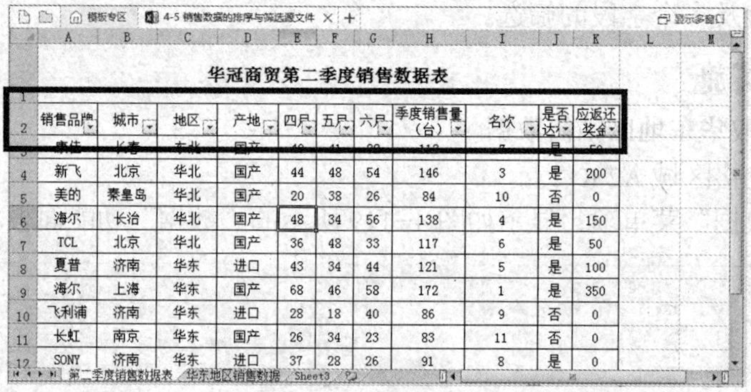

图 4-124　自动筛选下拉按钮

（2）单击“地区”标题栏的下拉按钮，弹出如图 4-125 所示的筛选条件设置框。在其中勾选“华东”复选框并单击“确定”按钮，即可筛选出“华东”地区的数据，如图 4-126 所示。

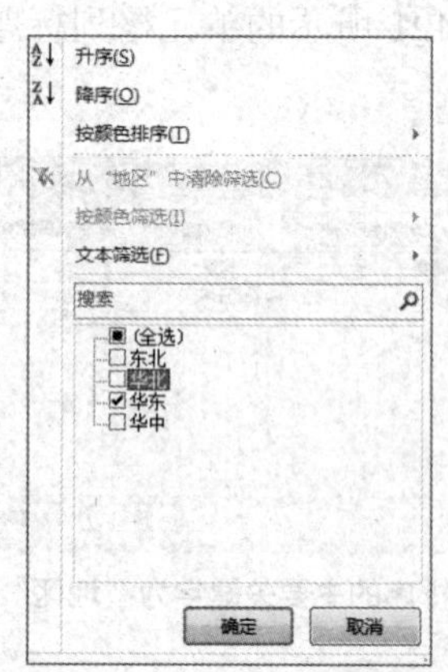

图 4-125　设置筛选条件

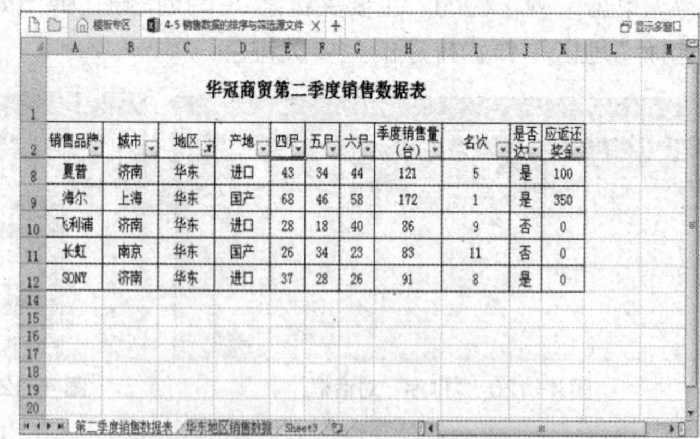

图 4-126　筛选华东地区数据

（3）单击“产地”标题栏的下拉按钮，勾选筛选条件“国产”，筛选出的数据如图 4-127 所示。

（4）选择筛选结果数据区域，将数据复制到工作表“Sheet3”中 A1 开始的单元格区域，并将“Sheet3”重命名为“华东国产销售数据”，如图 4–128 所示。

华冠商贸第二季度销售数据表

销售品牌	城市	地区	产地	四月	五月	六月	季度销售量（台）	名次	是否达标	应返还奖金
海尔	上海	华东	国产	68	46	58	172	1	是	350
长虹	南京	华东	国产	26	34	23	83	11	否	0

图 4–127　筛选结果

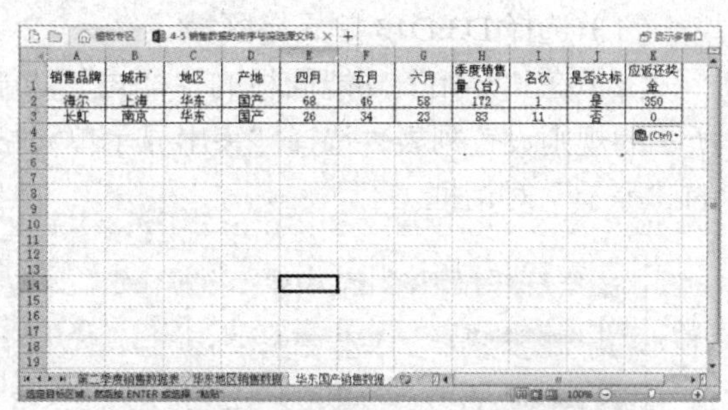

销售品牌	城市	地区	产地	四月	五月	六月	季度销售量（台）	名次	是否达标	应返还奖金
海尔	上海	华东	国产	68	46	58	172	1	是	350
长虹	南京	华东	国产	26	34	23	83	11	否	0

图 4–128　将华东地区国产销售数据复制到新表

（三）自动筛选获取华东地区进口品牌销售总量在 90 台以上、120 台以下的数据

（1）在“数据”功能面板的“排序与筛选”功能区中单击“筛选”按钮。

（2）单击“地区”标题栏的下拉按钮，在弹出的筛选条件设置框中勾选“华东”复选框并单击“确定”按钮，筛选出“华东”地区的数据；单击“产地”标题栏的下拉按钮，勾选筛选条件为“进口”，显示筛选结果如图 4–129 所示。

（3）单击“季度销售量”下拉按钮，在弹出的筛选条件选项中选择“数字筛选”→“介于”条件，如图 4–130 所示。

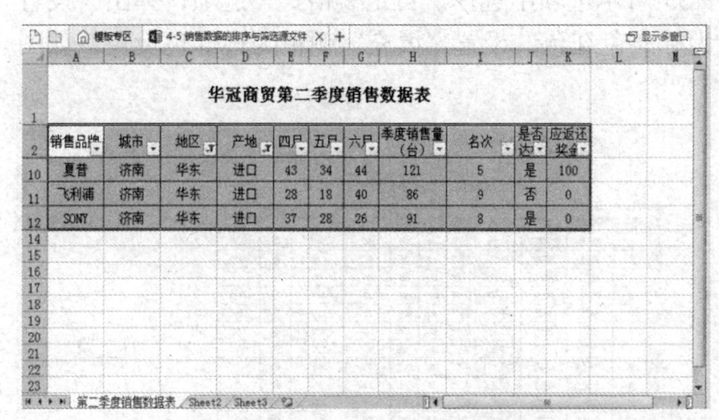

华冠商贸第二季度销售数据表

销售品牌	城市	地区	产地	四月	五月	六月	季度销售量（台）	名次	是否达标	应返还奖金
夏普	济南	华东	进口	43	34	44	121	5	是	100
飞利浦	济南	华东	进口	28	18	40	86	9	否	0
SONY	济南	华东	进口	37	28	26	91	8	是	0

图 4–129　筛选华东地区进口品牌结果

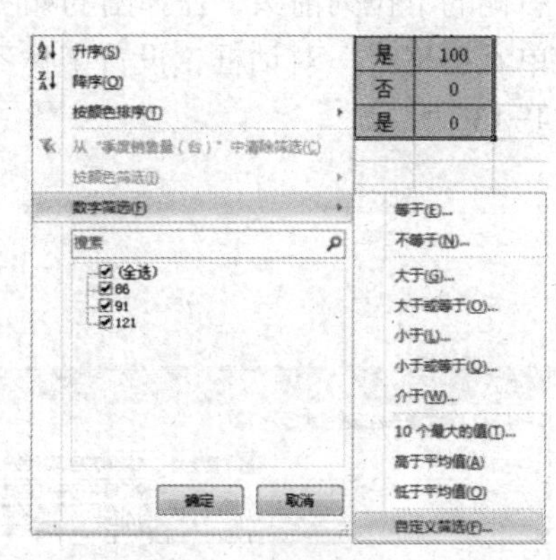

图 4–130　选择“介于”条件

（4）此时，会弹出如图 4–131 所示的“自定义自动筛选方式”对话框。

（5）设置“季度销售量”大于等于 90、小于等于 120，单击“确定”按钮，筛选结果如图 4–132 所示。

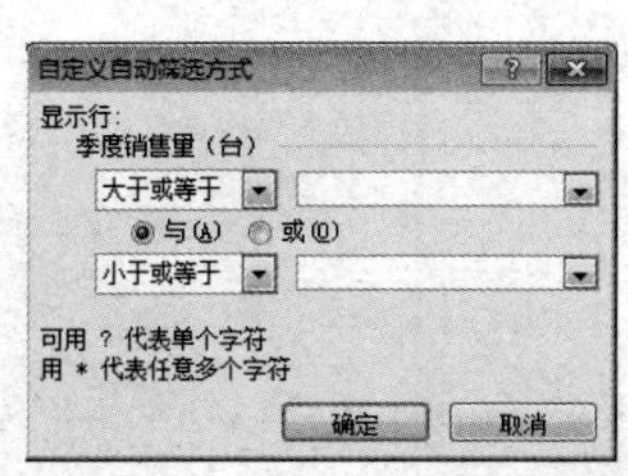

图 4–131　自定义自动筛选方式

华冠商贸第二季度销售数据表

销售品牌	城市	地区	产地	四月	五月	六月	季度销售量（台）	名次	是否达标	应返还奖金
SONY	济南	华东	进口	37	28	26	91	8	是	0

图 4–132　多条件筛选结果

（四）用条件格式标明华东地区销售数据

（1）选择 D3:D13 单元格区域。

（2）在“开始”功能面板的“样式”功能区中单击“条件格式”按钮，弹出如图 4-133 所示的规则设置列表，选择“突出显示单元格规则”→“等于”命令，弹出如图 4-134 所示的“等于”对话框。

图 4-133　条件格式规则设置

图 4-134　“等于”对话框

（3）在“为等于以下值的单元格设置格式”编辑框中输入“华东”文字，单击“设置为”右侧的下拉列箭头，在弹出的如图 4-135 所示选项中选择“自定义格式”选项，弹出“设置单元格格式”对话框，设置字体颜色为标准色红色，设置“填充”颜色为标准色黄色，如图 4-136 所示。

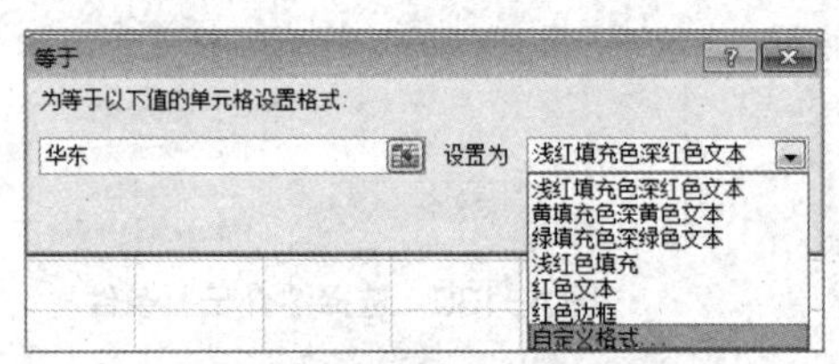

图 4-135　选择格式样式

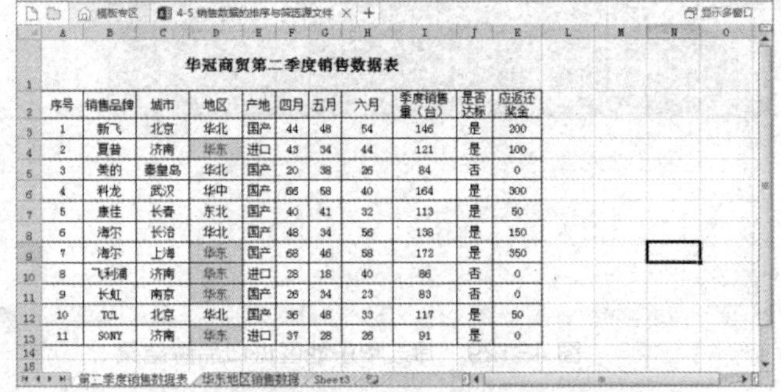

华冠商贸第二季度销售数据表

序号	销售品牌	城市	地区	产地	四月	五月	六月	季度销售量（台）	是否达标	应返还奖金
1	新飞	北京	华北	国产	44	48	54	146	是	200
2	夏普	济南	华东	进口	43	34	44	121	是	100
3	美的	秦皇岛	华北	国产	20	38	26	84	否	0
4	科龙	武汉	华中	国产	66	58	40	164	是	300
5	康佳	长春	东北	国产	40	41	32	113	是	50
6	海尔	长治	华北	国产	48	34	56	138	是	150
7	海尔	上海	华东	国产	68	46	58	172	是	350
8	飞利浦	济南	华东	进口	28	18	40	86	否	0
9	长虹	南京	华东	国产	26	34	23	83	否	0
10	TCL	北京	华北	国产	36	48	33	117	是	50
11	SONY	济南	华东	进口	37	28	26	91	是	0

图 4-136　条件格式设计效果

（4）选择标注华东地区的数据行，在“开始”功能面板的“字体”功能区单击“填充”按钮，设置填充颜色为标准色黄色，效果如图 4-137 所示。

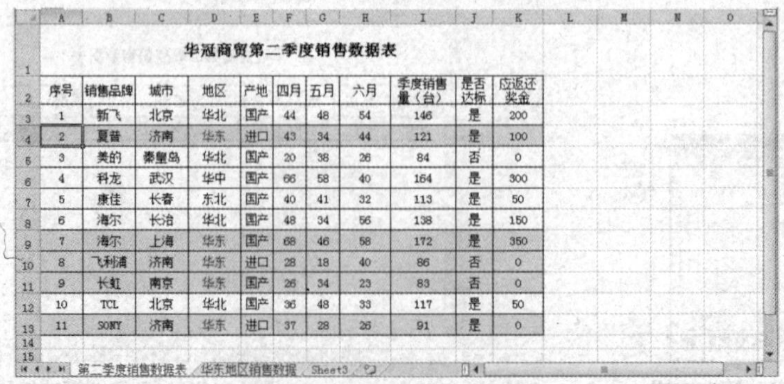

华冠商贸第二季度销售数据表

序号	销售品牌	城市	地区	产地	四月	五月	六月	季度销售量（台）	是否达标	应返还奖金
1	新飞	北京	华北	国产	44	48	54	146	是	200
2	夏普	济南	华东	进口	43	34	44	121	是	100
3	美的	秦皇岛	华北	国产	20	38	26	84	否	0
4	科龙	武汉	华中	国产	66	58	40	164	是	300
5	康佳	长春	东北	国产	40	41	32	113	是	50
6	海尔	长治	华北	国产	48	34	56	138	是	150
7	海尔	上海	华东	国产	68	46	58	172	是	350
8	飞利浦	济南	华东	进口	28	18	40	86	否	0
9	长虹	南京	华东	国产	26	34	23	83	否	0
10	TCL	北京	华北	国产	36	48	33	117	是	50
11	SONY	济南	华东	进口	37	28	26	91	是	0

图 4-137　最终标明格式效果

（五）高级筛选获取华东地区进口品牌销售总量在 90 台以上、120 台以下的数据

（1）复制“地区”“产地”和“季度销售量（台）”三个列标题到数据以外的区域。

（2）在新建的“地区”“产地”和“季度销售量（台）”列标题下依次输入“华东”“进口”和“>=90”以及“<120”，如图 4-138 所示。

华冠商贸第二季度销售数据表

	C	D	E	F	G	H	I	J	K
2	城市	地区	产地	四月	五月	六月	季度销售量（台）	是否达标	应返还奖金
3	北京	华北	国产	44	48	54	146	是	200
4	济南	华东	进口	43	34	44	121	是	100
5	秦皇岛	华北	国产	20	38	26	84	否	0
6	武汉	华中	国产	66	58	40	164	是	300
7	长春	东北	国产	40	41	32	113	是	5
8	长治	华北	国产	48	34	56	138	是	15
9	上海	华东	国产	68	46	58	172	是	350
10	济南	华东	进口	28	18	40	86	否	0
11	南京	华东	国产	26	34	23	83	否	0
12	北京	华北	国产	36	48	33	117	是	50

M	N	O
地区	产地	季度销售量（台）
华东	进口	>=90
		<120

筛选条件

第二季度销售数据表 / 华东地区销售数据 / Sheet3

图 4-138　创建高级筛选条件

（3）单击数据区域任意位置，在“数据”功能面板的“筛选”功能区中单击“高级”按钮，弹出如图 4-139 所示的“高级筛选”对话框。

（4）在“方式”栏选中“将筛选结果复制到其他位置”单选按钮，单击“条件区域”编辑框，并选择 M2:O4 单元格区域；单击“复制到”编辑框，并在数据表任意非数据区以外单元格单击，如 A15，设置参数如图 4-140 所示。

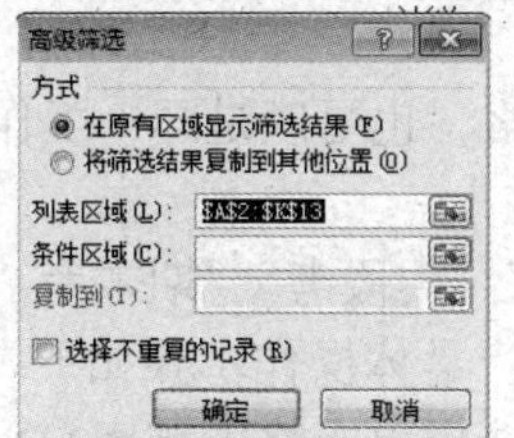

图 4-139　高级筛选对话框

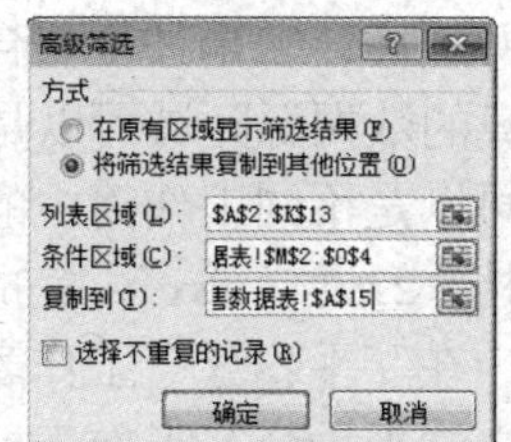

图 4-140　设置高级筛选参数

（5）单击“确定”按钮，通过高级筛选获取符合条件的数据，如图 4-141 所示。

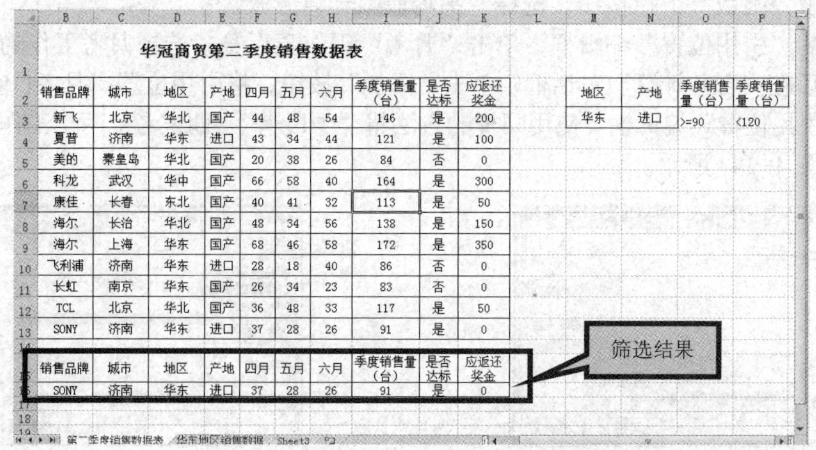

华冠商贸第二季度销售数据表

	B	C	D	E	F	G	H	I	J	K
2	销售品牌	城市	地区	产地	四月	五月	六月	季度销售量（台）	是否达标	应返还奖金
3	新飞	北京	华北	国产	44	48	54	146	是	200
4	夏普	济南	华东	进口	43	34	44	121	是	100
5	美的	秦皇岛	华北	国产	20	38	26	84	否	0
6	科龙	武汉	华中	国产	66	58	40	164	是	300
7	康佳	长春	东北	国产	40	41	32	113	是	50
8	海尔	长治	华北	国产	48	34	56	138	是	150
9	海尔	上海	华东	国产	68	46	58	172	是	350
10	飞利浦	济南	华东	进口	28	18	40	86	否	0
11	长虹	南京	华东	国产	26	34	23	83	否	0
12	TCL	北京	华北	国产	36	48	33	117	是	50
13	SONY	济南	华东	进口	37	28	26	91	是	0
15	销售品牌	城市	地区	产地	四月	五月	六月	季度销售量（台）	是否达标	应返还奖金
16	SONY	济南	华东	进口	37	28	26	91	是	0

M	N	O	P
地区	产地	季度销售量（台）	季度销售量（台）
华东	进口	>=90	<120

图 4-141　高级筛选结果

七、任务相关技能训练点导图

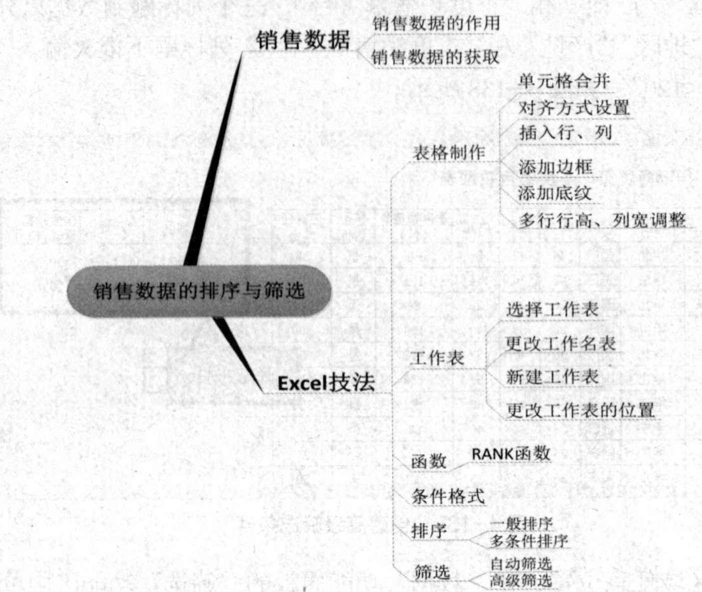

图 4-142　任务相关技能训练点导图

八、拓展技能训练

【数据合并运算应用】

Excel 的“合并运算”功能可以汇总或者合并多个数据源区域中的数据，具体有两种，一是按类别合并计算；二是按位置合并计算。

合并计算的数据源区域可以是一个工作表中的不同表格，也可以是同一工作簿中的不同工作表，还可以是不同工作簿中的表格。

打开文档“220143.xlsx”，完成如下操作：根据“月考”“中段考”“期末考“三个工作表提供的数据，在”平均分“工作表统计三次考试的平均分。具体操作步骤如下。

（1）单击“平均分”工作表标签，在平均分工作表中选择单元格区域 A2:D11。

（2）单击“数据”菜单项，在“数据工具”功能区中单击“合并计算”按钮，弹出如图 4-143 所示的“合并计算”对话框。

（3）单击“函数”下拉按钮，选择“平均值”计算方式。

（4）激活“引用位置”编辑框，单击“月考”工作表标签，选择月考工作的单元格区域 A2:D11，然后在“合并计算”对话框中单击“添加”按钮，将引用位置“月考！$A$2:$D$11”添加到“所引用位置”编辑框。使用同样的方法将“中段考”“期末考”两个工作表的计算区域添加，如图 4-144 所示。

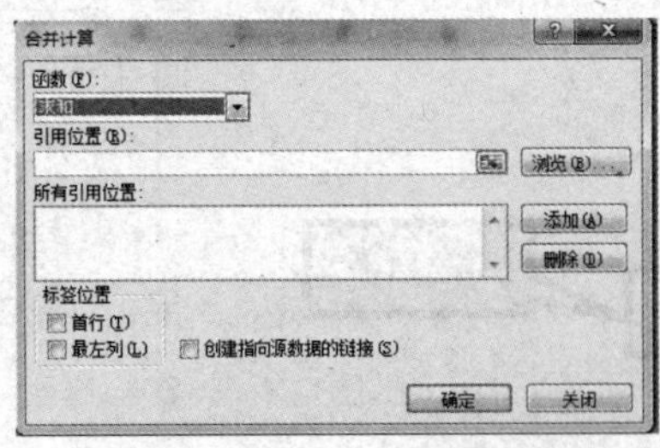

图 4-143　合并计算机对话框

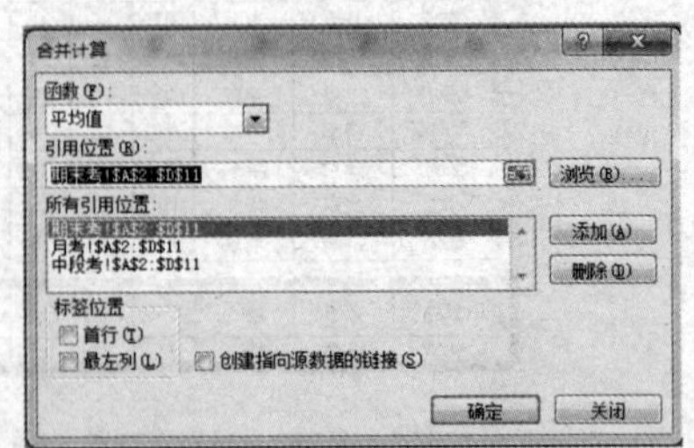

图 4-144　设置计算引用位置

（5）在“标签位置”栏勾选“首行”和“最左列”复选框，单击“确定”按钮，即可生成合并计算结果表，如图 4-145 所示。在“标签位置”栏勾选“首行”和“最左列”复选框，表示合并计算为按类别合并计算，此时选择数据源时必须包含行和列标题。如不勾选“标签位置”栏的“首行”和“最左列”选项，则合并计算为按位置合并计算，结果显示如图 4-146 所示。

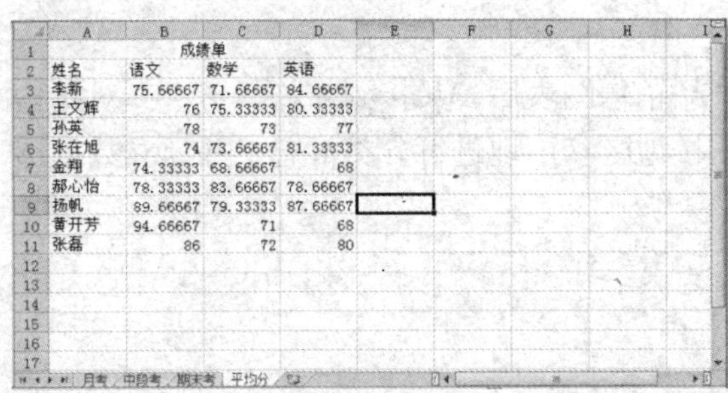

	A	B	C	D
1		成绩单		
2	姓名	语文	数学	英语
3	李新	75.66667	71.66667	84.66667
4	王文辉	76	75.33333	80.33333
5	孙英	78	73	77
6	张在旭	74	73.66667	81.33333
7	金翔	74.33333	68.66667	68
8	郝心怡	78.33333	83.66667	78.66667
9	扬帆	89.66667	79.33333	87.66667
10	黄开芳	94.66667	71	68
11	张磊	86	72	80

图 4-145　按类别合并计算结果

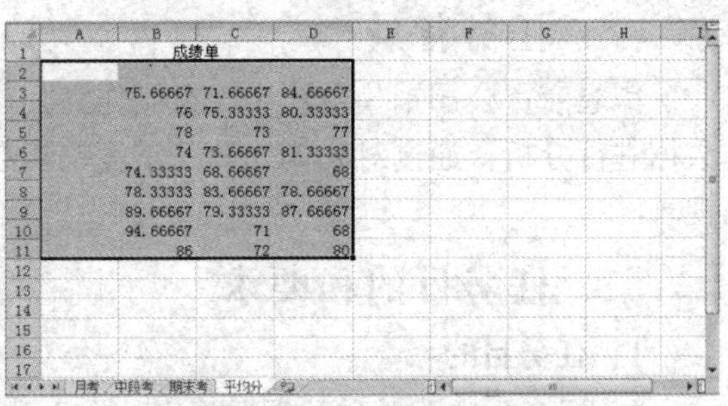

	A	B	C	D
1		成绩单		
2				
3		75.66667	71.66667	84.66667
4		76	75.33333	80.33333
5		78	73	77
6		74	73.66667	81.33333
7		74.33333	68.66667	68
8		78.33333	83.66667	78.66667
9		89.66667	79.33333	87.66667
10		94.66667	71	68
11		86	72	80

图 4-146　按位置合并计算结果

（6）在使用按位置合并的方式时，Excel 不关心多个数据源表列标题内容是否相同，而只是将数据源表格相同位置上的数据进行简单合并计算。这种合并计算多用于数据源表结构完全相同情况下，如果数据源表结构不同，则会计算错误。

【使序号不参与排序】

在对 Excel 工作表中的数据进行排序时，通常希望位于第 1 列的序号不参与排序，具体操作步骤如下。

（1）打开“任务 4-5 销售数据的排序与筛选源文件.xlsx”文件，单击“第二季度销售数据表”序号列起始位置的单元格 A3，选择 IF 函数，在弹出的“函数参数”对话框中依次输入参数 B3<>""、Row()-2、""，如图 4-147 所示。

（2）单击“确定”按钮，则在 A3 单元格返回为“Row()-2”，即序号“1”。

（3）单击 A3 单元格，将鼠标指针置于单元格右下角，变成“**+**”时，按住左键拖动至单元格 A3，返回单元格数据区域的序号。

（4）选择单元格区域 A2:K13，将所有数据以“销售总量”进行排序，第一列数据不会发生变化，如图 4-148 所示。

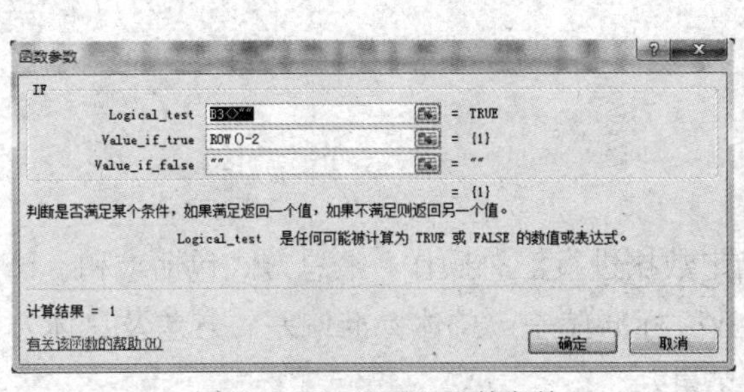

图 4-147　设置 if 函数参数

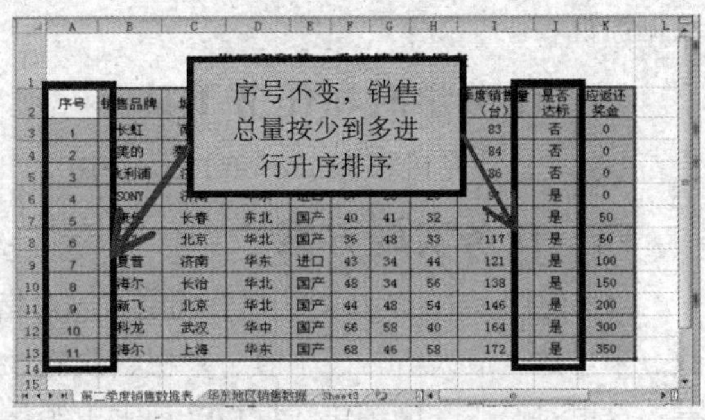

图 4-148　序号不变排序结果

说明：关于 ROW 函数

返回引用的行号。

语法：ROW([Reference])

Reference 参数：可选，需要得到其行号的单元格或单元格区域。如果省略 Reference，则假定是对函数 ROW 所在单元格的引用。

任务 6　销售数据分析

一、任务背景

华冠商贸公司销售主管小王在制作完公司产品销售图表后，又接到新的任务——对销售数据进行分析，通过对公司的第二季度销售数据按地区和产地进行分类汇总，并建立数据透视表。

二、任务目的和要求

1．任务目的

- 了解分类汇总和数据透视表的含义和应用场合。
- 能够利用 Excel 对数据进行适当的分类汇总和建立数据透视表。

2．任务要求分析

数据的分类汇总是日常工作中的常见应用。例如在教育领域会遇到将学生的数据按班级分好类后，汇总比较某课程考试平均分的高低、总分的高低；在销售领域会遇到将销售数据按地区分好类后，汇总比较不同销售员的销售额的大小、比较不同品牌产品的销售额的多少等。从上述描述可以看出，数据分类汇总的关键是首先按某项属性对数据进行分类，然后将分好类的数据按其他属性的平均值、总值等进行计算、比较。

数据透视表是 Excel 提供的强大的数据分析处理工具，通过向导可以对平面的工作表数据产生立体的分析效果。它是一种交互式的表，可以进行某些计算，如求和与计数等。所进行的计算与数据跟数据透视表中的排列有关，例如，可以水平或者垂直显示字段值，然后计算每一行或列的合计；也可以将字段值作为行号或列标，在每个行列交汇处计算出各自的数量，然后计算小计和总计。之所以称为数据透视表，是因为可以动态地改变它们的版面布置，以便按照不同方式分析数据，也可以重新安排行号、列标和页字段。每一次改变版面布置时，数据透视表会立即按照新的布置重新计算数据。另外，如果原始数据发生更改，则可以更新数据透视表。

三、任务学时和任务工具

2 学时；计算机和 Microsoft Excel 2010。

四、任务实施方案

（1）使用 Excel 的“类汇总”功能可以对指定数据进行汇总操作，汇总方式包括求和、计数、平均数、最大值、最小值、乘积、数值计数、标准偏差、总体标准偏差、方差及总体方差，这里对第二季度销售数据按产地求出销售总量。

（2）使用 Excel 的“数据透视表透视图”功能可以制作数据透视表，这里将对第二季度销售数据表中表示各地区的每个城市中进口和国产销售量的总量统计，并根据透视表适当调整外观，设置标题。

五、知识准备

1. 数据的分类汇总

分类汇总分为简单分类汇总、多重分类汇总和嵌套分类汇总 3 种方式。无论采用哪种方式，要进行分类汇总的数据表的第一行必须有列标签，而且在分类汇总之前必须先对数据分类列进行排序，以使得数据中分类列的记录按同一类关键字集中在一起，然后再对记录进行分类汇总操作。

2. 数据透视表

数据透视表是从数据源中提炼想要的各种数据，以各种报表形式展示的工具。要创建数据透视表，首先要有数据源，这种数据可以是现有的工作表数据或外部数据；然后在工作簿中指定位置放置数据透视表的位置；最后设置字段布局。

六、任务实施

（一）数据分类汇总

1. 分别以地区和产地排序

（1）选择单元格区域 A2:H13；在“数据”功能面板的“排序与筛选”功能区中单击“排序”按钮，弹出如图 4-149 所示的“排序”对话框。

（2）在“排序”对话框中设置“主关键字”为“产地”，排序“次序”为“升序”，并单击“确定”按钮，排序效果为图 4-150 所示。

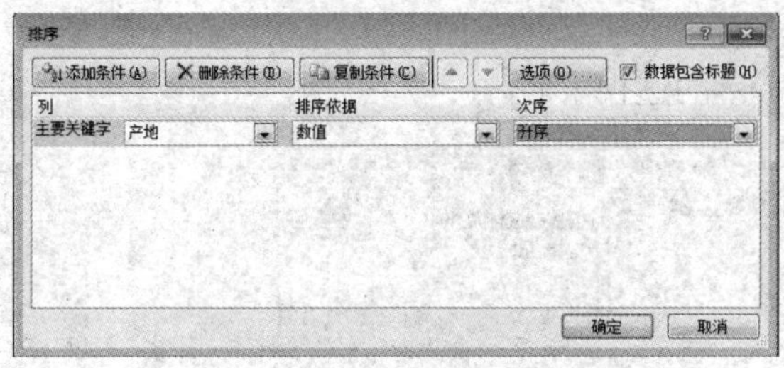

图 4-149 “排序”对话框

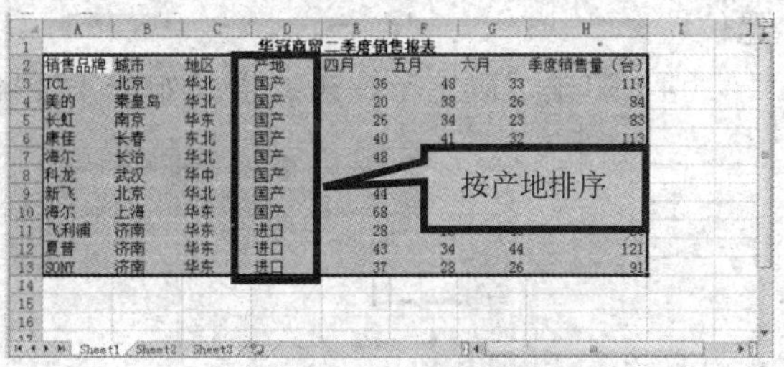

图 4-150 按产地排序结果

2. 根据产地进行分类汇总求销售总量

（1）在“数据”功能面板的“分级显示”功能区中单击“分类汇总”按钮，弹出如图 4-151 所示的“分类汇总”对话框。

（2）在“分类汇总”对话框中，将前面排序列“产地”设置为“分类字段”，“汇总方式”采用默认“求和”方式，在“选定汇总项”列表框中选择“季度销售总量”，勾选“汇总结果显示在数据下方”复选框，单击“确定”按钮，分类汇总结果如图 4-152 所示。

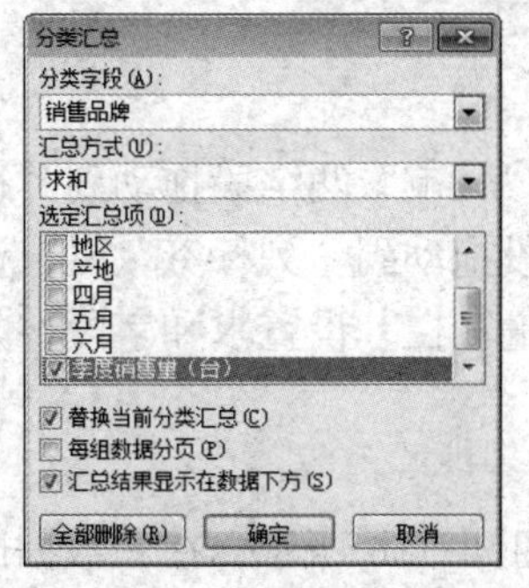

图 4-151 “分类汇总”对话框

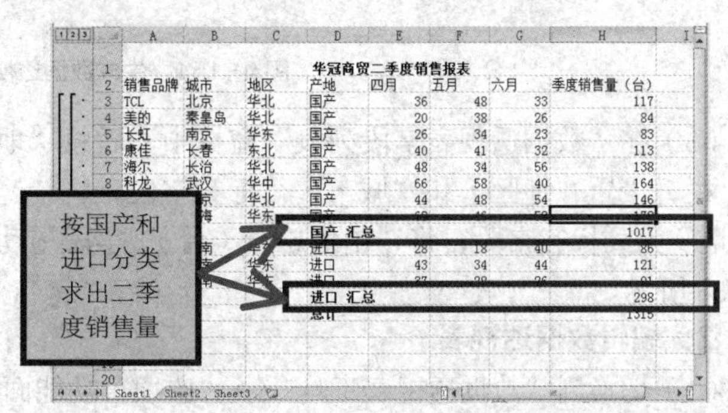

图 4-152 以产地分类汇总结果

（二）制作华冠商贸的销售数据透视表

1．创建数据透视表

（1）选择单元格区域 A2:H13。

（2）在“插入”功能面板的“表格”功能区中单击“数据透视表”按钮，弹出如图 4-153 所示的“创建数据透视表”对话框。

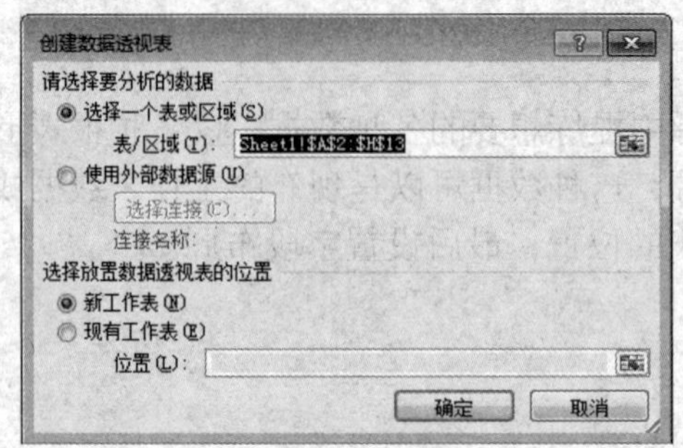

图 4-153 “创建数据透视表”对话框

（3）在“创建数据透视表”对话框中，选中“选择一个表或区域”单选按钮，根据第（1）步选择的单元格区域设置好“表/区域”；在“选择放置数据透视表的位置”栏选中“现有工作表”单选按钮，激活“位置”编辑框，在数据表中单击单元格 A18，设置透视表创建位置。

（4）单击“确定”按钮，生成如图 4-154 所示的透视表。

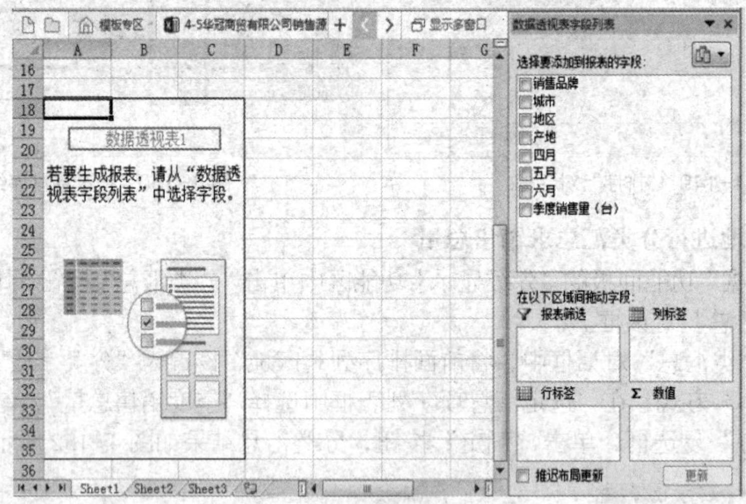

图 4-154 生成数据透视表

（5）在“数据透视表字段列表”窗格中先后将“地区”和“城市”两字段拖动到“行标签”栏，设置“地区”和“城市”行标签字段；将“产地”字段拖动到“列标签”栏，设置“产地”为列标签字段；将“销售总量（台）”字段拖动到“数量”栏，设置求和字段，如图 4-155 所示。

2．编辑数据透视表

（1）切换到“数据透视表工具”→“选项”功能面板，如图 4-156 所示，在“数据透视表”功能区的“数据透视表名称”数据框中输入“第二季度销售情况”设置透视表名称。

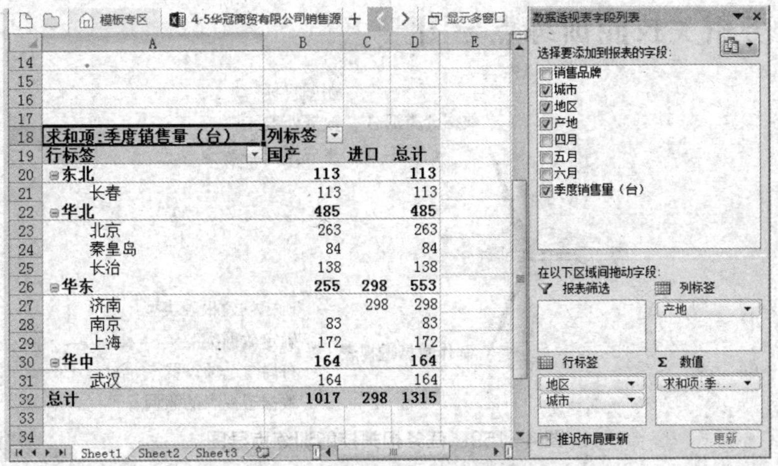
图 4-155　添加字段的数据透视表

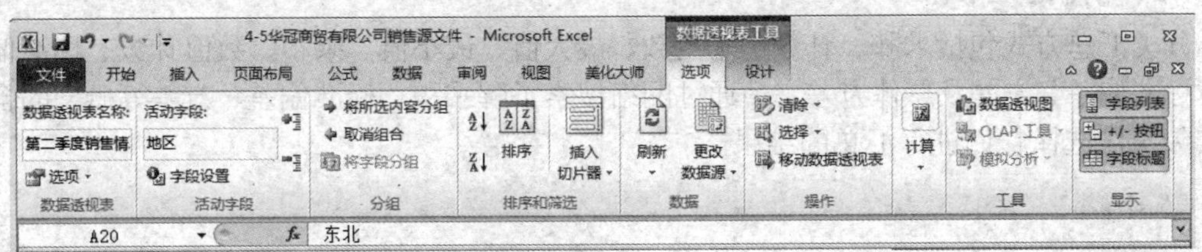
图 4-156　“数据透视表工具”→“选项”功能面板

（2）切换到“数据透视表工具”→“设计”功能面板，如图 4-157 所示。

图 4-157　“数据透视表工具”→“设计”功能面板

（3）在“数据透视表样式”功能区单击下拉箭头按钮，在弹出的样式列表中选择“数据透视表样式中等深浅 27”样式，生成数据透视表效果如图 4-158 所示。

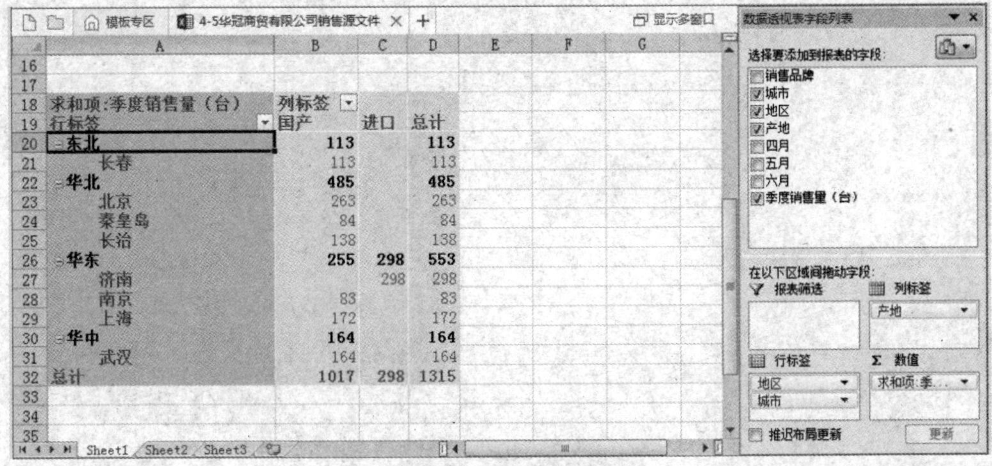
图 4-158　数据透视表效果图

七、任务相关技能训练点导图

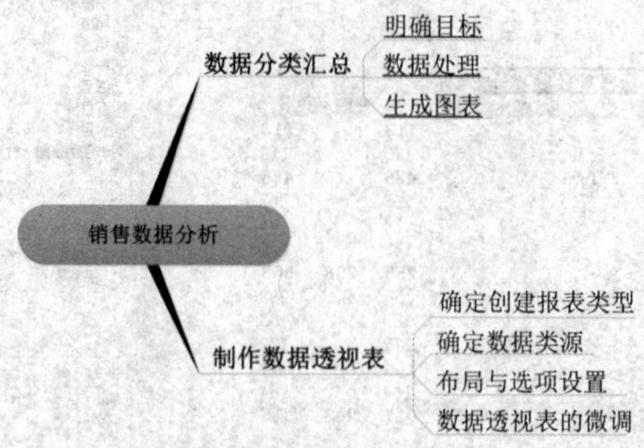

图 4-159　任务相关技能训练点导图

八、拓展知识

分类汇总方式包括求和、计数、平均数、最大值、最小值、乘积、数值计数、标准偏差、总体标准偏差、方差及总体方差，请通过网络搜索了解乘积、标准偏差、方差等概念的含义，并实际操作选择它们进行汇总的结果。

PART 5 项目 5 PowerPoint 2010 软件应用实战

PowerPoint 2010 是微软公司推出的 Office 2010 办公系统软件的一个重要组成部分，主要用于演示文稿的制作。本项目将以“公司概况幻灯片制作”等 3 个任务为例全方向展示演示文稿的制作，介绍利用 PowerPoint 2010 制作演示文稿的基本方法和主要功能，包括演示文稿的基本概念、演示文稿制作过程需要注意的问题以及 PowerPoint 2010 的新特性及使用方法。具体内容包括幻灯片的制作、文字编排、图片的插入、幻灯片版式的应用、主题的使用、背景的设置、母版的使用、幻灯片动画效果的设置、幻灯片放映效果的设置及放映方式、交互式演示文稿的创建等。

任务 1　公司概况幻灯片制作

一、任务背景

小张是步科电子科技有限公司市场部资料组的一名职员，主要负责公司多个部门专业文档的设计、制作工作。最近，公司刚从高校毕业生中招聘了一批职员，为了让他们更好地了解公司的基本情况，尽快地融入工作环境，公司要求市场部召开一次公司概况介绍会，作为新员工入职培训的第一课。经理要求小张完成一份报告演示文稿，文稿要求做到图文并茂、画面美观且能够快速吸引人的注意力。

二、任务目的和要求

1. 任务目的

（1）能够掌握并熟练运用 PowerPoint 2010 进行演示文稿的基本创建。

（2）掌握幻灯片插入、复制、删除的基本方法。

（3）熟练掌握 SmartArt、表格、文本框的基本应用。

（4）熟练掌握幻灯片主题、幻灯片版式、母版的设置方法。

（5）能够熟练放映演示文稿。

2. 任务要求分析

（1）新员工进公司后的第一件事就是进行入职培训。新员工通过入职培训可以进一步了解企业，对企业的发展情况、企业文化、业务流程、管理制度等都可以进行全面的了解。同时，入职培训也能验证招聘者在招聘过程中的各种说法，并且可以使员工进一步坚定自己的选择。作为入职培训的首要环节，向新员工介绍公司的基本情况不仅能增进新员工对公司的了解，也能增强他们对公司的信心和归属感。

（2）公司基本情况介绍主要包括公司简介、发展历程、荣誉资质、管理架构、企业文化、服务内容或产品介绍、顾客群或范围介绍、人力资源、未来发展战略等方面。

（3）制作前的准备环节工作有如下两部分。

① 收集处理素材：主要是收集与公司基本情况相关的一些文本、图片、数据等资料，并根据制作要求进行适当处理。

② 确定制作方案：主要对演示文稿的整个架构进行设计。经过对任务进行分析，确定演示文稿包含封面、公司简介、管理架构、发展历程、发展趋势、公司战略、荣誉资质、企业文化和封底等页面，基本架构如图 5-1 所示。

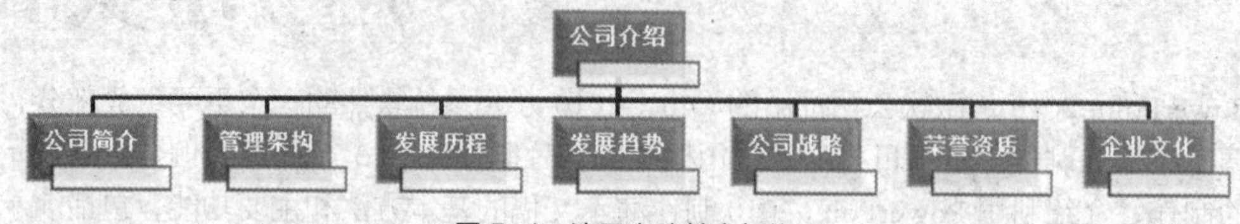

图 5-1　演示文稿基本架构

三、任务学时和相关工具

4 学时；计算机、Microsoft Word 2010 软件。

四、任务实施方案

（1）根据任务要求，梳理相关素材文件，提炼演示文稿的演讲内容，设计幻灯片的基本版式。

（2）利用 PowerPoint 2010 创建公司介绍的演示文稿，设计内容的基本版式，通过使用主题、母版等来美化幻灯片。

五、知识准备

1. PowerPoint 2010 的窗口界面组成

PowerPoint 的工作界面如图 5-2 所示，其中标题栏、快速访问工具栏、菜单栏、功能选项卡、状态栏等与 Word 2010 相似，这里不作详细介绍。

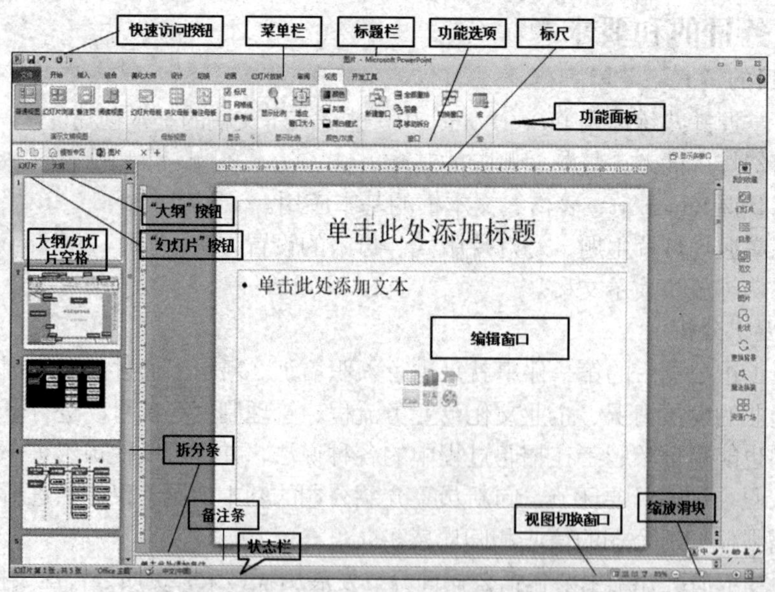

图 5-2　PowerPoint 2010 界面组成

（1）幻灯片按钮：单击此按钮可在下方的列表框中以缩略图的方式显示演示文稿所有幻灯片的内容，用户可以观察演示文稿的大体内容，可以将主编辑区切换到不同的幻灯片进行编辑，也可以在演示文稿内移动、复制、删除幻灯片。

（2）“大纲”按钮：单击此按钮可在下方的列表框中按序号显示全部幻灯片的编号、主标题、各层次标题和文本内容，忽略文字格式和其他图形、图表等对象，可以帮助用户快速了解整个演示文稿的层次和目录结构。

（3）编辑窗口：PowerPoint 2010 的主工作区，默认情况下只显示当前一页幻灯片，可以通过状态栏右侧的显示比例调节滑块来改变大小。在编辑区中，可以对当前幻灯进行详细的静态和动态设计，如添加文本及插入图片、表格、SmartArt 图形、图表、图表对象、文本框、电影、声音、超链接和动画等。

（4）备注条：可以编辑关于当前幻灯片的备注说明，用户可以将此备注分发给观众，也可以在播放演示文稿时查看“演示者”视图中的备注。

（5）拆分条：分为垂直拆分条和水平拆分条，垂直拆分条用于调整幻灯片缩略图栏与主编辑区之间的比例，水平拆分条可以调整备注和主编辑区之间的比例。

（6）标尺：显示或设置幻灯中各种对象占位符的大小和位置，可通过勾选或取消勾选“视图”功能面板“显示”功能区中的“标尺”复选框来显示或隐藏。

2．PowerPoint 2010 视图模式

PowerPoint 2010 有普通视图、幻灯浏览视图、备注页视图和幻灯片放映视图 4 种视图，每种视图都有特定的显示方式，因此编辑文档时选用不同的视图可以使文档浏览或编辑更加方便。

（1）普通视图

“普通视图”实际上可分为两种形式，如图 5-3 和如图 5-4 所示，主要区别在于 PowerPoint 工作窗口最左边的预览部分，可以用大纲或幻灯片形式来显示，通过单击相应的图标可进行切换。普通视图是最常用的视图方式。

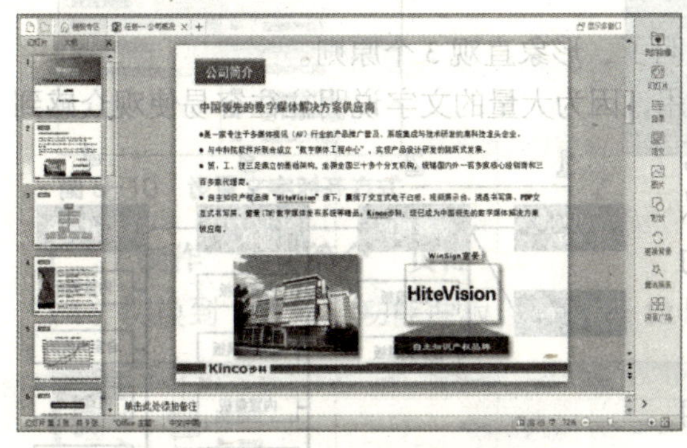

图 5-3　幻灯片形式的普通视图

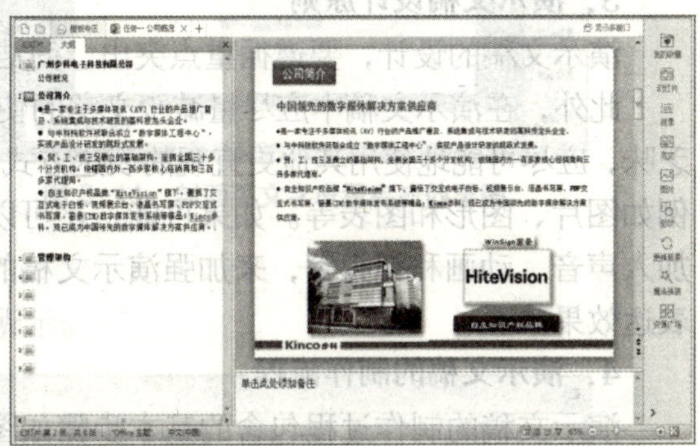

图 5-4　大纲形式的普通视图

普通视图中主要包含大纲窗格（或幻灯片预览窗格）、幻灯片编辑窗格、备注窗格和任务窗格 4 种窗格，用户可以在同一位置调整演示文稿的各种特征，拖动窗格边框可以调整窗格的大小。

（2）幻灯片浏览视图

在幻灯片浏览视图中，可在屏幕上同时看到演示文稿中以缩略图形式显示的多张幻灯片。在每张幻灯片的下方会有一些信息，如果在左下角有一个☆标志，单击这个标志，可以预览幻灯片的动画效果；如果当前幻灯片还没有添加动画效果，则不显示该标志；右下角是当前幻灯片的编号，也是当前演示文稿在幻灯片中的播放顺序，如图 5-5 所示。

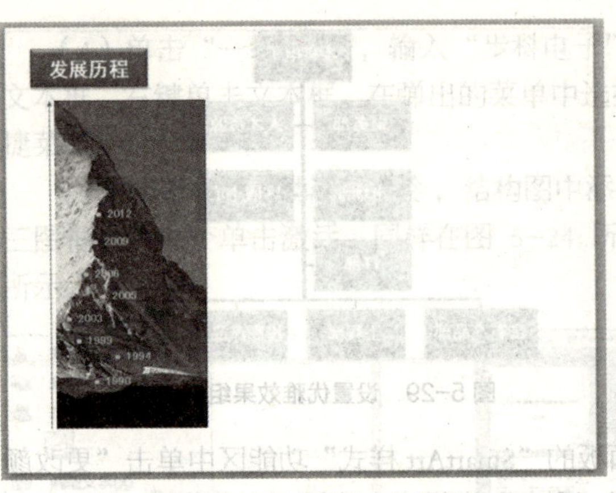

图 5-32 插入图片和绘制箭头　　图 5-33 设置箭头效果

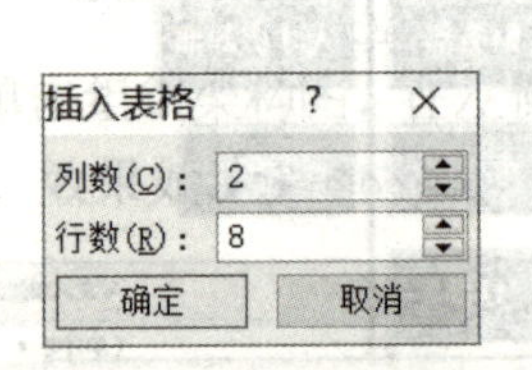

图 5-34 “插入表格”对话框

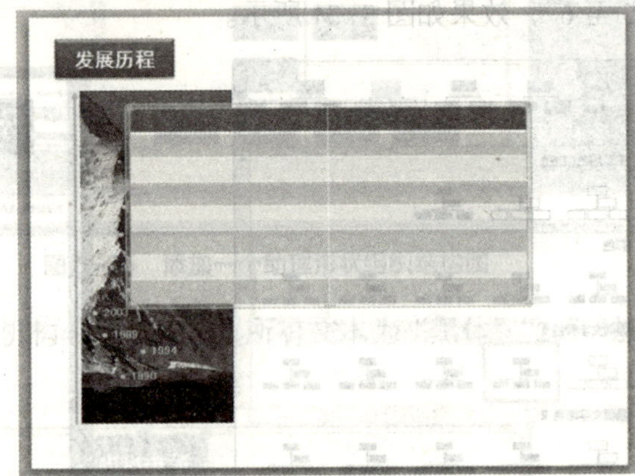

图 5-35 表格窗口

（6）选择表格第一列，然后切换到“表格工具”→“布局”功能面板，如图 5-36 所示。

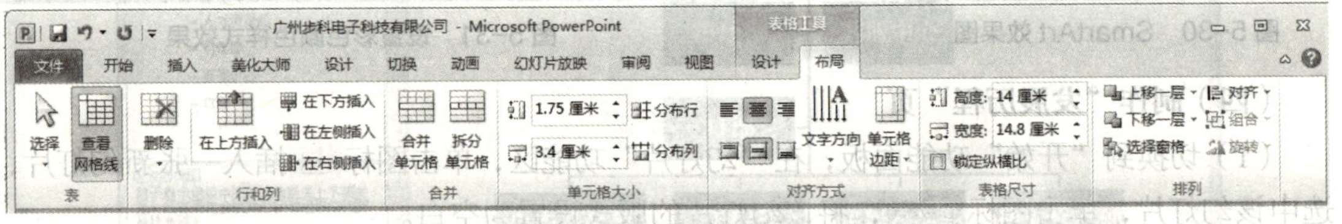

图 5-36 “表格工具”→“布局”功能面板

（7）在“表格尺寸”功能区中分别设置表格的行高为“1.75 厘米”，列宽为“3.4 厘米”；同行设置第二列列宽约为“11 厘米”，并适当调整表格位置与图片对齐，如图 5-37 所示。

（8）在表格中输入如图 5-38 所示的文字内容；再选中表格，设置字体为“宋体”“14”格式；在“表格工具”→“设计”功能面板的“表格样式”功能区右侧单击下拉箭头，在弹出的样式列表中选择“浅色样式 1，强调 6”样式，“发展历程”页制作效果如图 5-38 所示。

（五）制作“发展趋势”页

（1）插入一张空白幻灯片，按前述方法制作标题“发展趋势”。

（2）在“插入”功能面板的“插图”功能区中单击“图表”按钮，弹出如图 5-39 所示的“插入图表”对话框，选择“带数据标记的折线图”选项，单击“确定”按钮，弹出如图 5-40 所示的图表。

（1）幻灯片按钮：单击此按钮可在下方的列表框中以缩略图的方式显示演示文稿所有幻灯片的内容，用户可以观察演示文稿的大体内容，可以将主编辑区切换到不同的幻灯片进行编辑，也可以在演示文稿内移动、复制、删除幻灯片。

（2）"大纲"按钮：单击此按钮可在下方的列表框中按序号显示全部幻灯片的编号、主标题、各层次标题和文本内容，忽略文字格式和其他图形、图表等对象，可以帮助用户快速了解整个演示文稿的层次和目录结构。

（3）编辑窗口：PowerPoint 2010 的主工作区，默认情况下只显示当前一页幻灯片，可以通过状态栏右侧的显示比例调节滑块来改变大小。在编辑区中，可以对当前幻灯进行详细的静态和动态设计，如添加文本及插入图片、表格、SmartArt 图形、图表、图表对象、文本框、电影、声音、超链接和动画等。

（4）备注条：可以编辑关于当前幻灯片的备注说明，用户可以将此备注分发给观众，也可以在播放演示文稿时查看"演示者"视图中的备注。

（5）拆分条：分为垂直拆分条和水平拆分条，垂直拆分条用于调整幻灯片缩略图栏与主编辑区之间的比例，水平拆分条可以调整备注和主编辑区之间的比例。

（6）标尺：显示或设置幻灯中各种对象占位符的大小和位置，可通过勾选或取消勾选"视图"功能面板"显示"功能区中的"标尺"复选框来显示或隐藏。

2．PowerPoint 2010 视图模式

PowerPoint 2010 有普通视图、幻灯浏览视图、备注页视图和幻灯片放映视图 4 种视图，每种视图都有特定的显示方式，因此编辑文档时选用不同的视图可以使文档浏览或编辑更加方便。

（1）普通视图

"普通视图"实际上可分为两种形式，如图 5-3 和如图 5-4 所示，主要区别在于 PowerPoint 工作窗口最左边的预览部分，可以用大纲或幻灯片形式来显示，通过单击相应的图标可进行切换。普通视图是最常用的视图方式。

图 5-3　幻灯片形式的普通视图

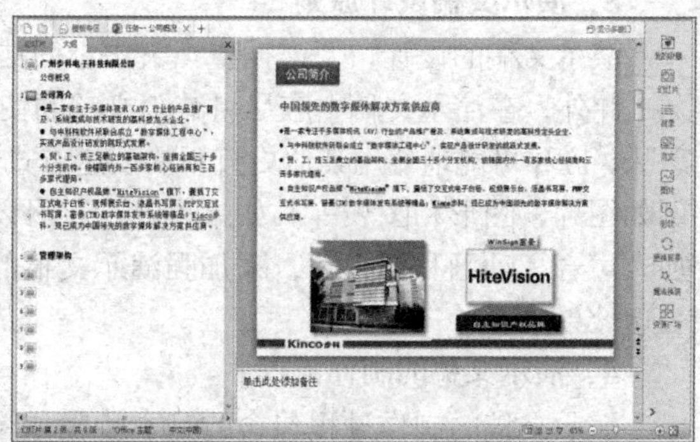

图 5-4　大纲形式的普通视图

普通视图中主要包含大纲窗格（或幻灯片预览窗格）、幻灯片编辑窗格、备注窗格和任务窗格 4 种窗格，用户可以在同一位置调整演示文稿的各种特征，拖动窗格边框可以调整窗格的大小。

（2）幻灯片浏览视图

在幻灯片浏览视图中，可在屏幕上同时看到演示文稿中以缩略图形式显示的多张幻灯片。在每张幻灯片的下方会有一些信息，如果在左下角有一个☆标志，单击这个标志，可以预览幻灯片的动画效果；如果当前幻灯片还没有添加动画效果，则不显示该标志；右下角是当前幻灯片的编号，也是当前演示文稿在幻灯片中的播放顺序，如图 5-5 所示。

在该视图模式下用户可以很容易地添加、删除或移动幻灯片，并可以选择每张幻灯片的动画切换方式。右键单击某张幻灯片，从弹出的快捷菜单中选择相当的命令，或双击幻灯片切换到普通视图，即可对当前幻灯片的内容进行再编辑。

（3）备注页视图

在备注页视图模式下，用户可方便地添加演说者备注信息，并能够对添加的备注信息进行修改和修饰，也可以插入图形等信息，如图 5-6 所示。

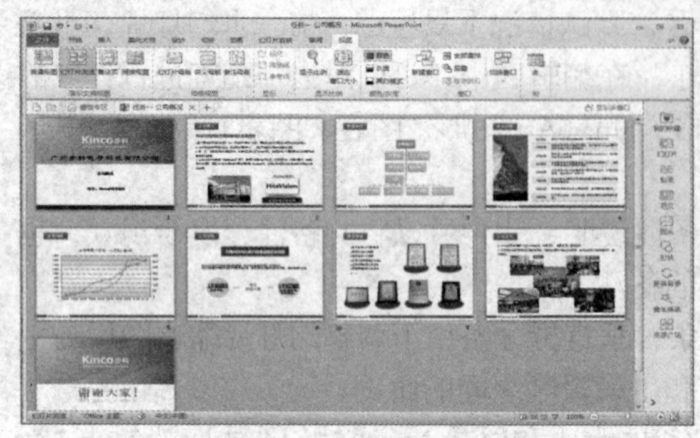

图 5-5　幻灯片浏览视图

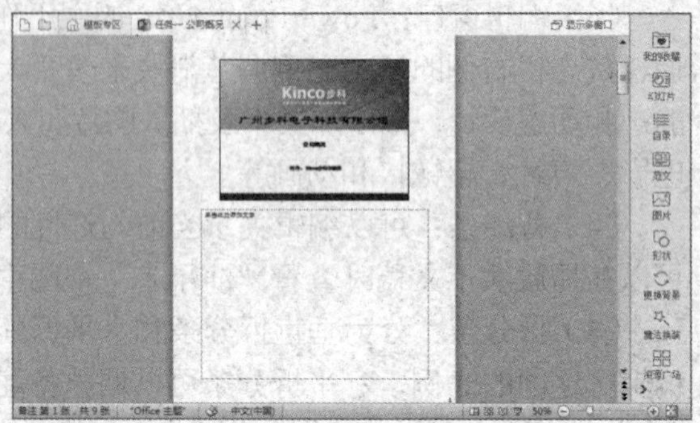

图 5-6　备注页视图

（4）幻灯片放映视图

在幻灯片放映视图模式下，用户可以看到幻灯片的最终效果，如果不满意，可以按“Esc”键退出放映并进行修改。

通过单击屏幕左下角的图标可以切换当前的视图模式，单击可进入普通视图，单击可进入幻灯片浏览视图，单击可进入阅读视图，单击可进入幻灯片放映视图并从当前幻灯片向后放映。另外，通过按“Shift+F5”组合键可直接正常播放 PPT，并且所有编辑的动画都可以直观看到效果。平时播放 PPT 一般用幻灯片放映视图。

3. 演示文稿设计原则

演示文稿的设计，要遵循重点突出、简洁明了、形象直观 3 个原则。

此外，在演示文稿中应尽量减少文字的使用，因为大量的文字说明往往容易使观众感到乏味，应尽可能地使用其他更直观的表达方式，例如图片、图形和图表等。如果可能，还可以加入声音、动画和视频等，来加强演示文稿的表达效果。

4. 演示文稿的制作流程

演示文稿的制作过程包含的基本步骤如图 5-7 所示。

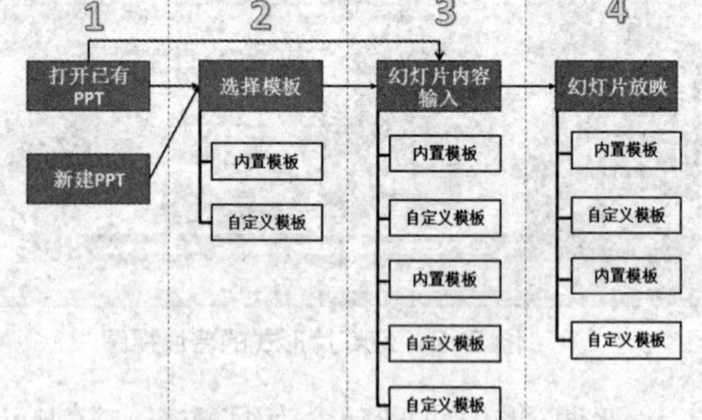

图 5-7　PPT 制作的一般流程

六、任务实施

（一）制作封面

（1）启动 PowerPoint 2010，选择“文件”菜单中的“新建”命令，弹出如图 5-8 所示任务对话框。

（2）选择“空白演示文稿”选项，单击右侧的“创建”按钮，完成后的效果如图 5-9 所示。

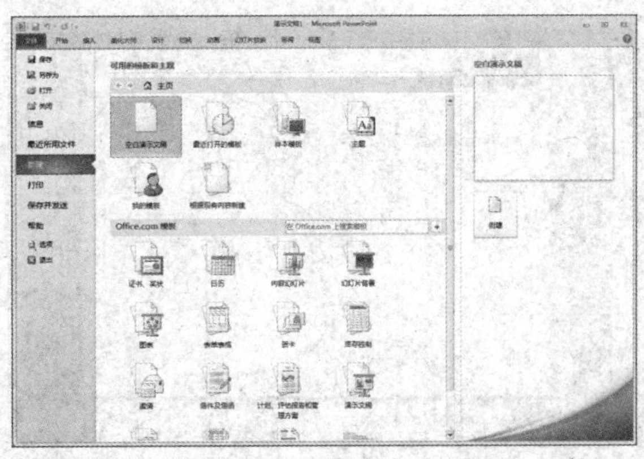
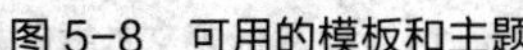
图 5-8 可用的模板和主题

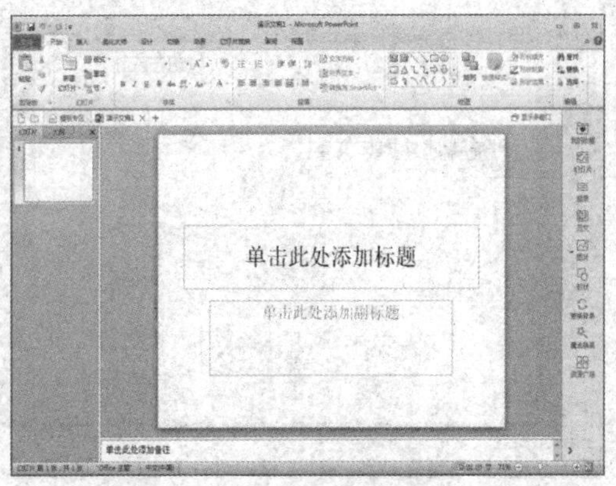

图 5-9 标题幻灯片

（3）单击“单击此处添加标题”占位符，添加标题“广州步科电子科技有限公司”，并将该字体设置为“隶书”“44 号”；单击“单击此处添加副标题”占位符，添加副标题“公司概况”。

（4）选择“开始”功能面板“绘图”功能区中的“横排文本框”工具，在“公司概况”文本下方单击，在文本框内输入文字“制作：Kinco 步科市场部”。

（5）按住“Ctrl”键选择“公司概况”“制作：Kinco 步科市场部”，单击“绘图”功能面板中的“排列”按钮，弹出如图 5-10 所示的列表，单击“左右居中”选项，完成后的效果如图 5-11 所示。

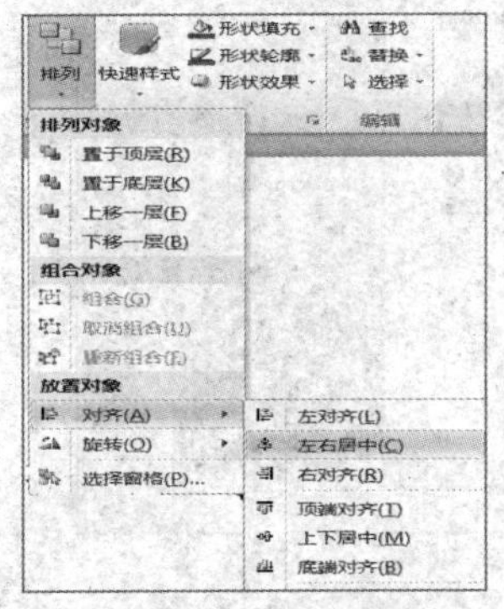

图 5-10 设置文字对齐方式

图 5-11 封面页文字设置完成效果图

（二）制作“公司简介”页面

（1）切换到“开始”功能面板，如图 5-12 所示。

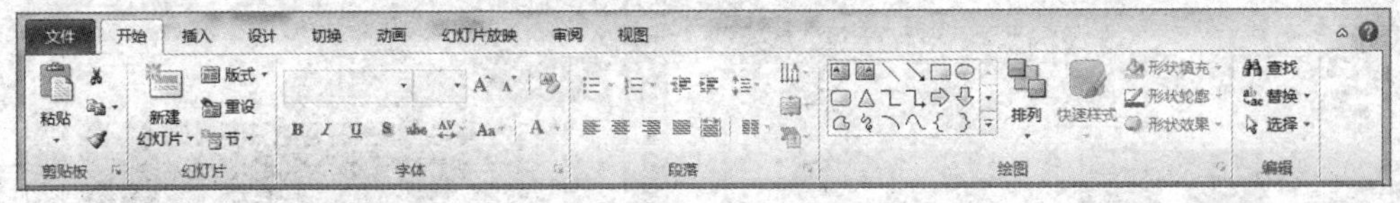

图 5-12 开始功能面板

（2）在“幻灯片”功能区，单击“新建幻灯片”按钮，插入一张新幻灯片，并在标题占位符中输入文字“公司简介”，设置字体为“黑体”“24 号”，选中当前文本框，按住左键拖动，缩放文本框，调整文本框如图 5-13 所示。

（3）选中“公司简介”文本框，单击“绘图”功能区中的“快速样式”按钮，应用第六行第二列样式，效果如图 5-14 所示。

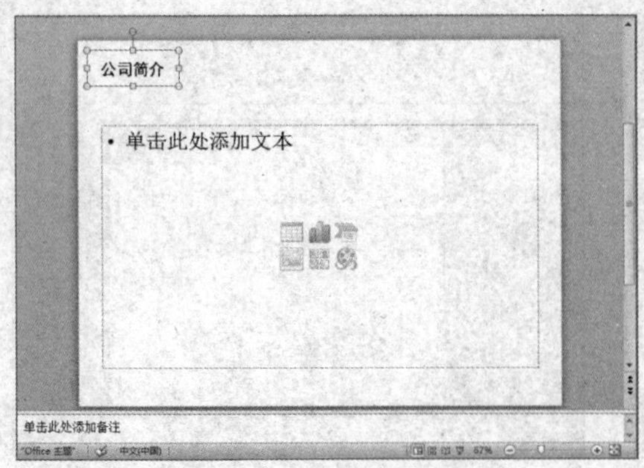

图 5-13　公司简介标题

图 5-14　设置标题文本框的样式

（4）在“公司简介”下方插入文本框，输入“中国领先的数字媒体解决方案供应商”，设置字体格式为“红色”“黑体”“20”。

（5）单击“单击此处添加文本”占位符，输入如图 5-15 所示的幻灯片黑色文本内容，设置字体格式为“黑体”“16”，调整文本框大小和位置，最终效果如图 5-15 所示。

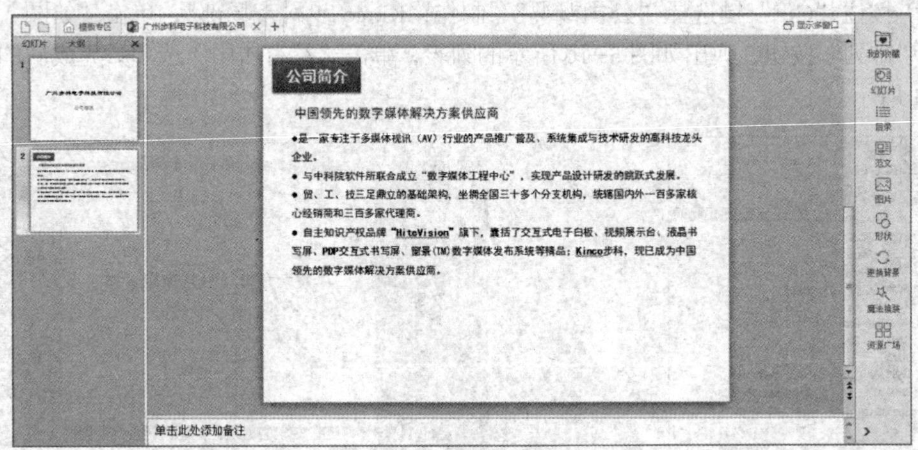

图 5-15　公司简介输入文字介绍效果图

（6）单击“插入”菜单项，在“图像”功能区单击“图片”按钮，弹出“插入图片”对话框，选择图片文件夹，如图 5-16 所示。

（7）单击“图片 1”，选择插入“图片 1”，效果如图 5-17 所示。

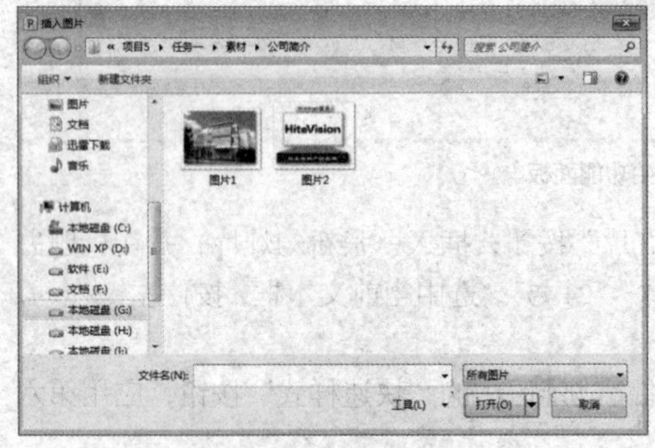

图 5-16　“插入图片”对话框

图 5-17　插入的图片效果图

（8）在“图片工具”→“格式”功能面板的“大小”功能区中将图片的宽度设置为“8厘米”。效果如图 5-18 所示。

（9）依据第（5）~（7）步的方法插入图“图片 2”，公司简介 PPT 制作效果如图 5-19 所示。

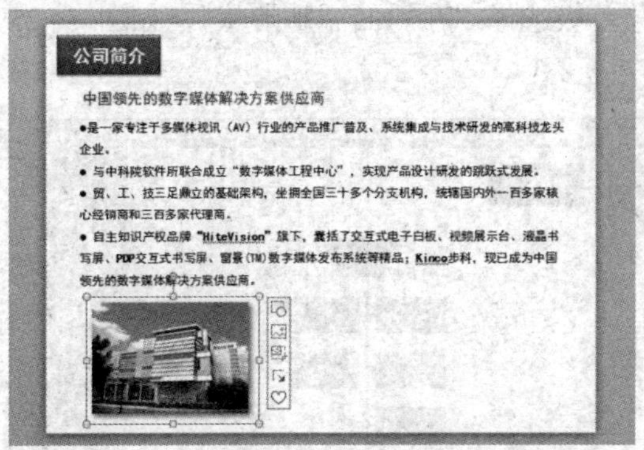

图 5-18　公司简介插入第一张图片示意

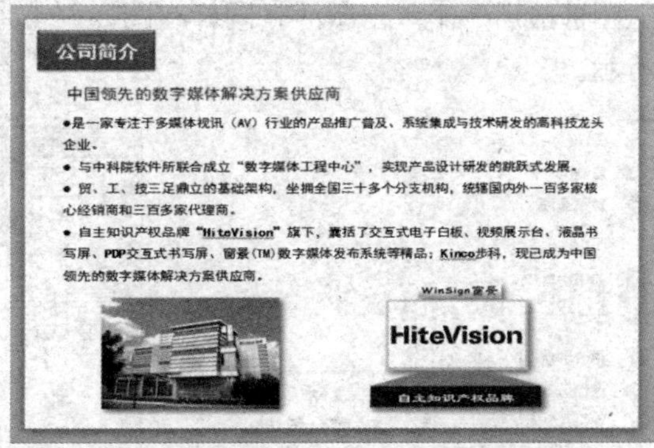

图 5-19　公司简介 PPT 制作效果

（三）制作“管理架构”页面

（1）在“开始”功能面板的“幻灯片”功能区中单击“新建幻灯片”按钮，弹出如图 5-20 所示的“Office 主题”选项卡，选择和内容相应的幻灯片版式，插入“标题和内容”新幻灯片。

（2）在标题占位符中输入标题“管理架构”，设置为“黑体”“24”“加粗”字体格式，并应用“强烈效果-蓝色-强调颜色 1”快速样式，效果如图 5-21 所示。

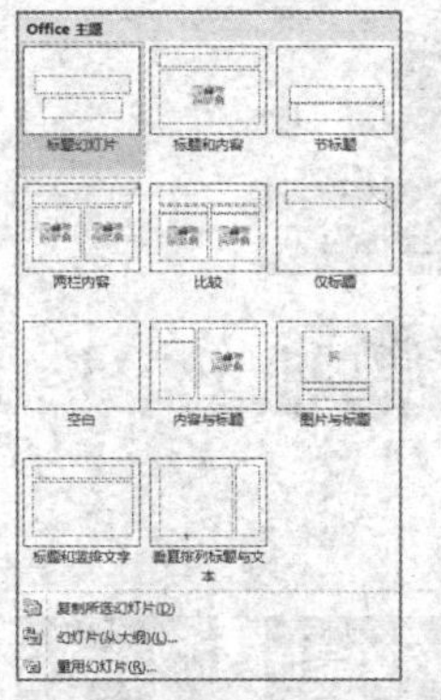

图 5-20　“Office 主题”选项卡

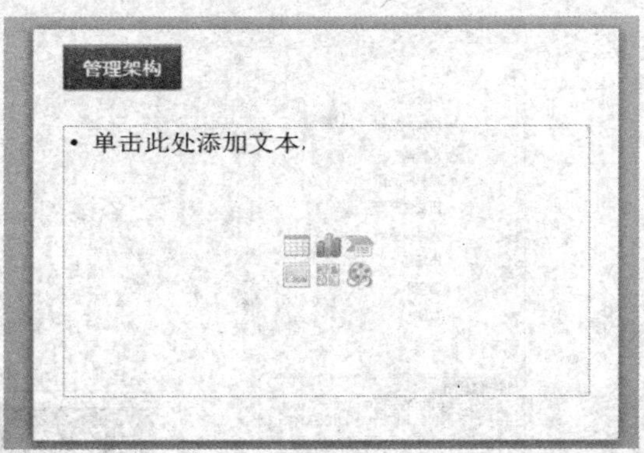

图 5-21　创建“管理架构”PPT 效果

（3）单击插入 SmartArt 图形图标，弹出如图 5-22 所示的“选择 SmartArt 图形”对话框，根据内容选择“层次结构”中的第一个组织结构图，如图 5-23 所示。

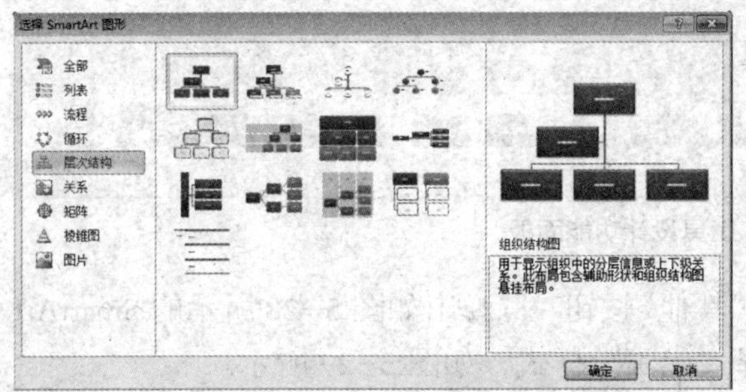

图 5-22　选择组织结构图 SmartArt 图形

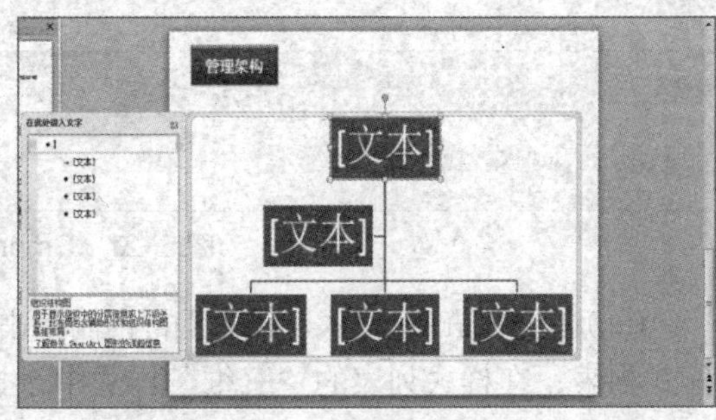

图 5-23　插入的组织结构图

（4）单击“一级图框”，输入“步科电子”；单击“步科电子”文本框激活“步科电子”文本框，右键单击文本框，在弹出的菜单中选择“添加形状”命令，显示如图 5-24 所示的快捷菜单。

（5）选择“添加助理”命令，结构图中添加了一个文本框，共添加 5 个助理；同样，在三图框最后一个单击激活，同样在图 5-24 所示菜单级选择“在后面添加形状”，如图 5-25 所示。

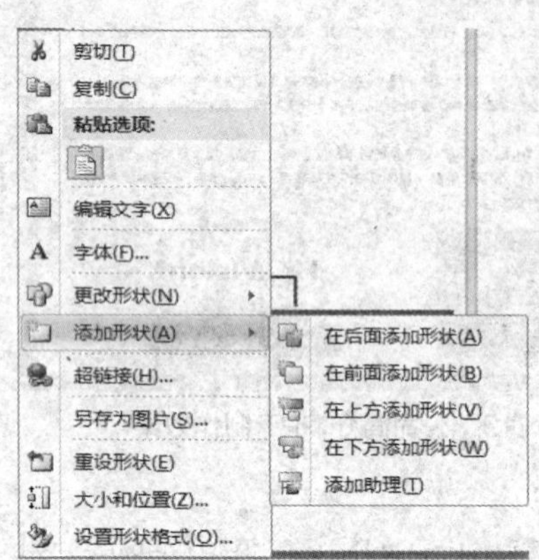

图 5-24　添加形状快捷菜单

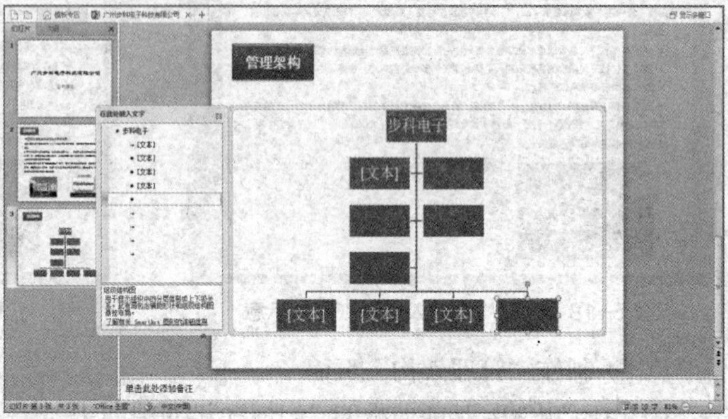

图 5-25　添加一个助理形状组织结构图

（6）单击组织架构图，在左侧依次输入各机构名称，并设置所有文本为“黑体”“20”“加粗”格式，效果如图 5-26 所示。

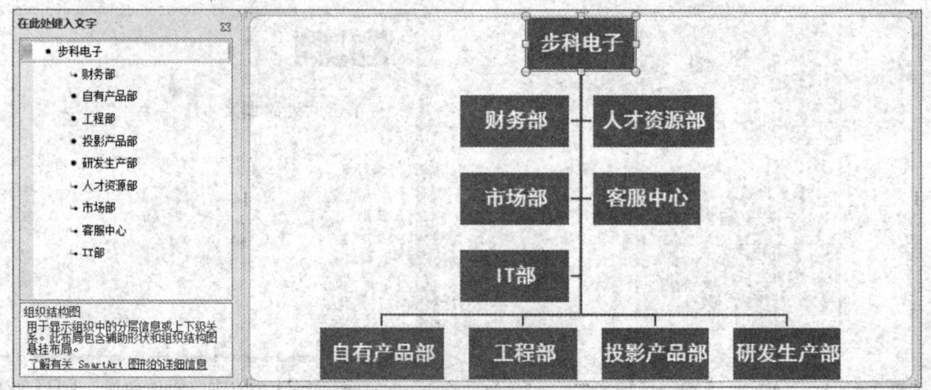

图 5-26　输入组织机构名称

（7）再次单击组织机构图，切换到“SmartArt 工具”→“设计”功能面板，如图 5-27 所示。

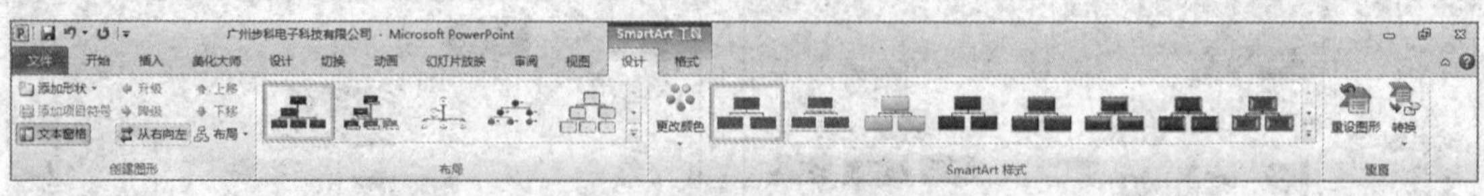

图 5-27　Smart 工具设计功能面板

（8）在“SmartArt 样式”功能区的右侧单击“其他”按钮，弹出如图 5-28 所示的 SmartArt 样式列表，在样式列表的“三维”样式中选择“优雅”样式，如图 5-29 所示。

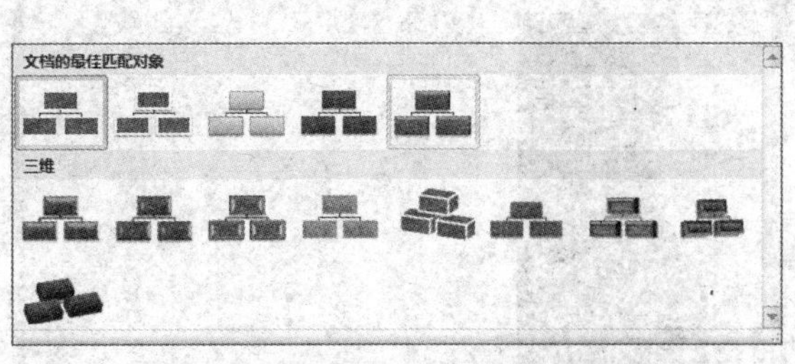

图 5-28 SmartArt 样式列表

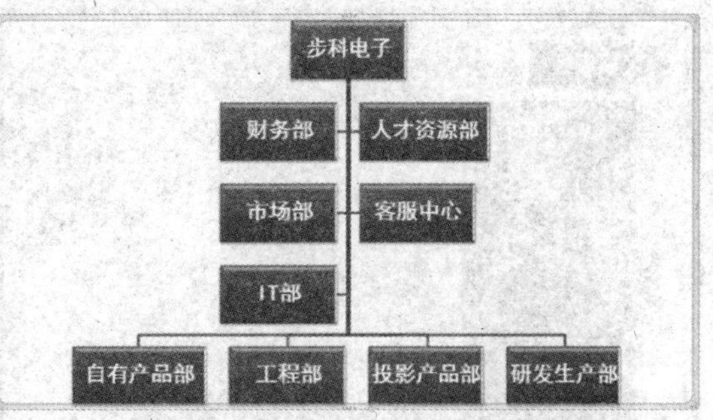

图 5-29 设置优雅效果组织结构图

（9）在“SmartArt 工具”→“设计”功能面板的“SmartArt 样式”功能区中单击“更改颜色”按钮，弹出如图 5-30 所示的颜色样式，在“彩色”类样式中选择“彩色范围-强调颜色 5 至 6”，效果如图 5-31 所示。

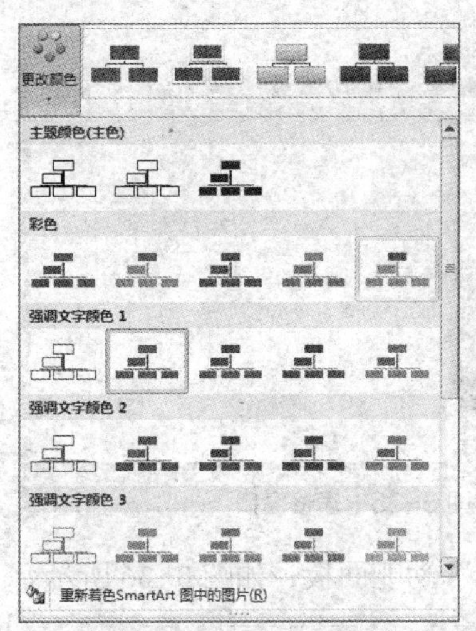

图 5-30 SmartArt 效果图

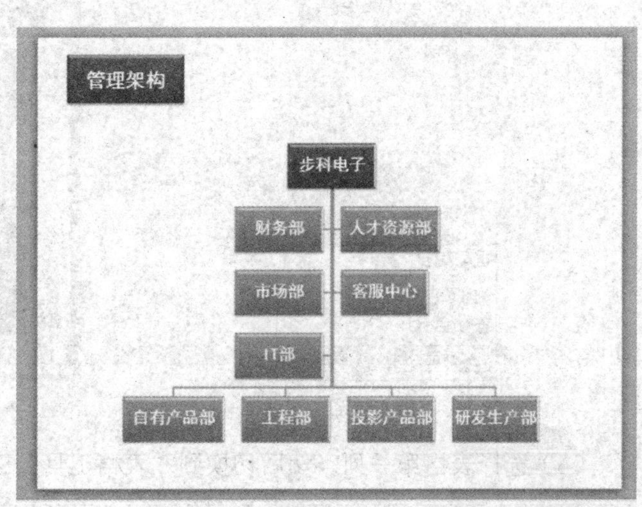

图 5-31 设置彩色颜色样式效果

（四）制作“发展历程”页

（1）切换到“开始”功能面板，在“幻灯片”功能区，单击图标 插入一张新幻灯片，选中该幻灯片，单击图标 版式，将该幻灯片的版式设置为空白。

（2）参照前述方法，在第四张幻灯片中输入标题“发展历程”，并设置标题文本框的样式。

（3）插入图片“图片 3”，设置图片的大小为宽度 6.5 厘米，锁定纵横比，并调整到合适位置；切换到“插入”功能面板，单击“插图”功能区的“形状”按钮，在“线条”列表中选择“箭头”，然后在图 3 左侧绘制一箭头，效果如图 5-32 所示。

（4）在“绘图工具”→“设计”功能面板的“形状样式”功能区中单击“形状轮廓”按钮，设置箭头颜色为标准色橙色，箭头样式设置为“箭头样式 5”，并选择设置“其他轮廓颜色”，弹出“颜色”对话框，设置“自定义”颜色模式“R:225，G：230，B：10”颜色值，单击“确定”按钮，效果如图 5-33 所示。

（5）切换到“插入”功能面板，在“表格”功能区单击“表格”按钮，在弹出的选项卡中单击“插入表格”选项，弹出如图 5-34 所示的“插入表格”对话框，输入 8 行 2 列，弹出如图 5-35 所示的表格。

图 5-32　插入图片和绘制箭头

图 5-33　设置箭头效果

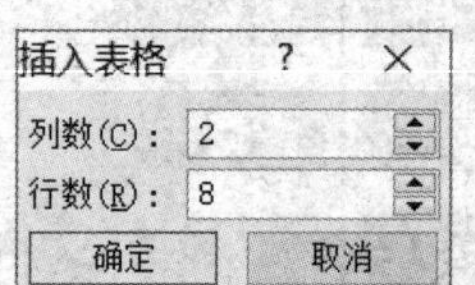

图 5-34　“插入表格”对话框

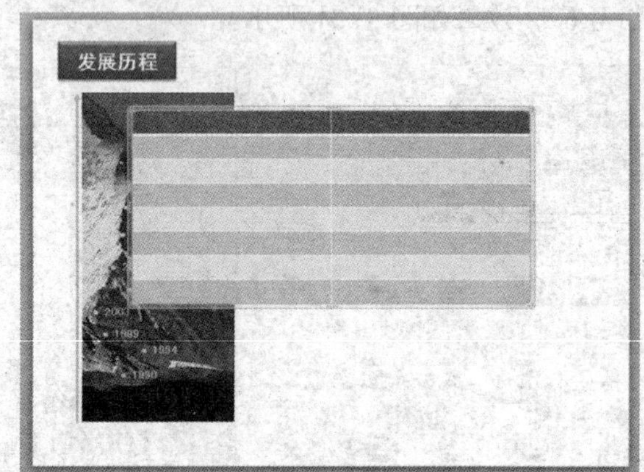

图 5-35　表格窗口

（6）选择表格第一列，然后切换到“表格工具”→“布局”功能面板，如图 5-36 所示。

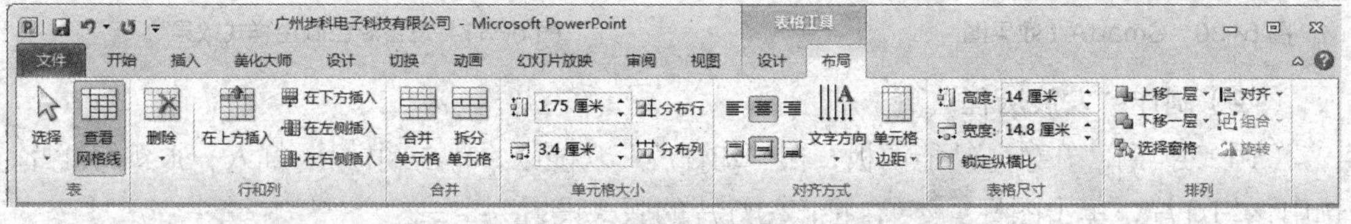

图 5-36　“表格工具”→“布局”功能面板

（7）在“表格尺寸”功能区中分别设置表格的行高为“1.75 厘米”，列宽为“3.4 厘米”；同行设置第二列列宽约为“11 厘米”，并适当调整表格位置与图片对齐，如图 5-37 所示。

（8）在表格中输入如图 5-38 所示的文字内容；再选中表格，设置字体为“宋体”“14”格式；在“表格工具”→“设计”功能面板的“表格样式”功能区右侧单击下拉箭头，在弹出的样式列表中选择“浅色样式 1，强调 6”样式，“发展历程”页制作效果如图 5-38 所示。

（五）制作“发展趋势”页

（1）插入一张空白幻灯片，按前述方法制作标题“发展趋势”。

（2）在“插入”功能面板的“插图”功能区中单击“图表”按钮，弹出如图 5-39 所示的“插入图表”对话框，选择“带数据标记的折线图”选项，单击“确定”按钮，弹出如图 5-40 所示的图表。

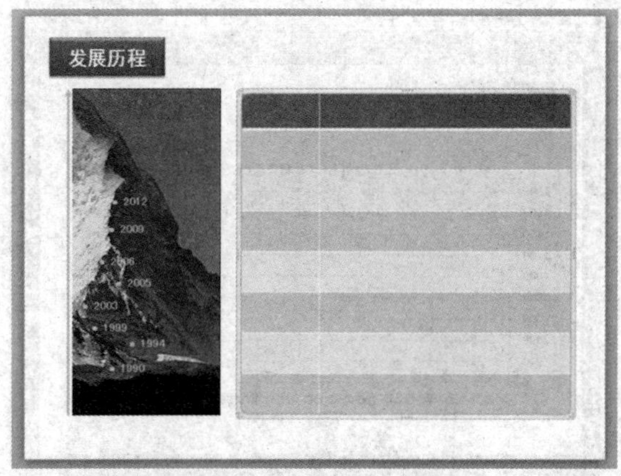

图 5-37　调整表格宽度示意图

图 5-38　设置表格样式效果图

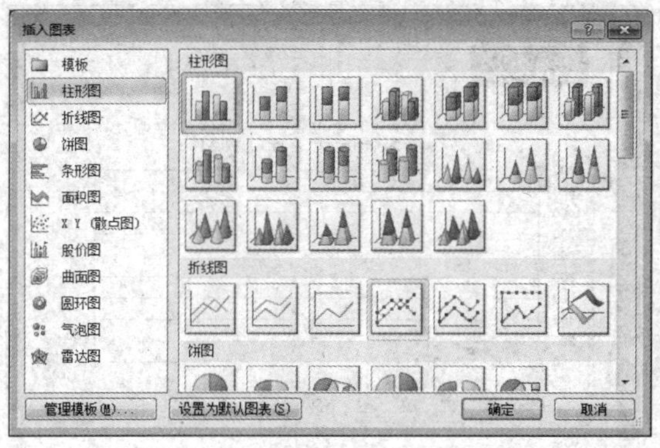

图 5-39　插入图表对话框

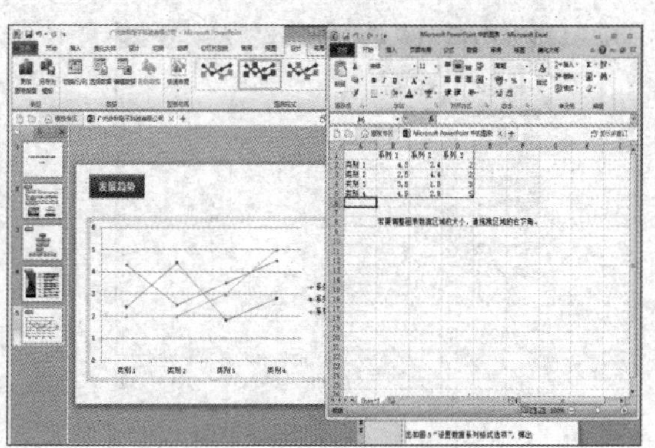

图 5-40　插入折线图及设置数据源

（3）打开“素材”文件夹中的“图表数据.xlsx”文件，将该表中的数据填入“Microsoft PowerPoint 中的图表”文件中的默认数据处，并调整图表数据区域，如图 5-41 所示。

文件　开始　插入　页面布局　公式　数据　审阅　视图

B14

	A	B	C	D	E	F	G	H	I	J	K
1		2002年	2003年	2004年	2005年	2006年	2007年	2008年	2009年	2010年	2011年
2	员工人数	18	25	31	43	56	94	151	312	326	300
3	销售额(十	23.2	98.5	302.1	596.6	697.8	754.9	1008.7	1325.2	1447	1617.5
4											

图 5-41　设置图表数据源

（4）关闭 Excel 窗口，生成如图 5-42 所示的折线图。

（5）单击折线图，单击“图表工具”→“设计”功能面板的“数据功能”功能区的“切换行/列”按钮；同时单击“图表工具”→“布局”功能面板的“图例”按钮，在弹出的图例显示位置列表中选择“在顶部显示图例”，则折线效果如图 5-43 所示。

（6）选中蓝色折线，右键单击，在弹出的快捷菜单中选择“设置数据系列格式”命令，弹出如图 5-44 所示的“设置数据系列格式”对话框。

（7）在“设置数据系列格式”对话框的“系列选项”选项卡中选择“次坐标轴”单选按钮，生成的折线图如图 5-45 所示。

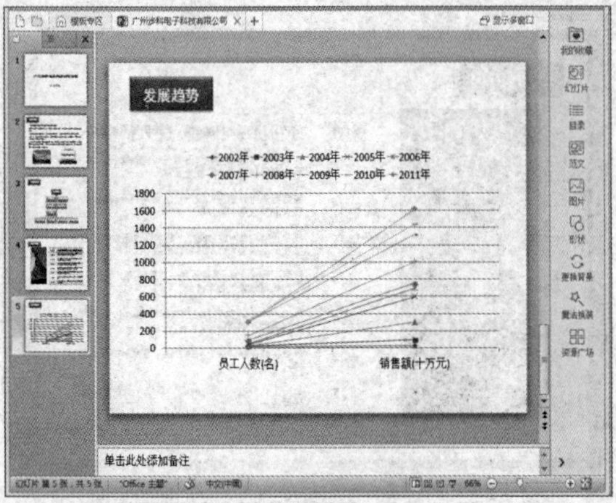

图 5-42　编辑数据源后生成的折线图

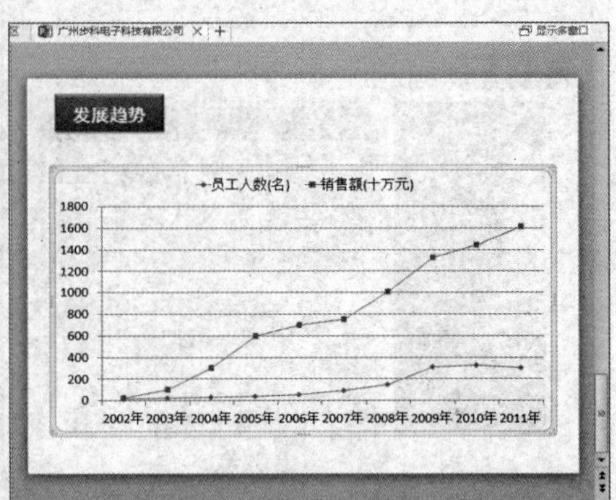

图 5-43　设置折线行列切换及图例位置

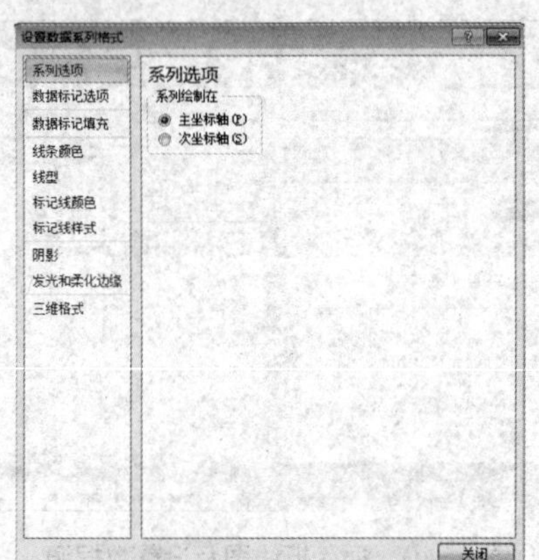

图 5-44　设置数据系列格式

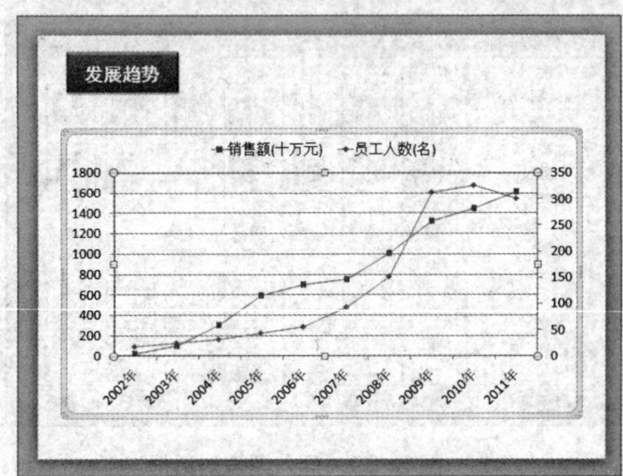

图 5-45　设置次坐标轴后的折线图

（8）右键单击折线图“绘图区”，在弹出的快捷菜单中选择“设置绘图区格式”命令，弹出如图 5-46 所示的“设置绘图区格式”对话框。根据图 5-46 进行“填充”选项设置，在“填充”下选择“渐变填充”；单击渐变光圈的“停止点 1”图标，然后单击“颜色”填充按钮选择“橙色，强调文字颜色 6，淡色 40%”，同时将“停止点 3”设置为与“停止点 1”同样的颜色；再设置“停止点 2”颜色为“白色背景 1”，则设置完成后折线图效果如图 5-47 所示。

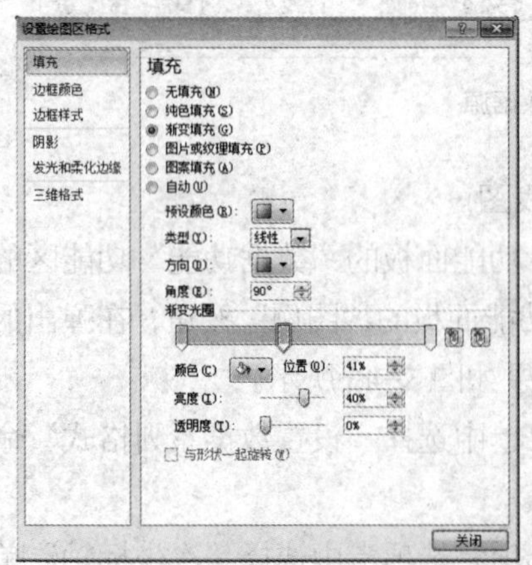

图 5-46　“设置绘图区格式”对话框

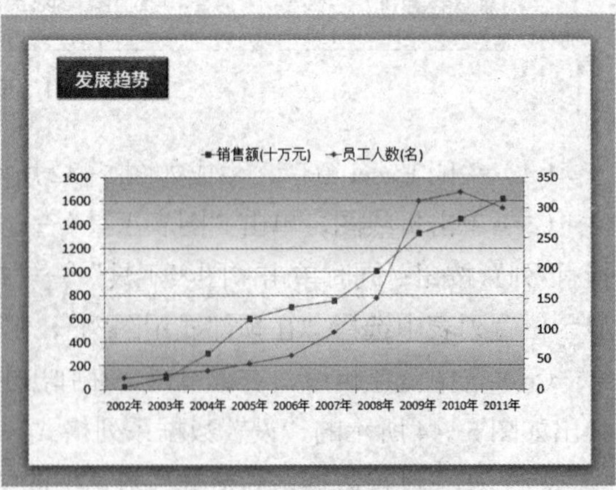

图 5-47　折线图最终效果图

（六）制作“公司战略”页面

（1）插入一张空白幻灯片，按前述方法制作标题“公司战略”。

（2）单击“插入”功能面板“插图”功能区中的“形状”按钮，绘制“矩形”自选图形；在“绘图工具”→“格式”功能面板的“大小”功能区中设置矩形宽度13厘米，高度2厘米；在“形状样式”功能区中单击“形状填充”按钮，在弹出的填充颜色选项中设置形状填充色为标准色红色；单击“形状轮廓”按钮，在弹出的选项中选择“无轮廓”。

（3）右键单击形状，在弹出的快捷菜单中选择“编辑文字”命令，在形状框内输入文字内容“为海内外行业用户创造全新应用价值”，并设置文字格式为“黑体”“白色”“20”“加粗”，调整红色矩形形状位置大致居于PPT中间位置，效果如图5-48所示。

（4）插入横排文本框，输入如图5-49所示的文本内容，并设置字体格式为“黑体”“14”，并设置“亲和顾客”及“持续创新、快速响应”字体颜色为标准色红色，效果如图5-49所示。

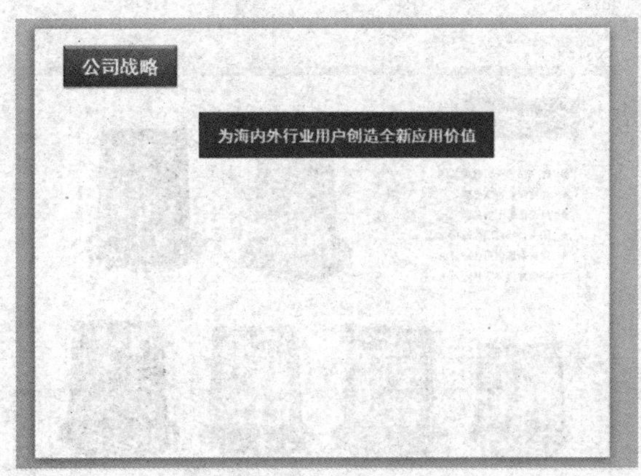

图5-48　公司战略制作效果1

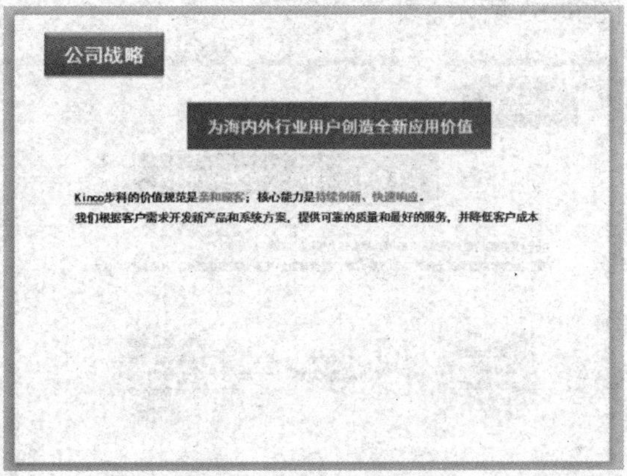

图5-49　公司战略制作效果2

（5）在“形状”功能区单击“椭圆”按钮，按住“Shift”键在页面空白处拖动鼠标画一个圆，设置宽度和高度均为4.5厘米，颜色为“茶色背景2 深色10%”，圆形轮廓为无轮廓；同时复制一圆形状，并调整位置如图5-50所示。

（6）右键单击左侧的圆形状，在弹出的快捷菜单中选择“编辑文字”命令，输入文字“一是壮大业已打造的多媒体显示应用平台”，设置字体格式“宋体”“14”。同样，在右侧的圆形状中输入文本“二是在平台基础上寻找并抓住快速增长的产业发展机会”，效果如图5-51所示。

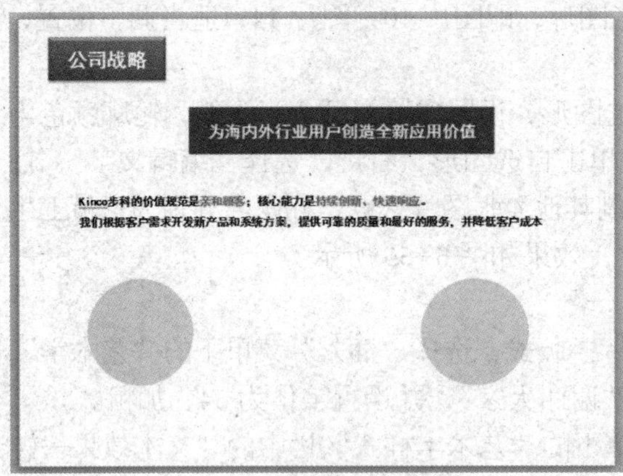

图5-50　公司战略制作效果3

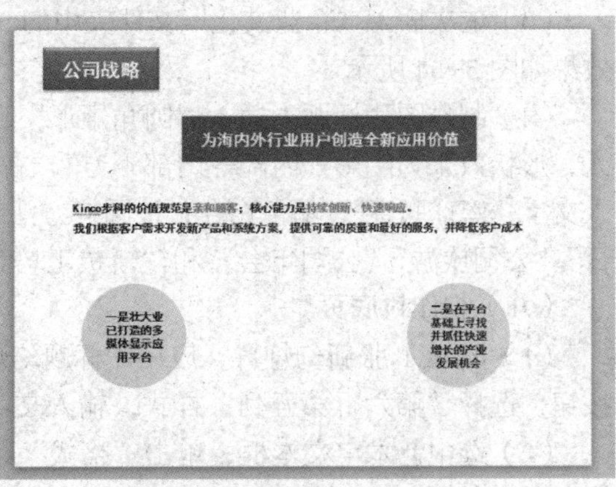

图5-51　公司战略制作效果4

（7）在两个圆形状中间添加一横排文本框，输入文字“两件战略大事”，设置字体格式为“黑体”“20”“加粗”“加阴影”“标准色红色”。

（8）从“两件战略大事”文本框分别绘制两个指向左右两侧的圆形箭头，并设置箭头为无轮廓，颜色为“茶色背景 2 深色 10%”，效果如图 5-52 所示。

（七）制作“荣誉资质”页

（1）插入一张空白幻灯片，按前述方法制作标题“荣誉资质”。

（2）分别插入横排文本框，打开“素材”文件夹中的“企业荣誉.txt”，将企业荣誉文本复制粘贴到文本框中，设置文字格式为“黑体”“14”“加粗”“1.5 倍行距”。

（3）选择文本框，在“开始”功能面板的“段落”功能区中单击“项目符号”，在样式列表中选择“带填充效果的大圆形项目符号”。

（4）插入荣誉资质证书的 6 张图片图片 4～图片 9，并适当调整图片大小和位置，效果如图 5-53 所示。

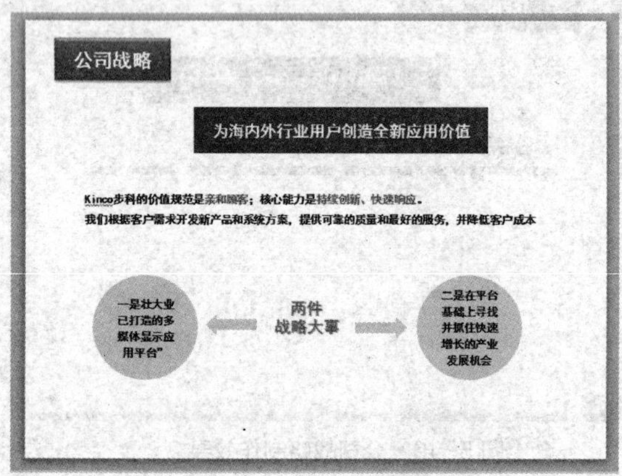

图 5-52　公司战略页制作效果

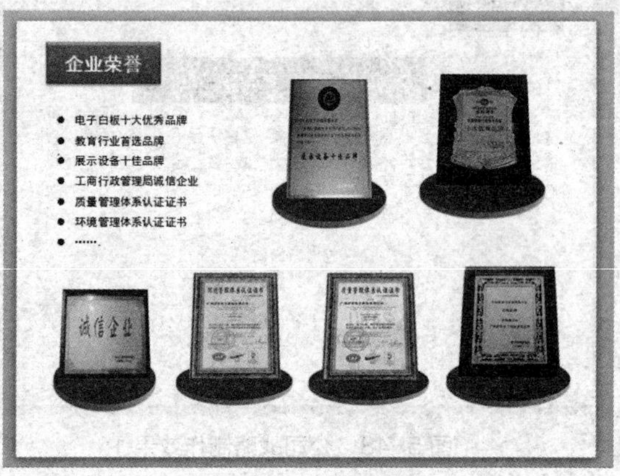

图 5-53　荣誉资质效果图

（八）制作“公司文化”页面

（1）插入一张空白幻灯片，按前述方法制作标题“公司文化”。

（2）绘制横排文本框，打开素材“公司文化.txt”，将文本内容复制到文本框，并设置格式为“宋体”“14”“加粗”“1.5 倍行距”，并设置“带填充效果的大圆形项目符号”项目符号。

（3）依次插入“企业文化”文件夹中的 5 张图片，即图片 10～图片 14，适当调整位置，效果如图 5-54 所示。

（4）制作图片标题。插入“圆角矩形”自选图形，设置“填充颜色为深红，轮廓颜色为无，形状效果为阴影—内部—内部下方”，右键单击自选图形，右键，选择“编辑文字”，输入文字“篮球联赛”，颜色白色；按同样方法绘制其他 4 张图片标题，标题名分别为“员工生日”“公司旅游”“公司年会”和“新员工培训”，效果如图 5-55 所示。

（九）制作封底页

（1）插入 1 张新幻灯片，应用“标题幻灯片”版式，选择“插入”菜单下的“艺术字”按钮，选择“第六行第五列”样式，输入文字“谢谢大家”，并设置字体为 54、加粗。

（2）选中艺术字文本框，单击“格式”菜单下的“艺术字样式”栏中的“文本效果—转换”弹出如图 5-56 所示。

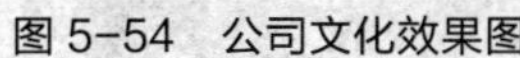

图 5-54 公司文化效果图

图 5-55 公司文化页制作效果

（3）在“转换”列表中选择“弯曲”样式的第 6 行第 2 列“朝鲜鼓样式”，艺术字的效果如图 5-57 所示。

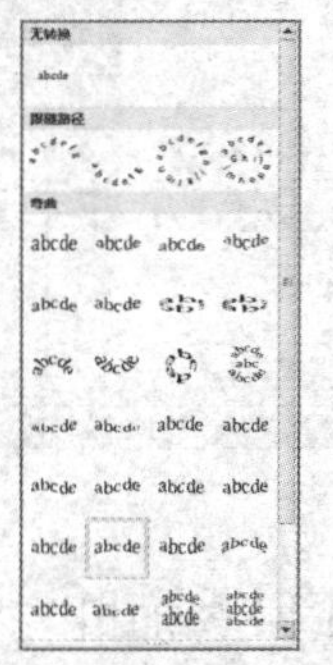

图 5-56 艺术字文本转换效果

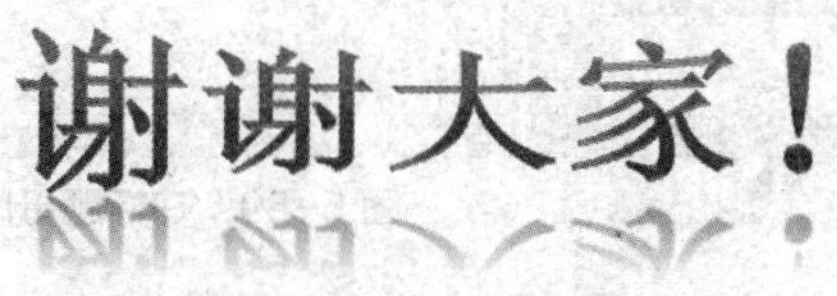

图 5-57 艺术字效果

（十）演示文稿母版应用

主题是系统已经设置好的模板背景，如果要制作更具有个性风格的演示文稿，可以利用母版来制作主题。

（1）单击“设计”功能面板中的“Office 主题”选项应用于所有幻灯片，即所有幻灯片均为主题样式。

（2）单击“视图”功能面板中的“幻灯片母版”按钮，弹出如图 5-58 所示母版版式窗口。

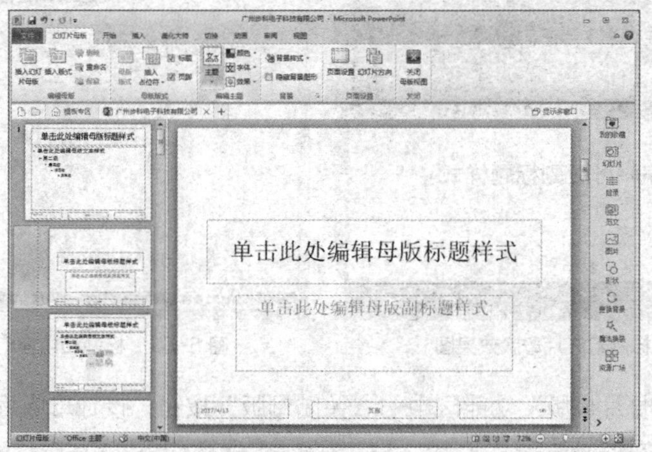

图 5-58 幻灯片母版设置

（3）选择“标题幻灯片”母版，首先对标题幻灯片设计，此时将鼠标指针置于标题幻灯片上时，会提示“标题幻灯片，版式由幻灯片 1 使用”。在“插入”功能面板“图像”功能区中单击“图片”按钮，插入母版文件夹中的图片“图片 15”，调整图片到合适大小，右键单击图片，在弹出的快捷菜单中选择“置于底层”→“置于底层”命令，效果如图 5-59 所示。

图 5-59　在标题母版中插入图片

（4）选中“单击此处编辑母版标题样式”文字，设置格式为“隶书”“加粗”“56”；选中“单击此处编辑母版副标题样式”文字，设置格式为“黑体”“加粗”“黑色”“36”。

（5）在页面底端插入“矩形”自选图形，设置矩形“填充色为标准色红色，形状轮廓为无轮廓”，效果如图 5-60 所示。

（6）选中“标题和内容版式”母版，插入图片“图片 16.png”，调整图片大小，效果如图 5-61 所示。

图 5-60　标题幻灯片母版效果图

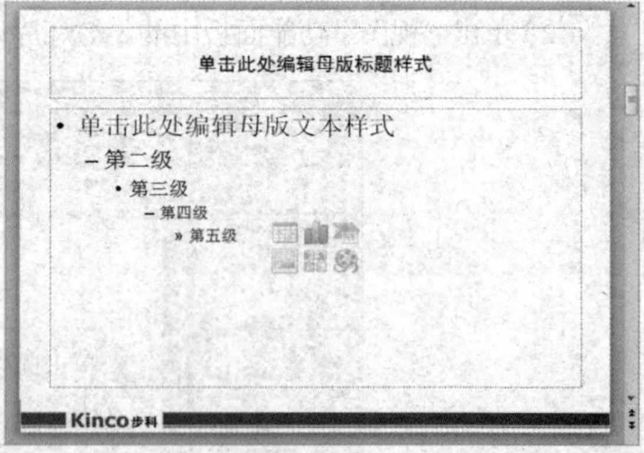

图 5-61　标题和内容幻灯片母版插入图片

（7）单击“幻灯片母版”功能区中的“关闭母版”按钮，设计母版后整个幻灯片制件完成，效果如图 5-62 所示。

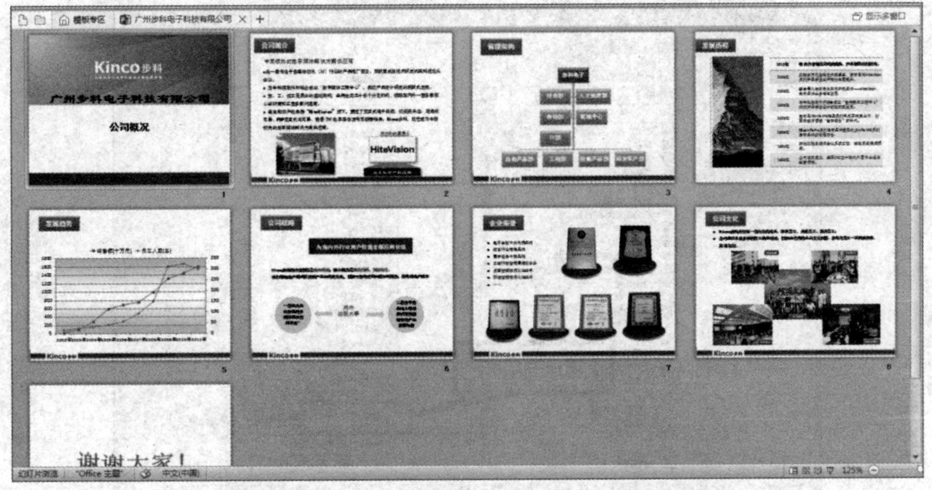

图 5-62 幻灯片浏览视图下公司介绍幻灯片制作效果

七、任务相关技能训练点导图

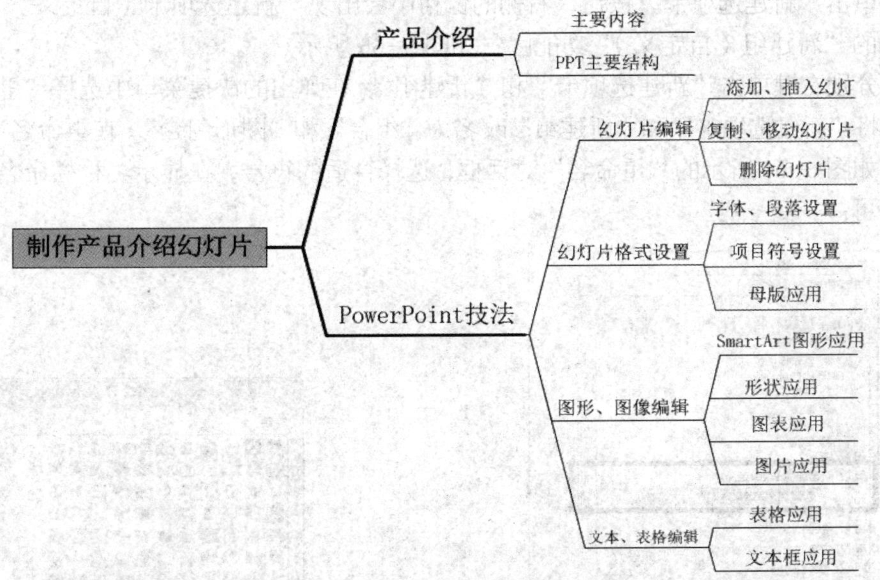

图 5-63 任务相关技能训练点导图

八、拓展技能训练

【图形组合应用】

PowerPoint2010 引入了一种功能，可以完成图形之间的焊接、裁剪、相交、简化，这种图形组合功能可以快速地建立想要的任意图形。

1. 在 PowerPoint 功能区添加图形组合组织功能区

PPT 自定义工具栏里并没有“组合形状”选项，用户可自行设置将组合形状相关功能按钮在工具栏显示。具体操作如下。

（1）单击“文件”按钮，单击“选项”按钮，弹出“PowerPoint 选项”对话框，单击左侧的“自定义功能区”按钮，如图 5-64 所示。

图 5-64 PowerPoint 选项对话框

（2）单击“新建选项卡”按钮，右侧的窗格中会出现“新建选项卡（自定义）”功能组，以及下属的“新建组（自定义）”功能区，如图 5-65 所示。

（3）分别右键单击“新建选项卡”和“新建组”，在弹出的快捷菜单中选择“重命名”命令，分别将“新建选项卡”和“新建组”改名为“组合”和“图形组合”。在重命名“新建组”时会弹出如图 5-66 所示的“重命名”对话框，选择合适的符号，在显示名称栏命名为“图形组合”即可。

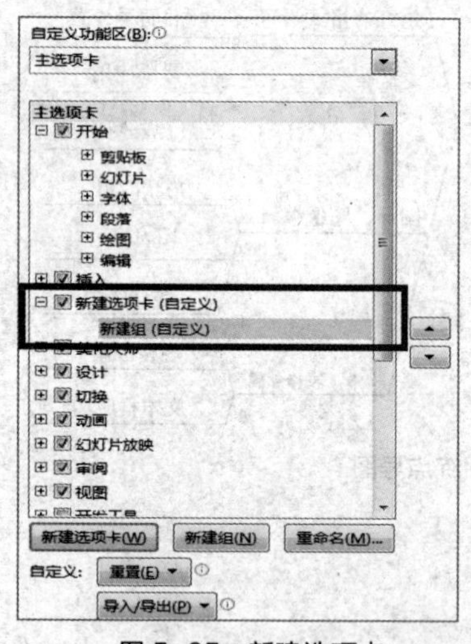

图 5-65 新建选项卡

图 5-66 重命名组

（4）在“自定义功能区”选项卡中单击“从下列位置选择命令”下拉列表框，选择“不在功能区中的命令”，同时选中右侧新建的“图形组合”组，然后在左侧窗格中找到“合并形状”系列命令，总共有 4 个，分别为“形状剪除”“形状交点”“形状联合”“形状组合”，单击“添加”按钮，分别将 4 个命令加入右侧的“图形组合”组，完成后效果如图 5-67 所示。

（5）单击“确定”按钮关闭“PowerPoint 选项”对话框，工具栏中即会多出一个“组合工具”选项卡，单击之后就能看到添加的“合并形状”命令按钮，如图 5-68 所示。

图 5-67　为自定义选项项添加命令项

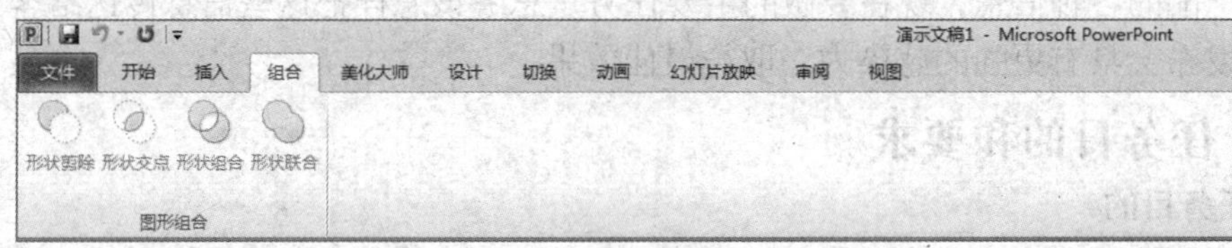

图 5-68　常用工具选项卡

2．绘制形状组合示例

（1）绘制如图 5-69 所示的第一行的 3 组圆形状，两两位置分别为“相交”“相离”和“包含”。

（2）单击“组合”功能面板“图形组合”功能区中的“形状组合”按钮，将两个以上的图形组合成一个图形，如果图形间有相交部分，则会减去相交部分，效果如图 5-69 所示。

（3）单击“形状联合”按钮，不减去相交部分，如图 5-70 所示。

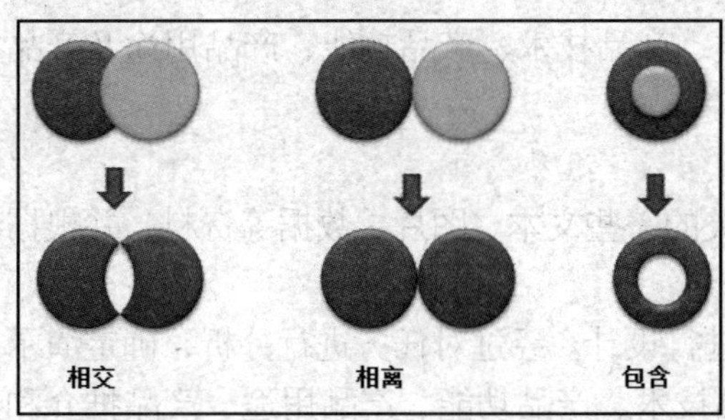

图 5-69　形状组合示例

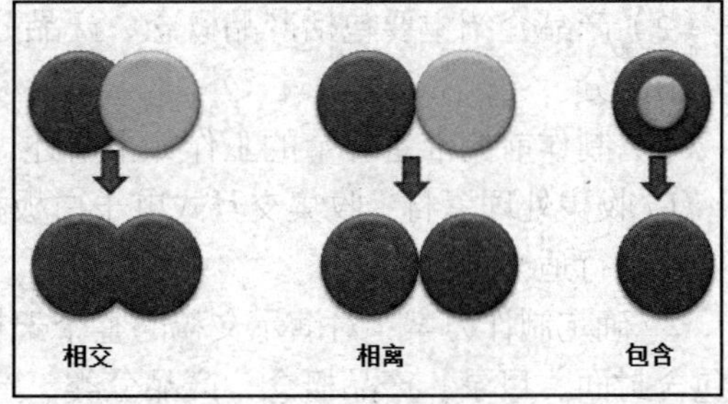

图 5-70　形状联合示例

（4）单击“形状交点”按钮，保留形状相交部分，其他部分一律删除，如图 5-71 所示。

（5）单击“形状剪除”按钮，把所有叠放于第一个形状上的其他形状删除，保留第一个形状上的未相交部分，如图 5-72 所示。

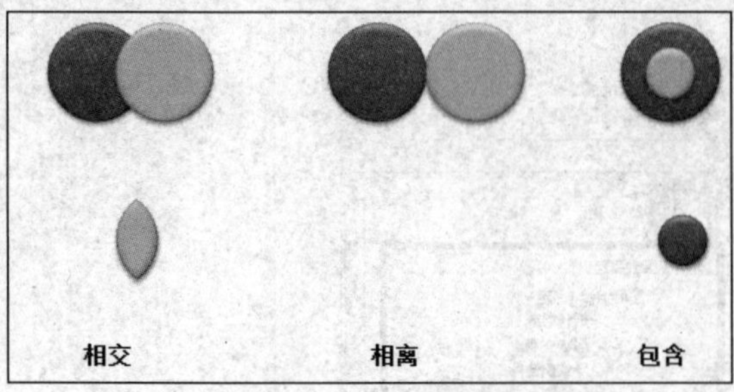

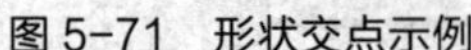
图 5-71　形状交点示例

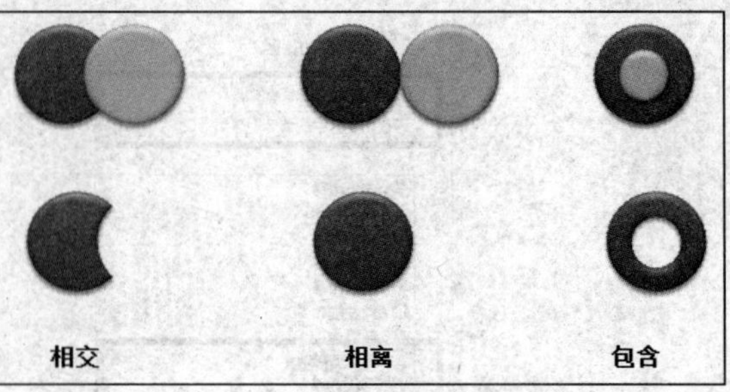

图 5-72　形状剪除示例

任务 2　产品介绍幻灯片制作

一、任务背景

小李是步科电子科技有限公司产品研发部的一名职员，主要负责产品的设计和开发。目前，公司有意向市场推出一款新研发的产品——交互式电子白板，为了让客户能够更全面认识这款产品的新特性，经理让小李准备一份介绍交互式电子白板的演示文稿。小李已经掌握了大量该产品的各种信息，现在要做的主要任务是思考该怎样把这些信息传达给客户，并使本次产品发布会具有更强的感染力，取得最佳效果。

二、任务目的和要求

1．任务目的

（1）能够熟练运用幻灯片切换功能。

（2）能够熟练使用超链接。

（3）能够对文字、图片、自选图形、文本框等元素做动画方案的设计。

（4）能够熟练放映演示文稿。

2．任务要求分析

（1）交互式电子白板是公司新研发出来的一款产品，目前市场部正准备把该产品正式的推向市场，投入使用，但是大部分客户对该产品的特性及功能不了解，产品研发部的工作人员需要将该产品的功能特点及时有效地传达给用户。

（2）产品介绍主要包括产品概念、产品分类、产品技术、产品功能、产品用途及产品推介几个部分。

（3）制作前的准备环节的工作如下所述。

① 收集处理素材：收集交互式电子白板相关的一些文本、图片、数据等资料，并根据制作要求进行适当处理。

② 确定制作方案：对演示文稿的整个架构进行设计。经过对任务进行分析，确定演示文稿包含封面、目录、产品概念、产品分类、产品技术、产品功能、产品用途、产品推介和封底等页面。确定幻灯片的动画效果，它可以使幻灯片上的文本、图形、图示、图表和其他对象具有动画效果，这样可以突出重点、控制信息流，并增加演示文稿的趣味性和感染力。

三、任务学时和相关工具

2 学时；计算机、Microsoft PowerPoint 2010 软件。

四、任务实施方案

（1）根据任务要求，梳理相关素材文件，提炼演示文稿的演讲内容。

（2）利用 PowerPoint 2010 制作产品介绍演示文稿。根据组织的内容，选择相应的版式，设计页面，利用主题、母版等来美化页面。

（3）幻灯片制作完成后，利用幻灯片切换、动画等功能来实现更好的演讲效果。

（4）设置放映方式，满足不同放映要求。

五、知识准备

（一）幻灯片放映方式

PowerPoint 2010 提供了很多演示控制方法，最常用的是幻灯片页面的演示控制，主要有幻灯片的定时放映、连续放映及循环放映。

（二）幻灯片放映类型

PowerPoint 2010 为用户提供了演讲者放映、观众自行浏览及在展台浏览 3 种不同的放映类型，供用户在不同的环境中选用。

1. 演讲者放映（全屏幕）

演讲者放映是系统默认的放映类型，也是最常见的放映形式，采用全屏幕方式。在这种放映方式下，演讲者现场控制演示节奏，具有放映的完全控制权。演讲中以根据观众的反应随时调整放映速度或节奏，还可以暂停下来进行讨论或记录观众的即席反应，甚至可以在放映过程中录制旁白。一般用于召开会议时的大屏幕放映、联机会议或网络广播等。

2. 观众自行浏览（窗口）

展览会上如果允许观众交互式控制放映过程，则采用这种方式比较适合，在标准窗口中观看放映，包含自定义菜单和命令，可便于观众自己浏览演示文稿。

3. 展台浏览（全屏幕）

用于自动全屏幕放映幻灯片，适合在无人看管的场合应用。在展会现场或会议中，如果展位、展台或其他地点需要运行无人管理的幻灯片，就可以将演示文稿设置为展台浏览的方式。演示文稿自动循环放映，观众能观看但不能控制。这种方式的演示文稿应事先进行排练。

六、任务实施

打开素材“产品介绍.pptx”，任务实施方案中（1）、（2）步骤已经完成，读者可以根据任务一的学习自行完成。本节任务主要是完成动画效果的实现和放映方式的设置，具体步骤如下。

（一）设置幻灯片切换效果

（1）选择第一张幻灯片，单击“切换”菜单项，显示如图 5-73 所示的“切换”功能面板。

图 5-73 切换功能面板

（2）选择“切换到此幻灯片”功能区中的“分割”效果；单击“效果选项”按钮，在弹出的如图 5-74 所示的效果选项列表中选择“中央向上下展开”效果选项。

（3）在“计时”功能区中单击“声音”下拉选项，弹出如图 5-75 所示的声音列表，选择“风铃”声音作为幻灯片在切换动画过程中播放的声音。

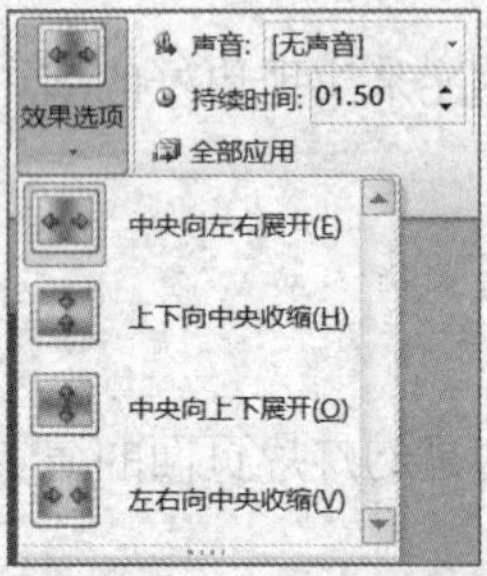

图 5-74　效果选项列表

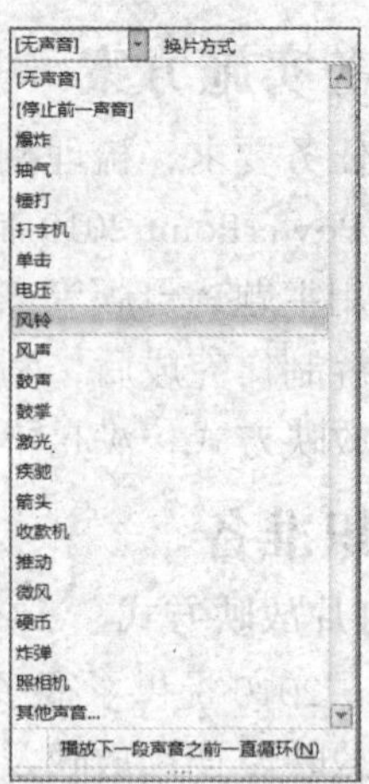

图 5-75　声音列表

（4）在“计时”功能区中的“持续时间”栏输入时间值，“时间”表示该动画播放持续的时间；单击“全部应用”按钮，所有幻灯片都应用当前切换动画，如每张 PPT 要求设置不同切换效果，不要单击“全部应用”按钮，需要对每张幻灯片切换的效果设置。

（5）在“计时”功能区中勾选“单击鼠标时”复选框，表示单击鼠标时才会切换放映不同幻灯片；如果要设置隔一定时间自动切换幻灯片，则勾选复选框，并设置时间值。

（二）动画效果

1．封面动画效果设置

（1）单击选择第一张幻灯片的标题文本框，单击“动画”菜单项，显示如图 5-76 所示的“动画”功能面板。

图 5-76　动画功能面板

（2）单击“动画”功能区样式列表右侧的下拉按钮，弹出如图 5-77 所示的动画类型列表，选择“更多进入效果”命令，弹出如图 5-78 所示的“更改进入效果”对话框，在“华丽型”列表栏选择“浮动”选项。

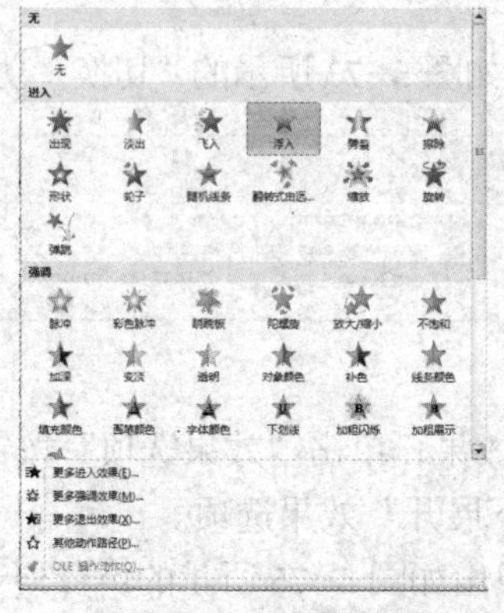

图 5-77　动画类型列表

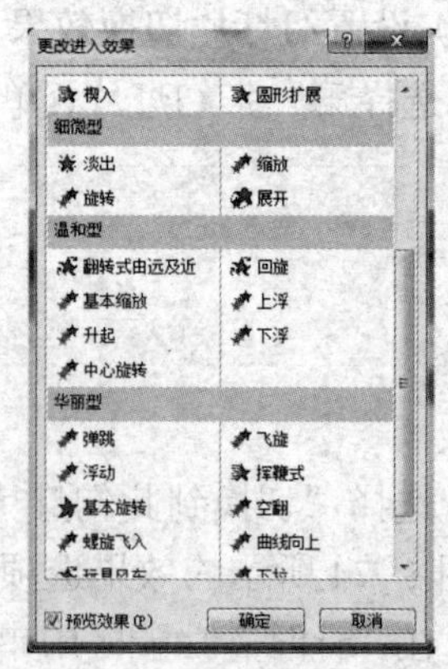

图 5-78　更改进入效果窗口

（3）单击“效果选项”按钮，选择“下浮”效果。

（4）动画共有 4 种类型，如图 5-79 所示，分别为“进入”“强调”“退出”“动作路径”。单击选中“交互式电子白板介绍”副标题，单击“高级动画”功能区的“添加动画”按钮，添加“进入”动画中的“随机线条”动画效果；选中“制作：Kinco 步科产品部”文本框，添加“进入”动画中的“擦除”动画效果。

（5）动画设置完成，在页面显示如图 5-80 所示，每个设置动画的对象会在其左上角显示有数字“1”“2”“3”，表示动画播放的顺序。

图 5-79　添加动画选项

图 5-80　首页动画设置效果

2．第二张幻灯片动画效果设置

（1）选中第二张幻灯片中的“交互式电子白板的概念”文本框，设置“浮入”动画。

（2）选中“交互式电子白板是一种人机交互设备……”文本框，设置“随机线条”动画，在“效果选项”中选择“序列”为“按段落”发送。

（3）选中“图片”，设置动画效果“棋盘”，在“计时”功能区中选择当前动画开始的时间为“上一动画之后”，如图 5-81 所示。

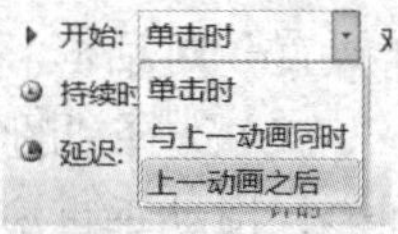

- 单击：动画在单击幻灯片时播放。
- 与上一动画同时：动画在前一动画播放的同时启动。
- 上一动画之后：动画在上一动画播放完成后立即播放。

图 5-81　动画开始时间

3．第 3～24 张幻灯片动画效果设置

灯片中的任何元素都可以使用自定义动画，读者可以自行设置第 3～24 张幻灯片，为幻灯片添加更丰富的动画效果。

（三）超链接的设置

为了让演示文稿的条理更清晰，可以给幻灯片添加一页目录幻灯片。

（1）选中第一张幻灯片，右键单击，在弹出的快捷菜单中选择“新建幻灯片”命令。

（2）选中新建的幻灯片，右键单击，在弹出的快捷菜单中选择“版式”命令，弹出如图 5-82 所示的默认设计模板对话框。

（3）选择“空白”模板，并对当前幻灯片进行制作编辑，效果如图 5-83 所示。

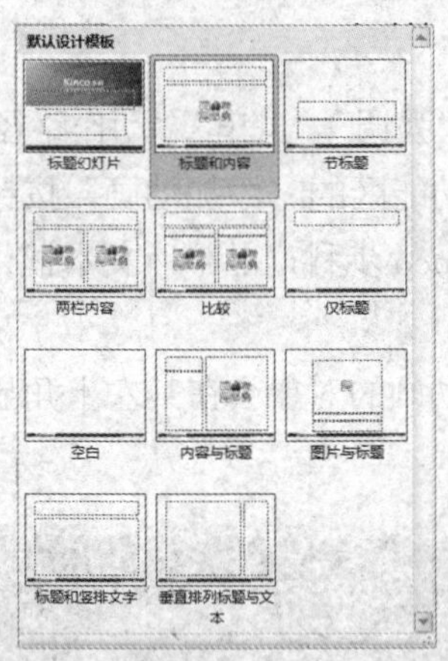

图 5-82　选择空白幻灯片模板

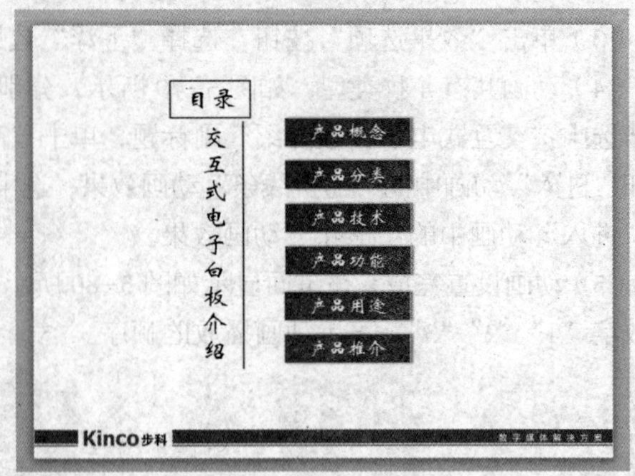

图 5-83　制作目录页效果

（4）选中“产品概念”文本框，选择“插入”菜单项，在“链接”功能区单击“超链接”按钮，弹出如图 5-84 所示的“插入超链接”对话框。

（5）在“插入超链接”对话框“链接到”列表框中选择“本文档中的位置”项，在“请选择本文档中的位置”栏中选择“幻灯片 3”，如图 5-85 所示；单击“确定”按钮返回。

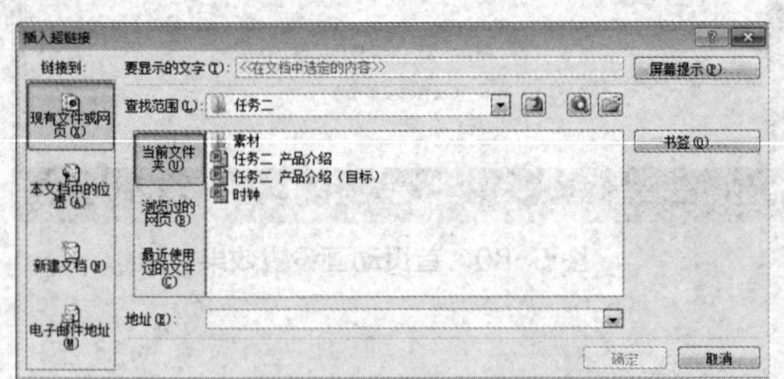

图 5-84　插入超链接对话框

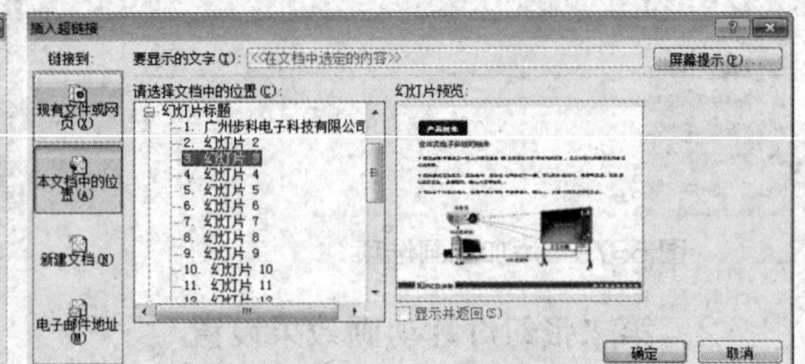

图 5-85　插入链接本文档中幻灯片

（6）选中“产品概念”所在的第 3 张幻灯片，单击“插入”菜单下的“形状”→“动作按钮”→“上一张”按钮，在幻灯片右下角绘制一个动作按钮，将弹出如图 5-86 所示的“动作设置”对话框。

（7）选择“超链接到幻灯片”选项右侧的下拉按钮，弹出如图 5-87 所示的下拉链接选项列表，拖动垂直滚动条，选择“幻灯片…”列表项。

（8）弹出“超链接到幻灯片”对话框，选择“幻灯片 2”选项，单击“确定”按钮返回。

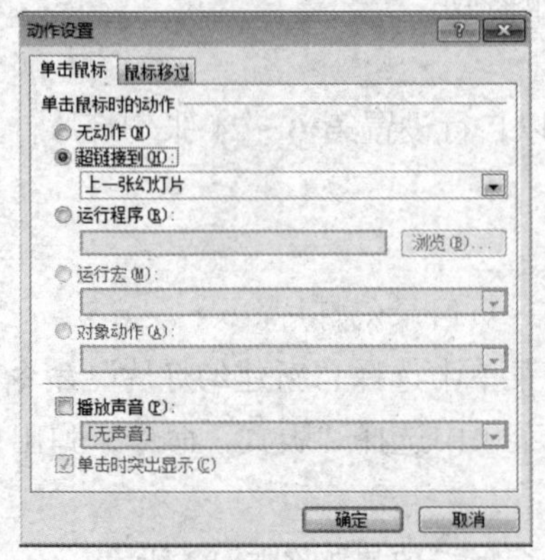

图 5-86　动作设置

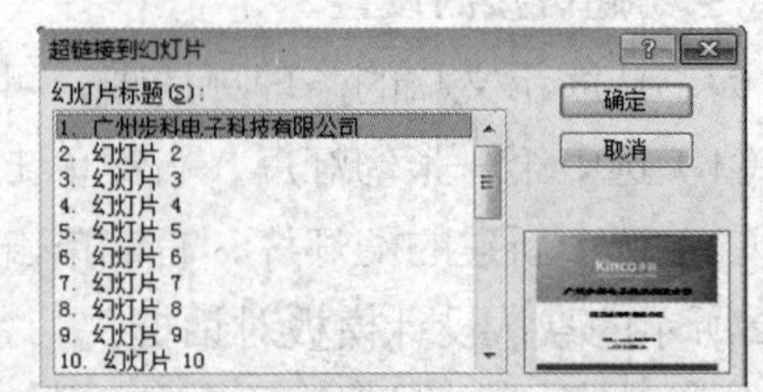

图 5-87　设置动作按钮超链接到幻灯片

（9）单击“上一张”按钮，选择“绘图工具”→“格式”菜单下的“形状样式”中的“形状轮廓”按钮，在弹出的颜色样式中选择“黑色，强调文字颜色 4”，效果如图 5-88 所示。

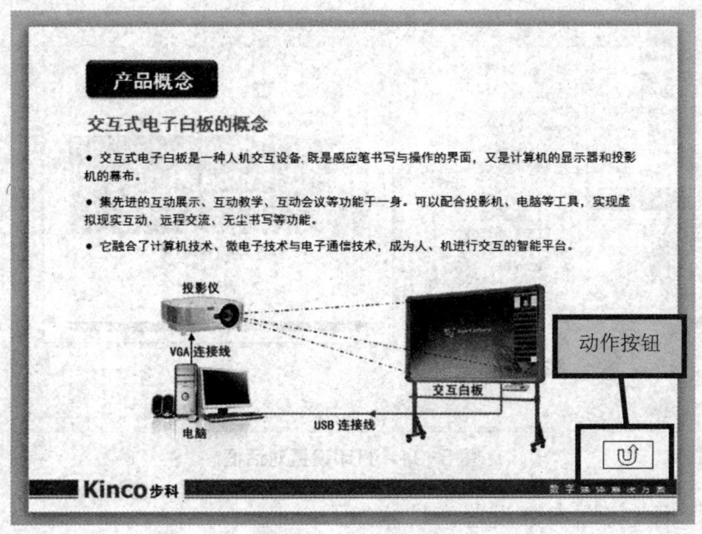

图 5-88　按钮样式

（10）按照上述操作步骤，依次将目录中的标题链接到相应幻灯片页面，并制作返回按钮返回到目录页。

（四）放映方式的设置

（1）单击“幻灯片放映”菜单项，显示如图 5-89 所示的功能面板。

（2）在“幻灯片放映”功能面板“开始放映幻灯片”功能区中单击“从头开始”按钮，或者直接按“F5”键，幻灯片开始放映。

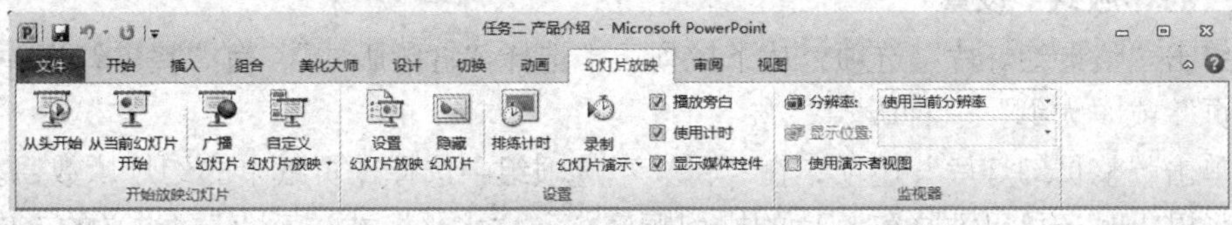

图 5-89　幻灯片放映功能面板

（3）单击“从当前幻灯片开始”按钮，或者按“Shift+F5”组合键，幻灯片从当前幻灯片开始播放。

（五）设置打印演示文稿的页面格式

单击“设计”功能面板中的“页面设置”按钮，弹出“页面设置”对话框，如图 5-90 所示。

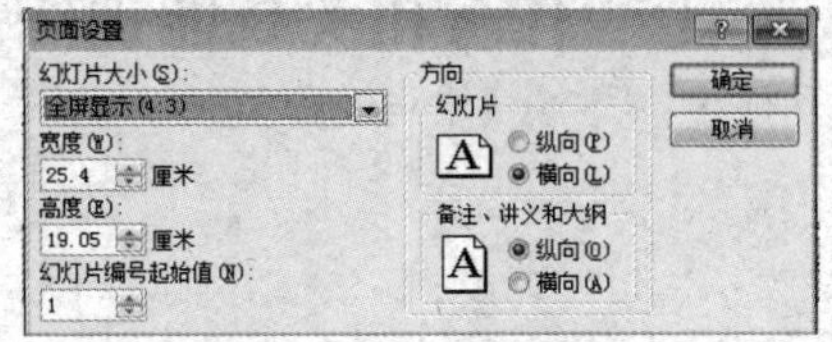

图 5-90　页面设置

说明：（1）“幻灯片大小”下拉列表中有 10 种已事先设置好的幻灯片大小的选项，用户可选择其中任何一种。

（2）“幻灯片编号起始值”文本框中的数值决定了幻灯片的起始编号。

（3）在 Power Point 2010 中，可设置两种不同的幻灯片方向，一种用于幻灯片，另一种用于演讲者备注、讲义和演示文稿大纲。利用这些设置值，可按横向打印幻灯片，而按纵向打印演讲者备注和讲义。

（六）打印演示文稿

选择“文件”→“打印”命令，弹出“打印”对话框，如图 5-91 所示。

图 5-91　打印设置对话框

在页面可进行相关打印参数设置，具体如下。

1．“打印范围”设置

- 如果要打印整个演示文稿，则选择“打印全部幻灯片”选项。
- 若只打印显示在幻灯片视图中的那张幻灯片，则选择“当前幻灯片”选项。
- 要打印选择的幻灯片，则选择“自定义范围”选项，并在“幻灯片”文本框中输入要打印的幻灯片的编号。非连续的幻灯片编号用“，”隔开。连续幻灯片第一个和最后一个编号间用短线（-）隔开。例如，要打印第 1 张、第 3 张到第 5 张幻灯片，则在“幻灯片”文本框中输入“1，3-5”。

2．“打印版式”设置

- 单击“整页幻灯片”选项，从下拉列表中选择“打印版式”，有“整页幻灯片”“备注页”或“大纲”三种版式。
- 单击“整页幻灯片”选项，在“讲义”选项组中选择一页纸上的幻灯片数目。选择 4 张以上时还可以选择幻灯片的排列顺序——“水平”或“垂直”。讲义的方向由“页面设置”对话框中“方向”选项组的设置值决定。
- 设置完成后，单击“打印”按钮，或者直接按“Ctrl+P”组合键。

七、任务相关技能训练点导图

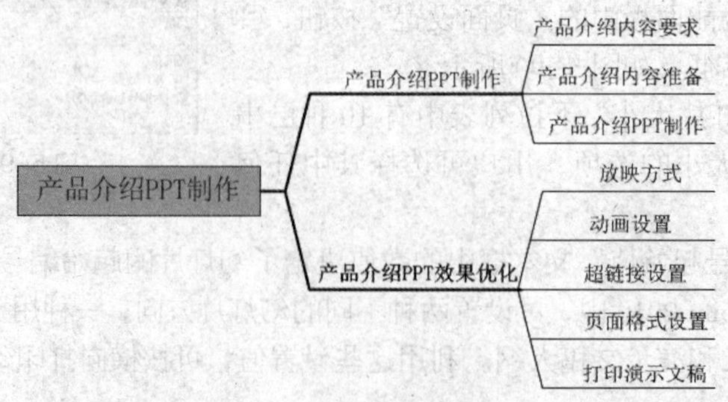

图 5-92　任务相关技能训练点导图

八、拓展技能训练

【幻灯片的排练计时应用】

在 PowerPoint 2010 中，使用排练计时可以在全屏的方式下放映幻灯片，将每张幻灯片播放所用的时间记录下来，以便将其用于手动放映幻灯片。

（1）选择第一张幻灯片，切换到“幻灯片放映”功能面板，单击“设置”功能区中的“排练计时”按钮，此时幻灯片将启动自动放映程序，并开始计时，排练幻灯片放映将需要的时间，如图 5-93 所示。

（2）用户可以通过单击来设置动画的出场时间，最后一张幻灯片时单击后，会弹出提示信息框，如图 5-94 所示。

图 5-93　启动排练计时的时候自动放映幻灯片

图 5-94　排练计时提示窗

（3）单击“是”按钮可进入“幻灯片浏览”视图，且每张幻灯片的左下角出现该张幻灯片的放映时间，如图 5-95 所示，在“幻灯片浏览”视图中，每张幻灯片左下角显示的时间即为幻灯片排练演示时间。

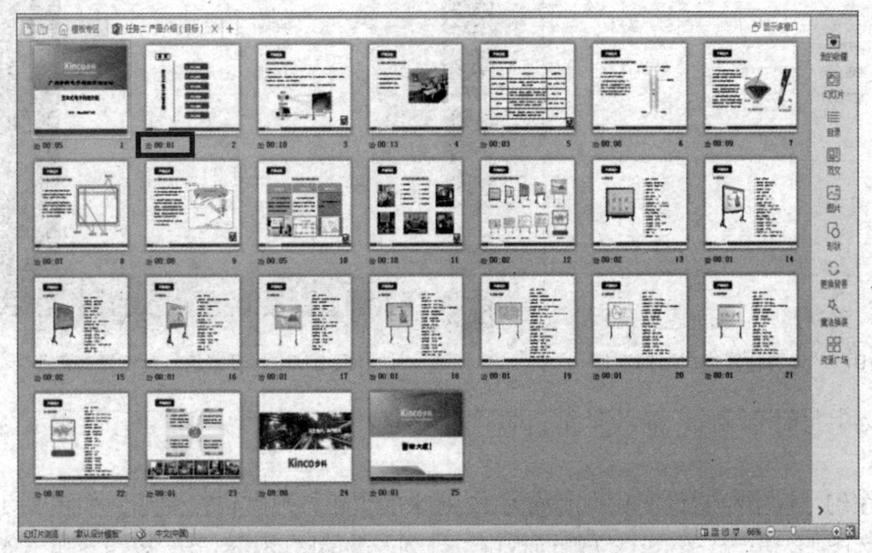

图 5-95　各幻灯片排练计时所需时间示例

（4）单击视图栏中的“幻灯片放映”按钮，幻灯片将进入放映视图中，并且按照排练计时的时间自动播放。

【时钟倒计时效果制作】

下面以“时钟”的制作为例，来进一步说明 PowerPoint 2010 动画的运用。

本案例最后展示的动画效果是幻灯片自动放映，从数字 5 开始倒计时到数字 1，制作完成后的效果如图 5-96 所示。这样的一个简短动画一般可以作为片头使用。

图 5-96　时钟倒计时

具体操作如下。

（1）选择“视图”→“母版”→“幻灯片母版”命令，在左边的任务窗口中选择“Office 主题幻灯片母版”幻灯片，右键单击，在弹出的快捷菜单中选择“设置背景格式”命令，弹出如图 5-97 所示的“设置背景格式”对话框。

（2）单击“填充”选项卡，选中“纯色填充”单选按钮，将“填充颜色”设置为“黑色文字 1”样式，如图 5-98 所示，最后单击“全部应用”按钮。

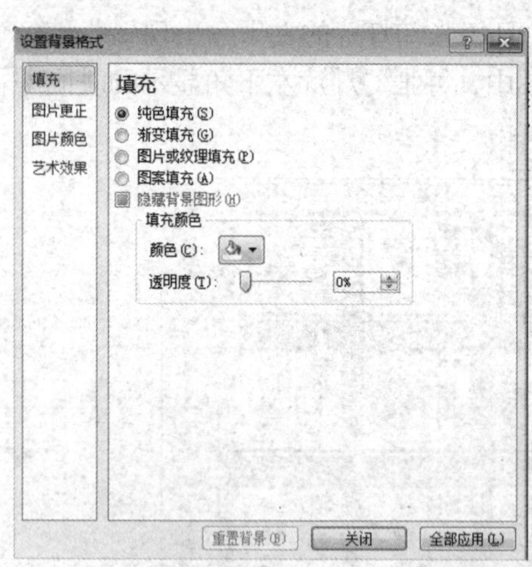

图 5-97　“设置背景格式”对话框

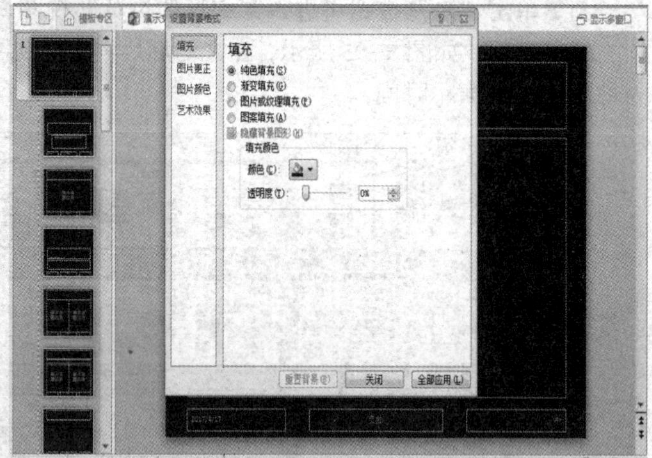

图 5-98　设置幻灯片背景颜色

（3）选中当前幻灯片，插入图片“pic1”，调整其位置和大小，如图 5-99 所示，关闭母版视图。

（4）在幻灯片中绘制宽度和高度均为 12 厘米的“正方形”自选图形，如图 5-100 所示。选中该自选图形，单击“格式”功能面板中“排列”功能区的“对齐”按钮，弹出如图 5-101 所示的对齐方式列表。

（5）分别在快捷菜单选择“左右居中”和“上下居中”命令，使绘制的矩形自选图形位于幻灯片中心位置。

图 5-99 在幻灯片母版中插入图片示例

图 5-100 绘制矩形图形

（6）在“视图”功能区中勾选“网格”复选框；以矩形中点绘制两条交叉的直线，并设置为白色，效果如图 5-102 所示。

图 5-101 设置矩形的对齐方式

图 5-102 显示 PPT 网格效果

（7）在“插入”功能面板的“插图”功能区中单击选择“形状”的“椭圆”形状，同时按住“Ctrl+Shift”组合键绘制一个圆形，宽度和高度均为 10 厘米；设置圆形填充色为“白色背景 1 深色 15%”；并设置圆“上下居中”和“水平居中”，效果如图 5-103 所示。

（8）在第一个圆的基础上复制一个圆形，宽度和高度均设置 8 厘米，颜色填充为白色，边框设置为无颜色，如图 5-104 所示。

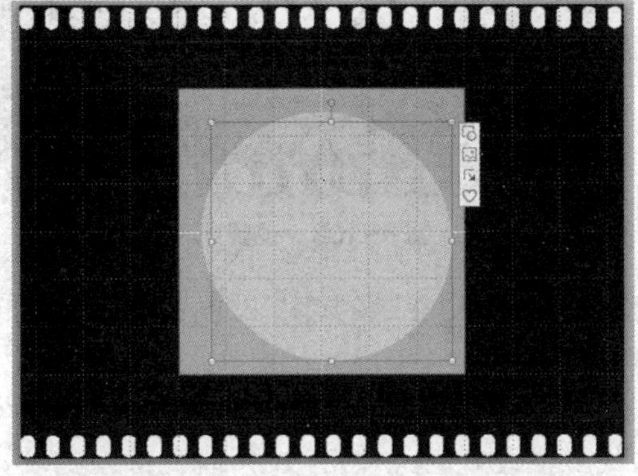

图 5-103 绘制一个圆形

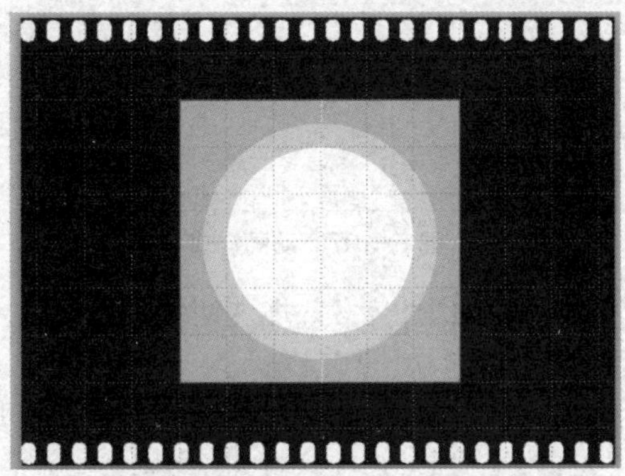

图 5-104 复制并设置第 2 个圆形效果

（9）同时选中两个圆形状，选择“绘图工具”→“格式”命令，在排列“排列”功能区单击“组合”按钮，将两个圆形组合在一起，设置填充颜色为黑色，无边框效果，如图 5-105 所示。

（10）插入自选图形“上箭头”，填充颜色、轮廓颜色均设置为黑色，箭头高度为 4 厘米，宽度为 0.4 厘米；同时插入一个高度和宽度均为 8 厘米的椭圆自选图形，轮廓颜色为无，填充颜色为白色；选中这两个自选图形，右键单击，在弹出的快捷菜单选择“组合”命令，使两个对象组合为一个对象，如图 5-106 所示。

图 5-105　两个圆形组合效果

图 5-106　时钟指针效果

（11）选择绘制的箭头组合形状，选择“动画”菜单项，单击动画样式列表右侧下拉箭头，在弹出的动画样式列表的“强调”栏，选择“陀螺旋”动画样式，如图 5-107 所示。

（12）单击“效果选项”按钮，选择“完全旋转”选项；在“计时”功能区的“开始”栏单击下拉箭头，在列表中选择“上一动画之后”选项。

（13）插入一文本框，设置无填充颜色无轮廓，添加文本，输入数字“5”，格式为字体“Arial”、字号“200”、黑色“加粗”，完成后如图 5-108 所示。

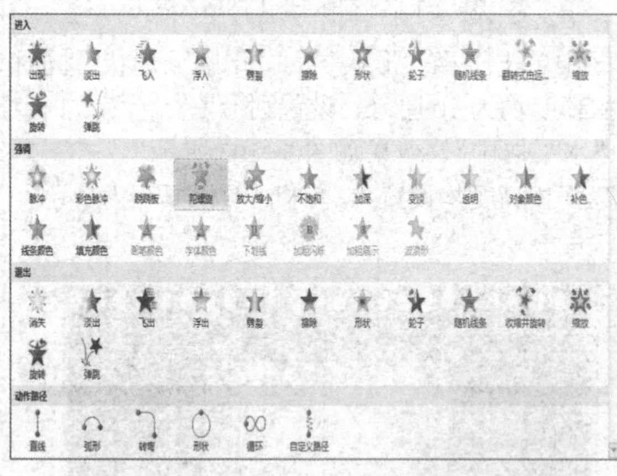

图 5-107　动画样式

图 5-108　设置计时数字

（14）选中幻灯片，选择“切换”菜单项，在“计时”功能区勾选“设置自动换片时间”，换片时间设置为 0。

（15）将幻灯片复制生成其他 4 张新幻灯片，并分别将第 2～4 张幻灯片中的数字更改为“4”“3”“2”“1”，并且这 4 张幻灯片的换片方式声音设置为“捶打”，其他设置不变，如图 5-109 所示。

（16）再次复制生成第 6 张幻灯片，删除其他形状，保留矩形形状，并绘制高度为 12 厘米，宽度为 0.65 厘米的矩形条 1 和矩形条 2 效果，如图 5-110 所示。

图 5-109 生成数字 5-1 各一张幻灯片

图 5-110 第六张幻灯片效果

（17）在第 6 张幻灯片中插入文本框，输入文字“GO”，格式为字体“Arial”、字号“160”、黑色加粗，如图 5-111 所示。

（18）选中“矩形条 1”，选择“动画”菜单项，单击动画样式列表右侧的下拉箭头，在弹出的动画样式列表的“动作路径”栏选择“直线”动画样式，选中红色箭头，调整直线方向，动画开始时间为“上一动画之后”开始，如图 5-112 所示。

图 5-111 输入文字“GO”效果

图 5-112 矩形条 1 效果

（19）选中“矩形条 2”，选择“动画”菜单项，单击动画样式列表右侧的下拉箭头，在弹出的动画样式列表的“动作路径”栏选择“直线”动画样式，选中红色箭头，调整直线方向，动画开始时间为“与上一动画同时”开始，如图 5-113 所示。

图 5-113 矩形条 2 效果

（20）选中“GO”文本框，选择“动画”菜单项，单击动画样式列表右侧的下拉箭头，在弹出的动画样式列表的“进入”栏选择“缩放”动画样式，动画开始时间为“上一动画之后”开始，单击“添加动画”按钮，在弹出的动画样式列表的“强调”栏选择“加粗闪烁”动画样式，动画开始时间为“上一动画之后”开始。

（21）将第 6 张幻灯片的换片方式声音设置为“风铃”，换片时间修改为 1 秒。

任务 3　产品应用方案与案例展示制作

一、任务背景

广州步科电子科技有限公司的电子白板产品已经成功推向市场，目前产品效果反映良好，但是有多家企业和学校在产品试用的过程中还是遇到了一些问题，这些问题已经反馈到产品研发部，研发部的人员已经找到了解决的办法，为了让其他使用者更好的体验这款产品，研发部小陈需要将解决方案给试用者作详细的报告说明，并将一些成功试用的案例呈现给大家。

二、任务目的和要求

1．任务目的

（1）能够掌握音频、视频的插入方法。

（2）能够熟练插入 Flash 文件。

2．任务要求分析

（1）在介绍产品应用方案的时候，为了让使用者能够快速并且有效的理解，演示文稿的制作应该言简意赅，避免与 Word 文档一样大篇幅的文字图片。所以小陈在制作之前，必须非常熟悉产品的整个使用原理，尽量用少的文字来呈现更多的内容。

（2）在展示案例的时候，声音、图像能更好地传达制作者的意思，尽量使用录制的视频和音频来体现真实的案例。

（3）制作前的准备环节的工作如下所述。

① 收集处理素材：主要是收集与产品相关的一些文本、图片、视频、音频等资料，并根据制作要求进行适当处理。

② 确定制作方案：对演示文稿的整个架构进行设计。经过对任务进行分析，确定演示文稿包含封面、产品的应用方案、案例展示和封底等页面。

三、任务学时和相关工具

2 学时；计算机、Microsoft PowerPoint 2010 软件。

四、任务实施方案

为了真实地展现本公司产品的应用方案和效果，小张决定在文稿中除了应用文字、图形、图片之外，还增加音乐、动画和视频等素材。完成本案例所需要了解和掌握的主要知识点和技能如下。

（1）音频文件的插入方法和播放控制技术。

（2）视频的插入和播放设置方法。

（3）Flash 动画（包括 SWF 文件和 FLV 文件）的插入和播放设置方法。

五、知识准备

1. 在幻灯片中插入声音

在 PowerPoint 2010 中主要有三种插入声音的方法，分别是插入剪贴画中的声音、插入文件中的声音和录制的声音。在 PowerPoint 2010 中可以插入 mp3、midi、wav、au 和 aiff 等格式的声音文件。

2. 插入视频

插入文件中的视频：选择要插入视频的幻灯片，然后单击“插入”功能面板中的“媒体”功能区中“视频”下方的三角按钮，在展开的列表中选择“文件中的视频”选项，打开“插入视频文件”对话框，选择要插入的视频文件后单击“插入”按钮，即可将视频插入到幻灯片的中心位置，在其下方会显示视频播放控件，通过该控件可以预览视频播放效果。

六、任务实施

打开素材“产品应用方案与案例展示.pptx”，演示文稿的基本框架已经完成，读者可以根据任务一、二的学习自行完成。本次任务主要是完成音频、视频的设置，具体步骤如下。

（一）设置音频

（1）选择“步科交互式电子白板应用案例”第 6 张幻灯片，右键单击，在弹出的快捷菜单中选择“新建幻灯片”命令，并对新幻灯片应用“空白”版式，插入如图 5-114 所示的两个文本框，第一个文本框中输入“案例 1：广州市体育西路小学-小学音乐”文本内容，并设置为楷体_GB2312、加粗，24 文本格式，并设置“箭头项目符号”名称的项目符号；第 2 个文本框输入“引子与狮子王进行曲”，设置黑体、20、加粗格式。

（2）选择“插入”菜单项，在“媒体”功能区单击“音频”按钮，在弹出的菜单项中选择“文件中的音频”，从提供的素材中选择“The Once And Future King.mp3”文件，效果如图 5-115 所示。

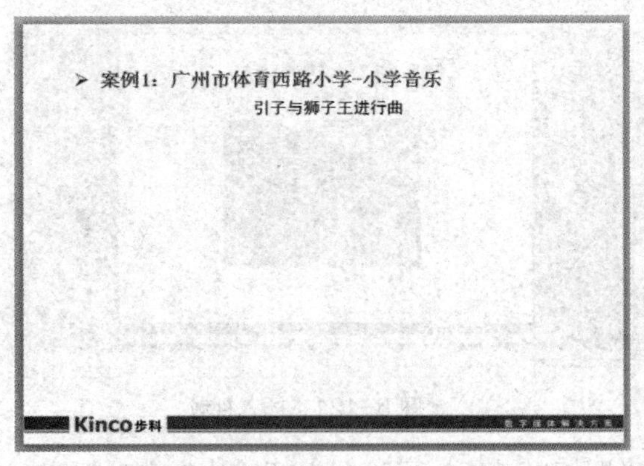

图 5-114　为新建幻灯片添加文字

图 5-115　插入音频

（3）选中图 5-115 中的喇叭图标，弹出如图 5-116 所示的控制声音播放的横条，可以进行声音的播放预览。

（4）切换到“音频工具”→“播放”功能面板，如图 5-117 所示。

（5）在“音频选项”功能区，“开始”选项可以设置声音播放开始的三种状态，如图 5-118 所示，勾选“放映时隐藏”可以在幻灯片放映时隐藏喇叭图标。

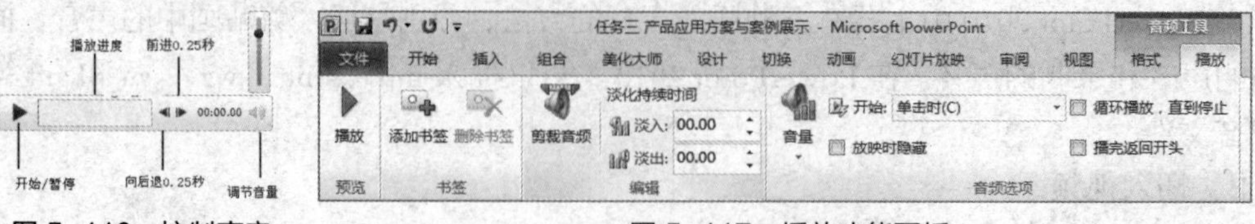

图 5-116　控制声音

图 5-117　播放功能面板

（6）单击“播放”功能面板“编辑”功能区的“剪裁音频”按钮，弹出如图 5-119 所示的“剪裁音频”对话框，拖动绿色滑块，指示音频开始的时间，拖动红色滑块，指示音频结束的时间，绿色和红色滑块下方分别由标识具体的开始时间和结束时间标记。

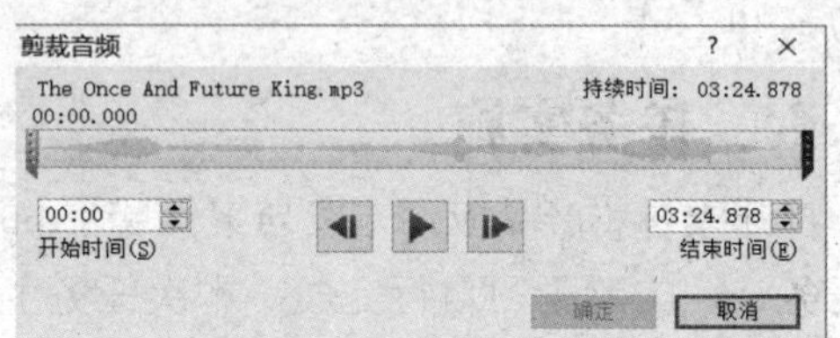

图 5-119　剪裁音频

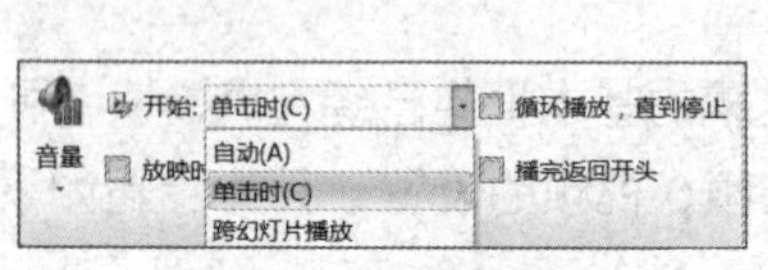

图 5-118　音频选项

（二）设置视频

（1）在第 7 张幻灯片后插入第 8 张空白幻灯片，第一个文本框中输入“案例 2：北京市中加学校-高中语文”文本内容，设置为楷体_GB2312、加粗，24 文本格式，并设置“箭头项目符号”名称的项目符号；第 2 个文本框输入“林黛玉进贾府”，设置黑体、20、加粗格式，效果如图 5-120 所示。

（2）选择“插入”功能面板的“媒体”功能区单击“视频”按钮，在弹出的菜单中选择“文件中的视频”选项，在弹出的对话框中找到素材文件“教学电影《林黛玉进贾府》.avi”文件，拖动视频到合适的大小，效果如图 5-121 所示。

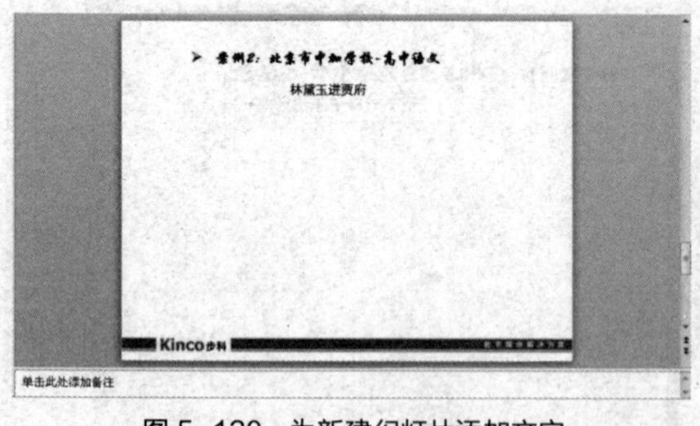

图 5-120　为新建幻灯片添加文字

图 5-121　插入视频

在“视频工具”→“播放”功能面板中可设置视频剪辑、可设置视频播放起止时间等。

（三）插入 swf 文件

（1）在第 8 张幻灯片后插入第 9 张空白幻灯片，第一个文本框中输入“案例 3：江苏姜堰市里华中心小学-小学语文”文本内容，并设置为楷体_GB2312、加粗，24 文本格式，并设置“箭头项目符号”名称的项目符号；第 2 个文本框输入“荷花”，设置黑体、20、加粗格式，如图 5-122 所示。

（2）单击“文件”菜单下右侧的“选项”选项，弹出“PowerPoint 选项”对话框，选择“自定义功能区”选项，勾选“开发工具”复选框，如图5-123所示。

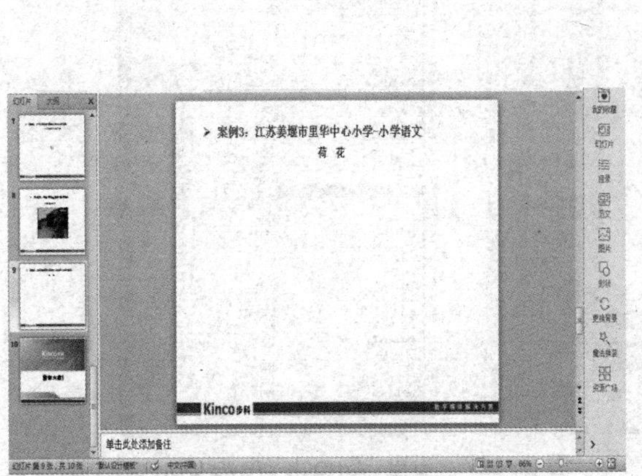

图5-122 为新建幻灯片添加文字

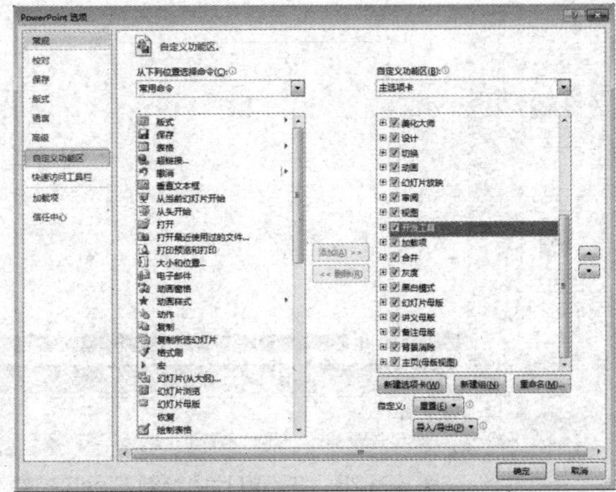

图5-123 “PowerPoint 选项”对话框

（3）此时在PowerPoint菜单中多出一项“开发工具”菜单项，单击“开发工具”菜单项，显示如图5-124所示的“开发工具”功能面板。

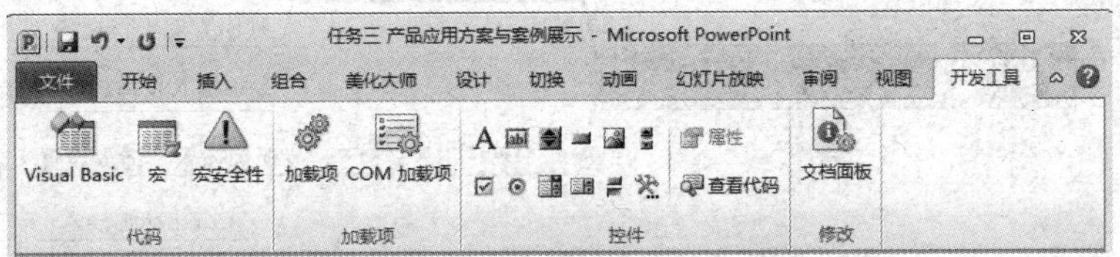

图5-124 “开发工具”功能面板

（4）单击“开发工具”功能面板“控件”功能区的“其他控件”按钮，弹出如图5-125所示的“其他控件”对话框，拖动对话框右侧滚动条，找到并选择“Shock Wave Object”选项，单击“确定”按钮返回。

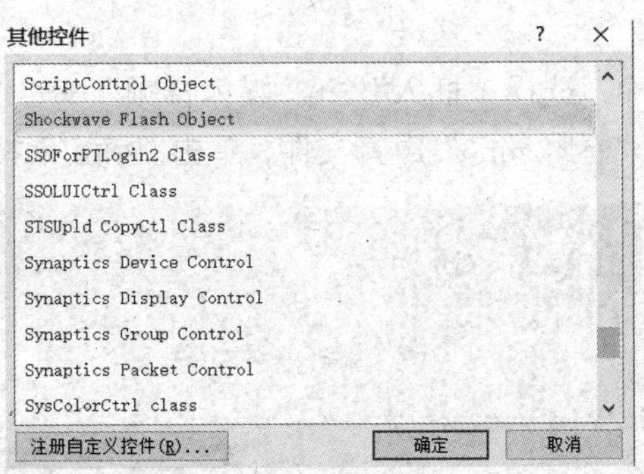

图5-125 “其他控件”对话框

（5）返回编辑窗口，鼠标指针显示十字状态，此时在幻灯片左上角空白区域单击并拖动鼠标到幻灯片右下角区域直接绘制控件，显示如图5-126所示。

（6）在“Shock Wave Object”控件上右键单击，在弹出的菜单中选择“属性”命令，找到Movie项，写入要插入的flash文件名“荷花.swf”，如图5-127所示（最好flash文件跟PowerPoint文件放同一路径）。

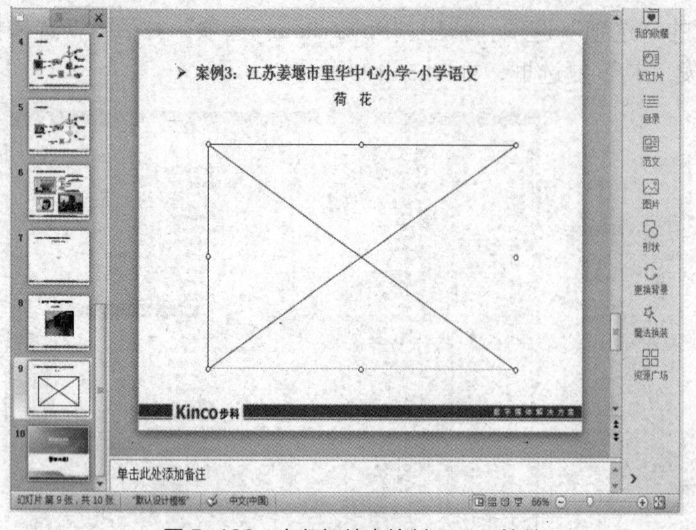

图 5-126 在幻灯片中绘制 Flash 控件

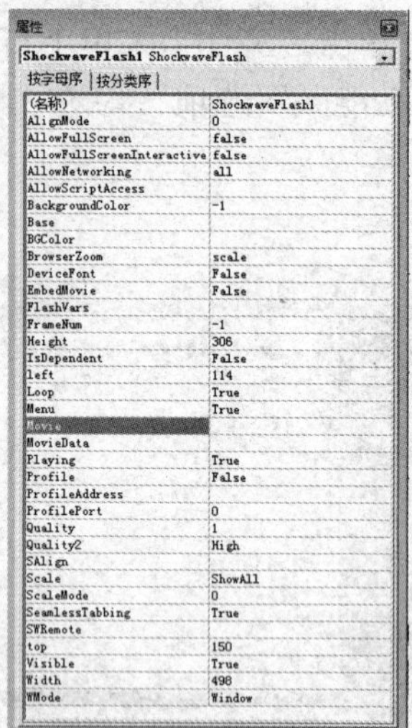

图 5-127 设置“Shock Wave Object”控件属性

七、任务相关技能训练点导图

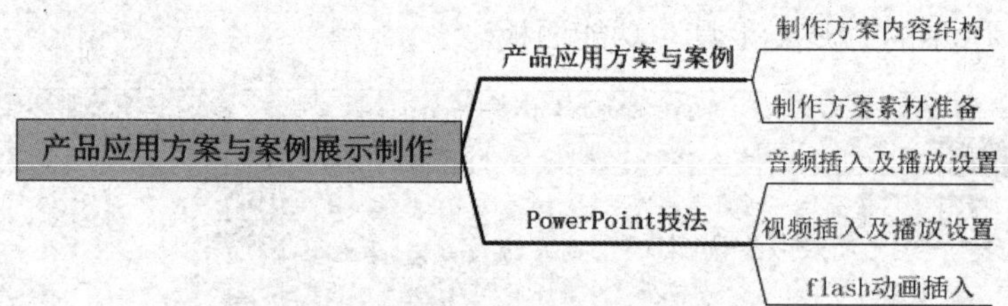

图 5-128 任务相关技能训练点导图

八、拓展技能训练

【给演示文稿添加背景音乐】

打开“素材”文件夹中的“产品发布.pptx”，给当前演示文稿添加“春野.mp3”作为背景音乐播放，具体操作如下。

（1）选中第一张幻灯片，选择“插入”→“媒体音频”→“文件中的音频”命令，打开“插入音频”对话框，选中“春野.mp3”声音文件，单击“确定”按钮返回，如图 5-129 所示。

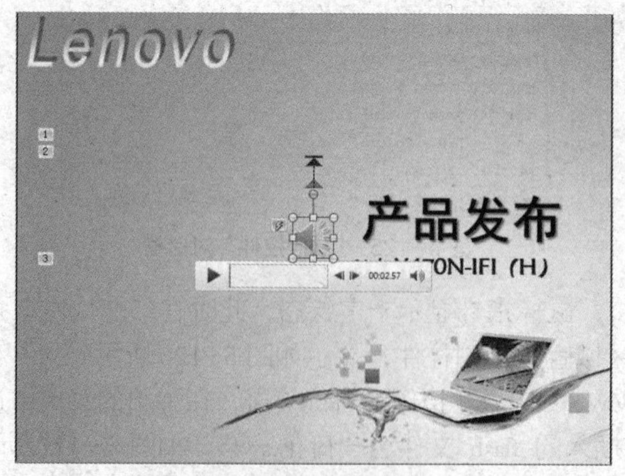

图 5-129 插入声音

（2）选中图 5-129 中的喇叭图标，打开“播放”菜单栏，单击“播放”按钮，可以播放音频文件，在“音频选项”栏目中选择“自动”选项，并勾选“放映时隐藏”图标选项。

（3）选中小喇叭符号，单击“动画”功能面板中的“动画窗口”按钮，弹出如图 5-130 所示的“动画窗格”对话框，选中声音文件对象，右键单击，在弹出的菜单中选择“效果选项”命令，弹出如图 5-131 所示的“播放音频”对话框，选中“停止播放”下面的“在 X 幻灯片后”选项，并设置为 11，即最后一张幻灯片。在该任务窗口中单击“计时”选项卡，在“开始”列表中选择“与上一动画同时”，完成后单击“确定”按钮返回。

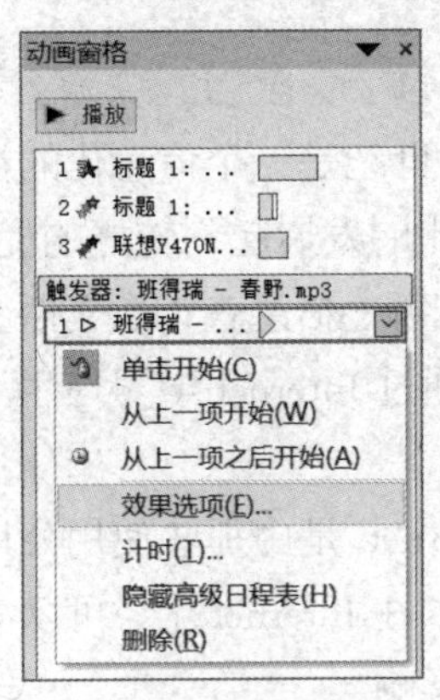

图 5-130　动画窗格

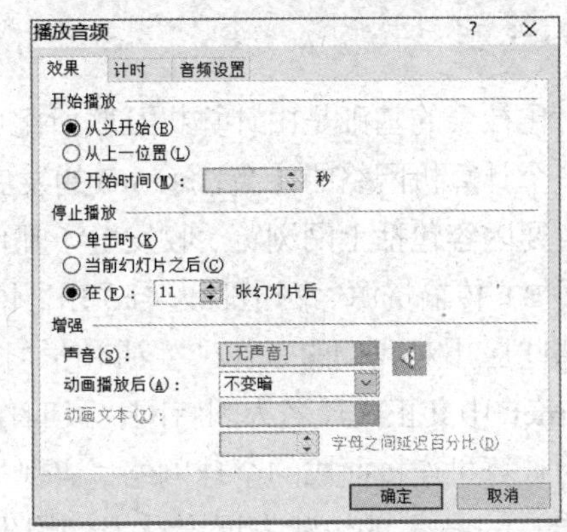

图 5-131　播放音频

（4）在“动画窗格”窗口中选中背景音乐，切换到“动画”功能面板，单击“重新排序”按钮，可以将背景音乐调到最上方，这样就可以在播放动画的时候首先播放音乐。

PART 6 项目 6 互联网资源的应用实战

信息化社会的基础是由计算机互联所组成的信息网络，21 世纪是一个信息化的社会，同时也是一个计算机网络的社会，Internet的发展为现代办公自动化的发展起到较好的促进作用。本项目主要内容包括上网浏览、收发电子邮件、搜索 Internet 资源、信息查询、文件上传和下载、使用 BT 传输资源、网上聊天与娱乐、网上新闻与 BBS、通过 Internet 学习与生活等。熟练使用这些应用对我们的工作、生活和学习有很大的帮助作用。

Internet 中文正式译名为因特网，又叫作国际互联网。Internet 是由那些使用公用语言互相通信的计算机连接而成的全球网络，实现了人类的信息共享。在 Internet 上，可以实现上述很多功能，Internet 的快速发展会对人们的生活产生很深远的影响。

任务 1 网络资源搜索与应用

一、任务背景

小林是电子商务专业的学生，为了更好地掌握电子商务专业技能，同时解决一些个人生活上的经济问题，小林决定和宿舍朋友开淘宝店。虽然小林和室友都有淘宝店购物经验，但对开淘宝店的过程了解很少。他们必须到网上搜索相关信息、咨询相关人员、上传或下载相关资料等以便熟悉整个开店过程。小林打算通过即时通信软件与其他同学、朋友在线讨论问题；使用博客、微博以及贴吧等交流建店心得，另外还定期与相关专业老师通过电子邮件相互交流，那么小林在这个过程中应该学习哪些网络技能以及哪些 Internet 工具呢？

二、任务目的和要求

1. 任务目的

（1）了解浏览器的各种功能。

（2）学会使用浏览器搜索和下载各种网络资源。

2. 任务要求分析

（1）理解网络资源的搜索、下载等基本概念。

（2）学会使用浏览器搜索网络资源。

（3）学会使用浏览器下载网络资源。

三、任务学时和任务工具

2 学时；计算机、浏览器。

四、任务实施方案

运用网页浏览器，如 Internet Explorer、Firefox 等浏览器，上网通过百度搜索等方式查阅相关资料，将有使用价值的网页资料保存到自己的计算机中，或用打印机直接打印出来。

五、知识准备

现在互联网很发达，可以通过谷歌、百度和维基百科等搜索工具查找有关信息，通过数字图书馆查阅有关知识也是一种有效的途径。

1．信息检索

信息检索（Information Retrieval）是指知识有序化识别和查找的过程。广义的信息检索包括信息存储与检索，狭义的信息检索则仅指该过程的后半部分，即根据用户查找信息的需要，借助于检索工具，从信息集合中找出所需信息的过程。常用的信息检索包括 Internet 信息检索、文献信息检索与图书资源检索等。

2．搜索引擎及其基本工作原理

Internet 是一个巨大的信息库，其信息分布在全世界各个角落的不同主机上。面对 Internet 这个浩瀚的信息海洋，用户可使用信息检索工具来检索所需的信息。搜索引擎（search engine）是随着 Web 信息的迅速增加而逐渐发展起来的技术，它是一种浏览和检索数据集的工具。通常“搜索引擎”是这样的一些站点：它们有自己的数据库，保存了互联网上很多网页的检索信息，并且不断地更新。当用户查找某个关键词的时候，所有在页面内容中包含了该关键词的网页都将作为搜索结果被搜索出来，再经过复杂的算法进行排序后，这些结果将按照与搜索关键词的相关度高低依次排列呈现在结果网页中。结果网页中罗列了指向一些相关网页地址的超链接，起到了信息导航的作用。这些网页可能包含需要查找的内容。

3．信息搜索的基本方法

（1）明确搜索目标

信息的分类是查询的基础，在查询之前应该对需要查询的信息进行分类。根据搜索对象的类型，例如文字信息的搜索、文件的搜索、地图的搜索、生活信息的搜索、百科知识的搜索等，再配合自己的需求查找符合自己搜索需求的搜索引擎。

（2）确定问题中的重要概念和查询关键字

查询中应当尽可能使用查找内容中包含的特殊和核心的词组。要进行有效的搜索，最好输入精确的词或词组，提供的词组越精确，搜索所得的结果越少，信息的相关性就越强。

（3）选择满足需要的搜索引擎

在完成查询信息的分类分析后，接下来的工作就是使用搜索引擎来检索。不同的搜索引擎所覆盖的网页范围、数量以及侧重点是不一样的，所以当使用某种搜索引擎搜索失败时，不妨在转向其他搜索引擎试试。

（4）设计查询表达式

查询表达式是检索策略的逻辑表达式，是用来表达用户检索提问的，由基于检索概念产生的关键词和各种匹配算符构成。

六、任务实施

（一）搜索引擎查询资料

1．搜索引擎打开

用 IE 浏览器中打开搜索引擎百度的首页，操作如下。

（1）在任务栏的“开始”菜单以及任务栏的“快速启动”工具栏中，单击 IE 浏览器的快捷方式图标；或者双击桌面上的图标，可以打开 IE 浏览器。

（2）在浏览器地址栏上输入百度网址“www.baidu.com”，按“Enter”键即可打开百度网站的主页，如图 6-1 所示。

图 6-1　百度探索引擎

2．搜索相关资料

由于小林需要搜索“淘宝网开店”的相关资料，搜索的关键词可以为“淘宝网开店”，多个关键词之间可用空格隔开。

（1）在百度的搜索栏中输入“淘宝大学淘宝如何开店”，单击“百度一下”按钮，将打开搜索结果页面，如图 6-2 所示。

图 6-2　百度搜索结果

（2）单击搜索结果中的“如何寻找淘宝大学的开店教程_百度经验”链接，打开相应页面，如图 6-3 所示。

图 6-3　打开搜索到的一个网页

（二）收藏夹的使用技巧

在 IE 中有一个收藏夹，利用它可以很方便地将一些常去的网站添加到收藏夹中，下次访问时只要在“收藏”菜单中直接选择即可快速打开该网页。

1．添加网页到收藏夹

这里试着将“淘宝大学 - 阿里巴巴旗下网络营销培训机构，权威、专业的电商知识库”页面添加到收藏夹中，并在新的 IE 浏览器窗口中重新打开此网页，操作如下。

（1）打开网页，在菜单栏中选择“收藏”→“添加到收藏夹”命令，弹出如图 6-4 所示的“添加收藏”对话框。这时该网页的标题“如何寻找淘宝大学的开店教程_百度经验”会自动添加到“名称”文本框中。

（2）单击“确定”按钮，“如何寻找淘宝大学的开店教程_百度经验”快捷方式便出现在“收藏”菜单中。

（3）打开一个新的 IE 浏览器，在菜单栏中选择“收藏夹”→“如何寻找淘宝大学的开店教程_百度经验”命令，如图 6-5 所示，即可在 IE 浏览器中重新打开图 6-3 所示的页面。

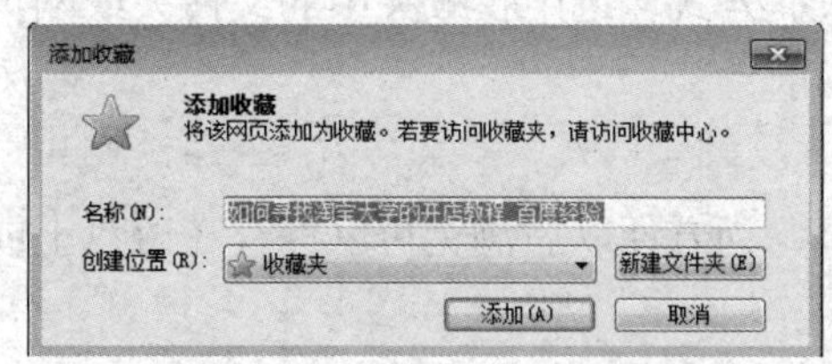

图 6-4　添加网页的链接到收藏夹

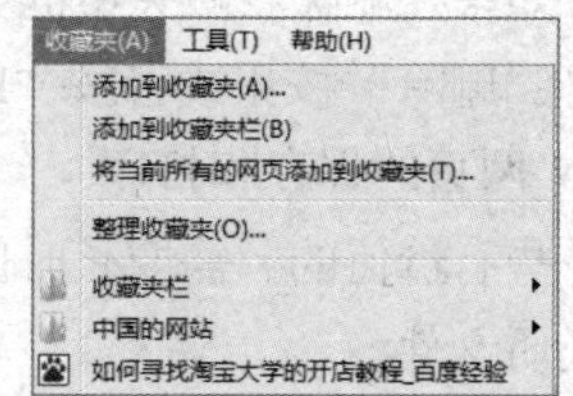

图 6-5　添加到收藏夹的网页链接

2．在收藏夹中创建文件夹

在收藏夹中创建“淘宝开店”文件夹，并将“如何寻找淘宝大学的开店教程_百度经验”移到此文件夹中，操作如下。

（1）在菜单栏中选择“收藏”→“整理收藏夹”命令，打开“整理收藏夹”对话框，如图 6-6 所示。

（2）单击“新建文件夹”按钮，新建一个名为“新建文件夹”的文件夹，如图 6-7 所示。再单击“重命名”按钮，将此文件夹重命名为“淘宝开店”，如图 6-8 所示。

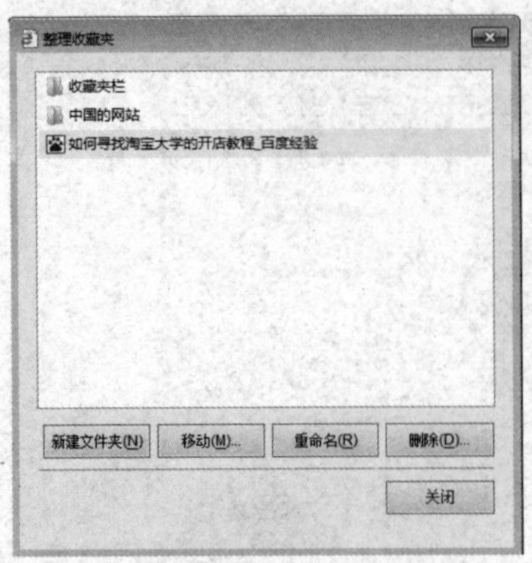

图 6-6 “整理收藏夹”对话框

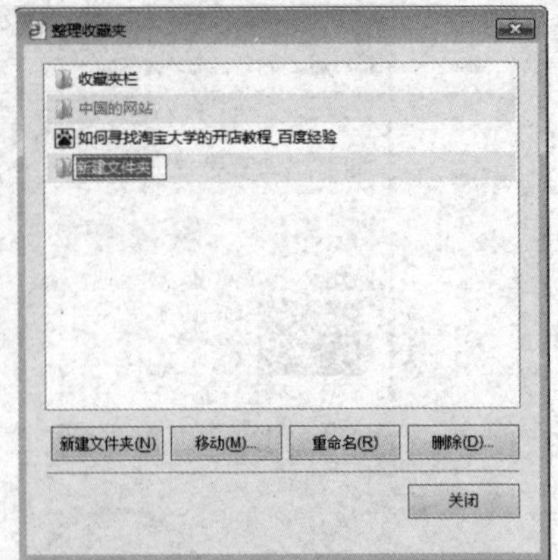

图 6-7 新建文件夹

（3）选择“如何寻找淘宝大学的开店教程_百度经验”，单击“移动”按钮，打开“浏览文件夹”对话框，如图 6-9 所示。选择“淘宝开店”文件夹，单击“确定”按钮，“如何寻找淘宝大学的开店教程_百度经验”快捷方式即被移动到“淘宝开店”文件夹中。

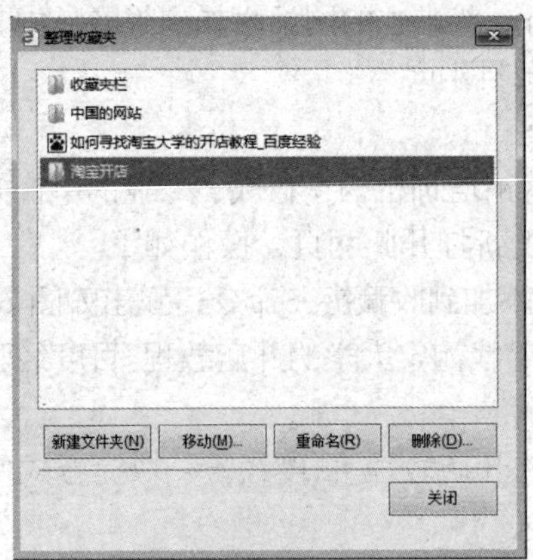

图 6-8 重命名后文件夹

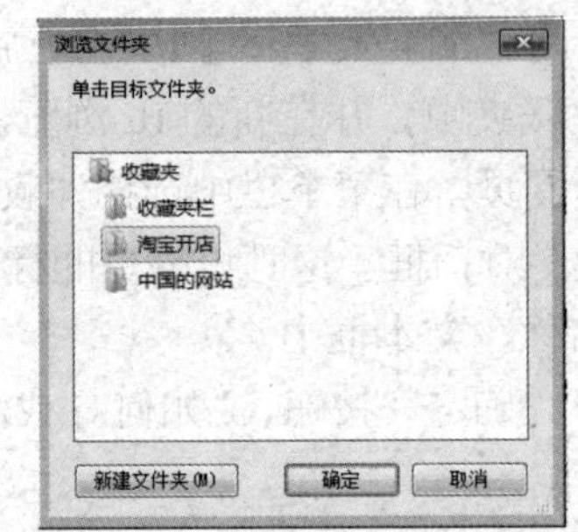

图 6-9 “浏览文件夹”对话框

（4）如果要删除收藏夹中的文件夹或者快捷方式，选中收藏夹中的文件夹或网页快捷方式，单击“删除”按钮或者按“Delete”键即可。

（三）网页的保存和打印

对一些有价值的、需要长时间保留的网页，为方便以后浏览可以保存在磁盘上或者直接打印成纸质文件。

1．保存网页

保存网页到计算机磁盘上，以便随时浏览，操作步骤如下。

（1）启动 IE 浏览器，打开“淘宝学堂——如何在淘宝网上开网店”。

（2）选择浏览器菜单栏的“文件”→“另存为”命令，选择保存路径后保存，如保存在 D 盘某个文件夹中。

（3）保存的文件名，默认是网页的标题“淘宝学堂）——如何在淘宝网上开网店”，“保存类型”默认是“Web 页，全部（*.htm； *.html）”，单击“保存”按钮，就会将此网页的绝大部分信息保存下来，浏览器会把除主页面“淘宝学堂——如何在淘宝网上开网店”文本信息除外的图片等页面资料保存在自动生成的“淘宝学堂——如何在淘宝网上开网店.files”的文件夹中。

另外，“文件类型”选择“Web 档案，单一文件（*.hmt）”，会生成一个单一文件，信息会被保存得更为完整；选择“Web 页，仅 HTML（*.html）”，仅能保存文本及其格式信息；选择“文本文件（*.txt）”，仅会把网页中的文字按一定的顺序保存下来。

2．打印网页

（1）启动 IE 浏览器，打开“淘宝学堂——如何在淘宝网上开网店”。

（2）在菜单栏中选择“文件”→“页面设置”命令，打开“页面设置”对话框。

（3）在对话框中选择适当的纸张、页眉、页脚、打印方向、页边距等，单击“确定”按钮。

（4）选择“文件”→“打印”命令，打开“打印”对话框，选择合适的打印机，设置打印页码范围，选择打印份数，单击“打印”按钮，即可将网页打印出来。

七、任务相关技能训练点导图

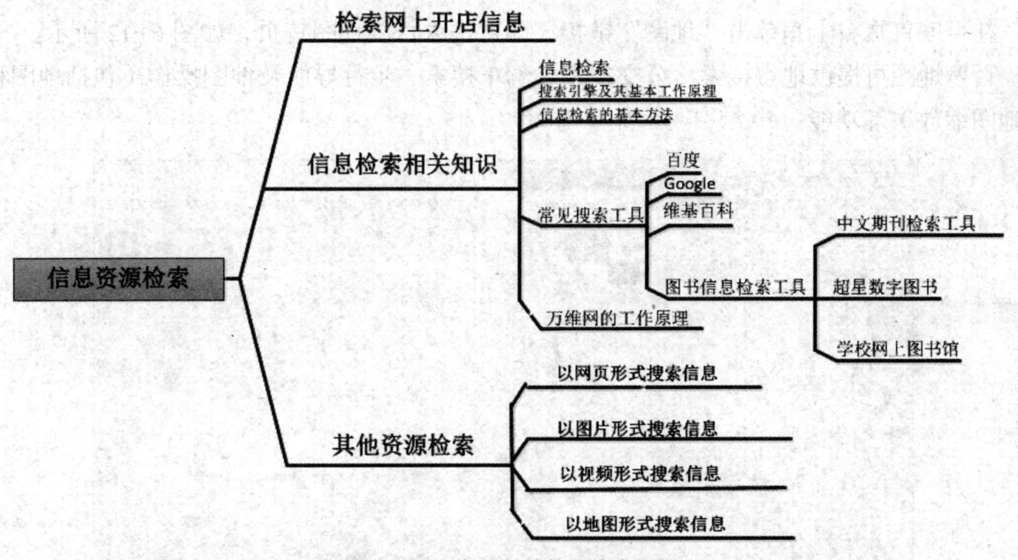

图 6-10　任务相关技能训练点导图

八、拓展技能训练

【百度地图应用】

百度地图是百度提供的一项网络地图搜索服务，覆盖了国内近 400 个城市、数千个区县。在百度地图里，用户可以查询街道、商场、楼盘的地理位置，也可以找到距离最近的所有餐馆、学校、银行、公园等。2010 年 8 月 26 日，在使用百度地图服务时，除普通的电子地图功能之外，新增加了三维地图按钮。百度地图提供了丰富的公交换乘、驾车导航的查询功能，为您提供最适合的路线规划，不仅可以知道要找的地点在哪，还可以知道如何前往。同时，百度地图还提供了完备的地图功能，如搜索提示、视野内检索、全屏、测距等，便于更好地使用地图，便捷地找到所求。

在浏览器地址栏输入“www.baidu.com”即可进入百度首页，如图 6-11 所示。

图 6-11　百度首页

在百度首页右上角单击“地图”链接，即可进入百度地图首页，如图 6-12 所示。

百度地图可提供地点搜索、公交搜索、驾车搜索、步行导航及地图操作（包括地图移动和地图缩放）等功能。

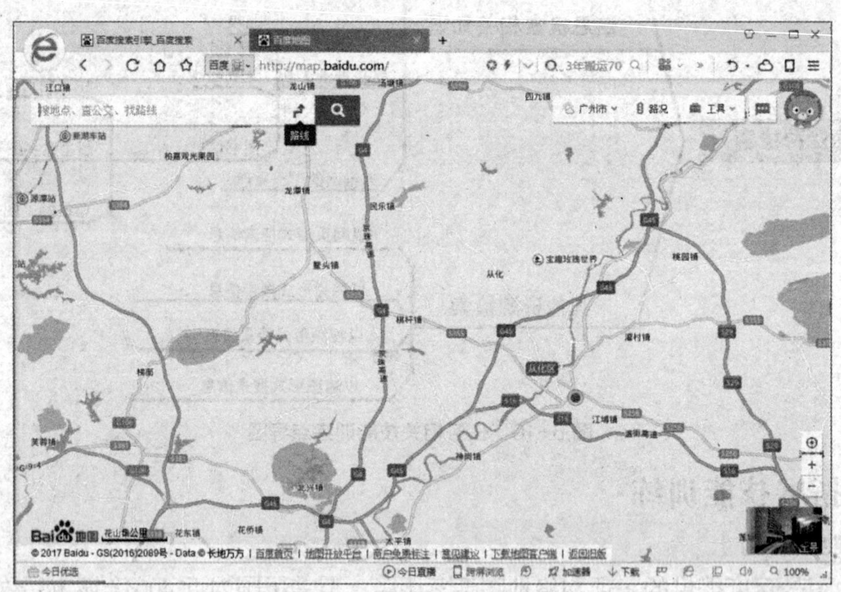

图 6-12　百度地图首页

1．地点搜索

百度地图提供了普通搜索、周边搜索等方法，可以帮用户迅速准确地找到所需要的地点。

（1）普通搜索

百度地图添加了三维功能，在搜索框为搜索状态下输入要查询地点的名称或地址，单击“百度一下”按钮，即可得到想要的结果。例如，在北京搜索“鸟巢”：在左上角的搜索栏输入“鸟巢”二字，即会显示如图 6-13 所示的地图。

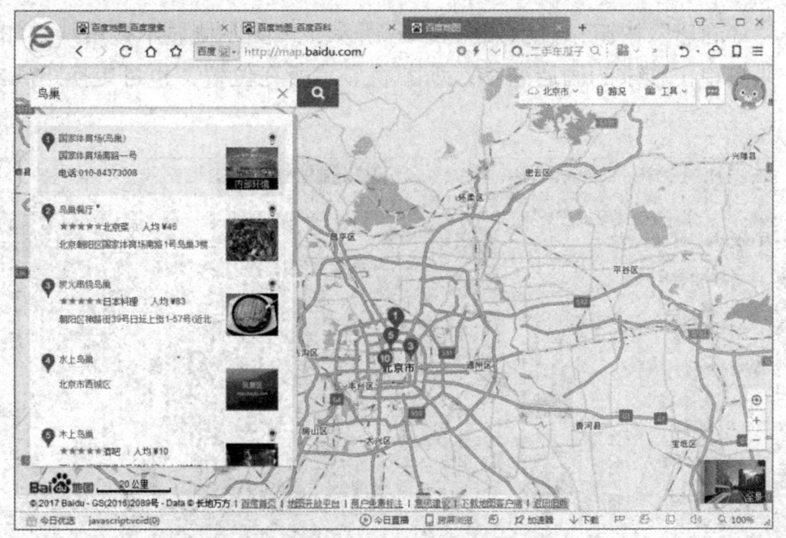

图 6-13　搜索“鸟巢”结果

左侧为搜索的包含鸟巢二字的地点结果，包含名称、地址、电话等信息；在右侧窗格地图上的标记点为相应结果对应的地点，单击左侧结果或地图上的标注均能弹出气泡，能够发起进一步操作——公交搜索、驾车搜索和周边搜索。

如单击左侧第一个搜索结果“国家体育场（鸟巢）”，显示如图 6-14 所示，左侧窗格会列出“国家体育场（鸟巢）”的相关图片资料、评价信息等。

图 6-14　搜索“国家体育场（鸟巢）”示意

（2）周边搜索

在左侧窗格单击“附近”按钮，可在如图 6-15 所示的窗口中“在国家体育……附近搜索”后输入要查找的内容或单击下方“找美食”“订酒店”等按钮寻找相关信息；或在地图上右键单击，在弹出的快捷菜单中选择“在此点附近找”命令发起快速搜索。

图 6-15　周边搜索窗口

例如单击“订酒店”按钮，显示如图 6-16 所示，地图左侧显示搜索结果和距离等信息，用户可以在结果页单击搜索的酒店名字，地图将显示所在位置，也可更换距离或更改要查询的内容。

图 6-16　在“国家体育场（鸟巢）”附近搜索酒店结果

2．驾车搜索

如要从“鸟巢”出发到“天安门广场”，可在搜索框中直接输入“鸟巢到天安门广场”，或者在地点搜索结果页面中选择“从这出发”再在弹出的窗口中的“输入终点或图区上选点”位置输入“天安门广场”，如图 6-17 所示，单击“驾车”按钮，并在输入框中输入起点和终点，即可显示路线。用户还可通过气泡或右键单击发起查询。

图 6-17　从“鸟巢”出发到“天安门广场”驾车搜索结果

左侧窗格会显示精确计算出的驾车方案，下方有“推荐路线”“最短路程”和“少走高速”三种策略供选择。如推荐路线会提供 3 种方案，右侧地图则会用绿色粗线标明该方案具体的行车路线，如线条上显示有绿色、红色、黄色，分别表示此时段的交通畅通、塞车及拥堵。

3．公交搜索

百度地图提供了公交方案查询，公交线路查询和地铁专题图 3 种途径，满足人们生活中的公交出行需求。

（1）公交方案查询

在搜索框中直接输入从哪到哪，或者单击“公交”按钮，并在输入框中输入起点和终点；还可通过气泡或鼠标右键发起查询。

右侧文字区域会显示精确计算出的公交方案，包括公交和地铁。最多显示 10 条方案，单击方案将其展开，可查看详细描述。下方有“较快捷”“少换乘”和“少步行”3 种策略供选择。左侧地图标明方案具体的路线，其中绿色的线条表示步行路线，蓝色为公交路线，红色为地铁路线。如从“鸟巢”出发到“天安门广场”，选择“步行”选项，如图 6-18 所示。

图 6-18　从“鸟巢”出发到“天安门广场”公交搜索结果

（2）公交线路查询

用户还可以在百度地图搜索公交线路。在搜索框中或公交线路查询页面输入公交线路的名称，均能看到对应的公交线路。

右侧文字区域会显示该条线路所有途经的车站，以及运营时间、票价等信息，左侧的地图则将该条线路在地图上完整描绘出来。

（3）地铁专题

百度地图还专为喜欢乘坐地铁的朋友提供了一个便捷的地铁专题页。

用户可以直接浏览北京、上海和广州的地铁规划，通过鼠标操作快速查询地铁换乘方案，并且还能获知精确的票价、换乘时间、距离等信息。

4．步行导航

例如图 6-17 中单击“步行”按钮，显示如图 6-19 所示。在页面左侧显示了从“鸟巢”出发到“天安门广场”步行路线搜索结果，列出步行的时间、距离及详细步行路线。

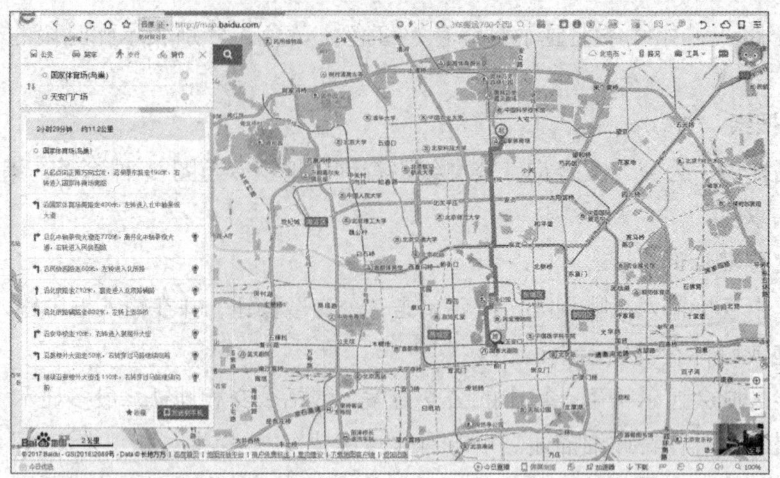

图 6-19　从“鸟巢”出发到“天安门广场”步行路线搜索结果

5．地图操作

（1）移动地图

用户可以使用鼠标拖动地图，或者使用键盘的方向键“↑”“↓”“←”“→”移动地图，或者通过地图左上方的 4 个方向按钮完成操作。

（2）缩放地图

用户可通过鼠标双击放大地图，或者使用鼠标滚轮放大或缩小地图，或者使用键盘的“+”“-”键或地图左上方的滑杆及按钮完成操作；还可以用鼠标拖动地图。

任务 2　电子邮件收发

一、任务背景

小林通过百度搜索引擎收集了开网店的相关资料，也已经开设了自己的网店，但有时候对于某些专业性的东西需要利用邮箱进行咨询，也需要通过邮箱进行文件的转发，所以需要掌握电子邮件相关知识和应用。

二、任务目的和要求

1．任务目的

（1）能利用网页或电子邮件收发工具配置电子邮箱。

（2）能在相关电子邮箱网站成功申请电子邮箱。

（3）能运行网页或电子邮件收发工具成功发送和收阅电子邮件。

2．任务要求分析

（1）任务开始之前，认真了解电子邮件的相关知识，根据电子邮件的相关要求，确定好申请电子邮件网址，小林因经常登录网易浏览新闻等，决定申请网易免费电子邮件。

（2）因经常通过网页登录收发邮件感觉不太方便，决定利用电子邮箱管理软件进行邮件管理，经了解决定使用 Microsoft 公司的 Microsoft Outlook 进行邮件管理。

三、任务学时和任务工具

1 学时；计算机、Internet。

四、任务实施方案

通过主流的邮箱应用网站完成电子邮箱的申请，并能利用网页或电子邮件管理软件进行邮件的收发。在利用网页进行邮件收发时需要登录相应网页，利用申请的邮箱账号和密码登录进入邮箱界面完成邮件收发。在利用电子邮件管理软件进行邮件收发时，需要先对电子邮件地址进行配置，然后进入管理界面完成邮件收发。

五、知识准备

电子邮件服务（E-mail）又称电子邮箱，是一种通过计算机网络和其他用户进行联系的现代化通信手段。用户可以通过电子邮件服务实现对各类文件的传送、接收、存储等处理，应用电子邮件服务具有方便、经济、快捷、高效、灵活和可靠等特点，因而受到人们的普遍欢迎，成为 Internet 中应用最为广泛的服务之一。

1．电子邮件的工作原理

使用电子邮件服务的前提是首先拥有自己的电子邮箱和相应的 E-mail 地址。电子邮箱是由 ISP（网络服务供应商，如中国电信、新浪、网易等）在用户申请电子邮件服务被受理后建立的，它实际上是 ISP 在一台与 Internet 互连的、高性能、大容量计算机（称为邮件服务器）上，为邮件用户分配的一个专门存放往来邮件以及读取该区域的用户名及密码的磁盘存储区域，这个区域是由专门的电子邮件系统软件操作管理的。

通常邮件服务器是一台运行 UNIX 操作系统的计算机，它提供 24 小时不间断的电子邮件服务。当用户需要给网上某一用户发送邮件时，只要通过 Internet 将要发送的内容与收信人的 E-mail 地址（地址格式为：用户名@服务器名，如 xiaoli@163.com 中，xiaolin 为用户名，163.com 为电子邮箱服务器名）送入邮件服务器上，电子邮件系统会自动将用户的信息通过网络一站一站送到收信人的电子信箱中。收件人只要开启自己的电子邮箱，就可以读取自己的邮件，还可将收到的信再转发给其他用户。

2．使用 Microsoft Outlook 2010 管理电子邮件

Outlook 2010 是 Microsoft office 2010 套装软件的组件之一，它对 Outlook 2007 的功能进行了扩充。Outlook 的功能很多，可以用它来收发电子邮件、管理联系人信息、记日记、安排日程、分配任务。Microsoft Outlook 2010 提供了一些新特性和功能，可以帮助用户与他人保持联系，并更好地管理时间和信息。Outlook 2010 在使用前必须配置电子邮件账户。

六、任务实施

电子邮箱的应用

1．在 WWW 上申请一个免费电子邮箱

由于邮件服务分为个人服务和企业服务，本案例主要介绍个人服务邮箱如何注册。

下面将以网易邮箱为例，操作过程如下。

（1）打开 IE 浏览，在浏览器地址栏输入 http://www.163.com，进入网易网首页，如图 6-20 所示。

（2）单击“注册免费邮箱”，进入申请界面，填写申请的用户名，选择想申请的域名。填写完毕所有信息后，单击“同意以下协议并注册”按钮，如图 6-21 所示。

图 6-20 网易首页

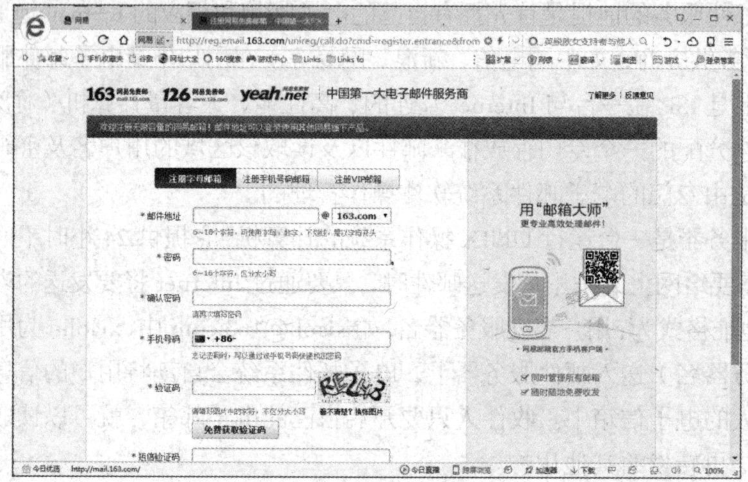

图 6-21 邮箱申请界面

（3）填写注册用户相关信息后，通过短信验证后，单击“立即注册”按钮，弹出如图 6-22 所示的注册成功页面，这就表示已经成功申请了名为 xiaolin_e_mail@163.com 的网易免费邮箱。

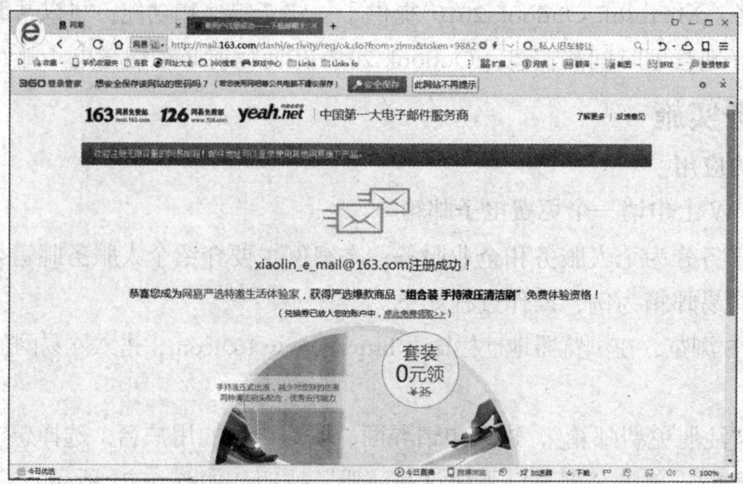

图 6-22 成功注册电子邮箱后页面

2．使用 IE 浏览器收发电子邮件

（1）登录邮箱。打开申请免费邮箱的网站页面，在“用户名”和“密码”编辑框分别输入先前申请的电子邮箱用户名密码，然后单击“登录”按钮，即可打开自己的邮箱，进入如图 6-23 所示的网易免费邮箱页面。

图 6-23　网易免费邮箱页面

（2）写信并发送。单击“写信”按钮，进入如图 6-24 所示的邮件撰写页面。在打开的页面中输入收件人的电子邮件地址、邮件主题及邮件内容；单击“上传附件”超链接，可为邮件添加附件；单击“发送”按钮，即可将邮件发送给好友。

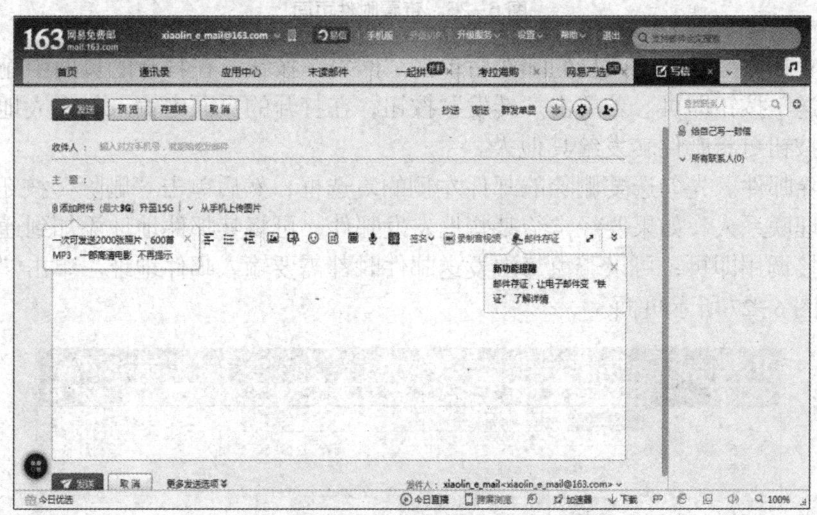

图 6-24　邮件撰写页面

（3）查看邮件。登录邮箱，单击“收信”按钮，可将所有邮件显示，如图 6-25 所示。在打开的网页中单击要阅读的邮件链接，即可打开邮件并阅读邮件内容。

（4）如果邮件包含附件，打开邮件的网页中的正文下方会显示附件列表，如图 6-26 所示。将鼠标指针置于附件图标上，将显示一浮动窗口，可在窗口中单击“下载”或“转发”等按钮；单击“下载”按钮，会弹出可将附件打开或保存到计算机。如果邮件包含多个附件，则可单击“打包下载”按钮，系统将以一个压缩包形式打包下载全部附件。

图 6-25　网易收件箱

图 6-26　查看附件页面

（5）回复邮件。打开要回复的邮件后单击“回复”按钮，在打开的页面中输入回复内容并单击“发送”按钮即可。若单击“转发”按钮，在打开的页面中输入收件人地址，然后单击“发送”按钮可将邮件转发给其他人。

（6）删除邮件。先勾选要删除的邮件左侧的复选框，然后单击“删除”按钮即可。

（7）管理联系人。如果要经常给某些朋友发邮件，可将其邮件地址添加到通讯录中，发送邮件时直接调用即可，可以避免每次发送邮件时都需要输入邮件地址。单击“通讯录”按钮，显示如图 6-27 所示页面。

图 6-27　管理通讯录页面

- 新建联系人：单击“新建联系人”按钮，会弹出“新建联系人”对话框，可逐条添加联系人。
- 导入联系人：单击“导入联系人”按钮，可以根据模板将通讯录导入通讯录中。导入文件格式支持“.csv”和“.vcf”两种。

删除联系人：在“联系人”页面单击“所有联系人”链接，在右侧窗格中选择要删除的联系人，单击“删除”按钮。

七、任务相关技能训练点导图

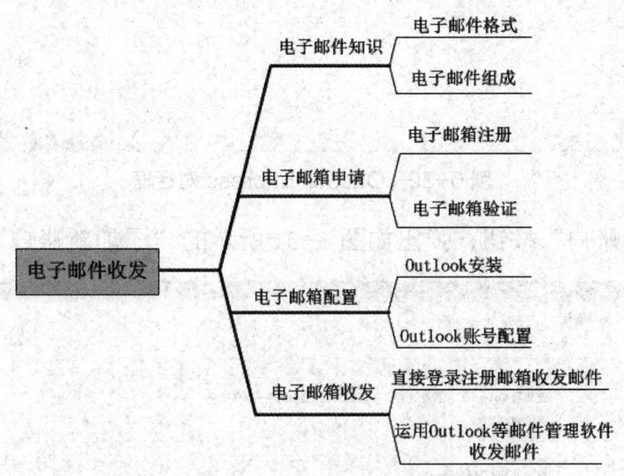

图 6-28 任务相关技能训练点导图

八、拓展技能训练

【使用 Microsoft Outlook 2010 管理电子邮件】

1. 配置 Microsoft Outlook 2010

（1）选择“开始”→“所有程序”→“Microsoft Outlook 2010”命令，打开如图 6-29 所示的 Microsoft Outlook 收件箱界面。

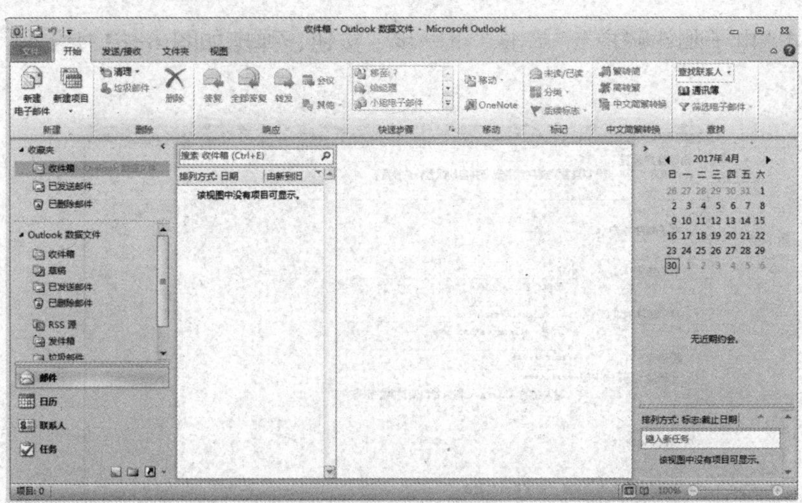

图 6-29 Microsoft Outlook 2010 界面

（2）单击“文件”命令按钮，选择“信息”选项，显示如图 6-30 所示。

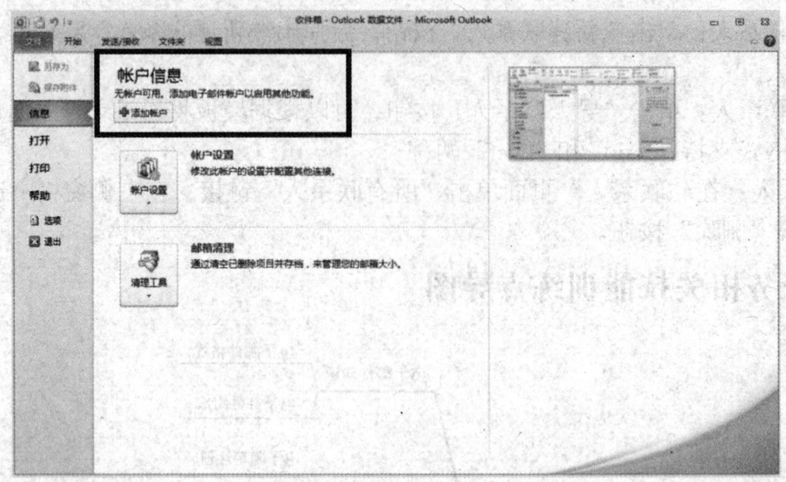

图 6-30　Outlook Express 对话框

（3）单击“添加账户”按钮，弹出如图 6-31 所示的“添加新账户”对话框。

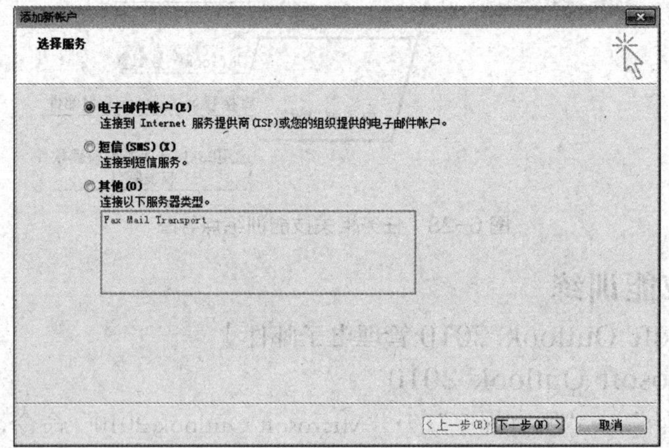

图 6-31　“添加新账户”对话框

（4）选中“电子邮件账户”，单击“下一步”按钮，弹出如图 6-32 所示的“自动账户设置”界面。

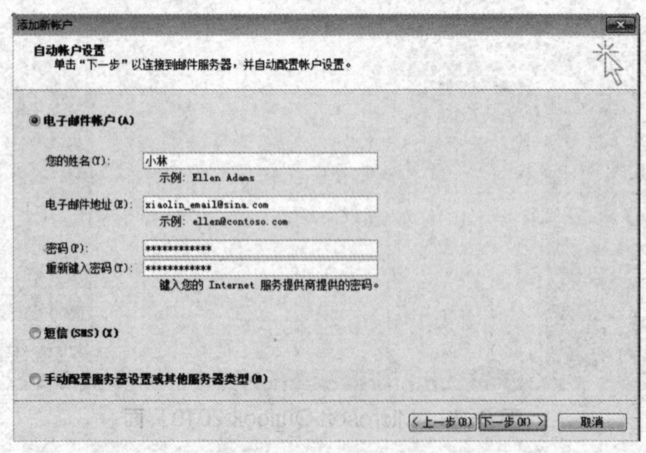

图 6-32　设置新账户

（5）选择“电子邮件账户”，在“您的姓名”编辑框输入“小林”；在“电子邮件地址”编辑框中输入前面申请的邮箱“xiaolin_e_mail@163.com”，输入密码和确认密码，密码为登录邮箱的密码。

（6）账户设置好后单击“下一步”按钮，弹出如图 6-33 所示的搜索服务器设置窗口，稍等片刻后提示连接成功，显示如图 6-34 所示。

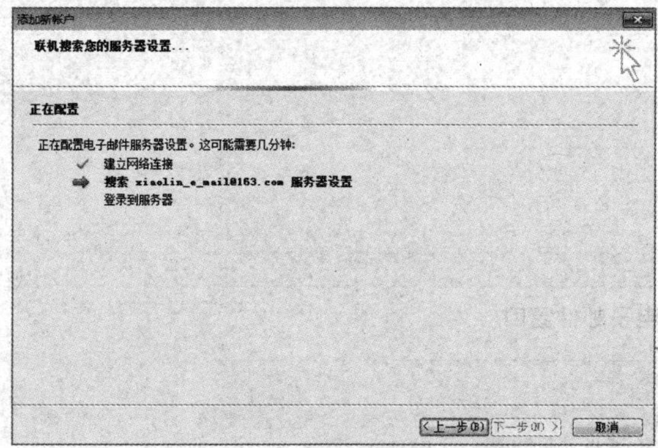

图 6-33　索并配置新账户信息

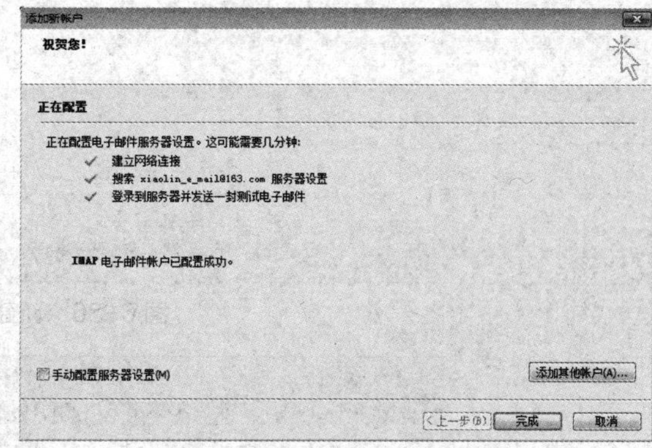

图 6-34　新账户配置成功

（7）单击“完成”按钮，显示如图 6-35 所示的 Outlook 界面，会显示新增的新账户的信息。

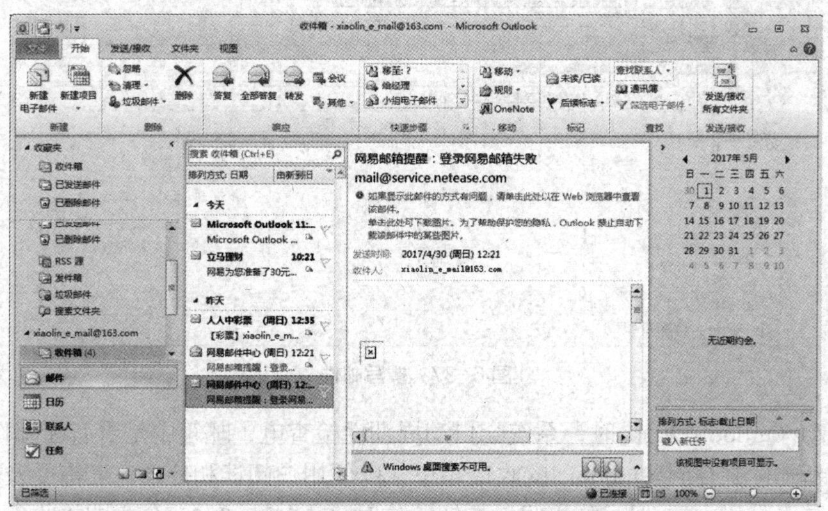

图 6-35　配置新账户成功后显示邮箱信息

2．电子邮件的收发

作为淘宝店店主，有一批新商品到货了，小林想使用 Outlook 2010 建立一封“新商品促销大酬宾活动”的新邮件，并将邮件发送给新老客户以及周围朋友，邀请他们来逛小店。

（1）在工具栏单击“新建电子邮件”按钮，弹出如图 6-36 所示的新邮件窗口。

（2）在“新邮件”窗口的收件栏中输入所有人的电子邮箱地址，用“;”号隔开，并输入邮件内容；在“添加”功能区单击“附加文件”，在弹出的对话框中选择相关文件的路径，将相关信息以附件的形式发送到相关人员的电子邮箱中，如图 6-37 所示，在邮件编辑区编写好邮件内容。

（3）单击“发送”按钮即可直接将邮件发送出去。

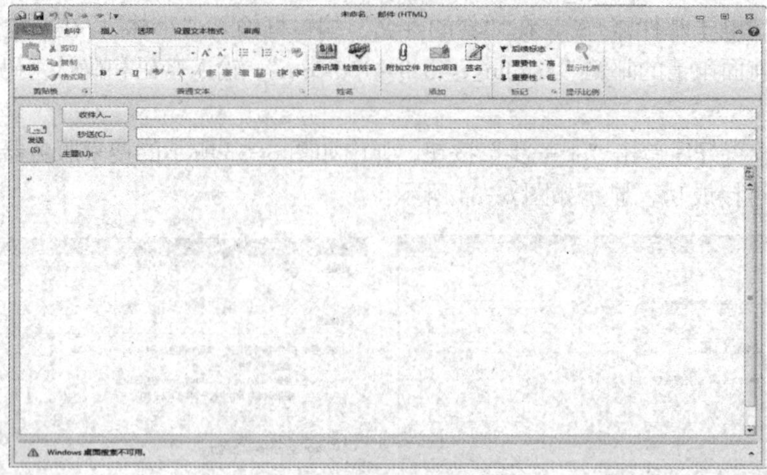

图 6-36　新建电子邮件窗口

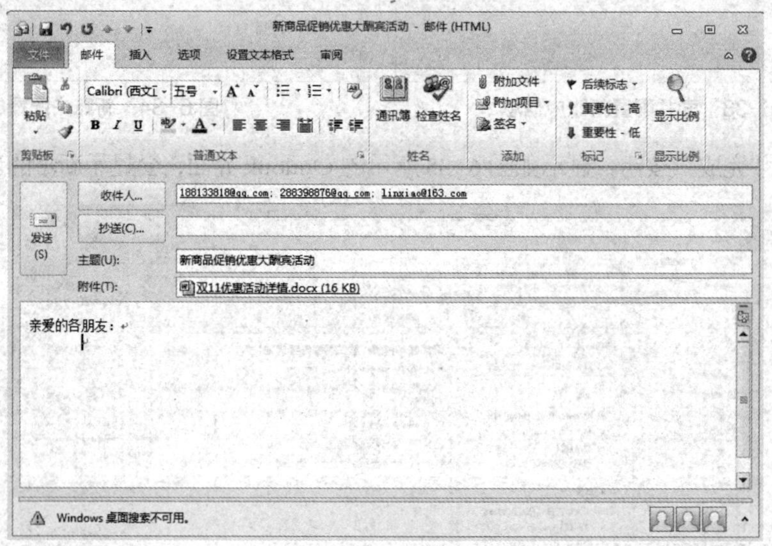

图 6-37　撰写邮件

（4）启动 Outlook 2010 时，系统会自动周期性检查电子邮箱中是否有新邮件，Outlook 会自动接收新邮件并存到 Outlook 的收件箱里，以便用户阅读和处理。若需要及时接收新邮件，可以单击工具栏中的“发送/接收”按钮，这时 Outlook 2010 会立即接收新邮件，如图 6-38 所示。

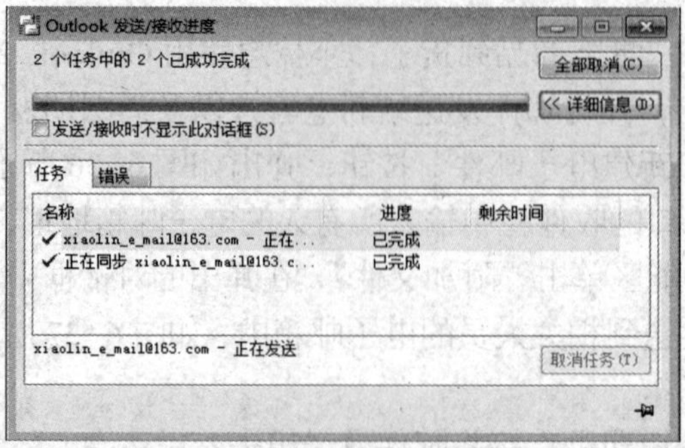

图 6-38　接收/发送邮件进度信息

（5）接收完毕后，单击 xiaolin_e_mail@163.com 邮箱下的收件箱图标，右侧空格会分成两部分，上面显示所以邮件列表，下面显示所选择的某个邮件的内容，如图 6-39 所示。

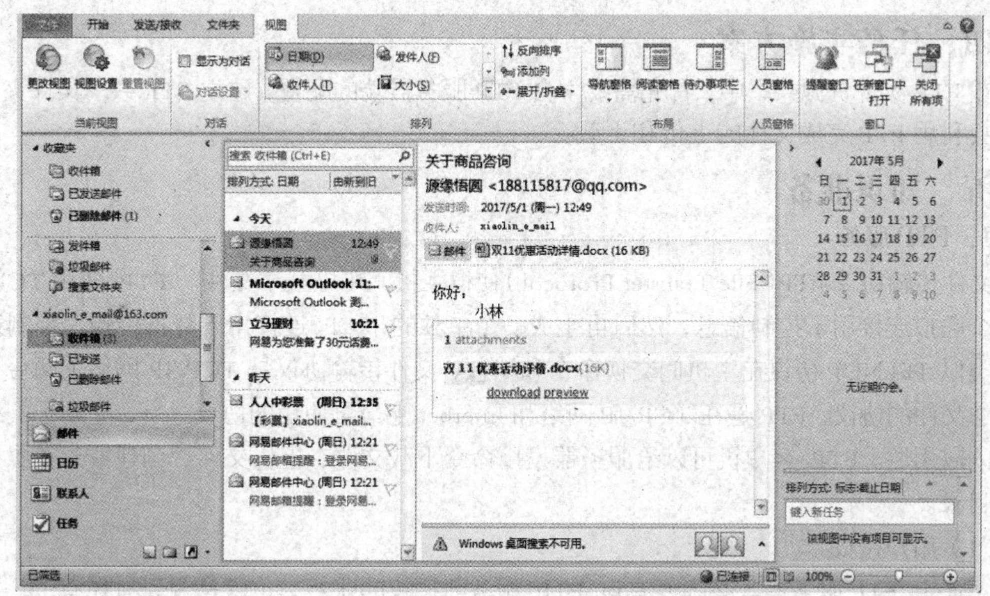

图 6-39　收件箱信息

（6）双击该邮件，将弹出一个“邮件”窗口，显示邮件的具体内容。单击附件名称下“download”链接，可以下载该附件；单击附件名称下的“preview”链接，可以在线预览该附件。

任务 3　FTP 实现资源共享

一、任务背景

小林的网店开设起来了，也将商品上架到了自己店铺，但为了进一步在团队的管理下将文件进行有序的管理，需要将某些资源共享，所以需要利用 FTP 实现资源共享，以方便大家的下载和使用；同时他为了拓宽他的销售渠道，有些商品同时也可以给到其他人进行代理，要将文件共享到互联网上，他想到了可以利用网盘进行管理，那么他将学习哪些知识和技能呢？

二、任务目的和要求

1. 任务目的

（1）能运用 FTP 工具实现文件共享。

（2）能利用网络备份工作实现文件备份与文件共享。

2. 任务要求

（1）任务开始之前，认真了解 FTP 及网络存储服务（网盘、云存储）的相关知识，利于实训进行。

（2）配置 FTP 服务器并掌握 FTP 实现文件共享及文件权限的设置。

三、任务学时和任务工具

1 学时；计算机、Internet。

四、任务实施方案

在 FTP 实现资源共享中，首先需要学会 FTP 服务器端的配置，建立 FTP 共享文件夹，然后学会利用 FTP 完成文件的上传和下载。

五、知识准备

1．FTP 服务

文件传输协议 FTP（File Transfer Protocol）使得主机间可以共享文件。FTP 使用 TCP 生成一个虚拟连接用于控制信息，然后再生成一个单独的 TCP 连接用于数据传输。控制连接使用类似 TELNET 协议在主机间交换命令和消息。文件传输协议是 TCP/IP 网络上两台计算机传送文件的协议，FTP 是在 TCP/IP 网络和 Internet 上最早使用的协议之一，它属于网络协议组的应用层。FTP 客户机可以给服务器发出命令下载文件、上传文件、创建或改变服务器上的目录。

（1）用户授权

要连上 FTP 服务器，必须要有该 FTP 服务器授权的账号，也就是说只有在有了一个用户标识和一个口令后才能登录 FTP 服务器，享受 FTP 服务器提供的服务。

（2）FTP 地址格式

FTP 地址如下：ftp://用户名:密码@FTP 服务器 IP 或域名:FTP 命令端口/路径/文件名。

上面的参数除 FTP 服务器 IP 或域名为必要项外，其他都不是必须的。

2．Serv-U FTP 应用软件

Serv-U 是一种被广泛运用的 FTP 服务器端软件，支持 3x/9x/ME/NT/2K/2000/xp 等全 Windows 系列，可以设定多个 FTP 服务器、限定登录用户的权限、登录主目录及空间大小等，功能非常完备。它具有非常完备的安全特性，支持 SSl FTP 传输，支持在多个 Serv-U 和 FTP 客户端通过 SSL 加密连接保护您的数据安全等。

Serv-U 是众多的 FTP 服务器软件之一，通过使用 Serv-U，用户能够将任何一台 PC 设置成一个 FTP 服务器，这样，用户或其他使用者就能够使用 FTP 协议，通过在同一网络上的任何一台 PC 与 FTP 服务器连接，进行文件或目录的复制、移动、创建和删除等。这里提到的 FTP 协议是专门被用来规定计算机之间进行文件传输的标准和规则，正是因为有了像 FTP 这样的专门协议，才使得人们能够通过不同类型的计算机使用不同类型的操作系统对不同类型的文件进行相互传递。

六、任务实施

1．FTP 的配置

（1）首先创建一个用户账户用于登录 FTP 进行操作。在“计算机”图标上右键单击，在弹出的快捷菜单选择“管理”命令，弹出如图 6-40 所示的计算机管理窗口。

（2）在“计算机管理”下选项组中单击“本地用户和组”左侧三角形，显示出“用户”和“组”选项，单击“用户”选项，显示如图 6-41 所示的用户选项。

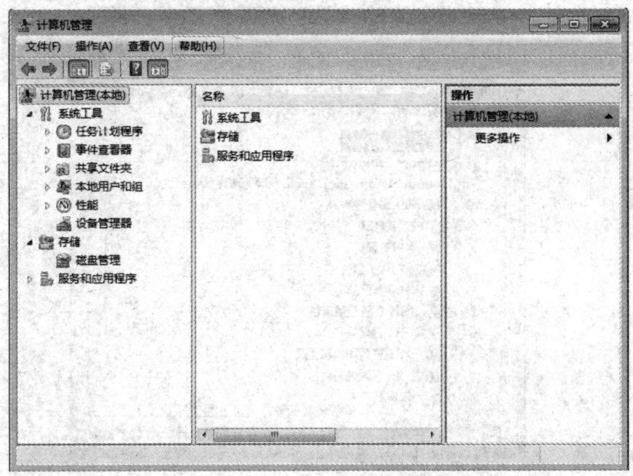

图 6-40 计算机管理窗口

图 6-41 本地用户和组选项窗口

（3）右键单击“用户”选项，选择“新用户”命令，显示如图 6-42 所示的“新用户”窗口，开始建立用户，填写用户名称以及密码，描述可以不填，然后单击“创建”按钮。创建完成后在右边的用户列表中就可以看到新创建的用户了。

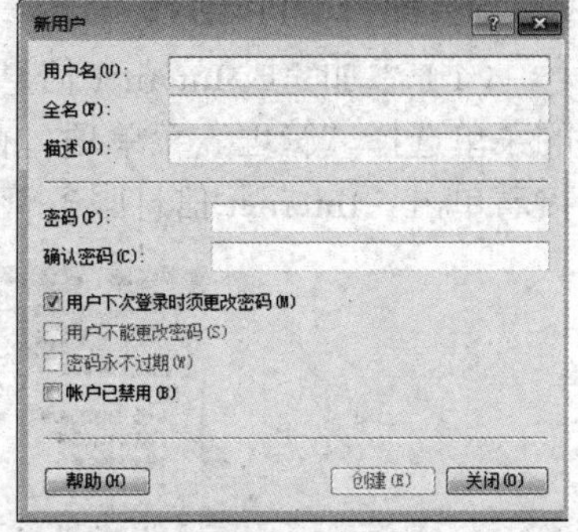

图 6-42 新用户的创建对话框

2．添加 Internet 信息服务

（1）选择“开始”→“控制面板”命令，并在控制面板“程序”图标下单击“卸载程序”选项，显示如图 6-43 所示的卸载与更改程序窗口。

图 6-43 卸载与更改程序窗口

（2）单击“打开或关闭 Windows 功能”选项，显示如图 6-44 所示的“Windows 功能”对话框。

（3）找到“Internet 信息服务”，单击左侧的“+”号，显示如图 6-45 所示的 Internet 信息服务选项；单击 FTP 服务选项，同时勾选 FTP 服务和 FTP 扩展性；同时展开“Web 管理工具”勾选选项，单击窗口下方的“确定”按钮，系统会提示正在显示创建服务信息，需要花费一些时间，创建完成后会回到卸载和更改程序窗口。

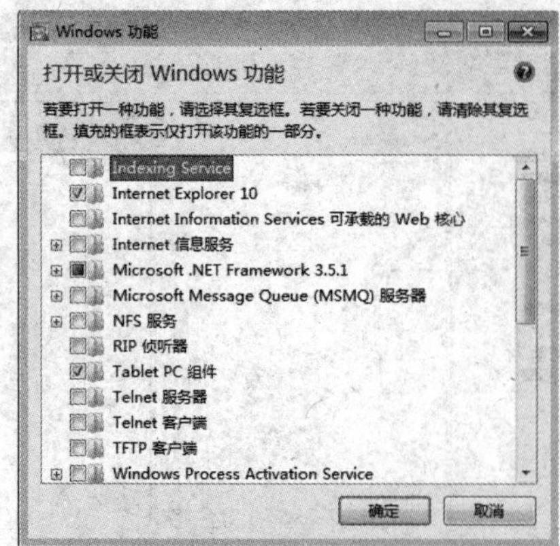

图 6-44 “Windows 功能”对话框

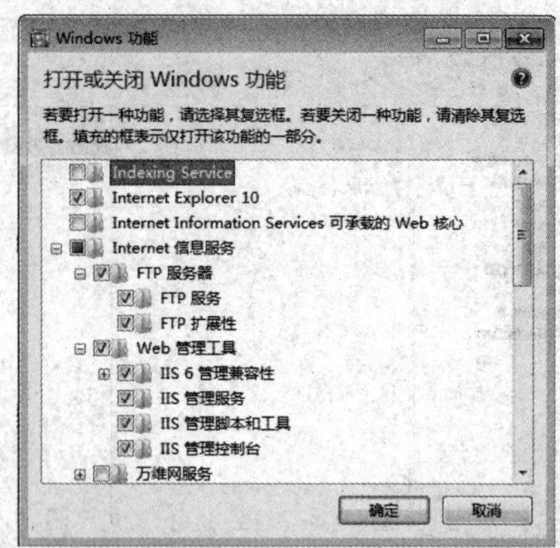

图 6-45 选择 Internet 信息服务

3. 配置 FTP 站点

（1）添加完成 Internet 信息服务后，需要创建 FTP 站点，在桌面单击“计算机”，在弹出的菜单选择“管理”菜单项，在计算机管理窗口单击“服务和应用程序”选项，单击展开，接着单击“Internet 信息服务管理”项，如图 6-46 所示。

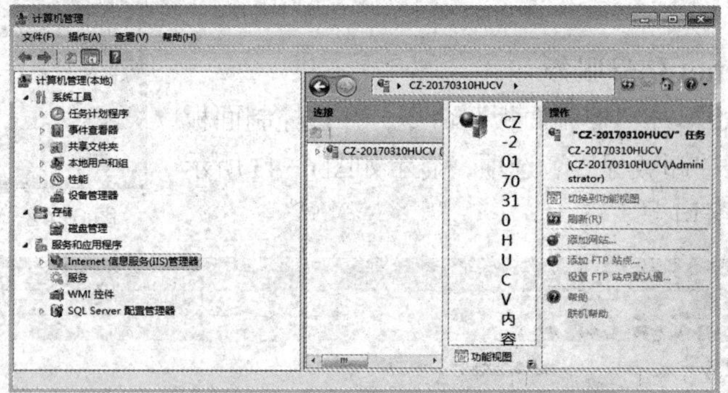

图 6-46 Internet 信息服务（IIS）管理器窗口

（2）在“连接”窗格中单击本地主机名，然后右键单击，在弹出的快捷菜单中选择“添加 FTP 站点”命令，弹出如图 6-47 所示的“添加 FTP 站点”对话框。

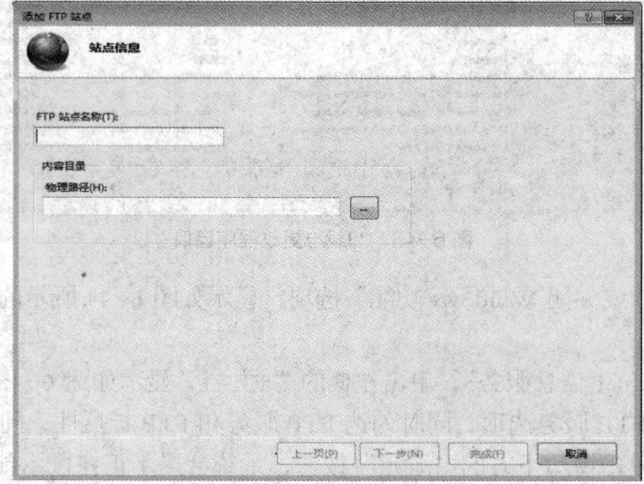

图 6-47 设置 FTP 站点名称和路径

（3）在“FTP 站点名称”框中输入网站名称“xiaolinFTP”，在“物理路径”框右侧单击浏览按钮[...]，在弹出的对话框中选择已经创建的文件夹“XiaolinFTP”，然后单击“下一步”按钮。显示如图 6-48 所示的窗口进行绑定和 SSL 设置，在 IP 地址选项下单击下拉按钮选择添加本机的 IP 地址。

（4）单击“下一步”按钮，显示如图 6-49 所示的“身份验证和授权信息”界面，设置身份验证为“匿名”和“基本”，同时可以设置指定允许访问的用户类别。

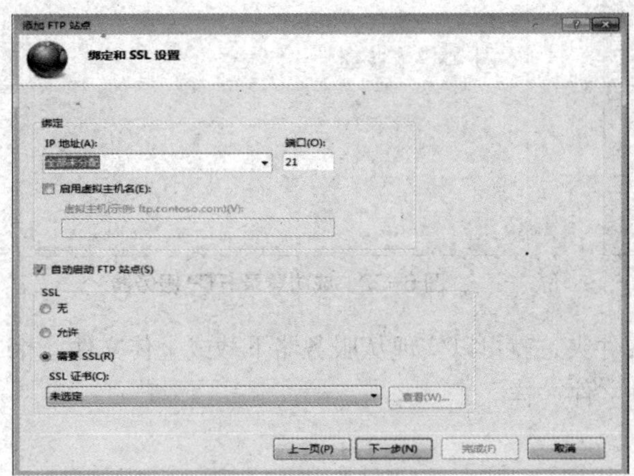

图 6-48 设置 FTP 站点 IP 地址

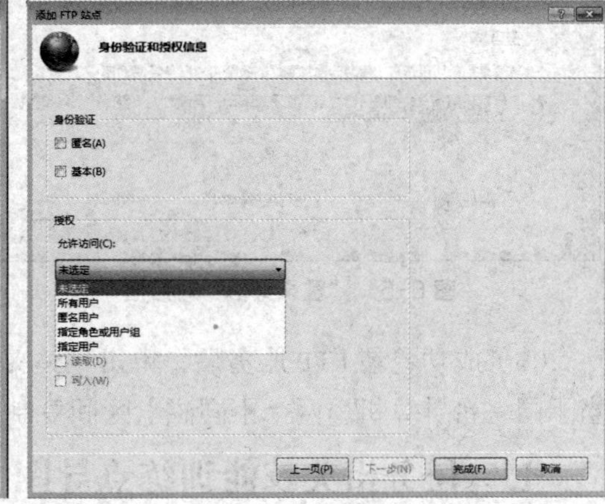

图 6-49 设置 FTP 站点身份验证及授权信息

（5）单击“完成”按钮，回到计算机管理窗口，此时显示了新建的“xiaolinFTP”的 FTP 站点信息，如图 6-50 所示。在“管理 FTP 站点”栏，可“重新启动”FTP 站点服务，如果“停止”FTP 站点服务，将不能进行 FTP 登录；对 FTP 站点可重新“编辑权限”，可“浏览”站点信息等操作。

图 6-50 成功创建“xiaolinFTP”FTP 站点信息

4．登录到 FTP 服务器

（1）在浏览器的地址栏输入“ftp://10.0.1.197:2121”（说明：此外 IP 地址为作者计算机 IP 地址，读者在创建 FTP 站点时 IP 地址与此不同，其中 10.0.1.197 为主机 IP 地址，2121 为创建 FTP 站点时设置的端口号；同时一定要以 ftp 开头。）此进会弹出如图 6-51 所示的“登录身份”对话框。

（2）输入创建用户名和密码，单击“登录”按钮，显示如图 6-52 所示。

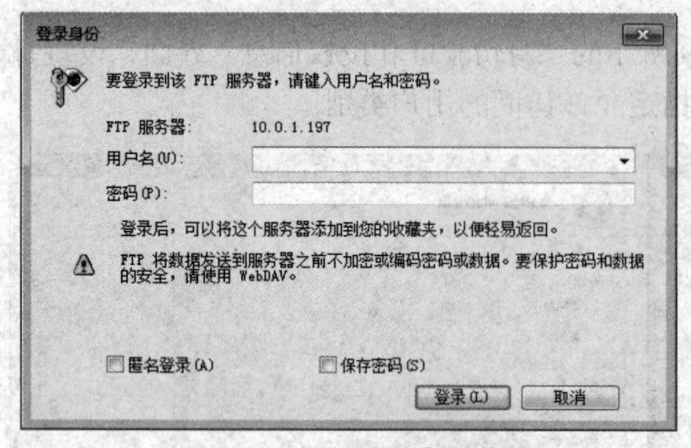

图 6-51 “登录身份”对话框

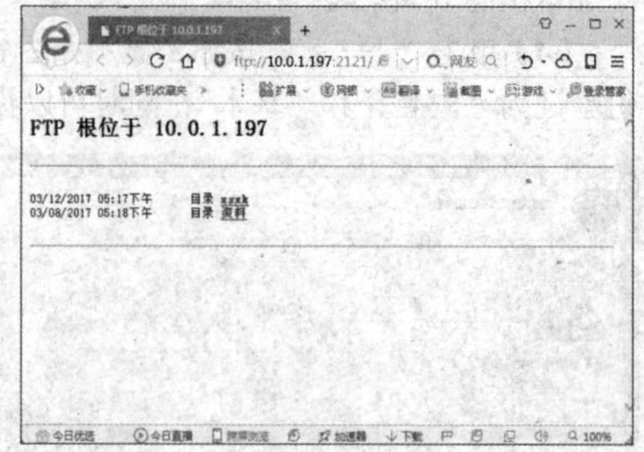

图 6-52 成功登录 FTP 服务器

（3）成功登录 FTP 服务后，单击相关文件夹，就可以实现从服务器下载或上传文件，相当于同一台计算机里两个不同磁盘区间复制文件一样。

七、任务相关技能训练点导图

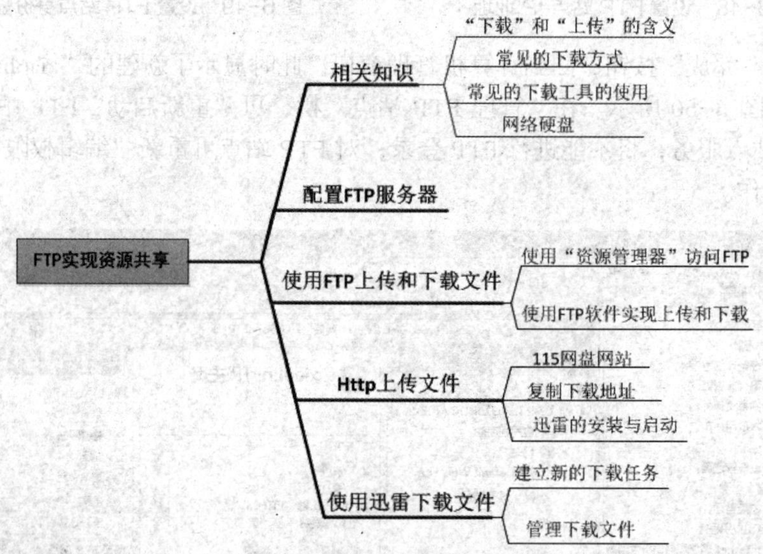

图 6-53 任务相关技能训练点导图

八、拓展技能训练

【QQ 微云应用】

微云网盘是腾讯公司全新推出的网盘服务，微云网盘通过微云客户端可以让 PC 和手机文件进行无限传输并实现同步，微云网盘让手机中的照片自动传送到 PC，微云网盘可向朋友们共享，功能和苹果的 iCloud 较为类似。微云网盘包括 PC 端、手机端、Web 端，微云网盘用户只要同时安装手机端和 PC 端，就可实现三端信息互通。

QQ 微云具体应用操作如下。

（1）登录 QQ 账号，在 QQ 软件最下方找到并单击“应用管理器”图标，弹出如图 6-54 所示的“应用管理器”窗口。

图.6-54　QQ 应用管理器

（2）单击“微云”图标，显示出如图 6-55 所示的“微云”窗口。

图 6-55　微云应用窗口

（3）单击左上角“上传”按钮，可根据需要选择上传文件、文件夹或笔记三类文件。在窗口左侧上方可选择依据目录方式或最近上传的文件浏览云盘文件，也可根据需求上传文档、图片、音乐、视频等文档。在窗口上方单击“会员中心”按钮可弹出购买会心页面，单击“下载”按钮可下载选择好的文件夹或文件；用户还可对微云盘文件或文件进行重命名、删除等操作。

【百度网盘应用】

百度网盘个人版是百度面向个人用户运营的网盘存储服务，满足用户工作生活各类需求，已上线的产品包括网盘、个人主页、群组功能、通讯录、相册、人脸识别、文章、记事本、短信及手机找回。对于百度网盘会员，还有 2T 超大空间、手机视频备份、自动备份、大文件上传等特权。

应用百度网盘的具体操作如下。

（1）利用搜索引擎搜索百度网盘安装文件，如图 6-56 所示，下载并安装。

（2）安装完成后，登录百度网盘，如果没有注册账号，可选择“立即注册百度账号”，注册后再登录；也可以“使用合作账号登录”，如 QQ 账号等，如图 6-57 所示。

图 6-56　搜索百度网盘并下载

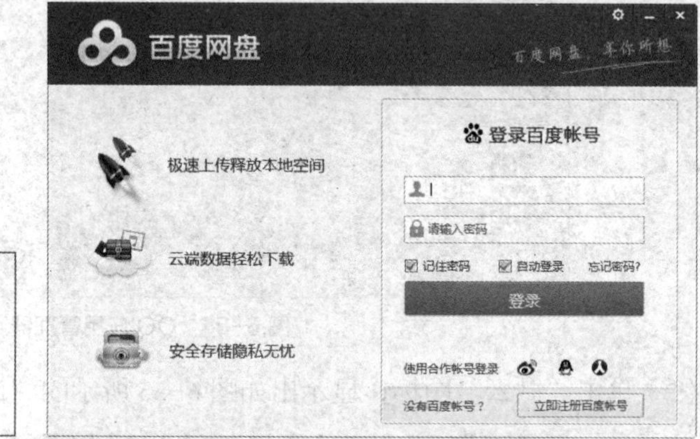

图 6-57　百度网盘登录界面

（3）输入账号和密码，即可登录百度网盘，如图 6-58 所示。

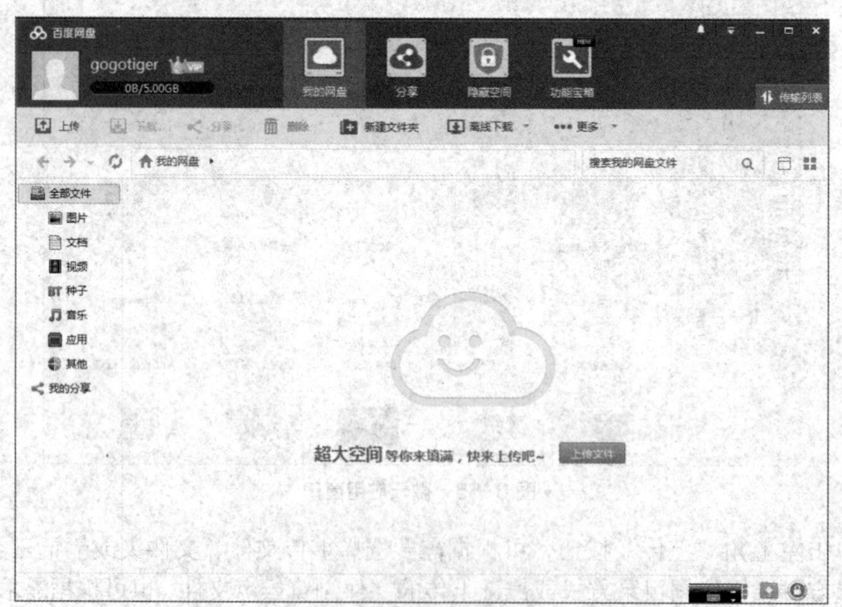

图 6-58　百度网盘界面

（4）登录百度网盘后，单击“上传”按钮，会弹出对话框，选择好需要上传的文件后，会显示如图 6-59 所示的上传进度。上传文件时，用户可以根据文件的类型进行分类上传，如可以按图片、文档、视频、音乐或其他下载种子等分类上传，方便按文件类型管理。

图 6-59 上传文件示意

（5）文件上传后，选择“我的网盘”内某一文件，单击“下载”按钮，根据提示设置下载保存文件的路径，即可将需要的文件下载到本地磁盘；单击“分享”按钮，可以将文件共享到百度账号或邮箱好友。

任务 4 信息交流软件应用

一、任务背景

小林网店的一些资源已经实现了共享，现在更进一步的是如何拓展自己网店的业务，他想利用现在强大的社交软件进行网店推广，那么他将需要学习哪些知识和技能呢？

二、任务目的和要求

1．任务目的

（1）能运用日常即时通信（IM）软件进行信息交流（以 QQ 交流为例）。

（2）能运用博客（Blog）软件进行信息分享。

2．任务要求分析

腾讯 QQ 支持在线聊天、视频通话等功能，非常适用于与同事及客户进行即时沟通，小林决定申请业务 QQ 号码以保证与同事和客户进行良好的互动沟通，促进工作有利开展。

三、任务学时和任务工具

1 学时；计算机、即时通信交流软件 QQ、博客网页。

四、任务实施方案

利用社交软件进行网店推广，有很多即时通信交流软件，比如QQ、微信、博客等软件。首先小林需要从网上下载QQ软件，完成QQ软件安装，并添加好友。这些准备好后，可以进一步采用博客进行网店的推广，需要注册博客、开通博客、开始软件写作，为网店的推广打下良好的基础。

五、知识准备

【即时交流软件-腾讯QQ】

腾讯QQ（简称“QQ”）是腾讯公司开发的一款基于Internet的即时通信软件。腾讯QQ支持在线聊天、视频通话、点对点断点续传文件、共享文件、网络硬盘、自定义面板及QQ邮箱等多种功能，并可与多种通信终端相连。2015年，QQ继续为用户创造良好的通信体验！其标志是一只戴着红色围巾的小企鹅。

目前QQ已经覆盖Microsoft Windows、OS X、Android、iOS、Windows Phone等多种主流平台。

2017年1月5日，腾讯QQ和美的集团在深圳正式签署战略合作协议，双方将共同构建基于IP授权与物联云技术的深度合作，实现家电产品的连接、对话和远程控制。双方合作的第一步是共同推出基于QQfamily IP授权和腾讯物联云技术的多款智能家电产品。

六、任务实施

（一）QQ软件下载与安装

（1）登录www.qq.com腾讯首页，单击“软件”链接，进入腾讯软件中心，找到“QQ软件”，单击“下载”链接，显示如图6-60所示QQ软件下载页面。

图6-60　百度搜索QQ下载

（2）单击“普通下载”按钮，进入浏览器如图6-61所示的下载界面；如单击“高速下载”按钮，会弹出如图6-62所示的安装页面。

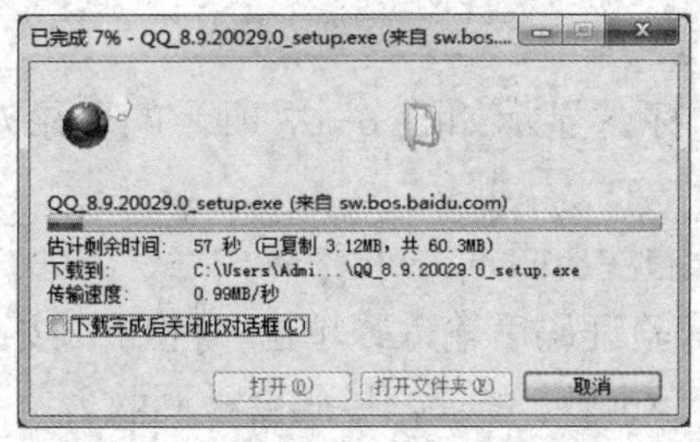

图 6-61　普通方式下载 QQ 软件

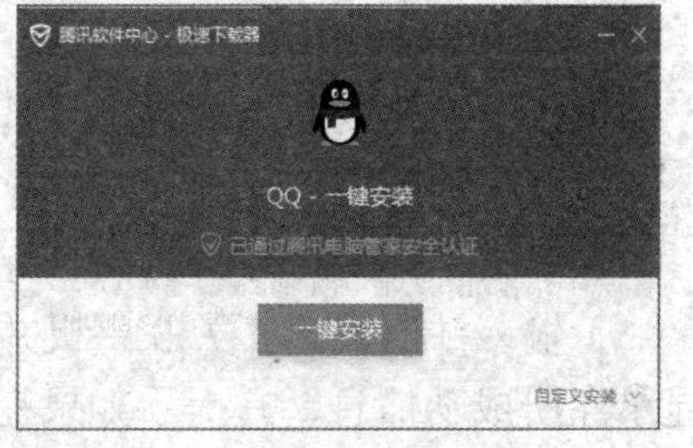

图 6-62　高速模式直接安装 QQ 软件

（3）软件下载完毕后，可以单击“打开软件”直接进入软件安装界面，如图 6-63 所示。

（4）单击安装界面右下角的“自定义选项”，系统默认安装路径为 C 盘，建议更改为 D 盘，不要过多占用 C 盘空间；其次根据自己的需求选择其他选项，不要太相信系统默认选择。这里小林更改了存储路径，取消了开机自动启动选项，如图 6-64 所示。

图 6-63　QQ 安装

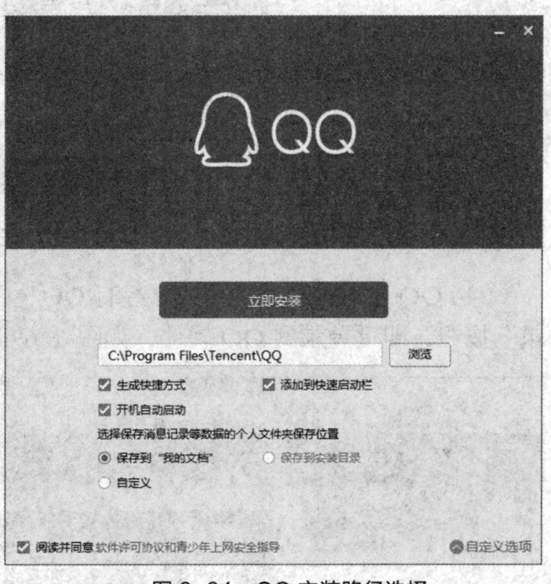

图 6-64　QQ 安装路径选择

（5）设置完毕后单击“立即安装”按钮，就可以开始安装最新软件了，如图 6-65 所示。

（6）软件安装完毕后，也不要急于单击“完成安装”按钮，如图 6-66 要先看一下其他绑定选项是否需要安装，如果不需要，建议取消后再单击“完成安装”。

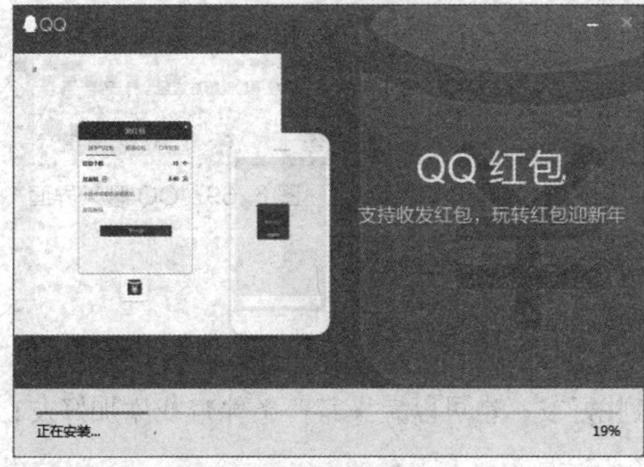

图 6-65　QQ 安装进度

图 6-66　完成安装界面

（二）QQ 号码申请

（1）QQ 软件安装完成后，双击运行 QQ 软件图标，显示如图 6-67 所示的登录对话框。

（2）单击“注册账号”链接，弹出如图 6-68 所示的注册页面。

（3）输入注册信息，关联手机并通过手机短信获取验证码后输入，单击“注册”按钮，即显示注册成功信息，并提示如果在 3 天内没有使用此 QQ 号登录，号码会被回收。

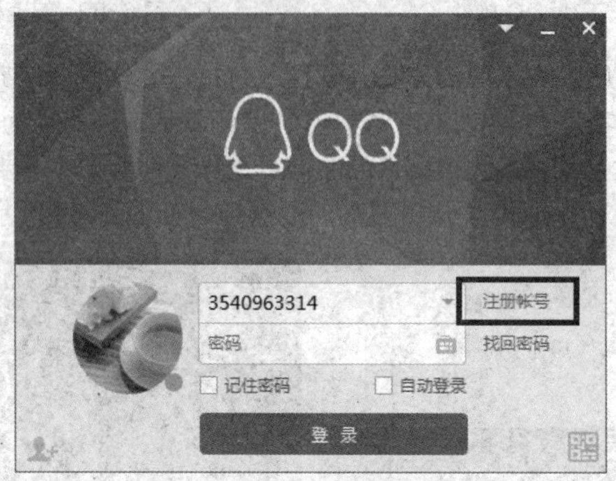

图 6-67　QQ 登录界面

（4）QQ 号码申请成功后或已经有 QQ 号码，在登录对话框中输入账号和密码，单击“登录”按钮，即可登录到 QQ 软件，如图 6-69 所示。

图 6-68　腾讯 QQ 注册页

图 6-69　QQ 聊天界面

（三）QQ 应用

1．添加好友

单击 QQ 软件界面下方的添加好友按钮“十”，在弹出的查找窗口可以根据 QQ 好友提供的号码在“找人”选项卡的文本框中输入号码查找好友；也可以定义某一条件查找添加好友；如选择“找群”，即可以通过群号查找群。

当添加好友时经对方验证后可成功添加，此时就可以通过 QQ 进行聊天了。

2．QQ 邮箱的开通

QQ 邮箱是腾讯公司 2002 年推出，向用户提供安全、稳定、快速、便捷电子邮件服务的邮箱产品，已为超过 1 亿的邮箱用户提供免费和增值邮箱服务。QQ 邮件服务以高速电信骨干网为强大后盾，拥有独立的境外邮件出口链路，免受境内外网络瓶颈影响，全球传信。其采用高容错性的内部服务器架构，确保任何故障都不影响用户的使用，随时随地稳定登录邮箱，收发邮件通畅无阻。

（1）登录 QQ 后，在软件界面上方单击信封样的标志即“QQ 邮箱”按钮，打开如图 6–70 所示的页面。

图 6–70　开通过邮箱申请页面

（2）单击“立即开通”按钮，即弹出开通邮箱成功页面，并有告知好友提醒，当选择 QQ 好友，发送开通邮箱信息邮件到 QQ 好友。然后即可通过 QQ 邮箱进行邮件收发，单击“进入我的邮箱”按钮，即可登录 QQ 邮箱，如图 6–71 所示。

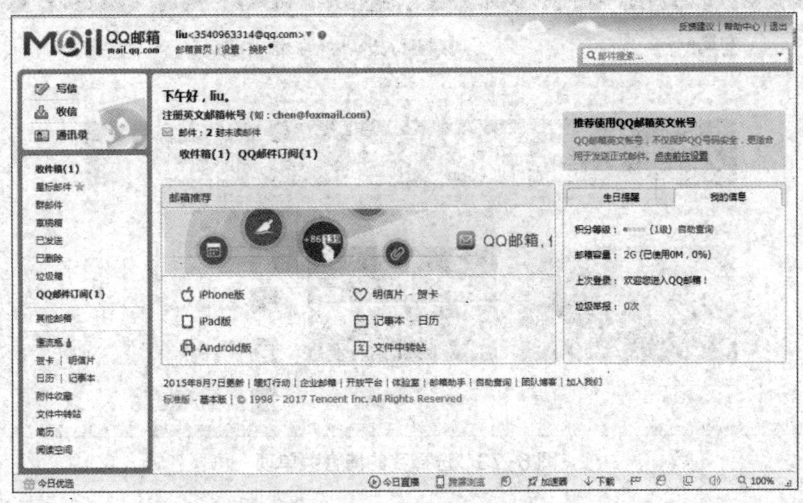

图 6–71　QQ 邮箱界面

七、任务相关技能训练点导图

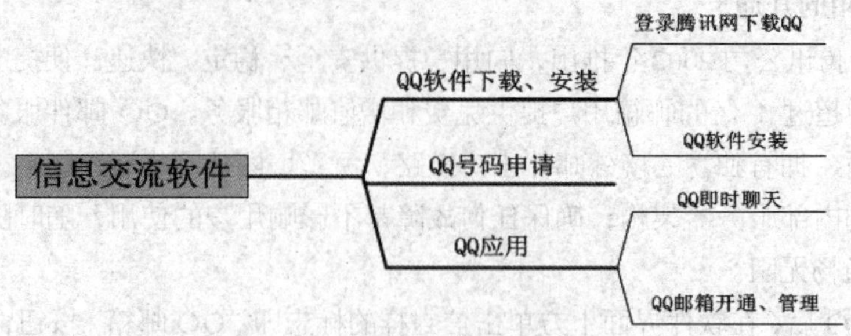

图 6-72　任务相关技能训练点导图

八、拓展技能训练

【微博（MicroBlog）应用】

微博（Weibo），即微型博客（MicroBlog）的简称，也即是博客的一种，是一种通过关注机制分享简短实时信息的广播式的社交网络平台。微博是一个基于用户关系的信息分享、传播以及获取的平台。用户可以通过 Web、WAP 等各种客户端组建个人社区，以 140 字（包括标点符号）的文字更新信息，并实现即时分享。微博的关注机制分为可单向、双向两种。

微博作为一种分享和交流平台，更注重时效性和随意性。微博客更能表达出每时每刻的思想和最新动态，而博客则更偏重于梳理自己在一段时间内的所见、所闻、所感。

微博包括新浪微博、腾讯微博、网易微博、搜狐微博等，但如若没有特别说明，微博就是指新浪微博。

下面以网易微博为例介绍微博注册、空间登录、管理博客等操作。如果用户已经拥有该网站的邮箱，可以在网站主页直接进入开通博客空间，具体操作如下。

（1）在网易首页，用已经开通的邮箱账号登录，将鼠标指针移动到登录的账号上，此时弹出如图 6-73 所示的菜单选项，选择要进行的操作。

图 6-73　选择我的博客菜单项

（2）选择“我的博客”命令，弹出如图 6-74 所示的“激活博客账号”页面。

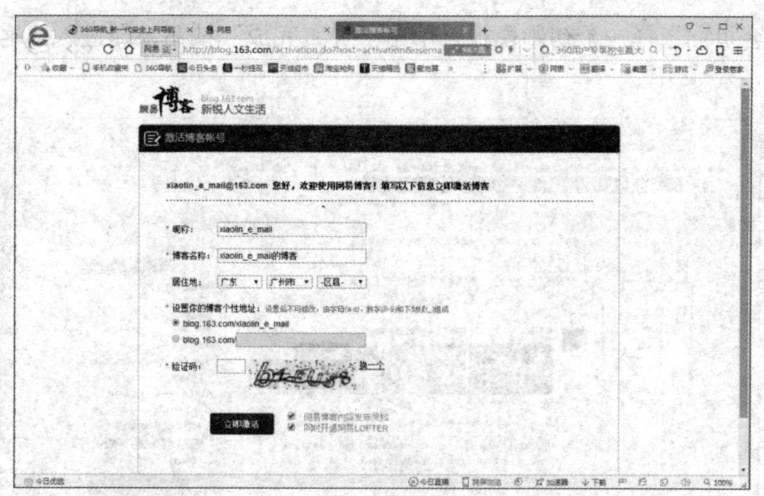

图 6-74　激活博客页面

（3）完善相关注册信息，输入正确的“验证码”，单击“激活”按钮，即可进入开通成功页面，如图 6-75 所示，此时可以立即登录博客。

图 6-75　成功开通博客页面

（4）单击“进入”按钮，进入网易博客的快速设置页面，如图 6-76 所示。

图 6-76　设置博客

（5）给博客页面选择一个初始模板，单击“设置完成”按钮，即进入博客的页面，如图6-77 所示。

图 6-77　博客空间页面

（6）在空间可以进行日志管理，添加博客好友，可进行相片上传等操作。

参 考 文 献

[1] 王定，李雪，王光华. 精通 Office 商务应用[M]. 北京：清华大学出版社，2005.

[2] 王军，郑平，鲁燃. 计算机应用基础实训[M]. 2 版，北京：电子科技大学出版社，2017.

[3] 黎建锋，邵杰. 计算机应用基础[M]. 北京：教育科学出版社，2015.

[4] 白宝兴、周剑敏，赉黎明. 大学计算机应用基础[M]. 天津：南开大学出版社，2017 年 3 月.

[5] 黄培周，江速勇，陈加元. 办公自动化任务驱动教程. 北京：中国铁道出版社，2015 年 3 月.